MEXIKO

PRAKTISCH & PREISWERT

**DER *PRAKTISCHE* MEXIKO-REISEFÜHRER
VON MEXIKO CITY BIS YUCATAN**

Über 60 Stadtpläne, Routen- & Orientierungskarten

Claudia Bissig-Schuler
Fehrenstrasse 12
CH-8032 Zürich
Tel.+Fax 01 / 262 53 29

Baxter Reiseführer:

USA
New York & Washington
Der Westen der USA
Florida
Alaska
Kalifornien
Nationalparks der USA
Kanada-West
Mexiko

alle *Praktisch & Preiswert!*

Verfasser: Rosemarie Dzygoluk

Vertrieb
GeoCenter/Bertelsmann
7 Stuttgart 80

BAXTER Reiseführer

1-USA *Praktisch & Preiswert*
Das ganze Land in einem Band!

2-Kalifornien *Praktisch & Preiswert*
Das goldene Kalifornien erleben!

3-Die Ostküste der USA *Praktisch & Preiswert*
New York, Washington, Niagara Falls, Neu England!

4-Der Westen der USA *Praktisch & Preiswert*
Indianer, Cowboys, Nationalparks, Reiserouten

5-Florida *Praktisch & Preiswert*
Das Sonnenparadies Florida erleben!

6-Kanada-West *Praktisch & Preiswert*
Kanadas Naturwunder entdecken!

7-Mexiko *Praktisch & Preiswert*
Von Mexiko City bis Yucatan!

8-Alaska *Praktisch & Preiswert*
Gewaltige Natur erleben!

9-Nationalparks der USA *Praktisch & Preiswert*
Band 1: Grand Canyon, Bryce, Yellowstone!

10-Nationalparks der USA *Praktisch & Preiswert*
Band 2: Yosemite, Sequoia, Redwood!

11-Nationalparks der USA *Praktisch & Preiswert*
Band 3: Arches, Monument Valley, Mesa Verde!

12-Nationalparks der USA *Praktisch & Preiswert*
Band 4: Olympic, Glacier, Mt. St. Helens!

Copyright © 1981, 1982 by: Rail-Europe Verlag, Alexandria, VA 22302. Alle Rechte im In- und Ausland beim Verlag. Auch auszugsweiser Nachdruck oder gewerbliche, photomechanische Wiedergabe oder Datenauswertung nur mit Genehmigung des Verlags. Printed in the United States of America. Library of Congress Catalog Card No. 80-52541. ISBN 0-913384-57-7. *Baxter* Reiseführer vom internationalen Reiseführer-Verlag.

INHALTSVERZEICHNIS

Praktisches für Reiseplanung und Aufenthalt

Einleitung 6   Mexico Überblick 7   Reiseziele 9
Was man wissen soll   10   Beim Urlaub sparen   14
Gebrauchsanweisung   15   Reisekosten   17   Auto, Bus,
Bahn oder Flugzeug   19   Von Mexico City ohne Auto   20
Von Mexico City mit der Bahn   21   Von Mexico City
mit dem Bus   23   Von Mexico City mit dem Auto   25
Routenvorschläge   27   Hotels unterwegs   28   Tips zum
Besuch archäologischer Zonen   29   Kleine Sprachhilfe
Spanisch   31   Checkliste zur Vorbereitung   32
Klimatabelle   33   Mexico Hotelpreise auf einen Blick   34

MEXICO CITY

Ankunft In Mexico City Mit Dem Flugzeug 37
Ankunft In Mexico City Mit Auto, Bus & Bahn 39
Verkehrsmittel Durch Mexico City 41
Mexico City Tips 43
Mexico City Hotels Auf Einen Blick 44
Hotels Zu Vernünftigen Preisen 45
Ausgehen 46
Eine Woche In Mexico City 48
Tips Für Mexico City Touren 48
Zona Rosa 50
Bummel Auf Dem Paseo De La Reforma 54
Downtown Area 57
Rund Um Den Zocalo 64
Chapultepec Park Area 70
Attraktionen Südlich Der Stadtmitte 75
Attraktionen Nördlich Der Stadtmitte 80
Große Erlebnisse In Mexico City 84
Ein Besuch Im Anthropologischen Museum 84
Ein Besuch Bei Den Pyramiden 93
Ein Besuch In Xochimilco 99
Ein Folklore Ballett Erleben 101
Entfernungen Von Mexico City 106
Ausflüge Von Mexico City 106
Mexico City Checkliste 107

RICHTUNG SÜDEN

Mexico City–Taxco Route 108
Cuernavaca 111
Taxco 119
Taxco–Acapulco Route 124
Acapulco 125
Ixtapa/Zihuatanejo 141

RICHTUNG SÜDOSTEN

Mexico City–Tehuacan Route 147
Cholula – Puebla – Tehuacan 150
Tehuacan–Oaxaca Route 152
Oaxaca 153
Besichtigung von Monte Alban & Mitla 163
Oaxaca–Tuxtla Gutierrez Route 168
Tuxtla Gutierrez 171
Tuxtla Gutierrez–San Cristobal Route 173
San Cristobal de las Casas 174
San Cristobal–Palenque Route 197
Villahermosa 200

RICHTUNG NORDWESTEN

Villahermosa–Veracruz Route 201
Veracruz 202
Nach Mexico City 204

RICHTUNG NORDEN

Palenque 204
Palenque–Uxmal Route 211
Besichtigung von Uxmal 213
Besichtigung von Kabah 217
Uxmal–Merida Route 219
Merida 219
Merida–Chichen Itza–Cancun/Coba 224
Besichtigung von Chichen Itza 225

ENTLANG DER KARIBIK

Cancun 231
Isla Mujeres 239
Cozumel 240
Cancun–Tulum Route 244
Besichtigung von Tulum 248
Besichtigung von Coba 249
Nach Chetumal 252
Cancun–Merida 256

ENTLANG DER PAZIFIKKÜSTE

Ixtapa/Zihuatanejo–Acapulco 261

Register 301

KARTEN

Cortes	8
Reiseziele	9
Archäologische Zonen	29
Mexico-Eisenbahnnetz	30
Mexico-Tal im Jahre 1521	35
Mexico City – Flughafen	38
Mexico City – Terminals & Routen	40
Mexico City – Metro	42
Mexico City – Innenstadt	47
Mexico City – Zona Rosa	51
Mexico City – Bummel auf der Reforma	55
Mexico City – Downtown Area	59
Mexico City – Zocalo	65
Mexico City – Chapultepec Park Area	71
Mexico City – Attraktionen	77
Mexico City – Anthropologisches Museum	85
Teotihuacan Besichtigung	95
Mexico City Umgebung	107
Mexico City–Acapulco Route	109
Cuernavaca	113
Taxco	121
Acapulco Area	129
Acapulco – Hotel Area	131
Ixtapa/Zihuatanejo	142
Mexico City–Oaxaca Route	149
Oaxaca	156
Oaxaca Ausflugskarte	159
Monte Alban Besichtigung	165
Mitla Besichtigung	166
Oaxaca–San Cristobal de las Casas Route	169
Entfernungskarte	171
Tuxtla Gutierrez	172
San Cristobal de las Casas	177
Indianerdörfer in der San Cristobal Umgebung	185
Villahermosa–Veracruz Route	201
Palenque Stadt	206
Palenque Besichtigung	208
Halbinsel Yucatan	212
Uxmal Besichtigung	214
Kabah Besichtigung	218
Downtown Merida	222
Chichen Itza Besichtigung	227
Cancun Area	231
Downtown Cancun	233
Isla Mujeres	239
Insel Cozumel	241
Cancun–Tulum–Chetumal Route	245
Playa del Carmen	247
Tulum Besichtigung	249
Coba Besichtigung	251

EINLEITUNG

Mexiko *Praktisch & Preiswert,* einer der bewährten **Baxter Reiseführer**, ist der praktische Reiseführer von Mexico City bis nach Yucatan. Ganz gleich, ob Sie Mexiko auf eigene Faust oder als Teilnehmer einer Gruppenreise kennenlernen wollen, Mexiko *Praktisch & Preiswert* zeigt, **wie** Sie Ihre Reise gut planen, **wo** Sie in Mexiko übernachten und **was** Sie in Mexiko erleben können.

Und das finden Sie in Mexiko *Praktisch & Preiswert:*

<u>Was Sie wissen sollen</u>
Nützliches zur Vorbereitung und für unterwegs

<u>Preise auf einen Blick</u>
Hotels – Touren – Transport

<u>Praktische Information</u>
Wissenswertes für den Urlaubsaufenthalt

<u>Orientierungskarten</u>
Geschäfte – Hotels – Spaziergänge

<u>Unterhaltungsvorschläge</u>
Fiesta Mexicana – Folklore – Night Club Touren

<u>Checklisten</u>
Wichtiges auf einen Blick

<u>Museumsbesuche</u>
Hinweise und Erklärungen

<u>Routenkarten</u>
Information für die Reise durch das Land

<u>Besichtigung archäologischer Zonen</u>
Erklärungen und Wegweiser durch die Vergangenheit

<u>Ferienoasen</u>
Strandhotels an Traumstränden

<u>Anreiseziel USA</u>
Los Angeles/San Francisco – ideale USA/Mexico Kombination

Baxter Reiseführer – seit Jahrzehnten bewährt!

ALLGEMEINER ÜBERBLICK ÜBER MEXICO

Die Vereinigten Staaten von Mexico sind eine **Bundesrepublik**, die aus 31 einzelnen Bundesstaaten und dem Bundesdistrikt – *Distrito Federal* – besteht. **Mexico City**, das im *Distrito Federal* liegt, ist die **Hauptstadt der Republik.** Die Stadt mit einer Einwohnerzahl von nahezu 15 Millionen, ist eines der größten Großstadtgebiete der Welt – besonders bevölkerungsmäßig, denn hier lebt über ein Viertel der Bevölkerung des Landes. Der **Präsident** von Mexico, Oberhaupt der **vollziehenden Gewalt** der Regierung, wird für sechs Jahre gewählt. Seine Wiederwahl ist nicht zulässig. Gesetzgebendes Organ ist der **Kongreß**, der aus dem *Abgeordnetenhaus* und dem *Senat* besteht. Kopf der **rechtsprechenden Gewalt** ist der Oberste Gerichtshof.

Mexico – vom Pazifik und vom **Golf von Mexico** sowie der **Karibik** umgeben – wird im *Norden* von den *Vereinigten Staaten von Amerika* und im *Süden* von *Guatemala* und *Belize* begrenzt. In seiner längsten Ausdehnung – vom **Nordwesten** nach **Südosten** – erstreckt sich Mexico auf über **3000 km**; am Isthmus von Tehuantepec, der schmalen Landenge zwischen dem Golf von Mexico und dem Pazifik ist das Land jedoch nur etwa 208 km breit. Zwei Gebirge ziehen von *Nord* nach *Süd* übers Land – die **Östliche Sierra Madre** und die **Westliche Sierra Madre** mit Erhebungen von über **5100 m ü. M.** Zwischen diesen beiden Gebirgen liegt das **Zentralplateau**, auf dem sich Mexico City befindet – auf einer Höhe von über **2100 m ü. M.** Auch der *südliche* Teil des Landes wird von Hügelketten durchzogen; der größte Teil der Halbinsel Yucatan besteht dagegen aus einer **Tiefebene**. Die größte **Insel** Mexicos ist **Cozumel** in der Karibik, vor dem Festland von Yucatan. Mexico ist etwa **achtmal** so groß wie die Bundesrepublik Deutschland oder etwa dreimal so groß wie Texas, das selbst früher zu Mexico gehörte.

Zu den bedeutendsten **Bodenschätzen** und **Agrarprodukten** Mexicos zählen Silber, Kupfer, Mais, Baumwolle, Weizen, Zitrusfrüchte, Tomaten, Bohnen, Kakao und Kaffee sowie *Henequen* = Sisalagaven. In den letzten Jahren hat sich Mexico mehr und mehr zu einem der größten **Erdöl** - produzierenden Länder entwickelt. Der **Tourismus** – eine Industrie, die viele Arbeitsplätze schafft – spielt in Mexicos Wirtschaft eine Hauptrolle.

Die **Olmeken** – eines der ältesten Kulturvölker Mexicos – lebten vor einigen Tausenden von Jahren entlang der Küste des *Golfs von Mexico*. Zu den weiteren Kulturvölkern, die das Land besiedelten, zählen die **Tolteken, Zapoteken, Mayas** und **Mixteken**. Mexico City wurde **1325** als Inselstadt **Tenochtitlan** von den Azteken gegründet.

8 ÜBERBLICK

Sie errichteten ihre Stadt an der Stelle, wo Sie den Adler sahen, der die Schlange verspeiste. Mexicos Fahne – *grün, weiß & rot* – trägt heute auch die Abbildung des Adlers und der Schlange. 1519 begann der Eroberungszug des Spaniers **Hernan Cortes**, der mehrmals versuchte, die unter Moctezumas Herrschaft lebenden Azteken zu vernichten. 1521 war es ihm mit der Vernichtung der Stadt der Azteken gelungen, auf deren Trümmern die Stadt Mexico City errichtet wurde. Drei Jahrhunderte **spanischer** Herrschaft folgten. In Mexico ist kaum etwas von Einwanderungen, im Gegensatz zu den USA oder Kanada, zu registrieren, so daß es hier nicht zu einem internationalen Schmelztiegel wurde. Dies erklärt auch, daß die Mestizen – Indianer und Weiße gemischt – vorherrschen. 1821 erhielt Mexico seine **Unabhängigkeit** von Spanien. 1857 wurde eine freiheitliche Verfassung unter dem Präsidenten Benito Juarez geschaffen. Auf Grund dessen holten die Konservativen den Habsburger **Maximilian** nach Mexico, der mit Unterstützung der Franzosen drei Jahre regierte – als „Kaiser Maximilian". Dem schloß sich eine 33jährige Diktatur an. Mit der Revolution von **1910** wurde dieses Diktaturregime beendet. Nach 10 Jahren Bürgerkrieg wurde der Friede wiederhergestellt. In den nachfolgenden Jahrzehnten hat Mexico bis heute einen Kurs der Stabilität in wirtschaftlicher sowie sozialer Richtung verfolgt.

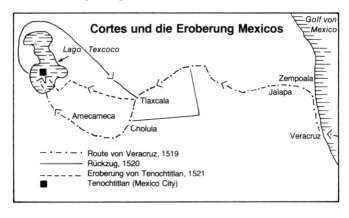

WICHTIGES 9

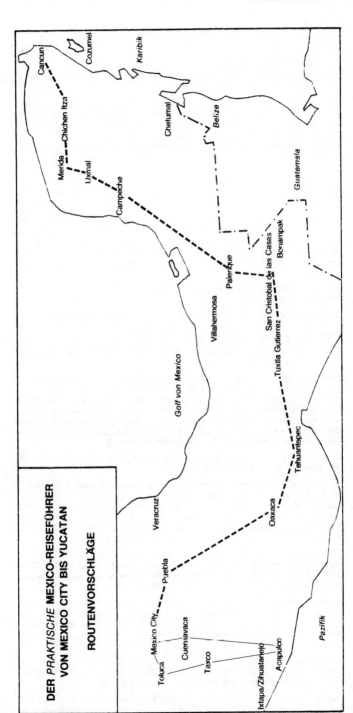

10 WICHTIGES

WAS MAN WISSEN SOLL

Auskunft: *Staatliches Mexikanisches Verkehrsamt*, Wiesenhüttenplatz 26, 6 Frankfurt/M. 1; Tel. (0611) 25 34 13.

Automieten: Es ist sehr beliebt, Mexico mit dem Mietauto zu entdecken, daher unbedingt die *Reservierung* für den Mietwagen *vor der Abreise* aus der BRD vornehmen. *Mindestmietalter* im allgemeinen 25 Jahre. Mietwagen für Aufenthalt in Mexico City nicht erforderlich, darum z. B. erst für den Reiseabschnitt von Mexico City nach Yucatan reservieren. Internationale Autovermieter wie Avis und Hertz sind in Mexico vorhanden.

Badeorte wie Acapulco und Ixtapa/Zihuatanejo am Pazifik und Cancun, Isla Mujeres und Cozumel an der Karibik haben von Dez. bis Mai *Hochsaison*.

Banken: Wechselkurs in Mexico im allgemeinen günstiger als in Europa. Öffnungszeiten: Mo-Fr außer feiertags 9–13.30 Uhr. DM und DM-Reiseschecks werden selten angenommen, am besten US-Dollar oder US-Dollar Reiseschecks (American Express). Hotels wechseln meist zu einem schlechteren Kurs. *Tip:* Vor der Abreise etwas Geld in mex. Pesos wechseln.

Benzin: Tanken bei den staatlichen *Pemex*-Tankstellen. Etwa 1/4 des Benzinpreises in Europa.

Botschaft: *Mexikanische Botschaft* (in der *BRD*), Rathausgasse 30, 53 Bonn 1, Tel. (0228) 63 12 26; (in *Österreich*) Renngasse 4, A-1010 Wien; (in der *Schweiz*) Bernastr. 57, Ch-3005 Bern.

Busreisen. Billig aber anstrengend. Immer *1. Klasse* fahren. Reservierung mehrere Tage vor der Abreise.

Darmstörungen (Moctezumas Rache auch *Turista* genannt) können wegen Klima- und Höhenunterschieden sowie scharfen Speisen oder anderer Einflüsse auftreten. Mittel auf Empfehlung des Hausarztes besorgen. *Rat:* Keine frischen Salate, kein Wasser aus der Wasserleitung trinken oder zum Zähneputzen verwenden – nur original verschlossenes Agua Minerale. Gute Restaurants aufsuchen. Baby-Heilnahrung von zu Hause mitnehmen; Papierwindeln helfen auf der Weiterreise.

Departure Tax: *Abflugsteuer.* Bei Inlandflügen etwa 100 Pesos, bei internationalen Flügen etwa 300 Pesos.

Diplomatische Vertretungen in Mexico: *Deutsche* Botschaft (BRD) – Embajada de Alemania, Calle Lord Byron 737, Mexico City, D.F., Tel. 545-6655, *Österreichische* Botschaft – Embajada de Austria, Campos Eliseos 305, Mexico City, D.F., Tel. 540-3415. *Schweizer* Botschaft – Embajada de Suiza, Calle Hamburgo 66, Mexico City, D.F., Tel. 533-0735.

Einreisebestimmungen: Gültiger *Reisepaß* und *Touristenkarte*, kostenlos erhältlich bei der Fluglinie oder beim Reisebüro (wo Sie Ihren Flug nach Mexico buchen), bei der Mexikanischen Botschaft (gegen Vorlage des Reisepasses, Rückporto „per Einschreiben" beifügen).

Einkaufen: Bei allen Preisen *10% Mehrwertsteuer* hinzurechnen. Typische Artikel Mexicos: Silber, Keramiken, Sarapes (Umhänge oder Ponchos), Hängematten, Sisaltaschen, Sombrero, Guayaberas (Hemden), Huipiles (weiße bestickte Blusen oder Kleider), Onyxartikel (Schachfiguren), Huaraches (Ledersandalen), Rindenmalerei.

Eisenbahnfahren. Mexico verfügt über kein Streckennetz, das auf „1-Stunden-Takt" eingestellt ist. Vernünftige Preise, aber *anstrengend*. Schlafwagenreservierungen möglichst 2 Monate vorher.

Entfernungen: Mexico ist etwa 10 000 Flugkilometer von der BRD entfernt. *Von Mexico City* nach (in km): Acapulco 416, Veracruz 440,

WICHTIGES 11

Merida 1600, Cancun 1923. Planen Sie während Ihres Mexico Aufenthalts nicht auf die letzte Minute. Lassen Sie sich immer etwas *Zeitspielraum*, besonders beim Benutzen öffentlicher Verkehrsmittel sowie auf längeren Autostrecken.

Essen: *Hauptmahlzeiten* — Frühstück 7—9 Uhr, Mittagessen 13.30 bis 15.30 Uhr (in Städten wie Mexico City, Oaxaca und San Cristobal de las Casas Hauptmahlzeit des Tages), Abendessen 20—21 Uhr. Spezialitäten: *Chilaquiles* = Tortillas in Stücken mit Chili und Tomatensoße *Enchiladas* = gerollte gefüllte Tortillas *Guacamole* = dickkremige Soße aus Avocados, Pfeffer, Zwiebeln u. a. *Huachinango* = beliebtes mexikanisches scharf gewürztes Fischgericht *Huevo Rancheros* = Eier mit Chili und Tomaten *Mole Poblano* = gewürzte dunkelbraune Schokoladensoße zum Hühnchen *Pollo Pibil* = goldbraunes Hühnchen mit scharfer Barbecue-Soße im Bananenblatt serviert (es wird meistens im Bananenblatt eingerollt in eine Erdmulde gepackt) *Sopa de Crema Elote* = Maissuppe (kremig) *Tacos* = in „Taschen" gefaltete/gefüllte Tortillas *Tamales* = gefüllte Maisbrote *Tortillas* = dünne kreisförmige Maisfladen Getränke: *Agua minerale* = Mineralwasser *Refresca* = alkoholfreie Getränke *Cerveza* = Bier (bekannteste Biere: Carta Blanca, Bohemia u. a.) *Pulque* = milchig trübes, leicht alkoholisches Getränk, das schon seit präkolumbianischer Zeit ein beliebtes Getränk der Einheimischen ist (vergorener Agavensaft) *Tequila* = farbloser Schnaps aus dem Saft der Maguey-Agave *Mezcal* = farbloser Agavenschnaps mit einem Wurm in der Flasche *Margarita* = Tequilacocktail *Mexikanischer Wein* ist relativ preiswert Exotische Früchte: *Mango* (birnenförmige saftig fleischige, meist leicht rotgelbe oder grüne Frucht mit einem harten kugelförmigen Stein) *Papayas* = große grüne birnenförmige saftige gelbfleischige Frucht mit „hunderten" schwarzen perlförmigen Kernen *Guayabas* = zitronenförmige gelbe Frucht *Avocados* = grüne fettkremige Frucht mit fast tischtennisballgroßem Stein. Alles Obst selbst schälen. Für den empfindlichen Magen *pan tostado* = Zwieback. Kleine Restauranthilfe: *Huevo* = Ei *Jugo* = Saft *Jugo de naranja* = Orangensaft *Leche* = Milch *Pescado* = Fisch *Pollo* = Huhn *Queso* = Käse *Sopa del dia* = Tagessuppe.

Feiertage; einige der wichtigsten Nationalfeiertage (manche Straßen sind in Mexico nach diesen wichtigen Tagen benannt): *1. Jan.* = Neujahrstag *6. Jan.* = Heilige Drei Könige *5. Febr.* = Tag der Verfassung (Ende der Revolution von 1910) *21. März* = Gedenktag des Geburtstages des Präsidenten Benito Juarez *1. Mai* = Tag der Arbeit *5. Mai* = Nationalfeiertag zur Erinnerung des Sieges über Frankreich bei der Schlacht von Puebla *16. Sept.* = Unabhängigkeitstag *12. Okt.* = Tag der Rasse (Kolumbustag) *1. Nov.* = Allerheiligen *2. Nov.* = Allersselen *12. Dez.* = Fest der Erscheinung der Jungfrau von Guadalupe, Schutzpatronin *25. Dez.* = Weihnachten.

Fiesta Mexicana — besteht aus mexikanischem *folkloristischen* Musik- & Tanzprogramm mit *mexikanischem Essen* (reichhaltiges heißes Büfett), wird von vielen großen Hotels veranstaltet. Sehr empfehlenswert, um mexikanische Spezialitäten sowie die Musik und Tänze des Landes kennenzulernen!

Flugreisen. Aeromexico & Mexicana verbinden fast alle wichtigen Reiseziele. Günstige Preise. *Reservierung* so früh wie möglich. Immer frühzeitig zum Flughafen.

Flug-Rückbestätigung = Re-confirmation. Bei allen für Mexico *gebuchten* Flüge (Inlands- und internationale Flüge) ist in Mexico die *Rückbestätigung* des Fluges bei der betreffenden Fluglinie erforderlich. Das „o.k." auf dem Flugschein allein reicht nicht aus!

Fotografieren: Obwohl in Mexico erlaubt ist, alles außer militärischen Objekten zu fotografieren, sollte man besonders bei Nahaufnahmen von Einheimischen besondere *Rücksicht* nehmen. Meistens erhält man gegen ein paar Pesos deren Einverständnis. In einigen *Indianerdörfern* ist jedoch das Knipsen einfach nicht erwünscht; erkundigen Sie sich daher am besten bei Ihrem Reiseleiter oder bei den „Dorfräten" über die *Fotoerlaubnis*. Stativaufnahmen sind im allgemeinen in *Museen* nicht

12 WICHTIGES

erlaubt; Information über Sondergenehmigungen beim *Staatlichen Mexikanischen Verkehrsamt* in Frankfurt. Obwohl in Mexico Fotomaterial fast überall erhältlich ist, sollten Sie bei dem Ihnen *vertrauten* Fotomaterial bleiben und es sich vor der Reise besorgen.

Geld: Preise in diesem Reiseführer sind in *US-Dollar* ausgewiesen, soweit nicht ausdrücklich in Pesos angegeben. Das Schriftzeichen für Pesos ist dem US-Dollar-Zeichen ähnlich: $. Ein *Peso* ist in 100 *Centavos* unterteilt. Da es in manchen Banken etwas schwierig ist, DM umzutauschen, empfehlen wir, Ihr Reisegeld in US-Dollar-Scheine und US-Dollar-Reiseschecks (z. B. American Express) umzutauschen. In Mexico immer für *Kleingeld* in Münzen sorgen 1-Peso, 5-Peso und 10-Peso, z. B. für Trinkgelder usw. *20-Centavos-Stück* zum Telefonieren. Geld, Paß, Touristenkarte und Flugtickets usw. *nie* im Hotelzimmer lassen, *Hotelsafe* benutzen. Tragen Sie auf Reisen unterwegs diese Wertsachen immer *dicht* am Körper (Tresorgürtel und Gürteltasche sind zu empfehlen), Taschendiebe lauern überall in der Welt auf Touristen.

Höhen: Manche der beliebten Reiseziele liegen in schwindelnder Höhe ü. M., zum Beispiel Mexico City etwa 2200 m, Oaxaca etwa 1600 m, Taxco etwa 1800 m, San Cristobal de las Casas etwa 2100 m. Wichtig ist in diesen Städten, sich in den ersten Tagen Ihres Aufenthalts *nicht zu überfordern*. Lassen Sie sich vorher von Ihrem *Hausarzt* beraten.

Hotels. Erwarten Sie in Mexico keine niedrigen Hotelpreise; wenn Sie auf Komfort nicht verzichten wollen. Preisbeispiele siehe *Hotelpreise in Mexico auf einen Blick*. Hotelreservierungen *frühzeitig* vornehmen über das Reisebüro oder selbst; eine *Liste* der Hotelreservierungsstellen in der BRD ist auch beim Staatlichen Mexikanischen Verkehrsamt in Frankfurt erhältlich.

Informationsnummer. Die Auskunftstelefonnummer für Touristen in Mexico City ist: *250-0123*.

Internationaler Führerschein. Für Reisen mit dem Auto unbedingt vor Abreise besorgen.

Karten. Karten für die Reise, z. B. von *GeoCenter GmbH*, Internationales Landkartenhaus, sind bei Ihrem Buchhändler erhältlich. Karten = *mapas* in Mexico siehe *Mexico City Tips*.

Kleidung. *Locker* und bequeme, leicht waschbare Kleidung. Bei Aufenthalt in den höherliegenden Städten ist Pulli und Strickjacke erforderlich bzw. leichter Mantel oder Jacke. *Flache*, geschlossene Schuhe für den Besuch archäologischer Stätten. Während der Regenzeit leichten Regenmantel mitnehmen (Regenhaut).

Kleines „Überlebenspaket". *Empfehlenswert* mitzunehmen: 1. Flaschenöffner 2. Flaschenverschluß 3. Wundpflaster 4. Einige Teebeutel (falls der Magen streikt) 5. Einige Wäscheklammern (um die vom Ventilator im Hotelzimmer verwehten Gardinen zuzuhalten) 6. Aspirin oder anderes Schmerzmittel 7. Kekse 8. Sonnenschutzmittel 9. Kleines Taschenmesser 10. Vom Hausarzt empfohlenes „Anti-Durchfallmittel".

Klima. Da das Reisegebiet dieses Reiseführers sich südlich des Nördlichen Wendekreises des Krebses erstreckt, gibt es im allgemeinen das ganze Jahr über *mildes Klima*. In den *hochliegenden* Städten wie Mexico City, Taxco, Oaxaca und San Cristobal de las Casas sind tagsüber angenehm frische und nachts kühle Temperaturen vorherrschend. Reiseziele entlang der *Küsten* befinden sich in der tropischen Zone – am Tag glühend heiß und schwül warm während der Nacht. Einzelheiten über Temperaturen sowie Regenfall siehe unsere ausführliche *Klimatabelle*.

Kreditkarten – unbedingt notwendig beim *Automieten* (da man sonst Bargeld als Sicherheit hinterlegen muß); werden von den meisten Geschäften und Hotels akzeptiert, z. B. American Express (weitere Information: Postfach 16149, 6 Frankfurt/M. 16), Eurocard (bei Sparkassen oder Banken erkundigen).

Märkte. Einer der billigsten Wege, den „Puls" echten Mexico zu erleben, ist ein Marktbesuch – fast in jeder Stadt. Einzelheiten sowie Markttage siehe *Reiseziele*. Auf fast allen Märkten ist es üblich, über den

WICHTIGES 13

Preis zu *handeln*; fangen Sie bei etwa 1/3 des angebotenen Preises an. Da meistens ein riesiger Rummel herrscht, passen Sie besonders auf Geld und Papiere auf.

Mehrwertsteuer. Bei fast allen Preisen ist in Mexico die *10%ige* Mehrwertsteuer hinzuzurechnen.

Reisebüro. Nachdem Sie sich mit dem Baxter Mexiko Reiseführer orientiert haben, wohin Sie in Mexico wollen, buchen Sie Ihren Flug, Hotels und sonstige Arrangements beim *Reisebüro*. Hier werden Sie über den neuesten Stand von Preisen usw. informiert. Buchung lokaler Rundreisen und Touren in Mexico sowie kurzfristige Hotelbuchung beim Hotelreisebüro in Mexico möglich: *Agencias de Viajes*. Deutschsprachige Reisebüros und Touren siehe *Mexico City Tips*.

Reservierung. Auch wenn Sie ein Urlauber sind, der Mexico frei und unabhängig bereisen will, empfehlen wir – zumindest für die ersten Tage – in Mexico City ein Hotelzimmer zu buchen, und das Mietauto zu reservieren – *Reservierung* vor Abflug nach Mexico.

Siesta – die vernünftige Sitte in Mexico (außer Mexico City); während der *Tageshitze* (etwa 13–16 Uhr) sind Geschäfte und Büros außer Restaurants geschlossen – im allgemeinen eine ruhige Zeit in der Stadt.

Sightseeing Touren = *Ausflugstouren* – Busrundreisen und Stadtrundfahrten – werden in den Tourprospekten im allgemeinen in englischer Sprache bezeichnet. Reiseleitung meistens außer spanisch englischsprechend. Deutschsprachige Touren siehe *Mexico City Tips*, bzw. wenden Sie sich an Ihr Reisebüro.

Sprache. In dem *spanischsprechenden* Land Mexico wird von vielen, die mit Tourismus zu tun haben, englisch gesprochen – deutsch sehr wenig. Daher geben wir Ihnen vereinzelt auch englische Begriffe an. Für ein bißchen Sprachhilfe siehe *Kleine Sprachhilfe Spanisch* (machen Sie sich unbedingt mit den *Zahlen* vertraut). Kleines Wörterbuch empfehlenswert.

Straßen. Fast alle Reiseziele und Attraktionen Mexicos sind auf ausgezeichnet asphaltierten Straßen erreichbar. Immer bei **Tageslicht** fahren wegen dem *Vieh* auf der Straße – Schilder wie *„Precaucion Ganado"* = „Vorsicht Kühe" warnen vor Vieh auf der Straße. Beliebte „Touristenstrecken werden von den *„Grünen Engeln"* = *„Angeles Verdes"* (ähnlich wie die „Gelben Engel" in der Heimat) patrouilliert. Straßenbezeichnungen: *Libre* = gebührenfrei, *cuota* = gebührenpflichtig. Es ist ein Vorzug, die gebührenpflichtigen Straßen zu benutzen, da die im allgemeinen einen besseren Straßenzustand besitzen.

Strom – im allgemeinen *110 Volt*. Blattzwischenstecker *(Adapter)* mitnehmen; wenden Sie sich vor Benutzung Ihres Elektrogeräts an das Empfangsbüro des Hotels.

Telefonieren. Beim Telefonieren von *öffentlichen Telefonzellen* kostet das Ortsgespräch *20 Centavos*. Bei Gesprächen in andere Städte bzw. Hotelreservierungen empfiehlt es sich, das Hoteltelefon zu benutzen. Achtung – *hoher Zuschlag für Auslandsgespräche*. Viel *billiger* sind Ferngespräche *(larga distancia)* von den sog. *Casetas de Larga Distancia*. Wo Sie diese finden sowie deren Öffnungszeiten, entnehmen Sie dem örtlichen Telefonbuch *(directorio telefonico)*. In *Mexico City* z. B. finden Sie eine solche Telefonstelle bei Sanborns am *Paseo de la Reforma*, neben dem riesigen Sheraton Hotel, oder in *Merida* Nähe Zocalo, Ecke *Calles 59 & 62*.

Toiletten. *Damas* = Damen, *Caballero* = Herren. Immer etwas *Papiervorrat* dabei haben!

Trinkgeld. Prüfen Sie bei Ihrer Restaurantrechnung, ob Trinkgeld *(Service)* inbegriffen ist *(included)*, sonst ist ein Bedienungsgeld von etwa *10%* angebracht, wenn Sie zufrieden waren. Gepäckträger, Hotelboy z. B. bekommen etwa *10–20 Pesos*. Trinkgeld für den Führer einer Tour etwa *20–40 Pesos* je nach Qualität und Länge des Ausflugs. Taxifahrer erhalten im allgemeinen kein Trinkgeld.

14 SPAREN

Uhrzeit. Mexico ist in 3 Zeitzonen eingeteilt. Reiseziele des Baxter Mexiko Reiseführers – von Mexico City bis zur Halbinsel Yucatan – liegen in einer Zeitzone, der *Hora Oficial Central (Central Standard Time)*, die -6 *Stunden* von Greenwich Meantime oder -7 *Stunden* zur *MEZ* = Mitteleuropäische Zeit (bzw. -8 Stunden während der Sommerzeit der BRD abweicht.)

Versicherung. Empfehlenswert, eine *Reisekrankenversicherung* für die Mexico Reise abzuschließen, z. B. Rundum-Sorglos Paket (im Reisebüro oder an Bahnhöfen). Ratsam, *keinen Schmuck* mitzunehmen.

Wasser. Benutzen Sie in Hotels *nur* das in „sterilen" original verschlossenen Flaschen bereitstehende Agua Minerale zum *Zähneputzen* oder besorgen Sie es sich selbst; nie Leitungswasser als Trinkwasser oder zum Zähneputzen benutzen. Auch bei üblichen Drinks auf *Eiswürfel* verzichten.

Zoll. Zollbestimmungen für die *Einreise in Mexico* beim Staatlichen Mexikanischen Verkehrsamt oder der örtlichen Industrie- und Handelskammer erfragen. Erkundigen Sie sich über Zollbestimmungen bei der *Einreise in der BRD* – Reisefreimengen, Einfuhrverbote, Pflanzenschutz (Kakteen usw) – bei Zolldienststellen (Zollämter, Hauptzollämter). Besorgen Sie sich hierzu auch die spezielle Informationsschrift „*Gute Fahrt mit dem Zoll*" – herausgegeben vom Bundesminister der Finanzen, Postfach 1308, 53 Bonn 1 (erhältlich auch bei Zolldienststellen, Banken und Reisebüros).

Beachten Sie, daß Angaben über Preise, Öffnungs- oder Abfahrtszeiten Änderungen unterworfen sind; sie können nur als Anhaltspunkte gelten. Für Schäden, die durch etwaige Irrtümer oder fehlende Angaben sowie Änderungen entstehen, übernimmt der Verlag keine Haftung. Karten sind nicht maßstabgetreu und dienen nur zur Orientierung.

An dieser Stelle möchten wir dem Staatlichen Mexikanischen Fremdenverkehrsamt in Frankfurt, den örtlichen Fremdenverkehrsämtern und Unternehmen in Mexico für die freundliche Unterstützung beim Sammeln von Informationen danken. Außerdem geht besonderer Dank an unsere mexikanischen Freunde.

Ein letzter Hinweis zugleich unser wichtigster Rat für Ihre Mexico Reise: *Nicht glauben, daß alles so sein wird oder sein muß wie in Europa, denn schließlich befinden Sie sich in der Neuen Welt – eine andere Welt!*

WIE SIE BEIM MEXICO URLAUB SPAREN KÖNNEN

Es ist kein Geheimnis, daß die steigende **Inflationsrate** sowie die Zunahme des Landes an Popularität als touristisches Reiseland auch in Mexico die **Preise** ganz gewaltig in die Höhe haben schießen lassen. In Luxushotels an internationalen Badeorten wie Acapulco und Cancun verlangt man während der **Hochsaison** – im Winter – sehr hohe Preise. Die **Automietkosten** sind erstaunlich hoch. Auf der anderen Seite liegen jedoch die **Benzinpreise** weit unter unseren – sie zählen zu den niedrigsten überhaupt. Die Preise für **Bahn-, Bus-** und **Flugreisen** sind relativ günstig.

Eines der ersten Dinge, um Geld zu sparen, ist, die internationalen Badeorte **nicht** im Winter zu besuchen. Falls Sie sich jedoch einen langgehegten Wunsch erfüllen wollen, und zum Beispiel in der Hochsaison nach **Acapulco** möchten, denken Sie dabei auch an die Möglichkeit der *Package-Touren* – Ihr Reisebüro kann Sie darüber beraten. Oder noch billiger ist es, wenn Sie ein Hotel buchen, das nicht direkt am Strand liegt – die Preise sind hier viel niedriger. Zur **Information**, die Strände sind in Mexico öffentlich. Sie können sich also auch am Strand vergnügen, ohne direkt dort zu wohnen.

Sie können auch viel Geld bei den **Übernachtungskosten** sparen, besonders entlang der Strandgebiete, wenn Sie sich mehr in Städten im

Landesinnern aufhalten. Sie finden relativ preiswerte Übernachtung in Hotels in Städten wie **Taxco, Oaxaca, San Cristobal de las Casas, Palenque, und Merida.** Außerdem liegen diese Orte in der Nähe einiger der Hauptattraktionen des Landes (die am wenigsten Geld kosten, um sie zu erleben) – die faszinierenden archäologischen Zonen.

Zu den besten und **billigsten** Erlebnissen Mexicos zählen die ausgezeichneten **Museen** und **archäologischen Zonen.** Der Eintrittspreis liegt meistens unter einem US-Dollar, sonntags ist es noch billiger. Unsere **Orientierungskarten** und **Beschreibungen** zeigen Ihnen den Weg, wie Sie diese hervorragenden und preiswerten Attraktionen richtig erleben. Wenn es nun zu den **Fahrkosten** kommt, werden Sie feststellen, daß das Reisen mit **Inter-City Bussen** – obwohl recht anstrengend – eine sehr **billige** Reiseform ist. Praktisch alle Reiseziele und Attraktionen sind mit dem Bus erreichbar.

Ein weiterer Weg zum Sparen ist, die Vorzüge **besonderer Flugtarife** in Anspruch zu nehmen, die die beiden großen mexikanischen Fluglinien zwischen Mexico City und anderen Städten anbieten. Sogar der normale Flugpreis von Mexico City zum Beispiel nach Oaxaca, Villahermosa und Merida ist erstaunlich **preiswert.** Diese Städte sind vornehmlich die **Ausgangsbasis** für die benachbarten archäologischen Zonen wie Monte Alban, Palenque, Uxmal & Chichen Itza. Bei Flugreisen sparen Sie sich eine ganze Menge, zum Beispiel, für eine längere Zeit (oder überhaupt) ein Auto zu mieten, da gerade von diesen „Basisstädten" Busfahrten und Ausflüge zu den Hauptattraktionen angeboten werden.

Wenn Sie in **Mexico City** sind – man braucht dort wirklich kein Auto – werden verhältnismäßig preisgünstige **Bustouren** zu Hauptattraktionen und Sehenswürdigkeiten angeboten; mit **öffentlichen Verkehrsmitteln** kommt man ebenfalls billig zu diesen Attraktionen. **Taxis** sind in Mexico City wie in anderen Städten des Landes ziemlich **preiswert.** Man kann das Taxi auch stundenweise mieten, das dann am Ort wartet bis man die Besichtigung beendet hat. Und einer der besten **Tips** in Mexico Geld zu sparen ist, frühzeitig planen und Zimmer in den preiswerteren Hotels, auf die wir überall in diesem praktischen Reiseführer hinweisen, zu bestellen.

GEBRAUCHSANWEISUNG ZUM *BAXTER*–REISEFÜHRER MEXIKO *PRAKTISCH UND PREISWERT*

Hier ist der *praktische* **Baxter Mexiko Reiseführer** für Reisen zwischen Mexico City und der Halbinsel Yucatan, der Ihnen
1. **vorher** bei der Planung hilft,
2. **während** der Reise unentbehrlich und nützlich ist und
3. **nach** der Reise als wertvolles und zuverlässiges Nachschlagewerk dient, wenn Sie Freunden Ihre Urlaubsfotos zeigen.

Um Ihnen bei der **Planung** der Reise zu helfen, geben wir Ihnen als Anhaltspunkt einen allgemeinen Überblick über **Hotelpreise** sowie **Reise-** und **Tourkosten** in Mexico. Außerdem machen wir verschiedene **Routenvorschläge** beispielsweise *„Eine Woche in Mexico City"* (siehe Abschnitt Mexico City) oder *„Von Mexico City nach Yucatan – in zwei Wochen"* und *„Eine Woche in Yucatan".* Diese Routenvorschläge helfen Ihnen (oder Ihrem Reisebüro) dabei, **Hotelbuchungen** rechtzeitig vor Ihrer Ankunft in Mexico oder während Ihres Aufenthalts in Mexico City für weitere Reisen außerhalb der Hauptstadt vorzunehmen. Mit Hilfe unserer Routen können Sie auch selbst bestimmen, ob und **für welche Zeit** Sie ein **Mietauto** benötigen, oder **für welche Tage** Sie **Flugreservierungen** vorneh-

16 GEBRAUCHSANWEISUNG

men müssen. Auf alle Fälle müssen Sie diese Dinge rechtzeitig **vorher** erledigen. Meistens ist das ganze Jahr über der Bedarf an Mietautos, Sitzen in Flugzeugen oder Hotelzimmern größer als das was vorhanden ist. Zum Überlegen: Ohne vorherige Reservierung können Erholungstage manchmal zu Streßtagen werden.

In dem ersten umfangreichen Kapitel dieses praktischen Baxter Reiseführers finden Sie alles über **Mexico City** — wie man es erlebt und sich dort richtig vergnügt. Unsere **Orientierungskarten** machen es leicht, Geschäfte, Hotels, Restaurants, Verkehrsmittelbahnhöfe, Museen und andere Attraktionen zu finden. Die Angabe von *Buchstaben* auf den Orientierungskarten beziehen sich im allgemeinen auf **Hotels**. Im Anschluß an Mexico City folgt ein Abschnitt **Südlich von Mexico City** „Richtung Süden — nach Acapulco" — mit Reiseroutenbeschreibung und Information über beliebte Reiseziele wie Cuernavaca, Taxco, Acapulco und Ixtapa/Zihuatanejo. Daran schließt sich der Abschnitt über Reisen von Mexico City in Richtung Halbinsel **Yucatan** an. Dazu gehört: **Richtung Südosten — nach Oaxaca**, Tuxtla Gutierrez und San Cristobal de las Casas, Villahermosa und die archäologische Zone von Palenque, dann nach Merida, die größte Stadt auf der Halbinsel Yucatan. Wir haben darin auch einen Abschnitt über weltbekannte **Badeorte** der mexikanischen **Karibik** — Cancun, Isla Mujeres und Cozumel.

Machen Sie sich bei der Planung der Reise zunächst mit den Reisezielen **vertraut**, die Sie kennenlernen wollen. Sich vorher zu **informieren**, kann Ihnen nämlich Geld, Zeit und eine Menge Kopfzerbrechen sparen. In Mexico City nennen wir Ihnen beispielsweise verschiedene Hotels mit relativ preiswerten Zimmern — nehmen Sie rechtzeitig im **voraus** Ihre Hotelreservierung vor, können Sie eins davon haben. Außerdem geben wir Ihnen auch einen Hinweis, an welchen Tagen **Museen** geschlossen sind und **Märkte** stattfinden. Auf einigen **Reisestrecken** braucht man manchmal mehr Zeit oder Vorbereitung, als im allgemeinen aus einer Straßenkarte ersichtlich ist. Wir geben Ihnen deshalb unsere eigenen Erfahrungen wieder. Lesen Sie die Routenbeschreibungen **vor** Fahrtantritt! Wenn Sie planen, sich eine bestimmte Zeit in **Merida** aufzuhalten, geben wir Ihnen eine Adresse, an die Sie sich hinsichtlich weiterer Informationen über Touren und Hotels wenden können. Für den Urlaub in Badeorten an der **Karibik** informieren wir Sie über verschiedene relativ preisgünstige Hotels und wo Sie mehr Information darüber bekommen sowie Hotelbuchungen vornehmen können. Auf alle Fälle empfehlen wir Ihnen, unsere Beschreibungen zu den **archäologischen Zonen** zu lesen, und sich mit den **Orientierungskarten** vertraut zu machen. Wenn Sie schon vorher einen allgemeinen Überblick haben, bevor Sie ankommen, wird das Erlebnis bei Ihrem Besuch dieser faszinierenden Ausgrabungsstätten mehr Bedeutung haben. Falls Sie nach bestimmten Städten oder Attraktionen suchen, finden Sie diese am besten mit unserem ausführlichen **Register**.

REISEKOSTEN AUF EINEN BLICK
IN US-DOLLAR/PERSON
(Änderungen vorbehalten)
Tour-Preise

Acapulco	City Tour (Stadtrundfahrt)	10
	Acapulco Bay Cruise (Bootsrundfahrt)	7
	Aztec Flyers – Hyatt Regency	9
	Fiesta Mexicana	25
	Night Club Tour	32
	Bullfight Tour (Stierkampf)	22
Cancun	Isla Mujeres Cruise (Inselbootsfahrt)	27
	Tulum/Xel-Ha	30
	Chichen Itza with Lunch (+ Mittagessen)	40
	Fiesta Mexicana	25
	Fiesta Maya Yacht Cruise (Bootstour)	10
Cozumel	Tulum	55
	Robinson Crusoe Boat Trip (Bootstour)	25
	Aerocozumel Flight (Flug)	10
Ixtapa	Ixtapa Island Tour (Inseltour)	25
Merida	City Tour (Stadtrundfahrt)	14
	Chichen Itza with Lunch (+ Mittagessen)	40
	Uxmal & Kabah with Lunch	40
Mexico City	Folklore Ballet & Xochimilco	28
	Folklore Ballet + Hin- & Rücktransport	18
	Cuernavaca & Taxco	30
	Tula & Tepotzotlan	30
	Guadalupe & Teotihuacan	15
	Night Club Tour	45
	City Tour (Stadtrundfahrt)	12
	Puebla & Cholula	40
	Bullfight	20
	Cuernavaca-Taxco-Acapulco	52
Oaxaca	City Tour (Stadtrundfahrt)	12
	Mitla & Tlacolula	12
	Monte Alban	12
San Cristobal	Amatenango	13
de las Casas	San Juan Chamula	13
	Bonampak	170
	Montebello Lagoon	40
Uxmal	Sayil & Labna	38
	Sound & Light Show (Ton- & Lichtschau)	3
Villahermosa	City Tour (Stadtrundfahrt)	14
	Palenque with Lunch (+ Mittagessen)	40

Eisenbahnfahrt: Schlafwagen

Mexico City–Oaxaca, 20;   Mexico City–Merida, 50

1. Klasse Busfahrt-Preis MEXICO CITY *nach:*

Taxco	4	San Cristobal de las Casas	19
Acapulco	8	Villahermosa	18
Veracruz	9	Merida	27
Oaxaca	9	Cancun	33

Flugpreise

Mexico City nach:
- Acapulco 32
- Oaxaca 36
- Tuxtla Gutierrez 61
- Villahermosa 59
- Merida 82
- Cancun 100
- Cozumel 100

Tuxtla Gutierrez nach:
- Villahermosa 19

Acapulco nach:
- Oaxaca 32

Oaxaca nach:
- Villahermosa 41

Villahermosa nach:
- Merida 45

Merida nach:
- Cancun 30

Oaxaca nach:
- Tuxtla Gutierrez 38

18 WEITERREISE

HINWEISE FÜR DIE WEITERREISE VON MEXICO CITY

Nachdem Sie Mexico City und die Umgebung der Weltmetropole erlebt haben, können Sie **noch mehr** von Mexico entdecken, Land und Leute kennenlernen. Die Gegend südlich und östlich von Mexico City ist ein wirklich **faszinierender** Teil Mexicos — bezaubernde Badeorte am **Pazifik** und an der **Karibik**, romantische **Kolonialstädte** und herrliche **archäologische** Ausgrabungsstätten. Wenn Sie vorhaben, **auf eigene Faust** in diese Landesteile zu reisen, müssen Sie Ihre Arrangements für Verkehrsmittel und Hotels **rechtzeitig** vornehmen, bevor Sie Mexico City verlassen, noch besser, wenn Sie dies schon etliche Monate vor Ihrer Abreise über Ihr Reisebüro erledigen. Es ist sogar nicht zu früh, Ihre Reservierung für den Mietwagen, für die Bahn- oder Flugreise ein paar Monate, bevor Sie Ihre Reise endgültig planen, vorzunehmen. Und wenn Sie an einer organisierten **Pauschalreise** oder **Gruppenreise** von Deutschland aus teilnehmen möchten, sollten Sie sich, sobald Sie sich für ein Reiseprogramm entschieden haben, bei Ihrem Reisebüro anmelden.

Mexico, mit seinen **Badeorten** und **archäologischen** Ausgrabungsstätten ist ein mehr und mehr **bevorzugtes Reiseland**. Und da inzwischen auch viele Mexikaner in ihrem eigenen Land reisen, können mit wachsender Reiselust gelegentlich Engpässe bei Hotelunterbringung und im Verkehrs- und Transportmittelbereich besonders zur Hochsaison auftreten. Es ist daher **empfehlenswert**, Ihre Reservierungen für den Mietwagen, für Flüge und Hotelübernachtungen, über das **Reisebüro** vorzunehmen. **Wichtiger Hinweis**: In den Badeorten läuft die Hochsaison etwa von Mitte Dezember bis Anfang Mai. In dieser Zeit sind es nicht nur die Preise, die so unverschämt hochsteigen, sondern viele Hotels sind außerdem völlig ausgebucht; planen Sie daher **lange im voraus** ganz besonders, wenn Sie während der Haupturlaubszeit oder über Weihnachten nach Mexico wollen.

Für Bahnreisen geben wir Ihnen Einzelheiten, wie Sie die dafür erforderlichen Reservierungen vornehmen. Und wenn Sie mit dem Bus reisen wollen, sollten Sie **nur** mit 1.-Klasse-Bussen fahren und die Reservierung mindestens zwei oder drei Tage **vorher** in Mexico City vornehmen. **Wichtig**: Es gibt in Mexico City mehrere große Busbahnhöfe, von denen jeder ein bestimmtes geographisches Gebiet erfaßt. Falls Sie noch **keine** Hotelreservierungen für Ihre Reise durch die südlichen und östlichen Landesteile Mexicos gemacht haben sollten, können Sie dies bei Ihrem Aufenthalt in Mexico City noch erledigen, indem Sie sich an die Geschäftsstellen der verschiedenen Hotelketten wenden — viele haben Reservierungsstellen innerhalb der mexikanischen Hauptstadt. Bei solchen Hotels, die keine Reservierungsstelle in Mexico City haben, können Sie direkt von Ihrem Hotel in Mexico City dort anrufen und Ihr Hotelzimmer bestellen. Welche Pläne Sie auch haben mögen, verlassen Sie Mexico City möglichst **nicht**, um das südliche Mexico und die Halbinsel Yucatan zu entdecken, **ohne** eine feste Hotelreservierung in der Tasche zu haben.

VERKEHRSMITTEL 19

AUTO, BUS, BAHN ODER FLUGZEUG?

Mexico auf verschiedenen Verkehrswegen entdecken

Die Auswahl an Verkehrsmitteln, die südlich und östlich von Mexico City liegenden Landesteile Mexicos zu entdecken, ist sehr vielseitig. Bei unseren Recherchen für diesen praktischen Reiseführer sind wir mit dem Zug, mit dem Bus, mit dem Mietwagen und mit dem Flugzeug durch Mexico gereist. Aus unseren dabei gewonnenen Erfahrungen wollen wir Ihnen hier das richtige Gefühl für das Reisen mit den **verschiedenen** Verkehrsmitteln durch das südliche und östliche Mexico vermitteln.

Auf den **großen** Entfernungen Mexicos ist der Bus, dicht gefolgt von der Bahn, zwar das billigste Verkehrsmittel, doch muß man zur gleichen Zeit in Kauf nehmen, daß es eine sehr zeitraubende Reiseart ist, und lange Bus- und Bahnfahrten recht zermürben können. Wenn Sie sich für eine Bus- oder Bahnreise entschieden haben, sollten Sie von vornherein eine positive Einstellung mitbringen und vor allem in gesundheitlich guter Kondition sein. Und noch eines, Sie sollten reichlich Zeit (und wenig Gepäck) zur Verfügung haben, wenn Sie mit dem **Bus** oder der **Bahn** reisen. Obwohl das Eisenbahnnetz etwas beschränkt ist (beispielsweise gibt es **keine** Bahnverbindung nach Acapulco), gelangen Sie immerhin mit Bussen der verschiedenen Busunternehmen praktisch in jeden Winkel des Landes.

Die **Straßen** zu den meisten der Hauptsehenswürdigkeiten und Badeorte, die wir in diesem Reiseführer beschreiben, sind asphaltiert und im allgemeinen in recht gutem Zustand. Aber eines sollten Sie beim Reisen mit dem **Auto** durch Mexico bedenken: Obwohl sich Ihnen damit eine herrliche Gelegenheit bietet, Land und Leute „hautnah" zu erleben und kennenzulernen, **kann** das Automieten trotz der niedrigen Benzinpreise — Mexicos Benzinpreise zählen noch zu den niedrigsten der Welt — zu einer kostspieligen Angelegenheit werden. Natürlich sind die Kosten pro Person um so niedriger, je mehr Leute zusammen reisen. Hinzu kommt der Vorzug, daß Sie mit einem Auto viel **beweglicher** sind und überall, wo Sie wollen und so oft Sie wollen, halten können. Denken Sie aber daran, daß die **Entfernungen** zwischen Hauptreisezielen im südlichen und östlichen Teil Mexicos überraschend lang sein können. Hinzu kommen die vielen **Kurven** (besonders in den gebirgigen Gegenden des südöstlichen Landesteiles), **Tiere** und Landbewohner auf der Straße, die langsamen **Lastwagen** (besonders, wenn es bergauf geht) und daß Sie wirklich **nicht im Dunkeln fahren** sollten, außerdem bremsen Sie die äußerst ernst zu nehmenden Schilder mit **Geschwindigkeitsbegrenzungen** — wie Sie sehen, sind dies alles Faktoren, die Sie davon abhalten, diese Reisegebiete Mexicos rasch in ein paar Tagen anzusehen. Kalkulieren Sie also reichlich Zeit ein; in Mexico geht schließlich alles ein bißchen langsamer.

Viele der Hauptreiseziele und Attraktionen Mexicos sind auf dem **Luftweg** mit den beiden mexikanischen Liniengesellschaften erreichbar — Aeromexico und Mexicana. Hinzu kommt, daß die Flugpreise innerhalb Mexicos erstaunlich niedrig liegen. Außerdem ist Ihre **Urlaubszeit** zu **wertvoll**, um sie nicht maximal zum Entspannen und zum Besichtigen zu verwenden. Fliegen ist daher wahrscheinlich der beste Weg, mehr Zeit für ein **optimales** Urlaubsprogramm an Ort und Stelle zur Verfügung zu haben. Ihr **Reisebüro** kann Sie beraten und über Einzelheiten der **Flugtarife** informieren, bei denen Sie innerhalb von Mexico uneingeschränkt fliegen können, oder bei denen Sie eine beachtliche Ermäßigung auf den Normaltarif erhalten.

Eine weitere ausgezeichnete Möglichkeit, die Umgebung von Mexico City und die Reisegebiete im südlichen und östlichen Teil des Landes kennenzulernen, ist eine **begleitete Rundreise**. Gewöhnlich dauern solche Rundreisen eine Woche oder sogar ein paar Wochen. Der Vorzug eines solchen Arrangements liegt darin, daß Sie sich weder um Ihre Beförderung noch um Ihre Unterkunft kümmern müssen. Wählen Sie nach Möglichkeit eine Tour aus, bei der Sie **im Anschluß** an Ihr klassisches, **archäologisches Abenteuer** (bei dem Entdecken der verschiedenen Pyramiden und Tempel der alten Kulturen Mexicos) einen **Badeaufenthalt** in einem Badeort entweder am Pazifik (wie Acapulco) oder an der Karibik (wie Cancun) anhängen können. Sie können es uns durchaus abnehmen, daß Sie ein paar Tage faulenzen und nichtstun sehr begrüßen werden, nachdem Sie die vielen Pyramiden hochgeklettert sind!

Dieser Reiseführer ist natürlich für den Individualreisenden, der auf **eigene Faust** unterwegs sein will, genau so ideal und nützlich wie für den Teilnehmer einer **Gruppenreise**. Der Gruppenreisende wird dankbar sein für die interessanten **Hintergrundinformationen**, die ausgezeichneten **Orientierungskarten** und Pläne, die vielen **praktischen** Hinweise, wo man einkaufen und essen kann, und die **nützlichen Tips** über weitere Sehenswürdigkeiten sowie **wissenswerte Informationen** über Mexico, die wir in diesem Reiseführer jeweils an Ort und Stelle geben. Und hier nun **Vorschläge** zum Thema, wie man die südlichen und östlichen Landesteile Mexicos bereisen und entdecken kann — **ohne Auto**, gefolgt von Reiseideen **mit der Bahn** und **dem Bus** und dann mit dem **Auto**.

VON MEXICO CITY OHNE AUTO

Es läßt sich sehr gut vereinbaren, einige der charmanten mexikanischen **Kolonialstädte** zu erleben, sich an den mondänen **Badeorten** am Pazifik oder an der Karibik zu vergnügen sowie viele der faszinierenden **Ruinenstätten** zu entdecken, **ohne** ein **Auto** mieten zu müssen. An anderer Stelle dieses Reiseführers behandeln wir Bus- und Bahnreisen, hier in diesem Abschnitt jedoch wenden wir uns in erster Linie an die Reisenden, die die Strapazen einer Bus- oder Bahnreise durch die südlichen oder östlichen Reisegebiete Mexicos **nicht** mitmachen und auch kein Auto mieten wollen. Gleich zu Beginn ein **Tip**: Mexico

City und viele seiner außerhalb liegenden Attraktionen können **ohne Auto** besucht werden. Die **Kombination**, eine große Auswahl an begleiteten Rundreisen, ein recht gut funktionierendes System öffentlicher Verkehrsmittel, gelegentlich durch eine billige Taxifahrt ergänzt, macht es sogar möglich, die Umgebung der mexikanischen Hauptstadt auch **ohne Auto** zu erobern.

Wenn Sie **von** Mexico City **nach** Acapulco wollen, gibt es Bustouren nach Acapulco, entweder direkt dorthin oder über **Cuernavaca** mit *Übernachtung* in **Taxco**, der charmanten Kolonialstadt, weltberühmt für ihr Silber; eine sehr bequeme Möglichkeit, Mexicos weltberühmten Badeort am Pazifik zu erreichen. Die sonst ziemlich lange *Busreise* ist hierbei auf zwei Tage verteilt. Nach einem kleinen **Aufenthalt in Acapulco** können Sie weiter nach **Oaxaca** *fliegen,* wo *begleitete Bustouren* zum in der Nähe liegenden **Monte Alban** und nach **Mitla** durchgeführt werden, die **direkt** von Ihrem Hotel beginnen. In weniger als 1 Flugstunde *fliegen* Sie **von** Oaxaca **nach Villahermosa** – diese Stadt im mexikanischen Bundesstaat **Tabasco** können Sie als Ihre **Ausgangsbasis** zu den Ruinen von **Palenque** benutzen; täglich Touren **von** Villahermosa **nach Palenque**.

Wenn Sie die Strecke zwischen **Villahermosa** und **Merida**, der Hauptstadt des mexikanischen Bundesstaates **Yucatan**, *fliegen*, vermeiden Sie, einen ganzen Tag lang durch die überwiegend flache und manchmal auch recht eintönige Landschaft fahren zu müssen. **Merida** selbst ist eine interessante Stadt *zum Erleben* – und das können Sie auf vielfältige Weise erfahren, zum Beispiel durch angenehme **Spaziergänge**, eine **begleitete Stadtrundfahrt** oder bei einer **Kutschfahrt**. Ganz abgesehen davon ist Merida ein idealer **Ausgangspunkt** für *Tagestouren* mit dem Bus zu den faszinierenden Ruinen von **Uxmal** im *Süden* und **Chichen Itza** im *Osten*. Tagestouren zu diesen beiden Ruinenstätten werden **von Merida** aus **täglich** durchgeführt. **Von** Merida aus sind **Cozumel** und **Cancun**, die berühmten Ferienziele an der **Karibik**, leicht erreichbar; es gibt **tägliche** *Flugverbindung*. Jedes dieser Ziele ist besonders **ideal** für erholsamen Urlaub am Ende Ihres Mexico-Aufenthalts; gönnen Sie sich ein paar Tage, um hier richtig auszuspannen und die malerischen Strände mit dem grünblauen Wasser der Karibik zu **genießen**. Und falls Sie eventuell noch nicht genug archäologische Wunder Mexicos gesehen haben sollten, so gibt es Tagesausflüge mit dem *Bus*, zum Beispiel **von** Cancun **nach Tulum** – die **einzige**, von **Mauern** umgebene Mayastadt – **direkt am Meer**.

VON MEXICO CITY MIT DER BAHN

Von Mexico City können Sie viele der Reiseziele, die wir beschreiben, mit der **Bahn** erreichen – Veracruz, Oaxaca, Palenque und Merida und andere. Abfahrt aller Züge vom Bahnhof **Buenavista Station** in Mexico City. Es gibt beispielsweise zwei Züge zwischen **Mexico City** und **Veracruz**. Der **Tageszug** *,,ohne Platzreservierung, mit Abteilen ohne Luftkühlung (non-air conditioned coaches)"* fährt um 07.34 Uhr morgens **ab**

und kommt am selben Abend um 19 Uhr **an**. Der **Nachtzug** fährt um 21.32 Uhr in Mexico City **ab** und kommt am nächsten Morgen um 7 Uhr in Veracruz **an**; Einzelschlafabteil, sogenanntes *roomette*, und Doppelschlafabteil, *double bedroom accommodations*, vorhanden.

Die Bahnfahrt zwischen **Mexico City** und **Oaxaca** dauert etwa 15 Stunden; Abfahrt **von** Mexico City um 17.30 Uhr und **Ankunft** in Oaxaca um 08.05 Uhr am **nächsten** Morgen. Für diejenigen, die noch mehr Reiseabenteuer mit der Bahn suchen, wie wäre es mit der **37stündigen** Fahrt zwischen **Mexico City** und **Merida**? Der Fahrplan für diesen Zug: **Ab** Mexico City 20.10 Uhr, **an** Palenque 22.00 Uhr *(am nächsten Abend)*, **an** Campeche 05.47 Uhr und **an** Merida 09.05 Uhr. Fahrplan für die **Rückfahrt**: **Ab** Merida 20.00 Uhr, **an** Campeche 23.05 Uhr, **an** Palenque 08.06 Uhr *(am nächsten Morgen)* und **an** Mexico City 09.15 Uhr *(am nächsten Tag)*. Wenn Sie planen, die herrlichen Ruinen von **Palenque** mit dem Zug zu erreichen, hier ein **wichtiger Hinweis**: Der **Bahnhof** von Palenque ist etwa **10 Minuten** mit dem Taxi von der (überhaupt nicht beeindruckenden) Stadt **und ungefähr noch weitere 10 Minuten** von den Ruinen entfernt. Das **Beste** ist, Sie machen rechtzeitig vorher Ihre Zimmerreservierung beim Hotel de las Ruinas (in der Nähe der Ruinen) und nehmen **vom Bahnhof aus ein Taxi direkt zum Hotel**. Wenn Sie Ihre Zimmerreservierung vornehmen, sollten Sie gleich angeben, daß Sie **mit der Bahn** ankommen werden.

Für **Schlafwagenreservierungen** zwischen **Mexico City** und **Veracruz** sowie zwischen **Mexico City** und **Oaxaca** und von **Mexico City** nach **Palenque/Merida** wenden Sie sich an:

    Chief Passenger Traffic Department
    National Railways of Mexico
    Buenavista Grand Central Station
    Mexico 3, D.F.
    MEXICO
    (Tel.: 547-8971)

Für **Schlafwagenreservierungen** von **Merida** nach **Palenque** und **Mexico City** wenden Sie sich an:

    Cars Service Superintendent Traffic
    Ferrocarriles Unidos del Sureste
    Calle 43 entre 44 y 46
    Merida, Yuc.
    MEXICO
    (Tel.: 271-08)

Wenn Sie mit der Bahn nach **Tapachula** reisen wollen (ein echtes Abenteuer!) hier ein **wichtiger Hinweis**: Bei dem Zug zwischen **Veracruz** und **Tapachula** gibt es *„keine Platzreservierung und nur Abteile ohne Luftkühlung − unreserved seats in non-air conditioned coaches"*. **Abfahrt** in Veracruz 09.05 Uhr und **Ankunft** in Tapachula 08.20 Uhr am *nächsten Morgen*. Um 13.15 Uhr fährt ein Zug **von Tapachula** ab und kommt in **Ciudad Hidalgo**, genau gegenüber von Ciudad Tecun Ulman, in **Guatemala**, um 14.35 Uhr an. Von dort können Sie mit dem

Zug weiter nach **Guatemala City** fahren. Für mehr Information über Bahnverbindungen in Guatemala wenden Sie sich an: International Railways, 10 Avenida and 18 Calle, Zona 1, Guatemala City, Guatemala, Central America.

CHECKLISTE FÜR BAHNREISEN

- ☐ Schlafwagenreservierung — 2 Monate im voraus
- ☐ Nach neuestem Fahrplan erkundigen
- ☐ Abfahrtszeiten vergleichen
- ☐ Nachforschen, ob Speisewagen, *Dining Car*, vorhanden
- ☐ Nachfragen, ob Wagen luftgekühlt, *air conditioned*
- ☐ Reiseproviant und Getränke mitnehmen
- ☐ Stellen Sie sich auf „heiße" Fahrt ein
- ☐ Haben Sie Geduld
- ☐ Rechnen Sie mit Verspätungen
- ☐ Wenig Gepäck haben
- ☐ Nehmen Sie eine Straßenkarte zur Orientierung mit
- ☐ Gönnen Sie sich Zeit zum Erholen nach der Bahnfahrt

VON MEXICO CITY MIT DEM BUS

Praktisch alle Reiseziele im Süden und Osten von Mexico City, die wir in diesem Reiseführer beschreiben, sind **mit dem Bus** von der Hauptstadt aus erreichbar. Das Busunternehmen **Estrella De Oro** — oder **EDO** — hat beispielsweise **1. Klasse Service** nach **Cuernavaca** und **Taxco** mit Anschluß nach **Acapulco** sowie *„Non-stop-Service"* von **Mexico City** nach **Acapulco**. **Zihuatanejo** ist auch von Acapulco mit dem *Bus* erreichbar.

Wenn Sie vorhaben, beliebte Reiseziele im Südosten und Osten von Mexico City mit dem Bus zu erreichen, machen Sie sich darauf gefaßt, daß zum Beispiel die Fahrt zwischen **Puebla** und **Veracruz** wegen der großen Entfernung länger erscheint. Eines der bekanntesten Busunternehmen in diesem Teil des Landes ist **Autobuses De Oriente**, oder kurz **ADO** genannt. Und eines der beliebtesten Reiseziele südöstlich der Hauptstadt ist **Oaxaca**. Wichtiger Hinweis: Es sind mindestens 10 Stunden Fahrt nach Oaxaca, **dem Ausgangsort** für Mitla und Monte Alban. **Von** Oaxaca gibt es Busverbindung nach **Tuxtla Gutierrez** und **San Cristobal de las Casas** sowie nach **Tapachula**, dem *Tor* nach **Guatemala**. Versuchen Sie einen *Zwischenaufenthalt* einzulegen, besonders, wenn Sie auf dem Weg zur Halbinsel Yucatan sind. Legen Sie die Strecke von Mexico City nach Merida **nicht in einem Stück** zurück; legen Sie beispielsweise einen Stop in **Villahermosa** ein, von wo es Touren zu den Ruinen von **Palenque** gibt. Oder, wenn Sie auf eigene Faust reisen wollen, können Sie sogar den Linienbus **direkt** zu den Ruinen benutzen.

Merida, Hauptstadt des mexikanischen Bundesstaates Yucatan, ist ein ausgezeichneter Ausgangsort, um die Ruinen von

Chichen Itza und **Uxmal** zu entdecken. Außer den vielen Touren, die von Merida zu den Ruinen führen, können Sie auch auf eigene Faust (und billig) mit dem *Linienbus* von Merida zu diesen Superattraktionen gelangen. Und da Chichen Itza direkt an der Straße, der Hauptstraße zwischen Merida und Cancun, liegt, können Sie gleich nach Ihrer Besichtigung der Ruinen mit dem Bus nach **Cancun** und dem benachbarten **Puerto Juarez** fahren, um sich dort ein bißchen am feinen Sandstrand der Karibik zu erholen. Von **Puerto Juarez** fährt die *Fähre* nach **Isla Mujeres**, der bezaubernden Insel in der Karibik, ab. Von **Cancun** können Sie mit dem *Bus* nach **Playa del Carmen** fahren, wo die *Fähre* zur **Insel Cozumel** abfährt. Und außer, daß Sie von Cancun aus an *begleiteten Touren* zu den Ruinen von **Tulum** teilnehmen können, haben Sie auch die Möglichkeit, auf eigene Faust mit dem Bus von Cancun zu den Ruinen von **Tulum** und nach **Chetumal**, Hauptstadt des mexikanischen Bundesstaates **Quintana Roo**, und Tor nach **Belize**, zu fahren.

Ungefähre Busreisezeiten

Mexico City–Cuernavaca	1 1/2 Std.	Estrella De Oro
Mexico City–Taxco	3 1/2	EDO
Mexico City–Acapulco	6 1/2	EDO
Acapulco–Zihuatanejo	4	EDO
Mexico City–Puebla	2	Autobuses De Oriente
Mexico City–Poza Rica	4 1/2	ADO
Mexico City–Veracruz	6	ADO
Mexico City–Villahermosa	12	ADO
Mexico City–Merida	20	ADO
Mexico City–Cancun	24	ADO
Mexico City–Puerto Juarez	25	ADO
Veracruz–Merida	16	ADO
Villahermosa–Merida	8	ADO

CHECKLISTE FÜR BUSREISEN

- ☐ Nur *Primera Clase* = 1. Klasse reisen
- ☐ Nach neuesten Abfahrtszeiten erkundigen
- ☐ Platzreservierung einige Tage im voraus vornehmen
- ☐ Genug zeitlichen Spielraum einplanen
- ☐ Seien Sie auf Verspätungen gefaßt
- ☐ Vermeiden Sie Strecken, die länger als einen Tag sind
- ☐ Planen Sie Zeit zum Ausruhen nach der Busfahrt ein
- ☐ Essen/trinken Sie nur wenig vor und während der Fahrt
- ☐ Nehmen Sie Brot oder Zwieback als Proviant mit
- ☐ Nehmen Sie Mineralwasser/Limonade mit
- ☐ Besorgen Sie sich vorher eine Straßenkarte zur Orientierung
- ☐ Nehmen Sie ein Taschenbuch als Lektüre mit
- ☐ Nehmen Sie wenig Gepäck mit
- ☐ Ertragen Sie das Busfahren positiv mit einem Lächeln

VON MEXICO CITY MIT DEM AUTO

Es ist wahrscheinlich eine der besten Möglichkeiten, die Gegenden *südlich* und *östlich* von **Mexico City mit dem Auto** kennenzulernen. Doch ehe Sie diese Reiseart in Erwägung ziehen, sollten Sie bedenken, daß die **Entfernungen** sehr groß sind. Wenn Sie beispielsweise eine Fahrt zwischen Mexico City und der Halbinsel **Yucatan** planen, sollten Sie *mindestens 14 Tage* einkalkulieren, da es dazwischen wirklich so viel zu sehen und zu erleben gibt.

Die **Straßen** zu den Reisezielen und Attraktionen, die wir beschreiben, sind im allgemeinen sehr gut. **Pemex-Tankstellen** (die einzige Treibstoffgesellschaft des Landes) befinden sich in solchen Abständen entlang der Routen, daß einem praktisch das Benzin nicht ausgehen kann, wenn man bei jeder Gelegenheit volltankt. Als wir einmal nicht rechtzeitig volltankten und unser Tank einen etwas kritischen Stand erreichte, erlebten wir 2 Pemex-Tankstellen hintereinander, bei denen gerade das Benzin auch noch ausgegangen war. Glücklicherweise reichte unser Tank gerade noch bis zur nächsten Pemex-Tankstelle, bei der wir volltanken konnten.

Obwohl viele Straßen in sehr gutem Zustand sind, werden Sie doch auf dem Weg zur Halbinsel Yucatan, besonders in den Bundesstaaten **Oaxaca** und **Chiapas** sehr *kurvenreiche* Strecken antreffen. Überlegen Sie sich daher wirklich ernsthaft, **wieviele** Kilometer Sie in einem Tag schaffen können. Außerdem ist auch daran zu denken, daß es ziemlich früh dunkel wird und das ziemlich schnell. Und wenn Sie eine große Strecke zu fahren haben, sollten Sie früh losfahren. Das hilft Ihnen vielleicht, Ihr Reiseziel am frühen Nachmittag zu erreichen, und sich dann am Hotel Swimming Pool während der Tageshitze auszuruhen und sich zu entspannen. Und da sehr viele Touristen die Gegend zwischen Mexico City und der Halbinsel Yucatan mit dem Auto entdecken wollen, geben wir Ihnen etwas Information über Automieten.

Tips Zum Automieten

Trotz der vielen großen **Mietwagenfirmen** in Mexico City (und anderen Schlüsselstädten) ist es empfehlenswert, Ihren Mietwagen lange vor Ihrer Ankunft zu reservieren. **Wichtiger Hinweis:** Mindestmietalter im allgemeinen *25 Jahre;* gültiger Führerschein (und *Internationaler Führerschein*) und eine der gängigsten *Kreditkarten*. Wenn Sie planen, in Mexico City in einem der größeren Hotels in der *Zona Rosa* zu bleiben, haben Sie es sehr bequem, den Mietwagen **direkt** in dieser Gegend statt am Flughafen zu übernehmen. In Mexico City brauchen Sie **kein** Auto, nur wenn Sie vorhaben, nach **Oaxaca** oder nach **Yucatan** weiterzureisen.

In der Zeit zwischen einer Besichtigungsfahrt **mit dem Tourbus** und einem **Einkaufsbummel** können Sie sich um Ihre Mietautoreservierung kümmern und arrangieren, das Auto abzuhoholen. Zu diesem Zeitpunkt sollten Sie schon sehen, ab wann Sie das Auto benötigen (auch wenn Sie bei der Reservierung noch nicht die genaue Uhrzeit des Tages angeben können), um die anderen Landesteile zu entdecken. Und hier als **Empfehlung**, was wir bei einer unserer Reisen durch das Land taten: Wir holten das Auto gegen 18 Uhr vom Stadtbüro ab, fuhren es in die Hotelgarage und parkten es dort. Dann kauften wir in einem kleinen Laden in der Nähe unseren Proviant und Getränke für unterwegs — *agua minerale* = Mineralwasser, andere alkoholfreie Getränke, etwas Toastbrot = *pan tostado* und Kekse und füllten damit den Kofferraum. Wir fuhren am nächsten Morgen um **6 Uhr** los, als noch wenig Verkehr herrschte, und konnten ohne Staus den prunkvollen *Paseo de la Reforma*, die *Avenida Juarez* und *Madero* entlang bis zum **Zocalo** fahren. Vom Zocalo, an dem interessanten Straßenmarkt vorbei, fuhren wir dann nach Puebla. Der große Vorteil eines solchen Arrangements liegt darin, daß man die Mietdauer auf ein Minimum hält und den „mammutösen" Autoverkehr von Mexico City vermeidet.

Wenn Sie beim Autovermieter sind, müssen Sie auch angeben, wann und wo Sie das Auto wieder abgeben. Und hier kommt Ihnen die vorherige Planung zugute — siehe unsere **Routenvorschläge**. Die *Kreditkarte* hat beim Automieten eine sehr große Bedeutung. In einem Feld des Mietvertrags wird die **Höhe des Kredits** angegeben, die sich auf die Durchschnittsmietkosten erstrecken. Achten Sie darauf, daß diese Summe groß genug ist für Ihren zweiwöchigen Trip zwischen **Mexico City** und der **Halbinsel Yucatan**, bei uns wurde der Kredit auf 20 000 Pesos erweitert. Es empfiehlt sich, am besten **alle** angebotenen Versicherungen zu nehmen. Erkundigen Sie sich auch beim Vermieter, an wen Sie sich im Falle eines Unfalles wenden können, oder was Sie bei einem Unfall zu tun haben; fragen Sie auch nach einer kostenlosen Straßenkarte. Wenn man Ihnen das Auto zeigt, schauen Sie genau nach Beulen usw., gucken Sie, wo der **Reservereifen** ist (ob er genügend Luft hat) und wo der Wagenheber und das Bordwerkzeug zum Reifenwechseln sind.

ROUTENVORSCHLÄGE

CHECKLISTE FÜR AUTOREISEN

- ☐ Nur bei Tageslicht fahren
- ☐ Ständig auf Fußgänger und Vieh aufpassen
- ☐ Beim Turismo über Straßenverhältnisse erkundigen
- ☐ Welche Strecken von den grünen Engeln patrouilliert?
- ☐ Wenn möglich, gebührenpflichtige Straße fahren – besser!
- ☐ Bei jeder Gelegenheit volltanken
- ☐ Nach Möglichkeit Gebühren-Parkplätze benutzen
- ☐ Mineralwasser/Erfrischungsgetränke & Kekse mitnehmen
- ☐ Auto immer abschließen
- ☐ Wertsachen nie im Auto lassen
- ☐ Routenbeschreibung vor der Reise lesen
- ☐ Reserverad auf Funktion prüfen
- ☐ Sich mit dem Wagenheber vertraut machen
- ☐ Lassen Sie sich unterwegs genug Zeitspielraum
- ☐ Haben Sie unterwegs Geduld

ROUTENVORSCHLÄGE
EINE WOCHE IN YUCATAN
Günstige Ausgangsstädte: Merida & Cancun

Die Halbinsel **Yucatan** selbst bietet eine sehr interessante **Woche** (oder auch länger je nach dem) mit Eroberung der **archäologischen Zonen** aber auch etwas Faulenzen entlang der bezaubernden **Karibikküste**. Von den beiden **Basisstädten** Merida und Cancun werden Tagestouren zu den wichtigsten archäologischen Zonen wie **Uxmal, Chichen Itza** und **Tulum** durchgeführt. Somit kann man das meiste der Halbinsel Yucatan ohne Auto kennenlernen. Außerdem gibt es hervorragende **Bus-** und **Flugverbindungen** zwischen **Cancun** und **Merida**. Wenn Sie ein Auto für eine Woche mieten wollen, so finden Sie die Geschäftsstellen führender Autovermieter an Flughäfen und in den Hotels; es gibt **Spezial-Wochentarife** – reservieren Sie **rechtzeitig** im voraus. Mit dem Auto ist man beweglicher und kann die Karibische Küste mehr im Detail kennenlernen, einige etwas abseits von der Hauptroute liegenden archäologischen Zonen besuchen und in einem Hotel übernachten, bei dem die Preissituation etwas günstiger ist. Wenn Sie Ihre Ferien in Cancun beginnen, können Sie Ihren Reiseplan vielleicht in umgekehrter Reihenfolge gestalten:

1. **Tag:** Ankunft in Merida; übernachten in Merida.
2. **Tag:** Merida – Uxmal; übernachten in Uxmal.
3. **Tag:** Uxmal – Chichen Itza; übernachten in Chichen Itza.
4. **Tag:** Chichen Itza – Coba; übernachten in Coba.
5. **Tag:** Coba – Tulum – Cancun; übernachten in Cancun/oder an der Küste.
6. **Tag:** Ausflug zur Isla Mujeres; übernachten in Cancun.
7. **Tag:** Cancun – Merida.

28 ROUTENVORSCHLÄGE

IN ZWEI WOCHEN VON MEXICO CITY NACH YUCATAN

1. Tag:	Mexico City – Oaxaca;	übernachten in Oaxaca
2. Tag:		übernachten in Oaxaca
3. Tag:	Oaxaca – Tuxtla Gutierrez;	übernachten in Tuxtla
4. Tag:	Tuxtla – San Cristobal de las Casas;	übernachten in San Cristobal
5. Tag:		übernachten in San Cristobal
6. Tag:	San Cristobal – Palenque;	übernachten in Palenque
7. Tag:		übernachten in Palenque
8. Tag:	Palenque – Uxmal;	übernachten in Uxmal
9. Tag:		übernachten in Uxmal
10. Tag:	Uxmal – Merida;	übernachten in Merida
11. Tag:	Merida – Chichen Itza;	übernachten in Chichen Itza
12. Tag:	Chichen Itza – Coba;	übernachten in Coba
13. Tag:	Coba – Akumal;	übernachten in Akumal
14. Tag:	Akumal – Cancun;	

Beispiele von Hotels unterwegs, die Sie vorher reservieren können; D.F = *Mexico City*.

Oaxaca:
Hotel Victoria
Panamericana
Tel. 62633
D.F. Tel. 250-0655

El Presidente Hotel
5 de Mayo y Abasolo
Tel. 60611
D.F. Tel. 395-0333

Mision de los Angeles
Calz. Porfirio Diaz No. 102
Tel. 61500
D.F. Tel. 521-3037

Tehuantepec:
Hotel Calli
Panamericana
Tel. 50113

Tuxtla Gutierrez:
Bonampak Hotel
Blvd. B. Dominguez 180
Tel. 20201

San Cristobal de las Casas:
Posada San Diego de Mazariegos
Maria Adelina Flores No. 2
Tel. 80621

Hotel Espanol
Primero de Marza
Tel. 80045

Palenque:
Hotel de las Ruinas
Apdo Postal No. 49

Chan-Kah Hotel
Apdo Postal No. 26

Hotel Tulija
Apdo Postal No. 57
Tel. 50104

Uxmal:
Hotel Villa Arqueologica
D.F. Tel. 514-4995

Hotel Mision Uxmal
D.F. Tel. 533-5953

Merida:
Hotel Casa del Balam
Calle 60 No. 488
Tel. 19474

Hotel Panamericana
Calle 59 No. 455
Tel. 39111

Hotel El Castellano
Calle 57 No. 513
Tel. 30100

Chichen Itza:
Hotel Hacienda Chichen
Merida Tel. 19212

Hotel Villa Arqueologica
D.F. Tel. 514-4995

Coba:
Hotel Villa Arqueolocica
D.F. Tel. 514-4995

Karibik-Küste:/Caribbean Coast:
Hotel Club Akumal Caribe
Apdo. Postal 28
Cancun, Quintana Roo
Cancun Tel. 30106
D.F. Tel. 250-4111

Hotel Capitan Lafitte
Apdo Postal No. 1463
Merida, Yucatan
Merida Tel. 30485

Cancun:
Hotel Plaza Caribe
Av. Tulum y Av. Uxmal
Tel. 30360

Campeche:
El Presidente Hotel
Av. Ruiz Cortines No. 100
Tel. 65774
D.F. Tel. 395-0333

Campeche:
Hotel Mision Si-Ho Playa
M-180
Tel. 62989
D.F. Tel. 533-5953

TIPS ZUM BESUCH ARCHÄOLOGISCHER ZONEN

Die größten Sehenswürdigkeiten Mexicos sind die faszinierenden **archäologischen Zonen**. Die meisten sind etwa von 8 bis 17 Uhr geöffnet – einige sogar schon ab 6 Uhr morgens, wie **Chichen Itza** auf der **Halbinsel Yucatan**. Die Eintrittsgebühr beträgt im allgemeinen weniger als 1 US-Dollar – *sonntags* sogar noch billiger. Obwohl man es fast kaum glauben sollte, die Besichtigung der Ruinen ist ziemlich *anstrengend*. Es mag vielleicht an der Hitze, dem Laufen auf Schotteruntergrund oder steinigen Pfaden oder auch daran liegen, daß man die hohen Pyramiden hinaufklettert. Viele dieser Pyramiden haben so *steile* und *hohe* Stufen, daß man beim Hoch- und Runterklettern Herzklopfen bekommt! Die **Pyramide des Magiers** in Uxmal beispielsweise, *südlich* von *Merida*, ist ein solches Beispiel – ein Glück, daß es dort eine **Kette** zum Festhalten gibt, wenn man das „Ungetüm" hinauf- und auch wieder hinuntersteigen will. Zur Vorsorge sollten Sie vor einer solchen Anstrengung am besten Ihren Hausarzt konsultieren, der Sie beraten kann, ob Sie Pyramiden klettern dürfen oder nicht. Hier ein **wichtiger Rat**: Vermeiden Sie es, in der *Mittagshitze*, zu besichtigen. Versuchen Sie, die Ruinen in den schwülheißen **tropischen Ebenen** schon am *frühen Morgen* anzusehen. **Monte Alban** – *außerhalb* von Oaxaca – liegt höher als Oaxaca, daher entgeht man dort oben der schwülen Hitze des Tals – ein Besuch am Nachmittag kann zum Traum eines jeden *Fotografen* werden, wenn die massiven Steingebäude ihre langen Schatten werfen.

Es ist äußerst wichtig, daß man bei Besichtigungen von Ruinenstätten flache **bequeme Laufschuhe** trägt. Manche der Steinstufen sind glatt wie Marmor oder auch *glitschig* wie die Stufen im Innern des **Tempels der Inschriften** in Palenque – *östlich* von *Villahermosa*. Hier ein **wichtiger Hinweis**: Oft wurden die Pyramiden, zum Beispiel von den Azteken als *Plattform* für ihre Tempel errichet. Geben Sie sich auch nicht einer falschen Illusion hin, daß die bedeutenderen Pyramiden nicht *restauriert* seien – sie sind es größtenteils. Manchmal wird mit Hilfe kleiner *schwarzer Steine* im Mörtel angegeben, wo man Teile restauriert hat. Wenn Sie beispielsweise **Monte Alban** besichtigen, können Sie auf den Fotos in dem kleinen *Museum* sehen, wie die Anlage vor ihrer hervorragenden Restaurierung ausgesehen hat – es gibt da einen recht erstaunlichen Unterschied!

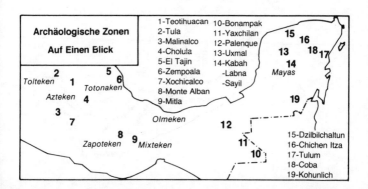

Es ist dabei auch ziemlich wichtig, eine gute **Phantasie** zu haben, wenn man die archäologischen Zonen besichtigt. Wenn Sie manche dieser riesigen Steinpaläste sehen, stellen Sie sich beispielsweise vor, welchen Eindruck deren strahlend roten Farben auf die Menschenmassen während religiöser Feiern, oder wenn Opfergaben dargebracht wurden, gemacht haben müssen. Dies ist ein weiterer Aspekt — viele der achäologischen Zonen waren Zeremonien- oder *religiöse Zentren* — das Volk lebte meistens nicht in diesen Gebäuden. Die Leute lebten, zum Beispiel in Yucatan, in einfachen palmgedeckten Hütten, wie Sie sie heute auch noch unterwegs zwischen **Campeche** und **Uxmal** sehen.

Bezeichnend für die archäologischen Zonen ist, daß die **Namen**, die die Spanier den Gebäuden gegeben hatten, normalerweise überhaupt nichts mit dem ursprünglichen Zweck des Gebäudes zu tun hatten. So bezeichneten die Spanier oft die größte Pyramide oder den Tempel, den man in einer archäologischen Zone entdeckte, als **Castillo** — da er wie ein „*Schloß*" aussah! Und hier ein **Tip**: In den etwas abgelegenen archäologischen Zonen ist es durchaus angebracht, dem Platzwächter, der Ihnen die Zone etwas erklärt, ein paar Pesos zu geben. Und abschließend noch eines für Ihre Besichtigung archäologischer Zonen: Es gibt noch eine ganze Reihe ungeklärter Fragen zu diesen Stätten über Bedeutung, Zweck und in welcher Verbindung sie standen. Von allen Seiten bemüht man sich zwar, Theorien zu erläutern, offene Fragen zu beantworten — wir haben die Antwort nicht, und selbst die Experten sind sich über einige Theorien noch nicht im Klaren. Und so ist es sicher zu empfehlen, daß Sie sich einfach die archäologischen Ausgrabungen und Funde ansehen, statt daran hängenzubleiben und sich großes *Kopfzerbrechen* über die Hintergründe zu machen, denn die Antwort werden Sie wohl auch nicht finden.

MEXICO-EISENBAHNNETZ

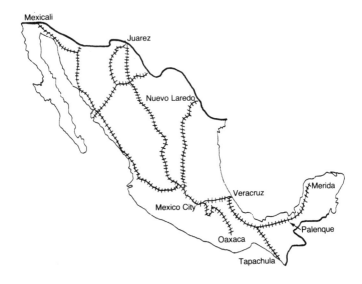

SPANISCH

❖ KLEINE SPRACHHILFE – SPANISCH ❖

1. Zahlen

1 – uno	11 – once	21 – veintiuno
2 – dos	12 – doce	30 – treinta
3 – tres	13 – trece	40 – cuarenta
4 – cuatro	14 – catorce	50 – cincuenta
5 – cinco	15 – quince	60 – sesenta
6 – seis	16 – dieciseis	70 – setenta
7 – siete	17 – diecisiete	80 – ochenta
8 – ocho	18 – dieciocho	90 – noventa
9 – nueve	19 – diecinueve	100 – cien
10 – diez	20 – veinte	1000 – mil

2. Wochentage

Montag – lunes	Mittwoch – miercoles	Freitag – viernes
Dienstag – martes	Donnerstag – jueves	Samstag – sabado
	Sonntag – domingo	

3. Nützliche Begriffe

Preis = tarifa	gut = bueno	Morgen = la manana
wo = donde	ja = si	Nachmittag = la tarde
hier = aqui	nein = no	Nacht = la noche
teuer = caro	heute = hoy	Bier = cerveza
Osten = este	bitte = por favor	Erfrischung = refresca
Westen = oeste	danke = gracias	Straße = calle
Norden = norte	Tagesmenü = comida	Landstraße = carretera
Süden = sur	morgen = manana	breite Straße = avenida
Adieu = adios	Rechnung = cuenta	guten Tag = buenas dias

4. Aussprache

Chiapas = scha-pas	Taxco = tah-sko
Cuauhtemoc = Kwau-te-mok	Teotihuacan = ti-oti-u-wa-kan
Chichen Itza = schit-chen-itz-a	Tequila = te-ki-la
Ixtapa = Is-ta-pa	Uxmal = usch-mal
Merida = meri-i-dah	Xel-Ha = schel-ha
Oaxaca = uwah-ha-ka	Xochimilco = zo-chi-mil-ko
Dzibilchaltun = dschib-il-chal-tun	
Popocatepetl = po-pu-ka-te-petl	

5. Wichtige Sätze, Fragen usw.

Wo ist die Touristeninformation?
Donde esta la oficina de turismo?

Welches Busunternehmen fährt nach ...?
Que compania de autobuses viaja a ...?

Wo ist der Busbahnhof für Busse nach ...?
Donde esta la estacion de autobus para las salidas a ...?

Wieviel kostet ein Taxi nach ...?
Cuanto cuesta un taxi a ...?

Ich möchte die Botschaft in Mexico City anrufen.
Deseo hablar a la Embajada en la ciudad de Mexico.

Ich möchte eine Straßenkarte.
Deseo un mapa de carreteras.

Wieviel Kilometer sind es von hier nach ...?
Cuantos kilometros hay de aqui a ...?

In welche Richtung geht es nach ...?
Por favor deme la direcciona ...?

32 VORBEREITUNG

Ich möchte ein Zimmer für 1(2) Person(en).
Deseo un cuarto para una (dos) personas.

Ich möchte ein ruhiges Zimmer.
Deseo un cuarto tranquilo.

Ich brauche einen Arzt/Zahnarzt.
Ne cesito un doctor/dentista.

Wieviel kostet das?   Das ist zu teuer!
Cuanto cuesta?   *El precio es muy alto!*

Ich gebe ... Pesos dafür.   Wann ist Markttag?
Le doy ... Pesos.   *Cuando es el dia de mercado?*

Haben Sie Mariachi-Schallplatten?
Tiene discos con musica de Mariachis?

Wo ist eine Toilette?
Donde puedo encontrar un cuarto de descanso?

Wo gibt es Mineralwasser zu kaufen?
Donde puedo comprar agua minerale?

Wo gibt es eine Apotheke?
Puede decirme donde esta una farmacia?

Was ist das ... (Gebäude/Ruine)?
Cual es ese edificio/ruina?

Ich muß zur Toilette.
Necesito ir al bano.

CHECKLISTE ZUR VORBEREITUNG
Abhaken und unbesorgt reisen

Gültiger Reisepaß .... ☐
Information vom Mexikanischen Verkehrsamt .... ☐
Wunschziele überlegen und aussuchen .... ☐
Urlaubsdauer festlegen .... ☐
Reisebüro aufsuchen und sich informieren .... ☐
Urlaub beantragen .... ☐
Kreditkarte anfordern .... ☐
Spanisch-Kenntnisse auffrischen .... ☐
Internationalen Führerschein besorgen .... ☐
Reisebüro (Pauschalreisende)
    Flug und Rundreiseprogramm buchen .... ☐
Reisebüro (Individualreisende)
    Flug buchen .... ☐
    Hotels buchen .... ☐
    Mietwagen reservieren .... ☐
Touristenkarte besorgen .... ☐
Beratung beim Hausarzt .... ☐
Bequeme Schuhe mitnehmen .... ☐
Medikamente, Durchfallmittel, Heilnahrung .... ☐
Geeignetes Gepäck besorgen oder überprüfen .... ☐
Kamera überprüfen, Filme besorgen .... ☐
Reiseunterlagen
    (Flugscheine, Touristenkarte usw.) abholen .... ☐
Geld, US-Dollars, US-Dollar-Reiseschecks besorgen ...... ☐
Armbanduhr und Reisewecker nicht vergessen .... ☐

KLIMATABELLE

1. Spalte = Temperatur in °C
2. *Spalte = Regenfall in cm.*

	Jan.	Febr.	März	Apr.	Mai	Juni	Juli	Aug.	Sept.	Okt.	Nov.	Dez.
Acapulco	26 *1,0*	26 *–*	26 *–*	27 *–*	28 *30*	28 *43*	28 *22*	28 *25*	28 *36*	28 *17*	27 *3,0*	26 *1,3*
Cancun	23 *2,8*	23 *2,3*	26 *2,0*	27 *2,0*	28 *7,6*	28 *14*	28 *13*	28 *14*	28 *18*	26 *10*	24 *3,3*	23 *3,3*
Merida	23 *3,0*	24 *1,5*	26 *2,0*	27 *2,5*	28 *8,1*	28 *15*	27 *14*	27 *13*	27 *15*	26 *10*	24 *3,0*	23 *3,0*
Mexico, D.F.	12 *0,6*	14 *0,5*	16 *0,8*	18 *1,3*	18 *5,0*	18 *10*	17 *12*	17 *10*	16 *12*	15 *3,5*	14 *1,3*	12 *1,5*
Oaxaca	18 *0,3*	19 *0,3*	21 *1,0*	22 *2,5*	23 *6,3*	22 *12*	21 *9,4*	21 *10*	21 *17*	20 *4,0*	18 *0,8*	18 *1,0*
Palenque	22 *28*	26 *12*	26 *8,4*	27 *2,5*	29 *13*	29 *30*	28 *30*	28 *36*	27 *48*	26 *61*	25 *25*	24 *22*
San Cristobal de la Casas	12 *0,8*	13 *–*	14 *1,0*	16 *3,6*	16 *13*	16 *25*	16 *14*	16 *16*	16 *25*	15 *15*	13 *2,3*	13 *1,5*
Taxco	19 *–*	21 *0,5*	22 *1,0*	24 *2,3*	24 *7,6*	22 *28*	21 *30*	21 *36*	21 *33*	21 *8,9*	20 *0,5*	19 *0,3*
Veracruz	21 *2,3*	22 *1,5*	23 *0,8*	25 *2,0*	27 *5,3*	27 *24*	27 *36*	27 *30*	27 *36*	26 *15*	24 *8,9*	22 *2,5*
Villahermosa	22 *14*	24 *10*	25 *4,6*	27 *4,6*	28 *8,9*	28 *21*	28 *19*	28 *20*	28 *28*	27 *30*	25 *14*	23 *18*

Berücksichtigen Sie, daß die in der Tabelle angegebenen – auf ganze °C aufgerundet – Temperaturen, die *ungefähren Durchschnittstemperaturen* darstellen. Das bedeutet, daß in allgemeinen die höchsten Temperaturen während des Tages etwas höher, die nächtlichen Temperaturen niedriger liegen, als die hier angegebenen. Zum Beispiel beträgt die durchschnittliche Tageshöchsttemperatur in Cancun im Juli etwa 34°C, fällt jedoch nachts auf etwa 25°C. Wegen der Höhenlage kommt es auch zu bedeutenden Unterschieden zwischen Tages- und Nachttemperaturen. So ist beispielsweise die Durchschnittstemperatur im Januar für Mexico City mit 12°C angegeben, die *durchschnittlichen Tageshöchsttemperaturen* betragen tatsächlich jedoch so etwa 19°C – verhältnismäßig angenehm, aber nachts fällt die Durchschnittstemperatur weit hinab auf ziemlich frische 6°C. Sie werden auch solche Temperaturen feststellen, zum Beispiel in San Cristobal de las Casas – ziemlich angenehme Temperaturen während des Tages aber sehr stark abkühlend während der Nacht. Berücksichtigen Sie bei der Tabelle, daß es sich bei der Angabe von Temperaturen und Höhe der Niederschläge (Regenfall) um Durchschnittswerte handelt – rechnen Sie mit Abweichungen. Information mit freundlicher Genehmigung des Staatlichen Mexikanischen Verkehrsamtes.

34 HOTELPREISE

MEXICO-HOTELPREISE AUF EINEN BLICK

Folgende Liste gibt Beispiele über **Hotelpreise** in Mexico – jeweils in **US-Dollars** (Niedrigsaison) für **2 Personen**. In Badeorten am **Pazifik** wie Acapulco oder an der **Karibik** wie Cancun oder Cozumel gibt es im Dez. bis Mai erhebliche **Preissteigerungen** – in der Regel 30–50%. Bei einigen Hotels sind in der Hochsaison 2 Mahlzeiten mitzubuchen. Zu jeder Hotelrechnung kommen **10% Steuer**, in einigen Luxushotels sogar noch **15% Service** hinzu. Wenden Sie sich hinsichtlich Preisauskünfte für Ihre Reisezeit an die im **Buch** genannten **Adressen** oder an Reisebüros. Neueste Preise auch beim Mexikanischen Verkehrsamt erhältlich. Beachten Sie, daß außer dem Saisonunterschied, Lage, Blick und Stockwerk den Zimmerpreis beeinflussen. Berücksichtigen Sie bei den angegebenen Preisen mögliche **Kursschwankungen** und die hohe **Inflationsrate** Mexicos; alle Anzeichen für weitere Preissteigerung vorhanden. Obwohl Preise sich bis zur Benutzung dieses Reiseführers möglicherweise geändert haben, gibt Ihnen die Preisangabe einen **Anhaltspunkt**, in welche Preiskategorie die Hotels fallen.

Stadt	Hotel	Preis
Acapulco	El Tropicano	35
	Holiday Inn	60
	Acapulco Princess	75
	Las Brisas	90
Akumal	Akumal Club	44
Campeche	Hotel El Presidente	40
Cancun	Hotel Tulum	23
	Hotel Plaza Caribe	37
	Cancun Dos Playas	50
	Hotel Cancun Caribe	70
	El Presidente	86
	Camino Real	92
Chichen Itza	Hotel Dolores Alba	13
	Villa Arqueologica	33
	Hotel Hacienda Chichen	35
Coba	Villa Arqueologica	33
Cozumel	Hotel Colonial Plaza	30
	Hotel Sol Caribe	66
Isla Mujeres	El Presidente	61
Ixtapa/Zihuatanejo	Holiday Inn	64
Manzanillo	Las Hadas	125
Merida	Hotel Dolores Alba	13
	Merida Mision	32
	Maria Del Carmen	34
	Holiday Inn	45
Mexico City	Polanco	30
	Park Villa Motel	33
	Geneve	33
	Emporio	36
	Suites Amberes	41
	El Presidente – Zona Rosa	64
	El Presidente – Chapultepec	74
	Camino Real	95
Oaxaca	Monte Alban	23
	Victoria	38
	El Presidente	42
Palenque	Hotel Palenque	20
	Hotel de las Ruinas	20
	Hotel Tulija	23
	Hotel Casa de Pakal	24
	Chan-Kah Hotel	34
Puerto Escondido	Viva Inn	36
San Cristobal de las Casas	Hotel Espanol	26
	Posada Diego de Mazariegos	28
Taxco	Melendez	18
	Rancho Taxco-Victoria	30
	Hotel de la Borda	48
	Holiday Inn	50
Tuxtla Gutierrez	Bonampak	26
Teotihuacan	Villa Arqueologica	33
Tehuantepec	Calli Hotel	20
Uxmal	Uxmal Mision	35
	Villa Arqueologica	33
Veracruz	Emporio	30
Villahermosa	Hotel Maya Tabasco	44
	Villahermosa Viva	50

MEXICO-TAL IM JAHRE 1521

Lago de Texcoco

1-Tenochtitlan
2-Cuitlahuac
3-Coyoacan
4-Colhuacan
5-Tacuba
6-Tepeyaco
7-Chalco
8-Xochimilco
9-Teopanzolco
10-Malinalco
11-Mexicaltzingo
12-Calixtlahuaca
13-Tula
14-Cuautitlan
15-Teotihuacan
16-Texcoco
17-Cholula
18-Tenayuca
19-Ixtaccihuatl
20-Popocatepetl

Tenochtitlan ist das heutige Mexico City

MEXICO CITY, D.F.

Mexico City ist die Hauptstadt der Bundesrepublik **Mexico** und gleichzeitig der Mittelpunkt des kulturellen, religiösen und politischen Lebens des Landes. Die Superstadt, mit über 15 Millionen Einwohnern im **D**istrito **F**ederal, dem Bundesdistrikt, bietet Besuchern jede Menge Abwechslung. Hier gibt es breite Prachtstraßen — **Avenidas**, angenehme Fußgängerzonen, elegante Geschäfte, malerisch bunte Märkte, Parkanlagen, Museen, historische Kirchen und Paläste, ein oder zwei Azteken-Pyramiden, Nightclubs und vieles mehr.

Die kosmopolitische Stadt in schwindelnder Höhe von 2250 m, hat praktisch ganzjährig angenehmes Klima — tagsüber warm, nachts kühl. Es ist ein buntes Mosaik voller **Kontraste**. Sie finden in Mexico City alle Gegensätze: Luxushotels und armselige Hütten, die fast geräuschlose U-Bahn und den ständigen Lärm von nahezu zwei Millionen Autos, die sich auf den Straßen und Avenidas der Stadt bewegen, schicke Boutiquen und einfache Straßenhändler, den Chapultepec Park — die grüne Lunge der Stadt — und das vom Smog überlagerte Tal von Mexico, in das die Stadt selbst eingebettet ist, maßgeschneiderte Anzüge und Pariser Mode sowie farbenprächtige, einfache Trachten der Indianer. Die Millionenstadt ist mit ihrem großen Abwechslungsreichtum an Angenehmem und auch Unangenehmem durchaus nicht repräsentativ für ganz Mexico, aber schließlich ist sie das Herz der Nation. Ein mehrtägiger Aufenthalt in Mexico City ist ein absolutes Muß!

Die Stadt ist äußerst **günstig** als **Ausgangsort** für Tagesausflüge zu interessanten archäologischen Ausgrabungsstätten und reizvollen Städten aus der Kolonialzeit. Mexico City besitzt eine hervorragende **geographische Lage**. Es sind etwa 440 km zum **Golf von Mexico** und nach **Veracruz**, etwa 416 km zum **Pazifik** und nach **Acapulco**. Das macht die Stadt zu einer **idealen Drehscheibe** für Reisen an beide Küsten, ins Dschungelhochland im Südosten sowie zu den Pyramiden und zu den karibischen Superbadeorten auf der Halbinsel Yucatan. **Mexico City** gibt Ihnen auch noch die Möglichkeit, in allerletzter Minute Zimmerreservierungen für Reisen im Lande oder andere Reisearrangements vorzunehmen, falls Sie dies nicht selbst oder über Ihr Reisebüro vor Ihrer Ankunft in Mexico erledigen konnten, da viele Hotels und Verkehrsgesellschaften ihr Hauptbüro oder ihre Reservierungszentrale in Mexico City haben.

Etwa im **13. Jahrhundert** siedelte sich der aus dem Norden, aus dem mythischen Ort *Aztlan*, kommende Indianerstamm der **Mexica-Azteken** hier im Tal an und gründete etwa um **1325** die Inselstadt **Mexica-Tenochtitlan** inmitten des riesigen Sees **Texcoco**. Das Aztekenreich breitete sich von hier in alle Richtungen aus. Zur Zeit der spanischen Eroberung im Jahre **1521**, als Cortes und seine Konquistadoren Tenochtitlan zerstörten, waren die **Azteken** der mächtigste Volksstamm in Zentral-Mexico. Die Spanier errichteten ihre Hauptstadt von Neu-

FLUGHAFEN

Spanien auf den Trümmern der Aztekenstadt und behielten den Namen „Mexico", der von dem alten Aztekengott des Krieges stammt, bei. Als das Land **1821** seine Unabhängigkeit von Spanien erhielt und ein souveräner Staat wurde, blieb Mexico City weiterhin die Hauptstadt. Mit der Zeit wurde dann auch der riesige See Texcoco trockengelegt. Mit Bildung des Bundesdistrikts, **Distrito Federal**, dehnte sich die Stadt in sämtlichen Richtungen aus. Dabei wurde Mexico City in keiner Weise von den angrenzenden Bundesstaaten gehindert. Im Laufe ihrer turbulenten Geschichte galt die Stadt als Anziehungspunkt für Arbeitsuchende aus anderen Teilen des Landes (das gilt auch heute noch). Heute zählt Mexico City zu den größten Städten der Welt — eine Weltstadt, die die Mexikaner kurz **Mexico** (sprich: *Me–chiko*) nennen. Damit es keine Mißverständnisse gibt, nennen wir die mexikanische Hauptstadt, mit der weltweit gebräuchlichsten Bezeichnung **Mexico City** (Mexico-Stadt). Lassen Sie sich keineswegs durch die Größe dieser Weltmetropole beirren. Nehmen Sie sich bei Ihrer Entdeckungsreise ein Gebiet der Stadt nach dem anderen vor. Um Ihre Entdeckung und Eroberung von Mexico City so leicht wie möglich zu machen, haben wir das Kernstück dieses Kapitels in **fünf Abschnitte** eingeteilt:

Zona Rosa
Bummel auf dem Paseo de la Reforma
Downtown Area/Stadtmitte
Rund um den Zocalo
Chapultepec Park Area

ANKUNFT IN MEXICO CITY
Mit Dem Flugzeug

Der Flughafen von Mexico City **Benito Juarez Internacional Aeropuerto** ist ein sehr moderner Flughafen. Er liegt etwas östlich der Innenstadt, ungefähr 30 Minuten vom Zentrum der Weltmetropole und dem hübschen Stadtteil **Zona Rosa**.
Wichtiger Hinweis: Die U-Bahnstation **Aeropuerto** der Mexico City Metro befindet sich **nicht** direkt im Flughafen. Das Flughafengebäude ist in alphabetische Bereiche von **A** bis **E** eingeteilt. **Innermexikanische** Flüge werden im Bereich **A** und **B** abgefertigt, während **Abflüge internationaler** Flüge von den Abflugshallen **C** und **D** erfolgen und **ankommende internationale** Flüge im Bereich **E** abgefertigt werden.
Wenn Sie nach einem internationalen Flug in Mexico City ankommen, wird das **Original** der **zweiteiligen Touristenkarte** von den Beamten der Einwanderungsbehörde einbehalten. Die Durchschrift müssen Sie gut aufbewahren, da Sie diese **beim Abflug** von Mexico **abgeben** müssen. Nach der Zollabfertigung gelangen Sie hier noch im Bereich der Ankunft internationaler Flüge zu einem Schalter für Hotelinformation, einer Geldwechselstelle sowie zu den Schaltern mehrerer Autovermieter. Genau **vor** dem Flughafengebäude gibt es im Ankunftsbereich der

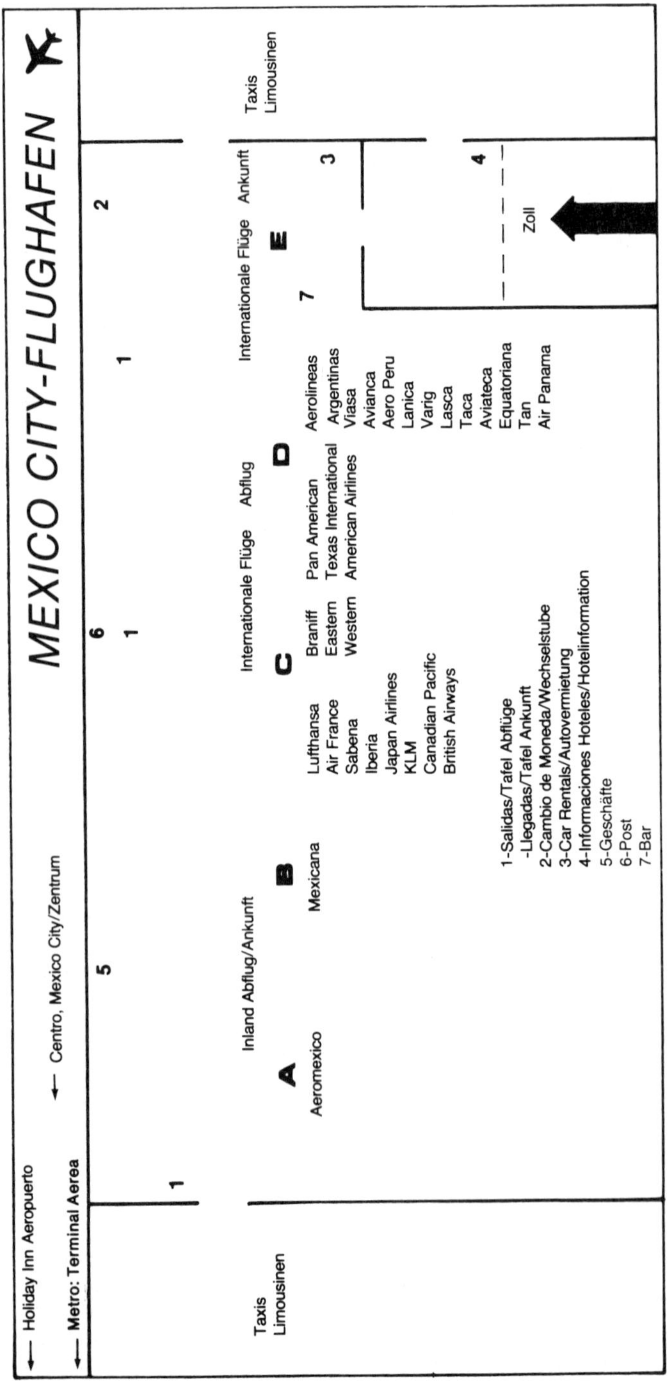

38 FLUGHAFEN

MEXICO CITY-FLUGHAFEN ✈

← Holiday Inn Aeropuerto
← Centro, Mexico City/Zentrum
← **Metro: Terminal Aerea**

Taxis / Limousinen

Taxis / Limousinen

Inland Abflug/Ankunft

Internationale Flüge Abflug   Internationale Flüge Ankunft

A Aeromexico

B Mexicana

C Lufthansa, Air France, Sabena, Iberia, Japan Airlines, KLM, Canadian Pacific, British Airways

Braniff, Eastern, Western

D Pan American, Texas International, American Airlines

E Aerolineas Argentinas, Viasa, Avianca, Aero Peru, Lanica, Varig, Lasca, Taca, Aviateca, Equatoriana, Tan, Air Panama

Zoll

1-Salidas/Tafel Abflüge
 -Llegadas/Tafel Ankunft
2-Cambio de Moneda/Wechselstube
3-Car Rentals/Autovermietung
4-Informaciones Hoteles/Hotelinformation
5-Geschäfte
6-Post
7-Bar

inländischen und internationalen Flüge Taxen und VW-Busse, die Sie zum Hotel in Mexico City bringen. **Taxi** in die Stadt etwa US$7; der Fahrpreis für die Fahrt mit dem **VW-Bus** beträgt pro Person etwa ein Drittel des Taxipreises. Fahrkarten, *billetes*, für den Kleinbus werden außerhalb des Flughafengebäudes verkauft. Und wenn Sie zu Dritt sind, ist es wahrscheinlich billiger (und schneller), ein Taxi zu nehmen. **Wichtiger Hinweis:** Es ist in Mexico **nicht nötig**, dem Taxifahrer ein Trinkgeld zu geben.

ANKUNFT IN MEXICO CITY
Mit Auto, Bus & Bahn

Als Hauptstadt der Republik ist Mexico City der wichtigste **Verkehrsknotenpunkt** des Landes. Zu den **Hauptverbindungsstraßen**, die in der Stadt zusammenlaufen, gehören, aus dem Norden kommend, die *M-85* von Monterrey und die *M-57* von San Luis Potosi und Queretaro. Von Toluca und dem Westen Mexicos führt die *M-15* in die Hauptstadt. Von Acapulco und Orten im Süden Mexicos führt die *M-95* nach Mexico City. Und vom Osten, erreichen die *M-150* von Veracruz, und vom Südosten die *M-190* – die berühmte Panamericana (die „Traumstraße der Welt"), von beliebten Reisezielen wie Oaxaca und San Cristobal de las Casas kommend, die Weltstadt Mexico City.

Von den **Busbahnhöfen** in Mexico City gibt es Busverbindungen in verschiedene Regionen des Landes. Leider liegen die Busbahnhöfe nicht direkt in der Innenstadt von Mexico City – siehe unsere **Orientierungskarte**; aber die meisten Terminals befinden sich nahe einer U-Bahnstation der *Mexico City Metro*. Vom **Terminal de Autobus del Norte**, an der *Av. de los Cien Metros* – westlich der *Av. Insurgentes Norte,* fahren die Busse in Regionen **nördlich** von Mexico City; es ist der einzige große Bus-Terminal, der nicht direkt an der U-Bahn liegt; es gibt dafür Stadtbusverbindungen zur Innenstadt. Der **Terminal Oriente** für Reisen von **Osten** und **Südosten** befindet sich neben der U-Bahnstation *Estacion San Lazaro*. Vom **Terminal Poniente**, in der Nähe der U-Bahnstation *Estacion Observatorio*, gibt es Busverbindungen zu Zielen wie Toluca im **Westen**. Busverbindungen vom **Terminal Sur**, neben der U-Bahnstation *Estacion Taxquena*, führen nach **Süden**, nach Cuernavaca, Taxco und Acapulco.

Bahnreisende kommen an/fahren ab im/vom großen **Buenavista-Bahnhof**. Der Bahnhof liegt ziemlich nahe am Stadtzentrum von Mexico City, nordöstlich vom Alameda Park und östlich der *Av. Insurgentes Norte.* Da der Bahnhof nicht direkt an einer U-Bahnstation liegt, gibt es Busverbindungen zur Innenstadt.

Wichtiger Hinweis: An allen Verkehrsbahnhöfen gibt es Taxistände; da man **mit Koffern** die **U-Bahn** nicht **benutzen** darf, nehmen Sie daher am besten nach Ihrer Ankunft ein Taxi zum Hotel – bequem und relativ preiswert.

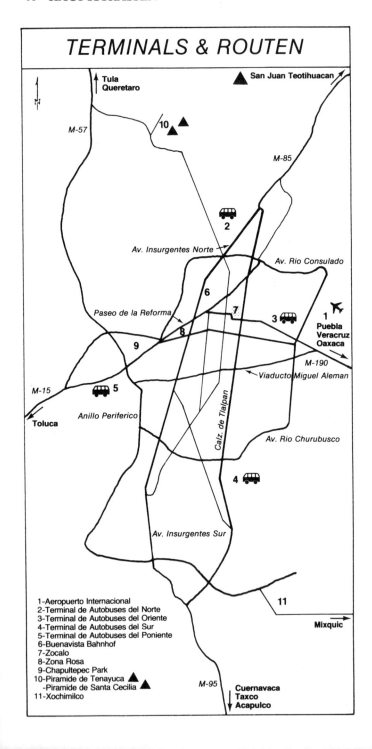

VERKEHRSMITTEL DURCH MEXICO CITY

Die verschiedenen Areas im Stadtkern von Mexico City lernen Sie am besten **zu Fuß** kennen! Dazu geben wir Ihnen mehrere **Orientierungskarten** zu den verschiedenen Areas der Hauptstadt, damit Sie sich bei Ihrem Spaziergang, Einkaufsbummel, Besichtigung der historischen Gebäude und Monumente leichter zurechtfinden und gleichzeitig ein Gefühl für die Stadt und ihre Bewohner bekommen.

Das **Taxi** ist eine bequeme Alternative für all diejenigen, die nicht so viel laufen können oder wollen, oder etwas entferntere Punkte der Stadt erreichen möchten. Die Taxipreise sind in Mexico City erstaunlich günstig. Aber auch hier können Sie etwas **Geld sparen**, wenn Sie ein VW-Taxi an der Straße anhalten (mit Taxometer). Sie sind billiger als die bequem am Taxistand vorm Hotel zu habenden Taxis (meistens direkt vor größeren Hotels). Diese Taxen sind im allgemeinen nicht mit einem Taxometer ausgestattet. **Fragen** Sie daher **immer** nach dem Preis (nennen Sie Ihr Ziel), bevor Sie mitfahren: „*tarifa a...?*" Sie werden ganz besonders zu Verkehrsspitzenzeiten dankbar sein, sich eine Taxifahrt zu erlauben, weil gerade dann die öffentlichen Verkehrsmittel völlig überlastet sind.

Ein **preiswerter** Ausweg für diejenigen, die Fahrkosten sparen wollen, sind die **Colectivos** (man nannte sie ursprünglich *Peseros*, weil sie nur einen Peso pro Fahrt kosteten). Das sind Taxen, die auf einer festgelegten Route fahren. Es gibt beispielsweise eine feste Route über den *Paseo de la Reforma* zum Zocalo; eine andere Route auf dem *Paseo de la Reforma* bis Villa de Guadalupe, wo sich die Basilika der Jungfrau von Guadalupe befindet – orientieren Sie sich dort nach dem Hinweisschild „*villa*". Die Taxen nehmen auf diesen Strecken jeden mit, solange Platz ist – es kann ziemlich voll werden! Der Preis ist unterschiedlich; ein Taxi kostet meistens jedoch weniger als 10 Pesos.

Auf den Hauptstraßen verkehren natürlich auch **Busse** – die sind ziemlich billig. *Bus Nr. 100* fährt beispielsweise den *Paseo de la Reforma* entlang.

Ein recht gutes (und **preiswertes**) Verkehrsmittel durch die Stadt ist die **Metro** – die U-Bahn. Viele U-Bahnstationen sind durch ein Symbol (beispielsweise eine Glocke an *Insurgentes*, in der Zona Rosa, wo es auch ein Shopping Center gibt) oder Namen gekennzeichnet. Das U-Bahn-Netz bestand im Zeitpunkt der Drucklegung aus drei Linien: *Linea 1, Linea 2 & Linea 3, Linea 4 und Linea 5*. Jetzt auch vom Flughafen mit der U-Bahn zur Zona Rosa. Vom Terminal **Aerea Station** (am Flughafen) bis **Rio Consulado**; von dort muß mit etwa 10 Minuten Fußmarsch zum nächsten Bahnsteig gerechnet werden, dort mit der U-Bahn nach **Candelaria**, umsteigen zur **Insurgentes Station** in der Zona Rosa. Insgesamt etwa 50 Minuten vom Flughafen zur Zona Rosa – billig, aber nicht empfehlenswert.

Tip: Möglichst nicht zur Hauptverkehrszeit fahren! Viele

42 METRO

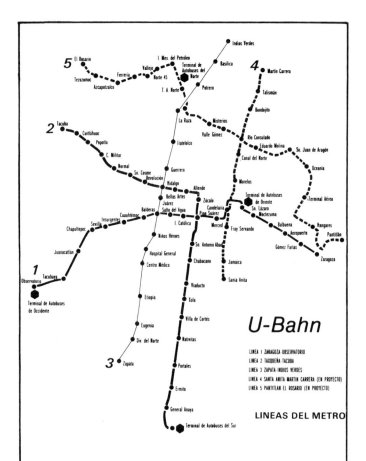

Mit freundlicher Genehmigung der Camara Nacional de Comercio de la Ciudad de Mexico.

MEXICO CITY METRO

Attraktionen von Mexico City kann man auch bei einer begleiteten Tour kennenlernen; im Hotel nach Einzelheiten erkundigen — ziemlich vernünftige Preise. Und ehe Sie mit der U-Bahn fahren, **werfen Sie** einen Blick auf unsere **U-Bahn-Karte**. Stellen Sie zunächst fest, **an** welcher Station Sie sind. Suchen Sie dann die Station, **zu** der Sie fahren wollen. So finden Sie heraus, mit welcher **Linie** Sie fahren müssen. Folgen Sie nun der Linie Ihrer Fahrtrichtung auf der Karte bis zum **Endpunkt** — merken Sie sich diese Endpunktstation, die die **Richtung** und Route bezeichnet.

     MEXICO CITY TIPS

■ **Kostenlose** Karte bei der Handelskammer besorgen — Camara Nacional de Comercio de la Ciudad de Mexico, Paseo de la Reforma 42 ■ Telefonisch die **neuesten** Informationen über Attraktionen sowie die Notfall-Rufnummern erfragen: 250-0123. ■ Zum Telefonieren von öffentlichen Telefonen braucht man ein **20-Centavos-Stück**. ■ Den besten Wechselkurs bekommen Sie bei **Banken**; Öffnungszeiten: Mo bis Fr außer feiertags 9—13.30 Uhr. Bank im Flughafen täglich geöffnet. Hotels wechseln auch, jedoch zum ungünstigeren Kurs. ■ **Überfordern Sie sich nicht** in den ersten Tagen in Mexico City; wenig essen und trinken — die Stadt liegt schließlich auf über 2100 m! ■ Importierte Weine sind im allgemeinen teuer; versuchen sie mexikanischen Wein, der ist **billiger**. ■ Im Anthropologischen Museum gibt es ein gutes Restaurant — ideal für eine **Pause** beim Museumsbesuch. ■ Das Anthropologische Museum ist **montags** geschlossen. ■ **Führungen** im Anthropologischen Museum auf englisch ziemlich häufig; deutsche Führungen an der Kasse erfragen. ■ Viele Straßen in Mexico City sind **Einbahnstraßen**. ■ Jährliche Durchschnittstemperatur in Mexico City — etwa +16°C. Kühlste Zeit: Dezember—Februar, die Durchschnittstemperatur fällt auf +12°C. Angenehme Tagestemperaturen während des ganzen Jahres, aber **abends** empfindlich kühl — besonders im Winter. Gelegentliche Regenschauer im allgemeinen im Juni bis September. ■ Für Museumsbesuche, Rundfahrten und Pyramiden-Kletterei: Bequemes und festes **Schuhwerk** mit rutschfesten Sohlen; für Abendspaziergänge Sportjackett oder Strickjacke. Shorts sind im allgemeinen in den Städten nicht angebracht. ■ **Mahlzeiten** im allgemeinen: Frühstück 7—9 Uhr, Mittagessen 13.30—15.30 Uhr (Hauptmahlzeit) und Abendessen 20—22 Uhr. ■ **Stadtrundfahrt** mit Führung ist eine wertvolle Hilfe, sich in der Weltmetropole zu orientieren. Fast jedes Hotel hat ein Reisebüro, um einen Platz für eine Besichtigungsrundfahrt mit Führung zu organisieren. ■ **Deutschsprachige** Touren im Emporio Hotel erfragen, Paseo de la Reforma 124, Tel. 566-7766 — Zona Rosa. ■ Einige günstig liegende **deutschsprachige** Reisebüros: American Express, Hamburgo 75, Tel. 533-0380 — in der Zona Rosa, sowie Wagon Lits Mexicana, Av. Juarez 88, Tel. 518-1180 — gegenüber vom Alameda Park. ABC Travel Service, Mariano Escobedo 752, Tel. 533-0410, auch für Hotelreservierungen außerhalb von Mexico City, zum Beispiel für Akumal, geeignet. ■ **Straßenkarten** und Informationen erhältlich bei den mexikanischen Automobilclubs Asociacion Nacional Automovilistica, Miguel Schultz 140 (nördlich der Zona Rosa), und Asociacion Mexicana Automovilistica, Av. Chapultepec 276, genau östlich der U-Bahnstation Insurgentes, am Rande der Zona Rosa. ■ Für Inter-City-Busreisen, Platzreservierungen für **1. Klasse** mehrere Tage im voraus, besonders zur Hauptreisesaison. ■ Adresse des Touristenbüros: **Secretaria de Tourismo**, Presidente Mazaryk 172 (etwa nördlich vom Chapultepec Park) ■ **Rückbestätigung** von gebuchten Flügen: Domestic (Inland) mindestens 24 Stunden, International (Ausland) mindestens **72 Stunden** vor Abflug; auch über das Hotel oder Reisebüro möglich.

44 HOTELS

■ **Abflugsteuer** (*departure tax*): Internationale Flüge – 300 Pesos, Inlandflüge etwas weniger. ■ Viele Hotels in Mexico haben Geschäftsstellen in Mexico City: Gelegenheit, **Hotelreservierungen** für unterwegs von Mexico City vorzunehmen. ■ Vermeiden Sie, zu Verkehrsspitzenzeiten – morgens und abends – die U-Bahn zu benutzen.■ Deponieren Sie Wertsachen im **Hotelsafe.** ■ Viele Hotels in Mexico City vermieten nach **European Plan** = Mahlzeiten nicht inbegriffen. ■ Toilettenartikel, allgemeinmedizinische Hilfsmittel, wie Wundpflaster, und preiswerte Souvenirs bei **Sanborns**; Restaurant mit vernünftigen Preisen; mehrere Geschäfte in der Stadt.■ Unternehmen Sie nach Möglichkeit einen Ausflug nach **Teotihuacan** (die Pyramiden), nach **Xochimilco** (die schwimmenden Gärten) möglichst am Sonntag, und besuchen Sie ein Folklore-Ballett und das **Anthropologische Museum.**■ Stierkämpfe gibt es **sonntags.** ■ Schloß Chapultepec ist **dienstags** geschlossen.■ Bazar Sabado – berühmter Kunstgewerbemarkt – wird nur **samstags** abgehalten. ■ Der berühmte Indianermarkt von Toluca findet nur **freitags** statt■ Adresse der Deutschen **Botschaft:** Embajada de Alemania, Calle Lord Byron 737, Mexico City, D.F., Mexico; Tel. 545-6655. ■ Österreichische Botschaft: Campos Eliseos 305, Mexico, D.F.; Tel. 540-3415.■ Schweizer Botschaft: Calle Hamburgo 66, Mexico D.F.; Tel. 533-0735.

MEXICO CITY HOTELS AUF EINEN BLICK

Die Lage der angegebenen Hotels finden Sie auf den **Orientierungskarten** über Mexico City, und zwar D = Downtown Area, R = Reforma, C = Chapultepec Park Area, L = Zocalo, Z = Zona Rosa. Nach der Hotelbezeichnung folgt in Klammern die Anzahl der Zimmer, danach Adresse und Telefonnummer. Zimmerreservierung unbedingt vor Ankunft vornehmen. Beispiele für Hotelpreise finden Sie unter **Mexico Hotelpreise auf einen Blick.** Noch zu erwähnen ist das Hotel am Flughafen:

Aeropuerto Holiday Inn (300)	Blvd. Puerto Aero 502	762-4088
D Alameda (340)	Av. Juarez 50	518-0620
R Aristos (320)	Paseo d. l. Ref. 276	533-0560
C Camino Real (690)	Mariano Escobedo 700	250-2211
R Continental (350)	Paseo d. l. Ref. 166	518-0700
D De Cortes (27)	Av. Hidalgo 85	585-0322
D Del Paseo (100)	Paseo d. l. Ref. 208	525-7600
D Del Prado (500)	Av. Juarez 70	518-0040
Z El Presidente (150)	Hamburgo 135	525-0000
C El Presidente Chapult. (750)	Campos Eliseos 218	250-7700
R Emporio (160)	Paseo d. l. Ref. 124	566-7766
R Fiesta Palace (700)	Paseo d. l. Ref. 80	566-7777
Z Geneve (300)	Londres 130	525-1500
L Gran Hotel de Ciudad (90)	16 de Septiembre 82	510-4040
Z Hotel Krystal (330)	Liverpool 155	533-3500
Z Galerie Plaza (450)	Hamburgo 195	250-5144
Z International Havre (45)	Havre 21	533-2300
L Majestic (80)	Av. Madero 73	521-8600
R Montejo (50)	Paseo d. l. Ref. 240	511-9840
C Park Villa Motel (45)	Gomez Pedraza 68	515-5245
Z Plaza Florencia (100)	Florencia 61	525-4800
C Polanco (70)	Edgar A. Poe 8	520-6040
R Reforma (250)	Paseo d. l. Ref. & Paris	546-9680
D Ritz (140)	Av. Madero 30	518-2944
Z Sheraton (840)	Paseo d. l. Ref. 325	525-9060
Z Suites Amberes (40)	Amberes 64	533-1306

HOTELS ZU VERNÜNFTIGEN PREISEN

Die **Auswahl** an Übernachtungsmöglichkeiten in Mexico City ist groß. Die Luxushotels wie Camino Real, El Presidente Chapultepec, Maria Isabel Sheraton, Holiday Inn oder Fiesta Palace verlangen natürlich auch **luxuriöse** Preise. Aber Sie können doch etwas **Geld sparen**, wenn Sie bereit sind, auf großen Luxus zu verzichten. Wir nennen Ihnen hier einige der Hotels mit Zimmern zu **vernünftigen** Preisen.

Beim **Hotel Emporio,** bequem am *Paseo de la Reforma* zwischen Zona Rosa und Downtown Area, gibt es im Altbau des Hotels Zimmer zu vernünftigen Preisen. Das **Hotel Geneve** hat in Anbetracht seiner supergünstigen Lage in der Zona Rosa erträgliche Zimmerpreise. Beim **Park Villa Motel**, in der Nähe vom Südrand des Chapultepec Parks, und beim **Hotel Polanco**, in der Nähe des Nordendes des Chapultepec Parks, gibt es auch verschiedene preiswerte Hotelzimmer. Und falls Sie lieber in einem Luxushotel bleiben möchten, sollten Sie es sich überlegen, daß Sie etwas sparen können, wenn Sie eine **Tour** buchen. Erkundigen Sie sich bei Ihrem Reisebüro nach Einzelheiten der angebotenen, relativ preiswerten Touren mit Übernachtungen.

EINE WOCHE IN MEXICO CITY

Unsere Vorschläge für einen 1-Woche-Aufenthalt in Mexico City sind so gezielt, daß wir dabei jeweils die Tage berücksichtigt haben, an denen Museen geschlossen sind oder besondere Veranstaltungen, beispielsweise Folklore-Ballett, stattfinden, oder an denen Sie vielleicht eine Verschnaufpause zwischen Ihren Besichtigungen einlegen wollen. Die Vorschläge passen sich Ihren Bedürfnissen und ihren Reiseplänen an. Wenn Sie beispielsweise weniger als eine Woche in Mexico City sein sollten, reicht die Zeit vielleicht nicht zu einem Ausflug nach Tula und zu einem langen Einkaufsbummel. Falls Sie nach Ihrem Aufenthalt in Mexico City Acapulco erleben wollen, sollten Sie überlegen, ob Sie einen Weg Ihrer Reise nach Acapulco zur Abwechslung vielleicht mit dem **Bus** zurücklegen. Sie können sich dabei unterwegs Cuernavaca und Taxco ansehen und sogar in Taxco übernachten. Und wenn Sie die Absicht haben, Ihre Reise nach Oaxaca, San Cristobal de las Casas und zur Halbinsel Yucatan fortzusetzen, sollten Sie die Gelegenheit wahrnehmen, sich länger im Anthropologischen Museum aufzuhalten, wo Sie sich ausgezeichnet über diese Reiseziele **orientieren** und **informieren** können.

46 AUSGEHEN

Sonntag: Stadtrundfahrt mit Besuch im Chapultepec Park, Xochimilco und Folklore-Ballett (oder Ballettaufführung an einem anderen Tag, zum Beispiel Mittwochabend).

Montag: Tour zum Platz der Drei Kulturen, Basilika der Jungfrau von Guadalupe und zu den Pyramiden von Teotihuacan.

Dienstag: Bummel entlang der Reforma, durch den Alameda Park und Fahrt zum Lateinamerikanischen Turm hinauf; Spaziergang am Zocalo und Besichtigung des Nationalpalasts; am Abend zum Plaza Garibaldi.

Mittwoch: Anthropologisches Museum und/oder Museum für Geschichte ansehen — beide im Chapultepec Park.

Donnerstag: Tour zur archäologischen Zone von Tula mit Halt an den Pyramiden von Tenayuca & Santa Cecilia. Gelegenheit zum Ausruhen oder Attraktionen südlich der Stadtmitte zu besichtigen, beispielsweise Anahuacalli — das Diego Rivera Museum, Frida Kahlo Museum, Polyforum Siqueiros und die Cuicuilco Pyramide.

Freitag: Fahrt nach Toluca zum Indianermarkt, nach Taxco und Cuernavaca.

Samstag: Einkaufsbummel — Shopping, zum Beispiel im Bazar Sabado, in der Zone Rosa oder auf dem riesigen Merced-Markt in der Gegend der U-Bahnstation La Merced

AUSGEHEN–UNTERHALTUNG–RESTAURANTS

Außer ausgezeichneten Museen und historischen Bauten bietet Mexico City seinen Besuchern viele ausgezeichnete **Restaurants** und **Nightclubs** etwas gehobener Kategorie. Fast jedes größere Hotel hat abends ein Unterhaltungsprogramm, und mehrere Veranstalter der Stadt führen Dinner- und Nightclub-Touren (Nightclubbesuch mit Essen) durch; bequem und zu relativ günstigen Preisen, um **Mexico City bei Nacht** zu erleben!

In unserer Beschreibung der verschiedenen Areas von Mexico City geben wir Ihnen eine breite Auswahl an Restaurants. In der **Zona Rosa** beispielsweise nennen wir Ihnen preiswerte sowie exklusive Restaurants, wie **Focolare** und **Delmonico's**. Auf dem **Paseo de la Reforma**, am Rande der Zona Rosa, gibt es das **Normandie**, französisches Restaurant mit Nightclub. Ebenfalls an der Reforma gibt es das **La Hacienda Restaurant** im **Hotel Fiesta Palace** — sonntags mexikanisches Büffett. Eines der berühmtesten und vornehmsten Restaurants der Stadt ist das **Restaurant Del Lago**, in der **Chapultepec Park Area**.

STADTMITTE 47

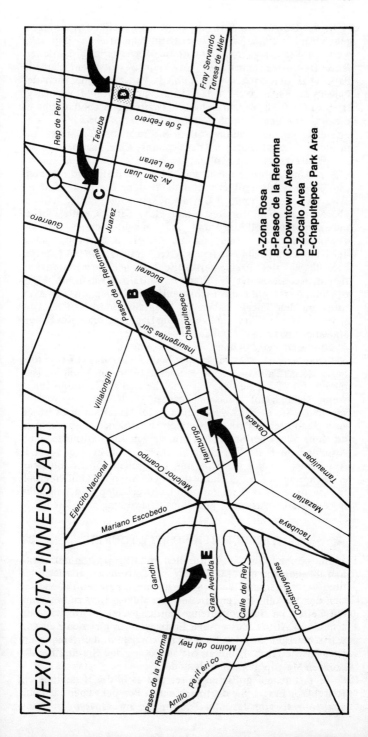

48 TOUREN

In der **Downtown Area** gibt es viele Möglichkeiten, essen zu gehen und mexikanische Unterhaltung zu erleben. Beispielsweise wird samstagabends eine *Fiesta Mexicana* im historischen **Hotel De Cortes** veranstaltet — etwa *nordwestlich* vom Alameda Park. Auf der *Ostseite* des Alameda Parks befindet sich der **Palacio de Bellas Artes** — das Kulturzentrum von Mexico City. Hier sowie auch im benachbarten **Teatro de la Ciudad** gibt es die prachtvollen, bunten *Folklore-Ballettaufführungen* — wenigstens eine Vorstellung sollten Sie sich ansehen! Ebenfalls in dieser Gegend finden Sie das bekannte **Cafe Tacuba**, Tacuba 28; das Restaurant ist berühmt für seine mexikanischen Spezialitäten. Und *nördlich* davon liegt **Plaza Garibaldi**, wo Sie mehrere Restaurants und Nachtlokale finden. Die beste Zeit ist etwa zwischen 9 und 10 Uhr abends, um die richtige Atmosphäre zu erleben. Im Restaurant **Plaza Santa Cecilia** gibt es mexikanische Folklore, und im benachbarten Nachtlokal **Tenampa** wird eine Fülle von Máriachi-Musik geboten. Und in der Nähe vom Palacio de Bellas Artes — etwas *südöstlich* davon befindet sich der Lateinamerikanische Turm, **Torre Latinoamericano**, wo Sie in der 41. Etage im **Muralto Restaurant** ausgezeichnet essen und die Sicht genießen können. In der **Area rund um den Zocalo** haben Sie ebenfalls eine herrliche Aussicht auf Mexico City, und zwar vom Dachrestaurant des **Hotels Majestic** — sonntags mexikanisches Büffett.

Hier sind verschiedene, bekannte Restaurants mit einer jeweils ganz speziellen Atmosphäre: Beim **La Fonda del Recuerdo**, Bahia de las Palmas 39, gibt es Spezialitäten von Veracruz (berühmt für Fischgerichte), sowie herrliche Marimba-Musik. Wenn Sie mal auf einer umgebauten Hacienda essen wollen, versuchen Sie es bei **La Hacienda de los Morales**, nordwestlich vom Chapultepec Park, im Bereich von Polanco — an Vazquez de Mella 525, oder **San Angel Inn**, südlich der Stadtmitte. Zum Abschluß noch ein Vorschlag für einen erlebnisreichen Abend: Am kühlen Abend die Ton- und Lichtschau von **Teotihuacan** erleben, außerhalb der Hauptstadt. Die alten Pyramiden erhalten, wenn sie dabei in buntem Licht gebadet sind, ein noch mysteriöseres Aussehen, allerdings Erläuterungen auf englisch.

★ **TIPS FÜR MEXICO CITY TOUREN** ★

Sie können viele der kulturellen und historischen Attraktionen in und rund um Mexico City mit Tourbussen und Reiseleitung kennenlernen. Wenn Sie erst einmal gesehen haben, wie sich der Verkehr in den Straßen von Mexico City zu bestimmten Zeiten im Schneckentempo entlangwälzt, wenn sich Tausende von Autos, Bussen und Lastwagen zur gleichen Zeit vorwärts bewegen, werden Sie es bald vorziehen, daß jemand anders für Sie fährt. Erinnern Sie sich stets, daß Sie in einer der größten Metropolen der Welt sind.

In fast jedem größeren Hotel gibt es in der Hotelhalle ein Reisebüro. Fragen Sie dort nach einem Prospekt über die Tourangebote. Es gibt darunter Touren, die angefangen von Stadtrundfahrten bis zum Stierkampfbesuch und Ausgehabend mit Essen und Nightclub-Besuch führen. Die Preise sind ziemlich vernünftig; und wenn Sie Kosten **sparen** wollen, wählen Sie solche Touren aus, bei denen das **Essen nicht im Preis inbegriffen** ist. Melden Sie sich am besten einen Abend vor Beginn der Tour an. Erkundigen Sie sich auch nach deutschsprachigen Touren (z.B. im Emporio Hotel). **Wichtiger Hinweis:** Seien Sie immer einige Minuten vor Tourbeginn in der Hotelhalle; kurz vor der Abfahrt wird der Reiseleiter die Namen ausrufen, und Sie steigen zu den anderen Touristen, die der Bus bereits von anderen Hotels abgeholt hat.

Wenn Sie in einem Hotel in der **Zona Rosa** wohnen, können Sie zum Büro eines der größten Ausflugunternehmen der Stadt, **Grey Line**, gehen, Calle Londres 166; täglich bis 21 Uhr oder länger geöffnet. Hier erhalten Sie einen Überblick über alle angebotenen Ausflugtouren. Sie können sich dort eine **kostenlose** Broschüre mit **kurzen Informationen** über die einzelnen Touren besorgen, mit **Abfahrtzeiten, Preisen** und Angaben, an welchen **Tagen** die Touren durchgeführt werden (da nicht alle Touren täglich stattfinden). Am Schalter können Sie sich zu Touren anmelden. **Wichtig:** Wenn Sie mit einer Kreditkarte zahlen wollen, machen Sie sich darauf gefaßt, daß Sie einen Zuschlag zahlen müssen. Und noch etwas: Bei allem was Sie kaufen, wird eine **10%ige Steuer** berechnet. Wenn Sie in dieser Tour-Geschäftsstelle sind, lassen Sie sich die genauen Abfahrtszeiten der Touren sagen. Als wir hier waren, wurden beispielsweise zwei angegebene Touren nicht durchgeführt.

Wir empfehlen Ihnen, sich schon recht **bald** nach Ihrer Ankunft in der mexikanischen Hauptstadt die Tourprospekte oder Broschüren zu besorgen. Schauen Sie sie sich an, damit Sie wissen, welche Touren veranstaltet werden. Denken Sie daran, daß einige **Museen** an bestimmten Tagen **geschlossen** sind, manche Veranstaltungen nur an **bestimmten** Tagen stattfinden und Indianermärkte **nur einmal** in der Woche abgehalten werden. Versuchen Sie beispielsweise, eine Stadtrundfahrt zu arrangieren, bei der ein Besuch der Schwimmenden Gärten von **Xochimilco** (am schönsten am Wochenende) und des **Anthropologischen Museums** (montags geschlossen) inbegriffen ist. Bei dieser Gelegenheit bekommen Sie erst einmal ein Gefühl für dieses großartige Museum und können entscheiden (sicher werden Sie es auch tun), ob Sie noch mehr Zeit hier verbringen möchten. Das Folklore-Ballett **Ballet Folklorico** wird sonntags und mittwochs aufgeführt. Den interessanten **Indianermarkt** von **Toluca** besucht man am besten freitags. Eine andere beliebte Tagestour ist die Fahrt nach **Cuernavaca** und **Taxco**, die „Silberstadt". **Wichtiger Hinweis:** Falls Ihr Reiseziel Acapulco ist, denken Sie auch daran, daß es Touren mit **Übernachtung in Taxco** gibt, bei denen die Fahrt am nächsten Tag weiter nach **Acapulco** geht. Eine optimale Lösung, nach Acapulco zu gelangen.

ZONA ROSA

Die **Zona Rosa** gehört zu einer der hübschesten sowie idealsten Gegenden, die vorwiegend von Besuchern in Mexico City bevorzugt wird. Dieses Stadtgebiet liegt etwa 10 Minuten vom **Chapultepec Park** entfernt und wird in etwa von dem breiten **Paseo de la Reforma** und der **Avenida Chapultepec** sowie der **Avenida Insurgentes** eingerahmt. Sie finden gerade in diesem gepflegten Stadtteil sehr viele Hotels, Geschäftsstellen von Tourveranstaltern und Reisebüros, Autovermietern, Banken, Fluglinien; aber auch hübsche Boutiquen und Geschäfte, wie das berühmte Sanborns, sowie eine breite Auswahl an Restaurants, die wir alle auf unserer **praktischen** und **nützlichen Orientierungskarte** zur **Zona Rosa** angeben. Diese Gegend ist an das ausgezeichnete U-Bahnnetz der Mexico City Metro angeschlossen, hier: **Insurgentes**; achten Sie auf die verschiedenen Zeichen für die U-Bahn. Es gibt hier auch gute Busverbindungen, da die Stadtbusse den *Paseo de la Reforma* entlangfahren. Mit dem Taxi gelangen Sie schnell zum in der Nähe liegenden **Chapultepec Park** mit dem Schloß Chapultepec und dem herrlichen **Anthropologischen Museum**. Außerdem liegen der **Alameda Park** und der **Zocalo** im Zentrum oder *Downtown* Mexico nur 10–15 Minuten entfernt. Es ist also kein Fehler, für den Mexico City-Aufenthalt ein Hotel in der **Zona Rosa** auszuwählen.

Tour- & Fluglinienbüros, Reisebüros, Autovermieter, Sanborns

Es ist sehr vorteilhaft, in der **Zona Rosa** zu wohnen, zum Beispiel im Krystal Hotel, da es in der Nähe eine Geschäftsstelle des Tourveranstalters **Grey Line** gibt. Dieser Ausflugsveranstalter führt viele Touren im Bereich von Mexico City sowie zu außerhalb liegenden Ausflugszielen, wie Taxco und Puebla durch. Sie können am Abend vor einer Tour bequem dorthin laufen (vielleicht auf dem Weg zu einem der hübschen Restaurants der Gegend), sich über das Angebot der Touren informieren und sich dann zu einer Tour des folgenden Tages anmelden. Bei dem Betrieb auf den Straßen in Mexico City ist es das Beste, einige Attraktionen bei einer organisierten **Besichtigungstour** kennenzulernen.

Wenn Sie bereit sind, die südlichen und östlichen Landesteile Mexicos mit dem **Auto** zu erobern, finden Sie die größten **Autovermieter** wie Avis, Budget, Hertz und National ebenfalls im Gebiet der Zona Rosa. **Sehr wichtig:** Machen Sie Ihre Reservierung für einen Mietwagen möglichst lange, **bevor** Sie nach Mexico City kommen; falls Sie dies nicht vorher arrangiert haben sollten, können Sie hier in eines der Mietwagenbüros gehen und Ihr Glück versuchen. Es lohnt sich auch, sich bei einem Autovermieter über die neuesten Preise zu erkundigen. Sie können den Mietwagen **direkt** im Gebiet der Zona Rosa **übernehmen** und sparen sich die Fahrt vom Flughafen in die Stadt.

ZONA ROSA 51

1-Independencia Monumento Der Engel/El Angel
2-Grey Line Tours
3-Greyhound Tours
4-American Express
5-Reisebüro
6-Avis
7-Hertz
8-Budget
9-National
10-Parken
11-Metro Station (Insurgentes)
12-Bank
13-Sanborns
14-Mexicana
15-American Airlines
16-Taqueria Beatriz
17-Regatto's
18-Denny's
19-Cafe Konditori
20-Delmonico's
21-Bellinghausen
22-Focolare
23-Hotelreservierungen
24-Getränke
25-Friseur/El Refugio Rest.
26-Cuauhtemoc Statue
27-Acueducto Azteca
28-Museo de Cera

A-Krystal
B-Geneve
C-Plaza Florencia
D-Aristos
E-International Havre
F-El Presidente
G-Maria Isabel Sheraton
H-Continental
K-Suites Amberes
L-Del Paseo
M-Montejo
N-Emporio
-Reforma
-Fiesta Palace
O-Hotel Century
P-Galerie Plaza

MEXICO CITY — ZONA ROSA

52 ZONA ROSA

Ein **Vorschlag:** Holen Sie abends das Auto ab, parken Sie es im Hotel, und am nächsten Morgen sind Sie schon sehr früh startklar für Ihre Entdeckungsreise durch Mexico City. Sie werden sehr dankbar sein, wenn Sie damit dem Berufsverkehr entgangen sind!
Im Gebiet der Zona Rosa gibt es sehr viele hübsche **Boutiquen** und **Geschäfte.** Beim Spaziergang werden Sie bald Ihre Lieblings-Boutique entdecken. Hierzu möchten wir ganz besonders darauf hinweisen, daß Sie gerade gegenüber vom **Plaza Florencia Hotel** auf *Florencia* viele Boutiquen finden. Unter den in den Schaufenstern ausgestellten Kleidern gibt es wirklich wunderschöne Modelle. Es lohnt sich, hier einen richtig ausführlichen **Schaufensterbummel** zu machen, ein modischer Genuß! In der Zona Rosa gibt es auch ein Kaufhaus von **Sanborns,** sehr beliebt in Mexico; ein weiteres Sanborns gibt es neben dem Sheraton Hotel mit einer großen Abteilung Souvenirs und Kunsthandwerk. Im Sanborns an der *Calle Hamburgo* finden Sie ein großes Angebot an Souvenirs, Toiletten- und Kosmetikartikel, Bücher und Straßenkarten sowie ein **preiswertes** Restaurant. Auch die Fluglinie **Mexicana**, eine der beiden wichtigsten mexikanischen Fluglinien, hat eine Geschäftsstelle in der Zona Rosa. Es herrscht hier immer sehr viel Betrieb; die Kunden erhalten Nummern, vergessen Sie also nicht, sich eine Nummer geben zu lassen, wenn Sie hineingehen. **Sehr wichtig:** Flugreservierungen werden automatisch gelöscht, wenn inländische Flüge nicht spätestens 24 Stunden vor Abflug erneut bestätigt, *reconfirmed,* werden. Sie sehen also, weshalb es hier so voll ist. Das „*ok*" auf Ihrem Flugschein ist wertlos, wenn Sie Ihren Flug nicht bestätigt haben! Erkundigen Sie sich also bei der betreffenden Fluglinie oder bei Ihrem Reisebüro nach dem neuesten Stand dieser Bestimmungen, sowohl für Inlands- als auch internationale Flüge.

Restaurants

Es gehört zu einem der besonderen Vergnügen beim Aufenthalt in der Zona Rosa, sich eines der vielen verschiedenen **Restaurants** anzusehen, die praktisch vor Ihrer „Haustür" liegen. Nach einem vollen Tagesprogramm mit Besichtigungen macht es Spaß, einen kleinen Spaziergang zu einem dieser Restaurants zu machen. Wie wir bereits erwähnt haben, gibt es eine große Auswahl. Ein recht **preiswertes** Restaurant mit **mexikanischen** Gerichten in einfacher Umgebung ist das **Taqueria Beatriz** — *famosa desde 1910,* berühmt seit 1910! Sogar noch einfacher (und billiger) ist **Regatto's. Denny's,** mit etwa einem Dutzend Restaurants überall in der Stadt, ist **preiswert;** Speisekarte auf englisch. In *Genova,* einer Fußgängerzone, in der man einen schönen Bummel machen kann, liegt das populäre **Cafe Konditori.** Sie können hier draußen im Freien sitzen, eine Tasse oder Kännchen (verlangen Sie *jarra*) Kaffee (oder Tee) mit der Spezialität des Hauses, einem Stück Konditori-Käsekuchen, genießen; auch Frühstück, Mittag- & Abendessen.

ZONA ROSA 53

Delmonico's ist als ausgezeichnetes Restaurant bekannt; die Teilnehmer der Nightclub-Touren kommen zum Abendessen hierhin. In der Nähe liegt das **Restaurante Bellinghausen**, das schon mehr als ein halbes Jahrhundert existiert; Speisekarte hängt aus. Suchen Sie nach *sugerencias para hoy* — der Küchenchef empfiehlt heute! Auf der anderen Straßenseite ist das in der Stadt bekannte **Shirley's**, das mehrere Restaurants überall in der Stadt hat; Speisekarte auf spanisch/englisch hängt aus. Ein vornehmes Restaurant zum Mittag- oder Abendessen ist das **Focolare Restaurant**, zu der El Presidente-Gruppe der Hotels und Restaurants gehörend; nach dem *Feuer* (Feuerstelle) benannt, das die italienischen Bauern im Feld oder zu Hause anzündeten, um ihr Essen zu wärmen. Es liegt an *Hamburgo 87*. Es wird ein sehr preiswertes Essen, *Menu Turistico*, angeboten. Auf *Calle Copenhague*, der Fußgängerstraße, die wir auf unserer **praktischen Orientierungskarte** mit einer **gestrichelten** Linie gekennzeichnet haben (zwischen *Hamburgo* und *Reforma*), werden Sie auch mehrere Restaurants finden, wo Sie draußen sitzen können, wie beim **Piccadilly** und **Andaluz**.

Hotelreservierung, Snacks & Getränke, Wachsmuseum

Außer den vielen Restaurants und Boutiquen der Gegend, finden Sie auch an mehreren Stellen die Geschäftsstellen der größeren Hotels. Hier können Sie Ihre **Hotelreservierungen** für außerhalb von Mexico City liegende Hotels vornehmen; wenn Sie Ihre Hotelreservierung für den Acapulco-Aufenthalt noch nicht in dem Winter, bevor Sie auf die Reise nach Mexico gegangen sind, arrangiert haben, machen Sie jetzt hier von der Möglichkeit Gebrauch, Hotelzimmer zu reservieren. Es ist **kein Vergnügen**, in Acapulco anzukommen, um einen Traumurlaub zu verbringen, **ohne** eine feste Hotelreservierung zu haben — glauben Sie uns, wir haben es gerade *einmal* mitgemacht!

Als wir letztes Mal in der Zona Rosa waren, gab es mehrere Hotelbüros im Gebäude an der Ecke *Florencia* und *Hamburgo*. Zum Beispiel haben **Hyatt** (für Reservierungen in dem luxuriösen Acapulco-Hotel und anderen weltweiten Hotels), **Marriotts** (für Acapulco) und **Ritz** (auch Acapulco) alle hier ihre Geschäftsstelle. Einige bieten auch Spezialarrangements an; erkundigen Sie sich über Einzelheiten, wenn Sie Ihre Reservierungen vornehmen. Und obwohl das **El Presidente Hotel** an *Hamburgo* keine offizielle Reservierungszentrale für die große Hotelkette hat, können Sie doch von dort aus Ihre Hotels reservieren, zum Beispiel für Acapulco, Villahermosa, Oaxaca, Cancun und Cozumel. Eine andere günstige Stelle für Hotelreservierungen außerhalb von Mexico City gibt es an *Florencia No. 15-A*, 1. Obergeschoß; hier ist die Reservierungszentrale der **Mision Hotels**. Sie haben an mehreren Stellen in Mexico ihre Hotels, einschließlich des von Merida (Stadtzentrum) und des sehr hübschen von Uxmal (weniger als 2 km von den Ruinen — vom Swimming Pool können Sie die Ruinen sehen!). Wenn Sie hingehen, um eine Reservierung vornehmen zu lassen, müssen Sie im allgemeinen für die **erste Nacht** Ihres Aufenthalts bar bezahlen. Vom **Krystal Hotel** kann man Reservierungen für weitere Hotels dieser Kette, zum Beispiel in Cancun und Ixtapa, vornehmen. Einzelheiten über weitere Hotelreservierungszentralen in Mexico City beim Hotelreisebüro.

Obwohl es in vielen Hotels der Zona Rosa alkoholische Getränke, Erfrischungsgetränke und Snacks (manchmal gibt es im Hotelzimmer sogar einen kleinen Kühlschrank) gibt, können Sie sich auch selbst versorgen – auch viel billiger! Auf beiden Seiten des Holiday Inn gibt es nämlich zwei kleine **Läden,** es gibt dort auch Joghurt. Falls Sie die *„Rache Moctezumas"* erwischt haben sollte, können Sie hier Brot und Zwieback = *pan tostado* kaufen. Auch für Ihre Autoreise ins südliche und östliche Mexico können Sie sich gleich hier Ihren Reiseproviant und Getränke, Limonade und Mineralwasser in großen Mengen besorgen; Sie werden froh drum sein! Und hier möchten wir Sie noch auf eine interessante Sehenswürdigkeit am Rande der Zona Rosa aufmerksam machen, nämlich auf das **Museo de Cera**, das Wachsfiguren-Museum; genau außerhalb der Karte, an *Londres No. 6.* Hier begegnen Sie vielen bekannten Persönlichkeiten Mexicos in Wachs, einschließlich Miguel Hidalgo, Benito Juarez und Emiliano Zapata. Außerdem gibt es hier auch einen **Fonart-Laden** (von der Regierung unterstützt) mit großer Auswahl an mexikanischem Kunsthandwerk. Als **Checkliste** zur **Zona Rosa**: Gegend beim Spaziergang kennenlernen; Restaurantbesuch; Einkaufsbummel; Reservierungen für Hotels & Verkehrsmittel für Weiterreisen durch Mexico bei den günstig liegenden Reservierungsstellen vornehmen.

BUMMEL AUF DEM PASEO DE LA REFORMA

Eine der eindruckvollsten Prachtstraßen Mexicos ist der **Paseo de la Reforma** – sehr zutreffend manchmal auch die Wirbelsäule oder das Rückgrat von Mexico City genannt. Der breite Boulevard wird von schattigen Bäumen eingerahmt, und von Hotels, Bürogebäuden und Monumenten flankiert. Und jeweils nach einigen hundert Metern wird die breite Straße von einem Verkehrskreisel, *glorietas,* mit bedeutenden Denkmälern unterbrochen. Wenn Sie ein Gefühl für das heutige Mexico City sowie für einige Figuren in Mexicos Geschichte bekommen wollen, empfehlen wir Ihnen, einen Bummel auf der **Reforma**, wie sie oft kurz genannt wird, zu unternehmen. Einer der lebhaftesten Abschnitte des langen Boulevards liegt zwischen dem Chapultepec Park, wo sich das berühmte **Nationalmuseum für Anthropologie** befindet, und der *Avenida Juarez*, die Hauptdurchgangsstraße durch die Downtown Area

BUMMEL AUF DER REFORMA

REFORMA 55

Av. Juarez

Alameda Park
Palacio de Bellas Artes
Zocalo

13-Iberia
12-Camara de Comercio
 -Air Panama
 -Eastern
11-Taca
 -Mexicana
 -Aerolinas Argentinas
10-Aviateca
 (Guatemala Airline)
9-Budget Rent A Car
8-Aeromexico
7-Lufthansa
 -Air France
6-Hertz
F-Fiesta Palace
5-Shirley's
E-Emporio
D-Continental
C-Del Paseo
B-Hotel Montejo

4-Normandie Night Club
A-Hotel Aristos
3-Mexicana
2-American Airlines
1-Avis

18-Pan Am
 -Greyhound
17-Sanborns
16-Western Airlines
15-Sabena
 -CP Air
 -KLM
14-Woolworth
B-Hotel Reforma

12-Pemex
11-Princess Hotel Res.
10-LACSA
9-AeroPeru
8-Avianca
7-National Car Rental
6-Japan Airlines
5-US-Botschaft
4-Braniff
3-Texas International
2-Eastern
A-Sheraton Hotel
1-Sanborns

20 ANA

Av. Insurgentes

Rio Rhin — Niza
Rio Tiber — Florencia — Zona Rosa →
Rio Mississippi — Sevilla

Paseo de la Reforma

Chapultepec ↙

19-Monumento a Independencia
20-Monumento a la Madre
21-Monumento a Cuauhtemoc
22-Monumento a Colon

(die Stadtmitte) und zum Zocalo. Zu den **U-Bahnstationen** der Metro nahe dem Paseo de la Reforma gehören *Chapultepec*, genau südwestlich vom Dianabrunnen, **Fuente de Diana**, sowie die Stationen *Sevilla* und *Insurgentes* in der Zona Rosa.

Die Gebäude an der Reforma gehörten früher zu den wichtigsten Bauten während der Herrschaft des Kaisers Maximilian, 1864–1867 (Erzherzog von Habsburg und Bruder des Kaisers Franz Joseph). Er ließ diese Prachtstraße nach dem Muster der Champs Elysees in Paris anlegen; es heißt, er habe ihr nach seiner Gemahlin den Namen „Carlota-Boulevard" gegeben (Charlotte wurde in Mexico Carlota genannt). Heute trägt der Boulevard seinen Namen in Anlehnung an die verschiedenen Reformen, die Benito Juarez – mexikanischer Präsident vor und nach Maximilians Regentschaft – durchgeführt hat. Maximilian wurde 1867 hingerichtet.

Am Chapultepec-Ende der *Reforma* befindet sich der hübsche Springbrunnen **Fuente de Diana**. Wenn Sie weiter in Richtung *Avenida Juarez* bummeln, kommen Sie an mehreren Regierungsgebäuden vorbei, wie Ministerium für Gesundheit und Wohlfahrt sowie das Sozialversicherungsgebäude. Der interessanteste Abschnitt des Boulevards beginnt vielleicht am **Monumento de la Independencia**, der Unabhängigkeitssäule. Die etwa 50 m hohe Säule wird von dem etwa 6 m großen vergoldeten Engel gekrönt! Das Denkmal wurde am 16. September 1910 anläßlich des 100. Jahrestages, an dem Mexicos Kampf um die Unabhängigkeit begonnen hatte, eingeweiht. Unter den Helden des Landes, die hier verehrt werden, ist Hidalgo, der den 11jährigen Kampf gegen die Spanier angeführt hatte, bis er hingerichtet wurde. Auch Guerrero, ebenfalls ein mexikanischer Held des Unabhängigkeitskampfes, hat hier einen Ehrenplatz; er war 1829–1830 Präsident von Mexico. Gerade hier in der Gegend läuft die lebhafte *Reforma* durch das Randgebiet der **Zona Rosa**.

Gegenüber vom Unabhängigkeitsdenkmal ist ein Sanborns-Geschäft mit einer großen Auswahl an Souvenirs sowie mit einem **preiswerten** Restaurant; nebenan befindet sich das riesige **Maria Isabel Sheraton Hotel** – mehr als 800 Zimmer. Auf beiden Seiten der *Reforma* finden Sie weitere Hotels, Bürogebäude usw., die wir auf unserer **praktischen** Orientierungskarte über diesen breiten Boulevard angegeben haben. Zum Beispiel gibt es dort den Normandie Night Club, Shirley's – ein populäres Restaurant sowie das **Emporio Hotel** – ein ziemlich **preiswertes** Hotel.

Dort wo die **Avenida Insurgentes** (nach den Helden benannt, die für Mexicos Unabhängigkeit kämpften) und der *Paseo de la Reforma* sich kreuzen, kommen Sie zu den eindrucksvollen **Monumento a Cuauhtemoc**, Cuauhtemoc-Denkmal, zu Ehren des letzten Herrschers der Azteken, der 1521 tapfer gegen Cortes kämpfte. Er wird als der erste größte militärische Held Mexicos verehrt. Das Denkmal wird von den Namen vier seiner Verbündeten umgeben: Cacama, Telepanquetzal, Coanacoch und Cuitahuac. In der Nähe des Denkmals

DOWNTOWN 57

ist eine Reservierungsstelle des **Princess Hotels** – wo Sie Ihre Zimmerreservierung für das luxuriöse Acapulco Princess Hotel in Acapulco vornehmen können, falls Sie es nicht schon vorher durch Ihr Reisebüro vor Ihrer Ankunft in Mexico getan haben sollten. Um die Ecke der Pemex-Tankstelle beginnt die *Av. Sullivan,* auf der Sie am **Monumento a la Madre** – einem Denkmal zu Ehren der Mütter, einem hübschen Stadtpark (wenn Sie mit Kindern hier sind, haben die eine herrliche Gelegenheit, sich richtig auszutoben), mehreren preiswerten Hotels und an **ANA** = Asociation Nacional Automovilistica, am Miguel Schultz 140, vorbeikommen. Sie können hier in der Geschäftsstelle dieses mexikanischen Automobil-Clubs Straßenkarten für Ihre Reise durch Mexico kaufen.

Wieder zurück zur südöstlichen Seite der Reforma, vorbei am **Monumento a Cristobal Colon**, Christoph-Kolumbus-Denkmal, zu Ehren des Italieners (1451–1506), der auf seinen vier Seereisen schließlich 1492 Amerika entdeckte (für Spanien). Hier gibt es mehrere Geschäftsstellen von verschiedenen Fluglinien. Wenn Sie beispielsweise einen Abstecher nach Guatemala planen, haben Sie hier die Gelegenheit, sich beim Aviateca-Büro (die nationale Fluglinie von Guatemala) über Preise und Reservierungen zu erkundigen. Außer bei mehreren Hotels gibt es eine weitere Geschäftsstelle der Autovermietung Hertz an *Versalles,* um die Ecke des großen Luxushotels **Fiesta Palace.** Bei Ihrem Bummel auf dem *Paseo de la Reforma* sollten Sie nicht vergessen; die **Camara Nacional de Comercio de la Ciudad de Mexico,** die Handelskammer von Mexico City, aufzusuchen, wo Sie alles mögliche an Information erhalten; hier werden Sie sogar über mexikanisches Recht beraten, zum Beispiel, was bei Unfällen zu tun ist usw. (in solchen Fällen wenden Sie sich am besten natürlich an die deutsche bzw. österreichische oder schweizerische Botschaft); verlangen Sie dazu dort auch die Broschüre *Citizen's Code,* ein kleiner Rechtsleitfaden für Touristen (zur Zeit nur auf spanisch, englisch und französisch). Hier bekommen Sie aber auch eine **kostenlose** Karte. Tel. 535-7097, Apparat 25.

Reforma-Bummel Checkliste

- [ ] EINKAUFSBUMMEL BEI SANBORNS
- [ ] MONUMENTO DE LA INDEPENDENCIA BESICHTIGEN
- [ ] MONUMENTO DE CUAUHTEMOC ANSEHEN
- [ ] SICH BEI DER HANDELSKAMMER INFORMIEREN

DOWNTOWN AREA

Die **Stadtmitte** von Mexico City – *Downtown* Mexico City, die Gegend von der breiten Prachtstraße **Paseo de la Reforma** bis zum **Zocalo,** erstreckt sich der Länge nach zwischen den beiden Straßen **Avenida Juarez** und **Avenida Madero.** Während der Kolonialzeit lagen hier die „Vororte" der Hauptstadt. Je näher Sie dem Gebiet um den Zocalo (wird später ausführlich behandelt) kommen, um so dichter werden die Gebäude. Hier gibt es heute mehrere große Hotels, die Büros der beiden Fluglinien Aeromexico und Mexicana für Flugreservierungen, Geschäfte, den **Alameda Park**, den Palast der Schönen Künste − **Palacio de Bellas Artes** (wo das mexikanische Folklore-Ballett *Ballet Folklorico de Mexico* aufgeführt wird), den Wolkenkratzer **Torre Latinoamericana** (Turm Latein-Amerikas), Kirchen und historische Gebäude. Außerdem liegen mehrere **U-Bahnstationen** der **Metro** in dieser Gegend, einschließlich der Stationen *Juarez, Hidalgo* und *Bellas Artes;* die Metro-Station ist jeweils an einem bestimmten Symbol erkennbar.

Bummel Auf Der Avenida Juarez

Wenn Sie vom *Paseo de la Reforma* zum Zocalo in *östlicher* Richtung auf der **Avenida Juarez** entlangspazieren, kommen Sie zu den Reservierungsbüros der **Fluglinien** Aeromexico und Mexicana sowie zu einem riesigen **Reisebüro**. Da Sie es hier bequem haben, bereits vorgenommene Buchungen und Reservierungen von Flügen dieser Fluglinien bestätigen zu lassen, oder Flugtickets für unbegrenzte Flugreisen oder ermäßigte Flugtickets für Flüge in Mexico zu besorgen, können Sie hier gleich Ihre Flugreservierung vornehmen und die Tickets kaufen. Erkundigen Sie sich bei den Fluglinien oder beim Reisebüro über Package-Reisen, sogenannte **paquetes**; das sind Touren, bei denen die Flüge, Hotelübernachtung sowie der Transfer (zum Beispiel vom Hotel zu einer archäologischen Zone) im Preis inbegriffen sind. Bevor Sie jedoch das Büro der Fluglinien oder des Reisebüros besuchen, sollten Sie sich schon vorher einen Plan zurechtgelegt haben, **wohin** Sie wollen und **wielange** Sie an einem bestimmten **Ziel** bleiben möchten. Es ist natürlich der Idealfall, schon über eine bereits zusammengestellte Reiseroute zu verfügen, beispielsweise wie unsere ausgearbeiteten Reiserouten.

Auf der gegenüberliegenden Straßenseite finden Sie ein Denny's Restaurant. Wenn Sie in dieser Gegend nach Westen schauen, können Sie in der Ferne das **Monumento a la Revolucion** − Denkmal der Revolution − sehen. Das von einer Kuppel gekrönte Bogenportal ist etwa 75 m hoch. Die Kuppel sollte ursprünglich ein Kongreßgebäude zieren, das jedoch infolge der Revolution im Jahre 1910 nie zur Fertigstellung kam. Die Figuren an den äußeren Ecken unterhalb der Kuppel stellen symbolisch Landwirtschaft, Arbeit, Reform und Unabhängigkeit dar. Im **Fronton** in der Nähe wird *Jai-Alai* gespielt; es ist ein sehr schnelles Pelota-Spiel, eines der schnellsten Ballspiele der Welt. Der Spieler fängt dabei den Ball mit einem länglichen Fangkorb.

Wenn Sie der *Av. Juarez* in östlicher Richtung folgen, gelangen Sie zum **Hotel Del Prado** − mit 500 Zimmern und 11 Etagen; es bildete lange Zeit das Wahrzeichen der Innen-

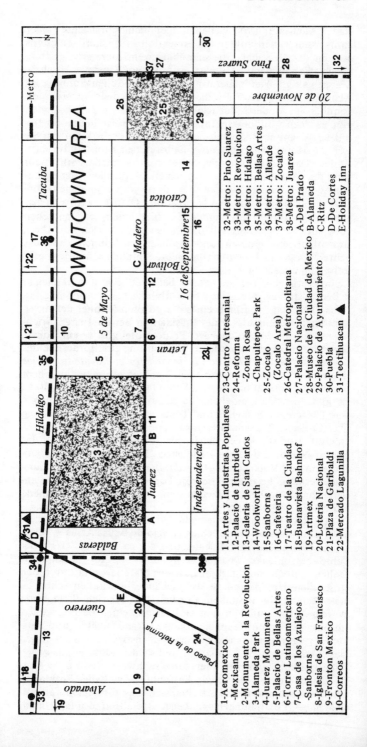

stadt. Auch wenn Sie vielleicht hier nicht übernachten oder zum Essen gehen sollten, so ist es lohnend, sich wenigstens dort in der Hotelhalle die sich über zwei Stockwerke erstreckende Wandmalerei, *Murales,* von **Diego Rivera** anzusehen. Die gewaltige Wandmalerei gibt einen typischen **Sonntag im Alameda Park** — etwa um die Jahrhundertwende — wieder, erkennbar am Modestil der Kleidung. In gewissen Zeitabständen gibt es dazu „Bildbetrachtungen", wobei Einzelheiten im Detail auf spanisch und englisch erklärt werden. Erkundigen Sie sich im Hotel, wann die etwa halbstündige Kunststudie stattfindet. Das Hotel liegt gegenüber vom **Alameda Park** — zur Zeit der Azteken gab es dort einen Marktplatz, der später von den Indianern wegen der dort vorgenommenen Hinrichtungen der Spanischen Inquisition „Ort des Verbrennens" genannt wurde. Heute finden Sie hier einen sehr hübschen Park mit schönen alten Bäumen, in dem Sie sich von Ihren Besichtigungen erholen und beobachten können, wie das **echte** Mexico an Ihnen vorüberzieht. Sonntagnachmittags gibt es hier im allgemeinen auch Konzerte.

Im südlichen Teil des Parks befindet sich das **Hemiciclo a Benito Juarez** — ein im weiten Halbkreis sehr schön gestaltetes Denkmal, zu Ehren eines der größten Männer der mexikanischen Geschichte — des **Präsidenten Benito Juarez.** Wichtiger **Hinweis:** Neben dem **Del Prado Hotel** gibt es ein **Fonart** Geschäft, nach der staatlichen Einrichtung zur Förderung des Kunsthandwerks — *Fondo Nacional Para el Formento de las Artesanias* — benannt (wird beim Verkauf von mexikanischem Kunsthandwerk durch die mexikanische Regierung unterstützt). Es gibt hier alles mögliche an handwerklichen Erzeugnissen wie Töpfereien, Schmuck und Textilien sowie eine Ausstellung über typische Kostüme aus **Oaxaca**, der Gegend, aus der Juarez stammt. Und direkt gegenüber vom Juarez-Monument liegt das **Museo Nacional de Artesy Industrias Populares,** das Nationalmuseum für Volkskunst, *Avenida Juarez No. 44;* Ausstellung und Verkauf, beispielsweise von Töpfereien, Textilien und anderen handwerklichen Erzeugnissen, in der Nähe vom **Alameda Hotel** (über 300 Zimmer).

Auf der Ostseite des Alemada Parks befindet sich das prachtvolle und massive Gebäude des **Palacio de Bellas Artes** — Palast der Schönen Künste. Der beim Bau des zu Anfang der 1900er Jahre begonnenen Palastes verwendete Marmor stammt aus Italien. Infolge der starken Last des Materials und durch den unstabilen Untergrund ist das Gebäude inzwischen schon einige Meter tiefer gesunken. Der Palast ist für sich allein schon wegen seiner baulichen Innenausstattung einen Besuch wert — großzügige, breite Treppenaufgänge, Wandgemälde und Ausstellungsräume mit mexikanischen Kunstwerken. Sie können das Theater mit den Balkonen und dem berühmten gläsernen Tiffany-Bühnenvorhang (der tonnenschwere Glasmosaik-Vorhang von Tiffany) bei einer Aufführung des **Ballet Folklorico De Mexico** bestaunen (lassen Sie sich dies auf keinen Fall entgehen!) — Vorstellungen sonntagsmorgens und sonntagsabends sowie mittwochabends. 1934 wurde der Palacio eingeweiht und ist seitdem der kulturelle Mittelpunkt der Stadt; außer Folklore-Darbietungen gibt es hier auch Klassisches Ballett, Opern, Schauspiele sowie Konzerte. Wichtiger **Tip**: Wenn Sie sich Karten für eine Folklore-Aufführung besorgen und dabei etwas Geld **sparen** wollen (statt ein Transport/Sitzplatz-Arrangement, das im Hotel angeboten wird, zu nehmen), können Sie einfach zur Theaterkasse im Palacio de Bellas Artes (zur Alameda-Park-Seite) gehen und Ihre Karten kaufen. Sie können dort auf einem Sitzplan Ihren Platz für die äußerst populäre Ballettaufführung auswählen. Am besten kaufen Sie schon Ihre Karten einige Tage vorher. In der Nähe der Kasse gibt es ein interessantes Geschäft mit ausgezeichneten Kunstbänden und anderen Souvenirs. Die U-Bahnstation der Metro, *Bellas Artes,* befindet sich auf der Nordseite des Palastes. Um die Ecke von der Post, **Correos**, ist der **Palacio de Mineria**, Bergbau-Palast; in der Nähe befindet sich das riesige Reiterstandbild Carlos IV. (1748 bis 1819), **El Caballito** (*caballito* = kleines Pferd).

Ein Bummel Über Die Avenida Madero

Nach Ihrem Spaziergang durch den Alameda-Park und dem Besuch im Palacio de Bellas Artes wollen Sie vielleicht den „alten" Teil von Mexico City erleben, der sich von hier ostwärts über die **Av. 5 de Mayo** und **Av. Madero** (eine Verlängerung der *Av. Juarez*) bis zum Zocalo erstreckt. Es ist dabei vielleicht recht günstig, mit der **Casa de los Azulejos**, dem „Haus der blauen Kacheln", zu beginnen. Die Fassade der ehemaligen Residenz des Grafen von Orizaba ist mit herrlich blauen Keramikkacheln reich verziert. Heute befindet sich in dem kolonialen Gebäude das erste der vielen populären Sanborns-Geschäfte. Wenn Sie durch das aus dem Ende des 18. Jahrhunderts stammende Gebäude von der Straßenseite an der *5 de Mayo* hinüber zur *Madero* gehen, kommen Sie zuerst zum Restaurant mit schnellem Service zu vernünftigen Preisen, wo Sie auch **preiswerte** Erfrischungsgetränke bekommen, Speisekarte neben spanisch auch auf englisch. In anderen Abteilungen des Geschäfts finden Sie Toilettenartikel, Bekleidung, Schallplatten und Bücher. Wenn Sie in etwas vornehmerer Umgebung essen möchten, gibt es bei Sanborns auch ein großes Restaurant in sehr geschmackvoller Umgebung, etwa bis 22 Uhr geöffnet. Das Restaurant liegt zur Straßenseite der *Av. Madero*. In der Nähe vom Eingang gibt es eine große Abteilung mit allen möglichen **Souvenirs**.

Schräg gegenüber der Casa de los Azulejos befindet sich der Wolkenkratzer **Torre Latinoamericana** mit seinen 44 Etagen (*piso* = Etage), eines der höchsten Gebäude der Stadt. Sein Eingang liegt an der *San Juan de Letran*, etwa von 10 Uhr bis Mitternacht geöffnet. Sie fahren mit zwei verschiedenen Aufzügen bis oben hin, wo es auf mehrere Etagen verteilt zum Beispiel einen kleinen Imbißraum (auch Ansichtskarten-Verkauf – die Post, **Correos**, befindet sich übrigens gegenüber von Palacio de Bellas Artes), Toiletten und eine Aussichtsplattform

62 DOWNTOWN

mit Observatorium gibt. Von hier oben haben Sie bei klarem Wetter eine interessante Aussicht; gute Möglichkeiten zu fotografieren. Unter den Wahrzeichen von Mexico City können Sie den ganz in der Nähe liegenden internationalen **Flughafen** erkennen. Wenn Sie so hinunterschauen, entdecken Sie auch einen Teil der Autos, die sonst die Straßen von Mexico City verstopfen, auf den Parkdecks mehrerer Gebäude verteilt! Und wenn Sie in nördliche Richtung schauen, erblicken Sie ein spitzes, dreieckiges, recht gigantisch wirkendes Gebäude, das aussieht wie eine supermoderne Kirche — es ist aber keine Kirche, sondern ein Bankgebäude! Und falls Sie ein bißchen extra Zeit haben, können Sie vielleicht zum Essen ins **Muralto Restaurant** in der 41. Etage gehen; täglich von 13 Uhr bis 1 Uhr nachts geöffnet. Zu Ihrer **Information**: Da der 1957 fertiggestellte Wolkenkratzer auf einer Spezialplattform errichtet wurde, ist er nicht wie verschiedene andere Gebäude in Mexico City tiefer gesunken.

Wenn Sie auf *Madero* weiter in Richtung Zocalo gehen, haben Sie bestimmt das Gefühl, im alten Teil von Mexico City zu sein. Rund herum Überbleibsel aus der spanischen Zeit. So gibt es beispielsweise in der Nähe die alte Kirche **Iglesia de San Francisco** mit ihren reich verzierten Barockportalen und einem riesigen vergoldeten Altar. Weiter auf *Madero* entlang — nach Francisco Madero benannt (der erste mexikanische Präsident (1911—1913) während der Revolutionszeit) — erreichen Sie den **Palacio de Iturbide**. Dieser Palast im Stil der Kolonialzeit stammt aus dem 18. Jahrhundert. Und hier hatte auch einst der einzige mexikanische Kaiser seine Residenz. Nachdem Mexico im Jahre **1821** unabhängig von Spanien wurde (Mexico hatte sich dazu mit dem letzten spanischen Vizekönig verbündet), stimmte der mexikanische Kongreß etwa ein Jahr darauf ab, den spanischen Vizekönig Augustin de Iturbide zum Kaiser zu ernennen. Am **21. Juli 1822** fand die Kaiserkrönung des Kaisers Augustin I. statt, der das Land bis 1823 regierte und anschließend abdankte und ins Exil ging. Nach seiner Rückkehr wurde er 1824 hingerichtet. Heute befindet sich in dem Palast eine Bank. Gegenüber liegt das **Hotel Ritz**, Madero 30 — etwa 140 Zimmer.

Weitere Attraktionen Und Shopping

Am Rande unserer Downtown Area **Orientierungskarte** gibt es noch einige weitere Attraktionen, bedeutende Gebäude und interessante Märkte. Zum Beispiel liegt der Bahnhof *Estacion de ferrocarriles* **Buenavista** (für alle Abfahrten mit der Bahn) nordwestlich vom Alameda Park, genau östlich von *Av. Insurgentes Norte*. **Artmex**, an Sabino 63, ist eine sehr populäre Verkaufsstelle (auch Herstellung) für Lederwaren. In der Nähe liegt die **Galeria de Artes San Carlos**, die Kunstgalerie an der Ecke *Alvarado & Arizpe* mit Werken von Velazquez, Rubens und Rembrandt; montags geschlossen.

Nördlich der Gegend auf unserer **Orientierungskarte** zur *Downtown Area* erstreckt sich der **Mercado Lagunilla**. Es ist ein sehenswerter Markt im Freien, der sonntags stattfindet — Antiquitäten, Münzen, Textilien und vieles andere. Südlich der Gegend, an der Ecke von *Ayuntamiento* und *Aranda*, liegt das **Centro Artesanial** (der Markt von San Juan) — täglich 9 bis 19 Uhr geöffnet (überdacht); Lederwaren und mexikanische kunsthandwerkliche Erzeugnisse. Und etwas dichter zur Innenstadt, an der **16 de Septiembre**, kommen Sie zu Woolworth; gegenüber von Sanborns gibt es eine Cafeteria und eine *Pasteleria*, Bäckerei, wo Sie für wenige Pesos Backwaren, zum Beispiel Brot und Brötchen kaufen können.

Etwa 6 oder 7 Straßen nördlich vom Palacio de Bellas Artes befindet sich der **Plaza de Garibaldi** — ein absolutes **Muß** bei Ihrem Mexico City-Aufenthalt. Abends finden Sie hier mehrere **Mariachi**-Kapellen, die für jeden spielen, der bezahlen will (natürlich können Sie auch zuhören, während andere die Pesos dafür ausgeben). Es wird bestimmt ein besonderes Erlebnis sein, wenn Sie sich quasi eine „eigene" Mariachi-Kapelle leisten. Beobachten Sie auch dort die Einheimischen, wenn sie sich Musik von einer der Mariachi-Kapellen bestellen. Gehen Sie doch einfach zu den Musikern, und fragen Sie, wieviel es kostet: *Senor, cuanto cuesta una cancion?* Der Preis liegt meistens so um 100 bis 200 Pesos, je nachdem, wieviel Stücke Sie hören wollen. Nehmen Sie auch Kamera und Blitzlicht mit — ein **Foto** mit Ihnen und solch einer Mariachi-Kapelle ist bestimmt eine hübsche Urlaubserinnerung. Aber nicht allein die prächtig gekleideten Mariachi-Musiker, die ständig ihren Platz wechseln, sondern die herrlichen Klänge der Mariachi-Musik machen den Platz so attraktiv. Rund herum gibt es mehrere Restaurants; Sie können beispielsweise im **Plaza de Santa Cecilia** Restaurant bei schöner Musik mexikanisch essen — auch mit folkloristischem Programm; etwa ab 21 Uhr geöffnet. Ein anderes populäres Lokal ist das **Tenampa** — Getränke, Mariachi-Musik und noch mehr Mariachi-Musik. Hier ein interessanter **Hinweis**: Die Mariachi-Musik kam übrigens während der französischen Besatzungszeit des Landes (1861 bis 1867) zu ihrem Namen. Französische Soldaten nannten nämlich die wundervolle Musik aus Guadalajara *Mariachi*-Musik, weil sie der Meinung waren, daß man die Musik speziell bei Hochzeiten spielte — das französische Wort für Hochzeit ist nämlich *mariage!*

Ein anderes sehr beliebtes Restaurant, das Sie vielleicht nachmittags oder abends zum Essen unter freiem Sternenhimmel aufsuchen wollen, ist das **Hotel Cortes** — aus dem 18. Jahrhundert. Es befindet sich am *Hidalgo 85*, gegenüber vom nordwestlichen Teil des Alameda Parks. Samstagsabends findet hier eine richtige mexikanische **Fiesta** statt — Essen, Folklore-Tänze und Musik; ziemlich **preiswert**; Tel. 585-0322. Und in der Gegend nördlich der Straßen *Avenida Hidalgo* und *Tacuba*, an *Donceles*, befindet sich die **Camara de Senadores**, das Senatsgebäude, und die **Camara de Diputados**, das Abgeordnetenhaus. In der Nähe liegt das **Teatro de la Ciudad**, Donceles 36, Mexico 1, D.F., wo die Aufführungen des **Ballet**

Folclorico Nacional stattfinden; Kasse am Eingang. Das äußerst dekorative Gebäude stammt etwa aus dem Jahre 1912. **Wichtiger Hinweis:** Die Aufführungen des Ballet Folklorico de Mexico finden im Palacio de Bellas Artes statt. Unsere Eindrücke der Balletaufführungen finden Sie im Abschnitt **Große Erlebnisse in Mexico City.**

Downtown Area Checkliste

- [ ] SPAZIERGANG DURCH DEN ALAMEDA PARK
- [ ] WANDMALEREI IM HOTEL DEL PRADO ANSEHEN
- [ ] PALACIO DE BELLAS ARTES BESUCHEN
- [ ] AUSSICHT VOM TORRE LATINOAMERICANA
- [ ] PLAZA GARIBALDI ERLEBEN
- [ ] FOLKLORE-BALLETTAUFFÜHRUNG SEHEN

RUND UM DEN ZOCALO

Eine der historischsten Gegenden von Mexico City ist die **Plaza de la Constitucion**, der Platz der Verfassung, allgemein **Zocalo** genannt. Der riesige Platz – einer der größten freien Plätze der Welt – liegt im östlichen Abschnitt der Innenstadt von Mexico City und ruht direkt auf den Ruinen von Moctezumas **Tenochtitlan**, dem ehemaligen Mittelpunkt des Aztekenreichs. Nachdem Cortes und seine Konquistadoren die Azteken-Pyramiden und Tempel im Jahre 1521 gänzlich zerstört hatten, bauten die Spanier (mit den Steinen der zerstörten Tempel) die Hauptstadt von Neu-Spanien direkt auf den Trümmern auf. Und sogar heute ist der Zocalo mit den bedeutenden und eindrucksvollen Bauten, die ihn umgeben, wie die **Kathedrale** und der **Nationalpalast**, das Zentrum des **politischen** und **religiösen** Lebens in Mexico. Daher finden gerade hier sehr oft feierliche Veranstaltungen und Paraden statt. Samstags und sonntags werden die den Platz umgebenden Gebäude abends vom Flutlicht erhellt – diese Illumination schafft dann eine herrliche, brillante Szenerie. **Tip:** Wenn Sie in Mexico City sind, sollten Sie auf keinen Fall den Zocalo verpassen.

Der Zocalo liegt auch **günstig** zu anderen Teilen von Mexico City. Sie kommen praktisch bei jeder Stadtrundfahrt über den achtspurigen Boulevard, der im Umkreis um den Platz läuft. Und wenn Sie die Gegend um den Zocalo **auf eigene Faust** entdecken wollen, haben Sie verschiedene Möglichkeiten, in die Gegend zu gelangen. Die **U-Bahn** führt beispielsweise zum Zocalo – die U-Bahn-Station liegt auf der Ostseite des Platzes. Aber Sie können auch ziemlich bequem mit dem **Auto**, mit dem **Bus** oder auch **zu Fuß** über die *Avenida Madero* – eine Verlängerung der *Avenida Juarez* – in die Area des Zocalo gelangen. Dort, wo die *Av. Madero* auf den Zocalo stößt, in der Nähe vom **Hotel Majestic**, können Sie etwa im Uhrzeigersinn Ihre Eroberung des Zocalos beginnen. Doch zuvor noch ein **Tip:** Oben im Hotel Majestic befindet sich ein vornehmes

MEXICO CITY-ZOCALO

Zocalo — Mexico City
 1-Zocalo
 2-Metro: Zocalo
 3-Palacio Nacional
 4-Palacio Ayuntamiento
 5-Suprema Corte de Justicia
 6-Catedral Metropolitana
 7-Monte de Piedad
 8-Museo de las Culturas
 9-Ruinas Aztecas ▲
10-Museo de la Ciudad de Mexico
  -Metro: Pino Suarez
11-Sagrario Metropolitano
12-Plaza Santo Domingo
13-Portales
14-Escuela Nacional
   Preparatorio
15-Museo de Art Religioso
16-Cholula, Puebla, Veracruz, Oaxaca, La Merced

A-Majestic Hotel
B-Gran Hotel de la Ciudad de Mexico

Dachrestaurant, von wo aus Sie einen herrlichen Blick auf den Zocalo haben. Sonntags gibt es dort etwa ab 13.30 Uhr ein Ranchero Buffet — **preiswert** mit vielen verschiedenen mexikanischen Spezialitäten.

Zwischen dem **Hotel Majestic** und dem **Gran Hotel Ciudad de Mexico** befindet sich eine Einkaufsarkade mit mehreren Geschäften. Bei Ihrem Bummel um den Zocalo können Sie vielleicht im Gran Hotel eine kleine Pause einlegen, etwas Erfrischendes zu sich nehmen und sich etwas ausruhen; die imposante Hotelhalle bietet sich förmlich dazu an. Und hier ein **Tip:** Da es manchmal sehr schwierig oder fast unmöglich ist, am Zocalo ein Taxi zu bekommen, versuchen Sie es am Taxistand gerade vor dem Gran Hotel Ciudad de Mexico. Meistens befinden sich dort mehrere Taxis. Zwar kostet das Taxi dort etwas mehr als ein VW-Taxi, aber vielleicht lohnt es sich, in solch einer Situation ein bißchen mehr auszugeben. Aber erkundigen Sie sich auch hier wieder, **wieviel** es kostet, bevor Sie ins Taxi steigen.

Etwas nördlich vom Hotel Majestic liegt das **Monte de Piedad**, das staatliche Pfandhaus. Im 18. Jahrhundert wurde es als Pfandhaus für die ärmeren Leute eingerichtet; damals konnten die Armen nur so zu Bargeld kommen, indem sie ihre Wertsachen in Zahlung gaben, ohne die hohen Zinsen für ein Darlehen zahlen zu müssen. Das Pfandhaus ist heute immer noch in Betrieb. Es ist sehr interessant, sich dort ein bißchen umzusehen, besonders wenn Sie sich für Raritäten interessieren, und vielleicht finden Sie sogar etwas für sich. Wenn Sie Ihren Spaziergang im Uhrzeigersinn fortsetzen, kommen Sie zu einer der größten Sehenswürdigkeiten am Zocalo — der **Kathedrale**, Catedral.

Die Kathedrale

Die interessante Kirche mit den Zwillingstürmen, die Sie auf der Nordseite des Zocalo sehen, ist die **Catedral Metropolitano** — eines der größten Kirchenbauwerke der Neuen Welt. **1573** wurde mit dem Bau der Kirche begonnen, als Nachfolgerin der **1525** von Cortes errichteten Kirche. Die Kathedrale ruht auf den Trümmern des großen **Aztekentempels**; der Tempel, der zwei der größten Gottheiten der aztekischen Welt — **Huitzilopochtli** und **Tezcatlipoca** — gewidmet war, wurde **1521** von den Spaniern zerstört. Da es über zweihundert Jahre gedauert hat, die Kathedrale fertigzustellen, werden Sie auch ganz verschiedene Baustile, einschließlich Gothik und Barock feststellen. Die riesige Kirche ist etwa 54 m breit und etwa 118 m lang.

Nachdem Sie die prächtige Kirche mit ihren vielen Altären, besonders die so prunkvoll verzierten Altäre im churriguereskn Stil angesehen haben, schauen Sie sich den Zocalo mit dieser großen Kirche an, und versuchen Sie einmal, diese Stätte in der richtigen Perspektive zu sehen. Sie befinden sich nämlich auf dem Platz, wo während der Herrschaft von Moctezuma der große **Teocalli** stand — die damalige heilige Pyramide, eine

Doppelpyramide mit zwei Tempeltürmen oben auf der Spitze. Es heißt, daß Cortes im November 1519 mit einigen seiner Soldaten bis zur Spitze der Pyramide hinaufgestiegen sei, wo ihn **Moctezuma** höchstpersönlich empfangen habe. Nachdem er von dort oben einen ausgezeichneten Blick auf die Inselstadt **Tenochtitlan** machen konnte, erteilte Moctezuma Cortes dann die Erlaubnis, auch die beiden Tempel zu betreten. Und hier sei Cortes — wie es heißt — Zeuge eines Rituals mit Menschenopfern geworden, was einen wesentlichen Bestandteil der religiösen Zeremonie der **Azteken** darstellte. Aztekenpriester übten die Zeremonie aus, dabei floß Blut überall dort, wo man den Opfern die Herzen herausgenommen hatte. Die Luft sei, als Ergebnis der Zeremonie, von einem penetranten faulen Geruch erfüllt gewesen. Opfergefäße, in denen die Herzen als Weihegabe an die Götter gelegt wurden, und Messer, die man benutzt hatte, den Opfern das Herz herauszutrennen, können Sie im **Anthropologischen Museum** ansehen. Die Opfer stammten aus allen Teilen des Aztekenreichs. Die Darbringung von Menschenopfern zur Verehrung der Gottheiten gehörten zur Lebensweise der Azteken. Manche Historiker berichten, daß bei der Einweihung des großen Tempels bis zu 20 000 Menschen geopfert wurden. So ist es auch vielleicht nicht verwunderlich, daß Cortes in diesem neuen Land sogar Verbündete unter den Einheimischen fand, mit denen es ihm gelingen sollte, die mächtigen Azteken zu besiegen.

An die Kathedrale schließt sich der viel kleinere **Sagrario Metropolitano** an, ein Beispiel churriguereskent Baustils. Hier steht auch eine Statue des Bischofs Fray **Bartolome de las Casas** — der Beschützer der Indianer, nachdem das wichtige Reiseziel **San Cristobal de las Casas** im Bundesstaat Chiapas benannt wurde. Hier noch ein wichtiger **Hinweis**: Im Bereich der südöstlichen Ecke des Zocalos wurde etwa gegen Ende des 18. Jahrhunderts der berühmte, etwa 24 Tonnen schwere, **Azteken-Kalender** gefunden, etwa aus dem Jahre 1479 stammend. Der Kalenderstein befand sich bis **1885** auf der Westseite der Kathedrale. Heute ist er im **Mexica-Saal** des Anthropologischen Museums aufgestellt. Das **Museo de Arte Religioso**, Museum für religiöse Kunst, befindet sich an der *Calle de Guatemala*, an der nordwestlichen Ecke der Kathedrale.

Azteken-Ruinen

Gegenüber von der nordöstlichen Ecke der Kathedrale, an der Ecke *Guatemala & Seminario*, können Sie eine Ausgrabungsstätte sehen. 1913 wurden hier Trümmerreste der Aztekenpyramide entdeckt und freigelegt. Man nimmt an, daß die äußeren Anlagen der Pyramiden, die in **Tenochtitlan** standen, mehrmals wieder aufgebaut wurden. Und eben hier fand man vor wenigen Jahren (bei Ausschachtungsarbeiten) den kreisrunden **Coyolxauhqui-Stein** — 8 Tonnen schwer mit einem Durchmesser von 3 m. Auf dem jetzt so berühmten Stein sind als Relief verschiedene Körperteile (Torso, Beine, Kopf usw.) der aztekischen Göttin des Mondes, **Coyolxauhqui**, zu erkennen. Es heißt, daß **Huitzilopochtli**, der Sonnengott der Azteken, der sein Volk nach Tenochtitlan geführt hatte, die Göttin des Mondes töten sollte, um selbst zur Erhellung der Erde aufzusteigen. Dies gibt zumindest eine Erklärung zu den merkwürdig zerlegten Körperteilen der Mondgöttin. Wahrscheinlich lag der Stein wohlverborgen zu Füßen des Tempels, entging somit der Zerstörung durch die einfallenden Spanier und wurde erst gegen Ende der 1970er Jahre entdeckt.

Nördlich vom Zocalo und den Aztekenruinen befindet sich die barocke Kirche von **Santo Domingo** aus dem frühen 18. Jahrhundert. In der Nähe der Plaza Santo Domingo kommen Sie zu den professionellen öffentlichen Schreibern, die dort mit ihren Tischen und Schreibmaschinen auf Kundschaft warten (Kunden, die vielleicht einen Brief an eine Behörde diktieren wollen). Ebenfalls nördlich von Zocalo liegt die **Escuela Nacional Preparatorio**, Staatliche Vorbereitungsschule, mit Wandmalereien von Orozco und Rivera.

Der Nationalpalast

Entlang der Ostseite des Zocalos erstreckt sich das eindrucksvolle, etwa 230 m lange Gebäude des **Palacio Nacional**, Nationalpalast, der genau wie die Kathedrale langsam in den Erdboden sinkt. Sie können am besten feststellen, wieviel der Palast bereits gesunken ist, wenn Sie vom Süden zum Norden an der Frontseite vorbeispazieren und dabei die unterste Mauerlinie weiterverfolgen; es ist eine beträchtliche Verschiebung sichtbar! Der Originalpalast, den Cortes kurz nach seiner Eroberung im Jahre **1521** an die Stelle von Moctezumas Palast errichten ließ, wurde **1692** wieder aufgebaut. Er war auch die ehemalige Residenz der spanischen Vizekönige, der Repräsentanten des spanischen Königs. Der erste Vizekönig war **1535** Don Antonio de Mendoza und der letzte Juan O'Donoju im Jahre **1821**. Alles in allem gab es 61 spanische Vizekönige, die Mexico in der Zeit kurz nach der Eroberung durch Cortes bis **1821**, als Mexico seine Unabhängigkeit von Spanien erhielt, regierten. Heute befinden sich im Nationalpalast mit seinen Hunderten von Zimmern die Arbeitszimmer des Präsidenten sowie mehrere Verwaltungsbüros.

Obwohl der Nationalpalast hauptsächlich ein Verwaltungsgebäude ist, gibt es dort auch verschiedene bemerkenswerte Sehenswürdigkeiten. Im Nordflügel des Palastes (Eingang in der Nähe von *Moneda*) können Sie die riesigen **Wandmalereien** von **Diego Rivera**, 1886–1957, bewundern. Sie finden sie im Bereich des Haupttreppenaufgangs und im ersten Obergeschoß. Die Wandmalereien stellen mit ihren verschiedenen Szenen aus dem aztekischen Mexico und aus dem Kampf um die Unabhängigkeit von Spanien eine regelrechte Geschichtsstunde dar. Der berühmte Künstler arbeitete mit mehreren Zeitabständen an diesem gewaltigen Werk.

Über dem mittleren Portal des Nationalpalast befindet sich

Mexicos „**Freiheitsglocke**". Zu der Glocke gibt es folgenden Zusammenhang: Der 57jährige Pater Hidalgo aus dem kleinen Dorf Dolores — nordwestlich von Mexico City — plante einen Volksaufstand. Er mußte jedoch, da sein Plan gegen die Spanier verraten worden war, schon früher in Aktion treten. So läutete er in der Nacht des **15. September 1810** mit der Kirchenglocke (die heute am Nationalpalast hängt) seine Gläubigen zusammen und feuerte sie in einer leidenschaftlichen Predigt mit *Mexicanos viva Mexico!* zur Vertreibung der *gachupines* (die europäischen Spanier) auf. Damit wurde Mexicos langer Kampf um die Unabhängigkeit von Spanien ausgelöst. Pater Hidalgo, der der „Vater der Unabhängigkeit" genannt wird, wurde am 30. Juli 1811 in Chihuahua — etwa 384 km südlich des heutigen El Paso, Texas — wegen Aufwiegelung von den Spaniern erschossen.

Jedes Jahr wird am **15./16. September** ein großes Fest zu Ehren Hidalgos auf dem Zocalo veranstaltet. Dabei läutet der Präsident von Mexico immer am 15. September um 23 Uhr diese Glocke, die Hidalgo damals in der Kirche von Dolores läuten ließ. Dem Glockengeläute folgen mehrere laute *Viva*-Rufe! An der *Calle Moneda* befindet sich das **Museo de las Culturas**, Kulturmuseum; interessantes Museum über die Entwicklung der Kulturen außerhalb von Mexico.

Südseite Vom Zocalo

Auf der Südseite des Zocalos liegt der attraktive **Palacio del Ayuntamiento**, das Rathaus. Hier befinden sich die Verwaltungsräume mit dem Sitz der Regierung des **Distrito Federal** (= **D.F.**), Bundesdistrikt Mexico. Mexico City hat eine eigene Regierungszone. Zu beiden Seiten der *Avenida 20 Noviembre* befinden sich die beiden „Zwillings-Gebäude", die das Rathaus bilden. Das im **Westen** liegende Gebäude stammt etwa aus dem Jahre **1725**; das Gebäude auf der **Ostseite** ist eine exakte Nachbildung und stammt aus dem Jahre **1942**. An der südöstlichen Ecke des Zocalos befindet sich der **Suprema Corte de Justicia**, der Oberste Gerichtshof, 1940 errichtet, mit wunderschönen Fresken von Orozco.

Südlich vom Zocalo befinden sich einige sehr bekannte und bemerkenswerte Geschäfte von Mexico City, wie **El Palacio de Hierro, Paris Londres** und **El Puerto de Liverpool**. Und weiter an der *Avenida Pino Suarez* liegt das **Museo de la Ciudad de Mexico**, das Museum der Stadt Mexico. Das außerordentlich interessante Museum erzählt im Erdgeschoß die Geschichte über das Tal von Mexico. In den Obergeschossen gibt es Abteilungen über verschiedene Perioden der Kolonialzeit bis zur Unabhängigkeit und Neuzeit. Schauen Sie sich dort auch das Modell der heutigen Stadt Mexico-City an. Schräg gegenüber vom Museum befindet sich das Krankenhaus **Hospital de Jesus Nazareno**, 1524 von Cortes gegründet. Man nimmt an, daß dies die Stelle sei, an der Cortes und Moctezuma sich **1519** zum ersten Mal getroffen haben. Seit Ende

70 CHAPULTEPEC

des 18. Jahrhunderts befindet sich das Cortes-Grab in der angrenzenden Kirche. Und nur etwas südlicher liegt die U-Bahn-Station der Metro, **Pino Suarez**, wo Sie mitten in der U-Bahn-Station eine *echte* Pyramide finden! Und wenn Sie den absoluten Gegensatz zu der im allgemeinen recht gepflegten Gegend westlich vom Zocalo erleben wollen, empfehlen wir Ihnen, sich in dem östlich vom Zocalo gelegenen Viertel vielleicht ein bißchen umzuschauen. Es ist hier recht belebt; es gibt beispielsweise einen Straßenmarkt mit verschiedenen Verkaufsständen, fahrbaren „Küchen", Backwaren, Obst, Gemüse und Blumen. Sie werden zugeben, daß Sie hier ein ganz anderes Bild von Mexico City bekommen. Hier finden Sie ein wirklich **echtes** und **unverfälschtes** Einheimischenmilieu mit Indianern. So lernen Sie am besten **Land und Leute** kennen. Folgen Sie nur der **Corregidora** in *östlicher* Richtung.

Zocalo Area Checkliste

- ☐ IM MONTE DE PIEDAD HERUMSTÖBERN
- ☐ DIE KATHEDRALE BESICHTIGEN
- ☐ DIE AZTEKEN-RUINEN BETRACHTEN
- ☐ RIVERA-MALEREIEN IM NATIONALPALAST
- ☐ STADTMUSEUM BESUCHEN

CHAPULTEPEC PARK AREA

Westlich der Zona Rosa liegt einer der größten Stadtparks Amerikas – der etwa 800 ha große **Chapultepec Park**. Der Name Chapultepec bedeutet: *Heuschreckenhügel*, wie ihn die Azteken im 14. Jahrhundert wegen des etwa 60 m hohen Hügels, der wie ein „Heuschreckenhügel" aussieht, nannten! **Bosque de Chapultepec**, wie man den waldreichen Park auch noch nennt (*bosque* = Waldgebiet), mit seinen majestätischen *Ahuehuete*-Bäumen (eine Zypressenart), von denen einige sogar schon von den Azteken gepflanzt worden sein sollen, ist praktisch von allen Seiten in Mexico City gut zu erreichen. Der *Paseo de la Reforma* wird beispielsweise besonders bevorzugt als Zufahrt zum Park benutzt, mit Taxi oder *Bus Nr. 100*. Am besten lassen Sie Ihr Auto beim Hotel, da es hier am Park etwas schwierig wird, einen Parkplatz zu finden. Die nächste U-Bahn-Station zum Park heißt **Chapultepec**, genau am Park, etwa 10 Minuten zu Fuß vom **Monumento a Los Ninos Heroes**, Denkmal der heldenhaften Jungen, entfernt. Das Säulen-Denkmal wurde zu Ehren von sechs Militär-Kadetten errichtet, die sich vom Chapultepec-Hügel stürzten, um sich 1847 nicht den eindringenden amerikanischen Militärtruppen ergeben zu müssen. Südlich der Metro-Station, etwa am Parkrand, kommen Sie auf der *Consitutyentes* zum **Mercado de Flores**, dem bunten Blumenmarkt; das ganze Jahr über gibt es hier täglich frische Blumen.

CHAPULTEPEC 71

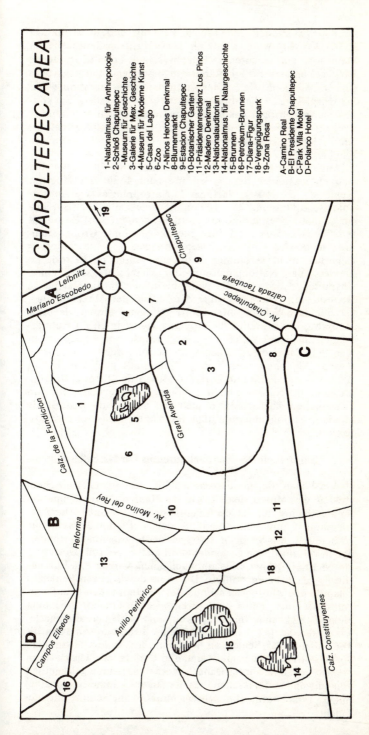

72 CHAPULTEPEC

Sogar wenn der Chapultepec Park die einzige Attraktion in Mexico City wäre, würde ein Mexico City-Aufenthalt auch dann noch ein bedeutendes Erlebnis sein. Hier im Chapultepec Park bekommen Sie nicht nur ein besonders eindrucksvolles Bild von Mexicos vergangener Kultur und alter Tradition, wenn Sie beispielsweise die Museen hier besuchen, sondern Sie können hier genausogut das Mexico und die Mexikaner von heute erleben. Am besten kommen Sie an einem Sonntag hierher, dann erleben Sie, daß der Sonntag in Mexico City ein Tag der Familie ist.

Außer dem Park selbst gehören mehrere Museen zu den Hauptattraktionen des Parks, in erster Linie **das** Museum Mexicos – das **Museo Nacional de Antropologica**, das Anthropologische Museum; dort finden Sie gleichzeitig auch ein ausgezeichnetes Restaurant mit vernünftigen Preisen; Einzelheiten über das Museum finden Sie im Abschnitt **Große Erlebnisse in Mexico City**. Auch sehr interessant – Sie sollten es eigentlich nicht versäumen – ist das **Museo de Historia de Mexico**, das Nationalmuseum für Geschichte, im Schloß Chapultepec. Dort in der Nähe befindet sich die **Galeria de Historia** mit Dioramas über Ereignisse der Mexikanischen Geschichte. Weitere interessante Museen: **Museo de Arte Moderno**, das Museum für moderne Kunst in einem Rundgebäude, in dem Werke moderner Kunst von bedeutenden Künstlern Mexicos zu sehen sind, beispielsweise von Orozco, Rivera, Siqueiros und Tamayo; dienstags geschlossen. Am südwestlichen Parkrand liegt das **Museo de Historia Natural**, Museum für Naturgeschichte; montags geschlossen. Und nun Einzelheiten über Ihren Besuch des **Museo de Historia de Mexico**, Nationalmuseum für Geschichte; dienstags geschlossen.

Ein Besuch Des Nationalmuseums Für Geschichte

Versuchen Sie, mindestens ein bis zwei Stunden für Ihren Besuch des **Museo de Historia de Mexico**, Nationalmuseum für Geschichte, im **Schloß Chapultepec** einzuplanen. Der Aufstieg hinauf zum Schloß wird Sie vielleicht schon etwas darauf vorbereiten, was Sie beim Besteigen der faszinierenden Pyramiden in verschiedenen Gegenden des Landes erwartet. Doch hier ein **wichtiger Hinweis**: Es gibt auch einen **Aufzug** vom Fuß des Hügels hinauf zum Schloß. Der Bau des heutigen Schlosses Chapultepec wurde gegen Ende des 18. Jahrhunderts auf Veranlassung der spanischen Vizekönige begonnen. Nachdem Mexico **1821** seine Unabhängigkeit von Spanien erhalten hatte, wurde das Schloß als Militärakademie benutzt. Von **1864 bis 1867** diente das Schloß als Residenz des Kaisers Maximilian von Österreich und seiner Gemahlin Carlota, wie Charlotte in Mexico genannt wurde. Danach wurde das Schloß gelegentlich von einigen mexikanischen Präsidenten als Sommerresidenz benutzt. **1944** wurde das heutige **Museum** im Schloß untergebracht.

CHAPULTEPEC 73

Zur schnellen **Orientierung** über die Ausstellungsräume des Schlosses: Wenn Sie sich vor dem Eingang zum Schloß befinden, gelangen Sie im **linken Flügel** zur Abteilung über **Mexicos Unabhängigkeit** von Spanien (1821). Hier gibt es auch einen Saal über **Benito Juarez**, der vor und nach Maximilians Regentschaft, Mexico regierte. Das Museum enthält auch Ausstellungen und Wandmalereien über die **1910** begonnene **Revolution**.

Neben dem Innenhof im Mittelteil des Schlosses befindet sich die bekannte 1961 fertiggestellte Wandmalerei des Juan O'Gorman. Die Malerei zeigt in der Mitte Pater **Hidalgo**, der 1810 die Bevölkerung Mexicos durch einen Volksaufstand zur Unabhängigkeit führte. Auf dem linken Abschnitt der Malerei sieht man Szenen aus dem von Spanien regierten Mexico. Im rechten Feld erkennt man **Morelos** (Nachfolger Hidalgos) mit Mitgliedern des Nationalkongresses von Chilpancingo, der sich am 8. September 1813 in Chilpancingo, genau nördlich von Acapulco, konstituierte. Hier verkündete der Kongreß unter Morelos Leitung, daß Mexico nicht mehr zu Spanien gehöre, daß die Sklaverei endgültig abgeschafft wird und daß alle Bewohner Mexicos gleich seien.

Im **rechten Flügel** des Schlosses gibt es sehr viele interessante Ausstellungsräume. Gleich rechts nach dem Eingang des Museums kommen Sie zum **Saal der Eroberung**, wo Wandgemälde Szenen aus der Zeit der spanischen Eroberung Mexicos, **1519—1521**, zeigen. Hier sind auch **Waffen**, einschließlich einer Kanone aus dieser Zeit ausgestellt. In einem benachbarten Saal gibt es Kutschen, die Maximilian und Juarez benutzt hatten. Eines der Gemälde zeigt **Juarez**, Mexikaner gegen französische Truppen anführend. Wenn Sie ganz rechts in diesem Flügel wieder in Richtung Ausgang steuern, kommen Sie durch den **Flaggensaal**, wo die Kriegsfahnen der mexikanischen Armeen ausgestellt sind. Eine Flagge, die sich in einer Glasvitrine befindet, wird von einer Ehrengarde bewacht. Beim Weitergehen kommen Sie durch mehrere Räume, in denen gelegentlich Regierungstreffen stattfinden. Um die Ecke gelangen Sie in einen der eindrucksvollsten Abschnitte des Museums. in die **Gemächer** von **Maximilian und Carlota**.

Obwohl Sie keinen direkten Zugang zu den Räumen haben, können Sie doch einen Blick hineinwerfen — sehr sehenswert. Die erste Reaktion ist wohl, daß dieser Reichtum und Luxus im Mexico der 1860er Jahre völlig fehl am Platze war. Im **Chinesensaal**, sehen Sie Kunstgegenstände aus China; dann schließt sich das königliche **Badezimmer** und das **Schlafzimmer** mit prächtigem Marmor und kostbaren Möbeln an. **Kleiner Hinweis**: Achten Sie bei den beiden Gemälden von Carlota und Maximilian auf folgendes: Carlota, die 1927 in Europa verstarb, trägt die **Krone**, Maximilian dagegen im weißen Hermelin ist **ohne Krone** dargestellt (sie ruht auf einem Kissen neben ihm). Maximilian wurde **1867** erschossen, nachdem die französischen Truppen, von deren militärischer Unterstützung seine Regentschaft abhing, auf Befehl der USA begonnen hatten, aus Mexico abzuziehen. In diesem Teil des Schlosses haben Sie einen ausgezeichneten Blick auf den **Paseo de la Reforma**. Wenn Sie das Museum wieder verlassen, sollten Sie noch einen Blick auf den Eingang werfen. Dort befindet sich eine **Büste Napoleons**, und zwar des Napoleons, der 1815 in der Schlacht von Waterloo geschlagen wurde, nicht der, der in den 1860er Jahren französische Truppen bereitstellte, um Maximilian drei Jahre lang in Mexico an der Macht zu halten.

Weitere Erlebnisse Und Attraktionen Im Park

An Wochenenden wird der Chapultepec Park von Mexikanern überflutet, die es ins Grüne und zu diesem Lieblingsziel der Stadtbewohner zieht. Auf Picknickplätzen gibt es häufig viele bunte Luftballons, denn in Mexico gehört es zur Tradition, den Kindergeburtstag nach Möglichkeit mit großem Essen oder Picknick und vielen lustigen Spielen im Park zu feiern. Sie werden zugeben, daß man bei derartig freudigen Anblicken nur angesteckt werden kann, sich selbst hier zum Picknick niederzulassen. Wenn Sie also ein bißchen vorausschauen, können Sie sich rechtzeitig **im Hotel** ein Lunchpaket fürs **Picknick** zusammenstellen lassen und in den **Park** gehen. Sie erleben dort, wie die vielleicht etwas ärmeren aber auch die etwas besser gestellten Mexikaner ihren Nachmittag verbringen. Auf alle Fälle lernen Sie bei Ihrem Parkaufenthalt Land und Leute, vor allem das **echte** Mexico kennen.

Ein Nachmittag im Park braucht nicht nur Picknick und Museumsbesuch zu bedeuten, sondern kann auch Vergnügen heißen. So gibt es beispielsweise zwischen dem **Anthropologischen Museum** und der *Gran Avenida* einen herrlichen Kinderspielplatz (aber nicht nur für Kinder, sondern auch für die im Herzen jung gebliebenen) und einen kleinen Zoo. In der Nähe befindet sich ein See (vom Anthropologischen Museum zu sehen), wo man Ruderboote stundenweise mieten kann; ein sehr beliebter Zeitvertreib. Der Hauptzoo, einer der ältesten Zoos in der Neuen Welt, liegt genau im Westen des Parks. Der Zoo ist übrigens einer der **ersten**, in denen ein **Pandabär** in Gefangenschaft geboren wurde.

In der Nähe befindet sich auch der **Jardin Botanico**, der Botanische Garten, sowie das riesige **Auditorio Municipal**, das Auditorium der Stadt, genau gegenüber vom 42-Etagen-Luxushotel **El Presidente Chapultepec**. Der Teil zwischen Hotel und dem Ostende des Parks ist am beliebtesten und wird **Chapultepec 1** genannt. Zu Ihrer Information, im Süden befindet sich **Los Pinos**, die Pinien – die Residenz des Präsidenten von Mexico. In der Nähe steht die **Statue von Madero** – Präsident von Mexico von 1911 bis 1913.

Weiter im Westen, nach der Straße *Anillo Periferico*, die den Park durchschneidet, kommen Sie zum **Parque de Diversiones** (ein Vergnügungspark) mit seiner „Achterbahn". In der Nähe liegt das **Museo de Historia Natural**, Museum für Naturgeschichte. Im Norden befindet sich der See, auf dem eine riesige Fontäne, einen mächtigen Strahl in die Luft stößt. Hier finden

ATTRAKTIONEN 75

Sie eines der besten (und teuersten) Restaurants der Stadt – **Restaurant Del Lago**. Tel. 515-9585 für Tischreservierungen, wenn Sie vornehm ausgehen, ausgezeichnet essen und abends tanzen gehen wollen. Etwas weiter nördlich liegt der **Fuente de Petroleos**, der Erdölbrunnen, zur Erinnerung an das Jahr **1938**, in dem die gesamte Erdölindustrie verstaatlicht wurde. Mit den immer größeren Erdölfunden und der weltweiten Preissteigerung ist das „schwarze Gold" mittlerweile zu einem bedeutenden Faktor der Zukunft des Landes geworden. Die Erdölindustrie liegt in den Händen der **Pemex, Pe**troleos **Mexi**canos, der staatlichen mexikanischen Erdölgesellschaft. Diesen Teil des Parks nennt man **Chapultepec 2**. Die Parklandschaft westlich und nördlich von hier liegt etwas zurückgezogener – mit Picknickplätzen; man nennt sie **Chapultepec 3**. Da wir hier die Gegend am Parkrand des Chapultepec Parks beschreiben, geben wir Ihnen dazu ein paar Hotels an: Zwei der luxuriösesten Hotels der Stadt sind das **Camino Real**, mehr als 700 Zimmer, und das riesige **El Presidente Chapultepec** mit 42 Etagen, über 700 Zimmer. Hier zwei kleinere Hotels der Chapultepec Area – mindestens die Hälfte des Preises der beiden Luxushotels: **Park Villa Motel**, etwa 40 Zimmer, in der Nähe der *U-Bahnstation Juanacatlan,* und das **Hotel Polanco**, etwa 70 Zimmer.

Chapultepec Park Area Checkliste

- [ ] SPAZIERGANG DURCH DEN PARK
- [ ] NATIONALMUSEUM FÜR GESCHICHTE BESUCHEN
- [ ] ZUR GALERIE ÜBER MEXIKANISCHE GESCHICHTE
- [ ] DAS ANTHROPOLOGISCHE MUSEUM BESUCHEN

ATTRAKTION SÜDLICH DER STADTMITTE

Obwohl viele Sehenswürdigkeiten von Mexico City sich in der Gegend zwischen *Zocalo* und *Chapultepec-Park* konzentrieren, sollten Sie manche interessante Museen, Märkte und andere Attraktionen nicht außer acht lassen, die sich etwa im Bereich **zwischen** Innenstadt – *Downtown Area* – und den **Schwimmenden Gärten von Xochimilco**, am *südlichen* Stadtrand befinden. Für die Lage dieser Attraktionen benutzen Sie unsere **Orientierungskarte**.
Anahuacalli – das Diego Rivera Museum befindet sich in dem einem Aztekentempel ähnlichen Gebäude. Sammlung präkolumbianischer Kunst (mehr als 2000 Werke), die Rivera (1886–1957) gesammelt hat. Dort ist auch eine Rekonstruktion des Malerateliers des berühmten Künstlers zu sehen. Montags geschlossen. Das Museum liegt genau *westlich* der *Av. Division del Norte.*
Bazar Sabado – dieser populäre Markt ist in einem alten Kolonialgebäude in **San Angel**, am *Plaza San Jacinto 11*, untergebracht, etwa *westlich* der *Av. Revolucion*. Samstags

76 ATTRAKTIONEN

von 10 Uhr bis 19 Uhr geöffnet; mexikanisches Kunsthandwerk, Wandbehänge, Schmuck, Lederarbeiten und andere handwerkliche Kunst. Hier gibt es auch ein Restaurant. In der Nähe befinden sich die Kirche **Iglesia de San Jacinto** und die **Casa del Risco** mit ausgewählten Einrichtungsgegenständen aus dem 17. und 18. Jahrhundert.

Casa de Hernan Cortes – Cortes ließ das Gebäude direkt nach der Eroberung Mexicos, als **Coyoacan** die vorläufige Hauptstadt Neu-Spaniens war, als seine Residenz errichten. Das Wohnhaus wurde mehrmals umgebaut.

Ciudad Universitaria – Universitätsstadt, dieser Komplex umfaßt den Campus der *Universidad Nacional Autonoma de Mexico*, die 1551 gegründet wurde. Die moderne Universitätsstadt stammt jedoch aus dem Jahre 1953. Zahlreiche Gebäude sind ganz mit **farbigen Mosaiken** geschmückt, zum Beispiel das 10-Etagen-Gebäude der **Bibliothek** mit einem großen Mosaik des berühmten Künstlers Juan O'Gorman. Das Rektorratsgebäude gegenüber ist über und über mit verschiedenen Jahreszahlen versehen, die bis zur Eroberung Mexicos zurückgehen. Sie werden darunter die Zahl **1810** sehen – das Jahr, in dem Hidalgo Mexico in den Kampf um die Unabhängigkeit von Spanien führte; **1857** – Benito Juarez erließ Reformgesetze. **1910** – die Revolution begann. Und um das Ungewisse der Zukunft des ölreichen Mexicos zu verdeutlichen, gibt es dort auch die Jahreszahl **19??**.

Estadio Azteca – das Azteken-Stadion ist ein riesiges Fußballstadion, das bis zu 105 000 Zuschauer aufnehmen kann; *westlich* der *Calzada de Tlalpan*.

Estadio Olimpico – das Olympia-Stadion war während der Olympischen Sommerspiele von **1968** das Hauptveranstaltungsstadion (es faßt bis zu 100 000 Zuschauer). Es erinnert an einen Vulkankrater! Das riesige Diego Rivera Mosaik über dem Eingang des Stadions zeigt einen dunkelhäutigen Mann – die spanischen, und eine dunkelhäutige Frau – die präkolumbianischen Einwohner verkörpernd, sowie ein Kind – als Produkt der beiden. Sie sehen eine weiße Taube, die den Frieden unter den Völkern versinnbildet. Die weißen Hemden stellen die Teilnehmer der Olympischen Spiele dar.

Hotel de Mexico – das Wolkenkratzer-Hotel in der Nähe von *Insurgentes Sur* und *Filadelfia*, im Zeitpunkt der Drucklegung das höchste Gebäude in Mexico City. Abends zum Ausgehen können Sie zum Drehrestaurant ganz oben im Hotel hinauffahren – faszinierende Aussicht; sonntagabends *Fiesta Mexicana*. Das Hotel befindet sich neben dem Polyforum Siqueiros.

Jardines de Pedregal – im Gebiet um das Olympia-Stadion liegen viele Prachtvillen von Mexico City der verschiedensten architektonischen Stilrichtungen. Manche wurden direkt auf Lavagestein gebaut, das einmal als flüssige Lava von einem in der Nähe liegenden Vulkan hierhin geflossen ist. Sie können beim Hindurchfahren sehen, wie Bankiers, Industrielle, Politiker und andere reiche Bewohner von Mexico City hier wohnen. Fahren sie beispielsweise die *Calle Crater* und dann die *Calle*

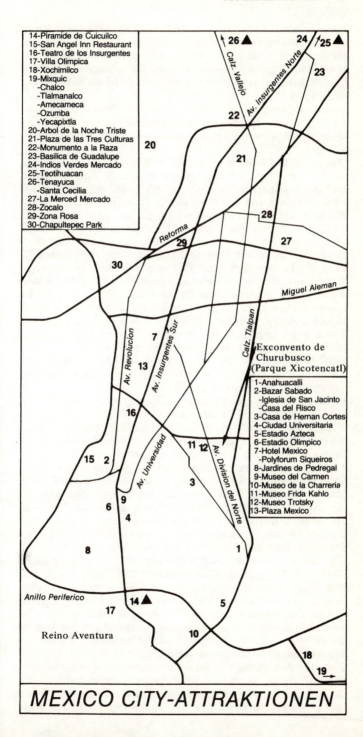

78 ATTRAKTIONEN

Risco entlang. Aber vielleicht werden Sie auch dort feststellen, daß die Bewohner des Luxusviertels Wert auf Privatsphäre legen und ihre Grundstücke mit hohen Mauern einfrieden; bei einer Stadtrundfahrt können Sie vom Bus etwas mehr von den Prachtvillen und gepflegten Gärten sehen, weil Sie höher sitzen als im PKW.

Museo el Carmen — genau *östlich* der *Av. Revolucion*, finden Sie in einem renovierten Klostergebäude eine Sammlung sakraler Kunst sowie einige Mumien. In der Nähe vom Bazar Sabado.

Museo de la Charreria — an *Calles Hidalgo* und *Matamoros*, ein Museum über die mexikanischen Cowboys. Von Mitte Vormittag bis Mitte Nachmittag geöffnet; etwa *südwestlich* vom Estadio Azteca und *südöstlich* der Cuicuilco Pyramide.

Museo Frida Kahlo — genau *südlich* der *Av. Rio Churubusco*, an *Calles Londres* und *Allende*. Das Museum mit einer Sammlung präkolumbianischer Kunst ist das Geburtshaus der Malerin Frida Kahlo, der Frau von Diego Rivera. Hier finden Sie auch Werke der Künstlerin (die von den ihres berühmteren Mannes etwas in den Hintergrund gerückt werden). Das Künstlerpaar lebte hier viele Jahre gemeinsam; im Museum haben Sie einen Einblick in ihr gemeinsames Leben. Montags geschlossen.

Museo Trotsky — in der Nähe des Museo Frida Kahlo, Ecke *Viena* und *Morelos*, ist das Wohnhaus, in dem Trotzky — ein großer Gegenspieler Stalins — 1940 ermordet wurde, trotz aller Bemühungen, ihn vor seinen politischen Gegnern zu schützen. Das Gebäude mit seinen hohen Mauern sieht aus wie eine Festung. Montags geschlossen.

Plaza Mexico — genau *westlich* der *Av. Insurgentes Sur*, ist eine der größten Stierkampfarenen der Welt — sie faßt etwa 50 000 Zuschauer. Die besten Stierkämpfe gibt es hier im Winter, und zwar sonntags um 16 Uhr; während des übrigen Jahres können Sie an Sonntagnachmittagen noch nicht so berühmte Matadores kämpfen sehen. Während des Duells zwischen Mensch und Tier werden gewöhnlich 6 bis 8 Stiere getötet. Die Karten für Plätze auf der Sonnenseite *(sol)* der Arena sind billiger als die Plätze auf der Schattenseite *(sombra)*. Da es nach den Stierkämpfen manchmal fast zu einem Verkehrschaos kommt, und es schwierig ist, ein Taxi oder einen Platz im Stadtbus zu bekommen, empfehlen wir Ihnen als **Tip**, am besten eine Tour mit Stierkampfbesuch zu buchen. So haben Sie garantiert eine Eintrittskarte zum Stierkampf und einen sicheren Platz im Bus, der Sie zurück zum Hotel bringt. Falls Sie sich für ein sportliches Ereignis ohne Blutvergießen interessieren, können Sie eine Charreada, ein Rodeo, ansehen (meistens sonntagmorgens — erkundigen Sie sich im Hotel) oder ein Pferderennen auf der herrlichen Rennbahn, **Hipodromo de las Americas**, verfolgen.

Piramide de Cuicuilco — diese Pyramide gilt als eines der ältesten Bauwerke der Neuen Welt. Sie befindet sich *östlich* der *Av. Insurgentes Sur*, südlich der Kreuzung von *Av. Insurgentes Sur & Anillo Periferico Sur*. Die **runde** Pyramide, dem Gott des Feuers geweiht, soll nach Experten etwa 2500 bis 3000 Jahre alt sein; sie war etwa 6 m von der Lava des benachbarten, inzwischen erloschenen Vulkans, **Ajusco** (3901 m), bedeckt. Man befreite die etwa 18 m hohe Pyramide, die einen Durchmesser von etwa 113 m hat, von der Lavaschicht. Hier gibt es auch noch ein kleines Museum.

Polyforum Siqueiros — neben dem Wolkenkratzerhotel Hotel de Mexico, an *Insurgentes Sur* zwischen *Montecito* und *Filadelfia*. Das zwölfeckige Gebäude, ein Kunst- und Kulturzentrum, wurde von dem Maler David Siqueiros (1898–1974) und führenden Künstlern aus aller Welt entworfen. Außer einer Kunstsammlung mexikanischer Kunst und handwerklichen Erzeugnissen, die manchmal auch verkauft werden, können Sie von einer Drehbühne eines der größten Wandbilder „Der Weg der Menschheit" betrachten. Das Gemälde bedeckt die Wände des runden Auditoriums. An bestimmten Tagen der Woche gibt es eine Ton- und Lichtschau auf englisch — erkundigen Sie sich nach den Veranstaltungstagen und -zeiten im Hotel. Es gibt hier auch eine Cafeteria.

San Angel Inn Restaurant — *Las Palmas 50* an *Altavista* (fahren Sie von der *Av. Revolucion* auf der *Altavista* in *westliche* Richtung — nicht weit vom Bazar Sabado). Eines der besten Restaurants der Stadt; es befindet sich in einer Hacienda aus dem 18. Jahrhundert mit einem sehr hübschen Park; Tischbestellungen Tel. 548-6746.

Teatro de los Insurgentes — das Insurgentes-Theater liegt genau *westlich* der *Av. Insurgentes Sur*. Die Wandmalerei von Diego Rivera zeigt Szenen aus der Geschichte des mexikanischen Theaters.

Villa Olimpica — in der Nähe der Cuicuilco Pyramide. Bei den Olympischen Spielen von 1968 wohnten die Olympia-Teilnehmer hier im Olympia-Dorf. Nach den Olympischen Spielen wurden die Wohnungen für etwa ab US $9000 an Mexikaner verkauft. Und wenn Sie auf der *Periferico Sur* in Richtung Xochimilco fahren, sollten Sie sich merken, daß dieser Straßenabschnitt auch „Freundschaftsavenue" genannt wird, da viele Länder farbenprächtige Kunstwerke, die entlang dieser Straße aufgestellt sind, geschenkt haben.

Xochimilco — die „Schwimmenden Gärten von Xochimilco", sind ein beliebtes Sonntagsausflugsziel, daher können Sie gerade bei einer Bootsfahrt auf den Kanälen einen Teil des echten Mexico erleben. Einzelheiten im Abschnitt **Große Erlebnisse in Mexico City**. *Östlich* von Xochimilco liegt das Indianerdorf **Mixquic**, wo alljährlich um den 10. bis 20. November die „Fiesta de los Muertos" gefeiert wird. Weiter *östlich*, oder genau *südlich* von Mexico City, gibt es der Straße nach Puebla entlang, mehrere alte Klöster. **Chalco** ist ein Franziskanerkloster (16. Jahrhundert); dann kommt **Tlalmanalco** (an den Berghängen des schneebedeckten **Ixtaccihuatl**) mit dem Franziskanerkloster (16. Jahrhundert; Kapelle geöffnet). Im *Süden* liegt **Amecameca**, eine wichtige Marktstadt, mit einem Dominikanerkloster (16. Jahrhundert); von hier haben Sie eine ausge-

80 ATTRAKTIONEN

zeichnete Aussicht auf die beiden benachbarten Vulkane. Im *Osten* liegt der **Paso de Cortes**, der 3500 m hohe Paß, den Cortes auf dem Weg nach Tenochtitlan passieren mußte. Wenn Sie auf der *M-115* in südliche Richtung fahren, kommen Sie an **Ozumba** vorbei, das Dorf mit dem am Berghang des schneebedeckten **Popocatepetl** liegenden Franziskanerkloster. Weiter in Richtung *Süden* kommen Sie nach **Yecapixtla** (genau östlich der *M-115*) mit dem riesigen Augustinerkloster. Bald darauf erreichen Sie **Cuautla** — westlich davon liegt **Cocoyoc**, der luxuriöse Ferienort für einen Übernachtungsstop nach Ihrem Ausflug nach Xochimilco und der Besichtigung verschiedener Klöster entlang der *M-115*.

ATTRAKTIONEN NÖRDLICH DER STADTMITTE

Es gibt auch noch sehr viele Attraktionen, die nördlich der Stadtmitte von Mexico City — *Downtown Area* — liegen. In der Nähe der U-Bahn-Station *Cuitlahuac* (nach dem Nachfolger Moctezumas benannt, der bald nach seiner Machtübernahme an Pocken starb), *westlich* vom Bahnhof *Buenavista*, erstreckt sich die Gegend, die man allgemein **Arbol de la Noche Triste** — *Baum der traurigen Nacht* — nennt.

Arbol de la Noche Triste liegt *östlich* der Kreuzung von *Calz. M. Escobedo* und *Calz. Mexico*. Hier ereignete es sich im April des Jahres 1520, daß die Spanier als Gäste der Azteken in Tenochtitlan das religiöse Zeremoniell der Azteken als Vorbereitung eines Aufstandes auffaßten und die Azteken daraufhin angriffen. Die Azteken natürlich schlugen zurück und zwangen dadurch die Spanier zur Flucht aus der Inselstadt Tenochtitlan; dabei ertranken manche der Spanier auf der Flucht, weil sie sich so schwer mit Gold beladen hatten. Unter den Opfern befanden sich über 300 Spanier und über 2000 Tlaxcalan-Indianer, die sich mit den Spaniern verbündet hatten. Nach einer Legende soll Cortes, den die Menschenschlacht der Azteken zutiefst getroffen hatte, unter einem *Ahuehuete*-Baum, den man heute noch in der Tacuba Area von Mexico City sehen kann, darüber geweint haben.

Plaza de las Tres Culturas — genau *nördlich* vom Plaza Garibaldi — siehe Abschnitt Downtown Area — liegt der weltbekannte *Platz der Drei Kulturen*, **Plaza de las Tres Culturas**. Dieser Platz kam eigentlich wegen dem, was man dort auf einen Blick sehen kann, zu seiner Bezeichnung — nämlich die Überreste einer Pyramidenanlage aus der Zeit der **Azteken**, oberhalb der Ruinen eine **spanische** Kolonialkirche aus dem 17. Jahrhundert und ringsum die **modernen** Hochhäuser, wo unter anderem auch die Angehörigen des **mexikanischen** Außenministeriums untergebracht sind. Hier haben Sie alle **drei Kulturen** auf einem Platz vereint — **präkolumbianisches, koloniales** und **modernes** Mexico; vergessen Sie nicht, die Kamera mitzubringen. Auf einer Inschrift ist zu lesen, daß der letzte große Kampf, der am 13. August 1521 zwischen den Azteken unter deren Herrscher Cuauhtemoc und den Spaniern unter Cortes hier stattfand, weder ein Sieg noch eine Niederlage, sondern die Geburt einer neuen Nation und Rasse war! Zu Ihrer **Orientierung**: In dieser Gegend befand sich im aztekischen Tenochtitlan der *Tlatelolco*-Markt — Sie können übrigens ein ausgezeichnetes Modell des Marktes im rückwärtigen Teil des Mexica-Saals im Anthropologischen Museum sehen. Der Platz der Drei Kulturen liegt auch *westlich* vom *Paseo de la Reforma*.

Monumento a la Raza — in der Nähe, Richtung *Norden* an der Kreuzung von *Av. Insurgentes Norte, Av. Rio Consulado* und *Calz. Vallejo* befindet sich das **Monumento a la Raza**, das Rassendenkmal — eine Pyramide, aber eine moderne! **Wichtiger Hinweis**: Der 12. Oktober wird in Mexico nicht als Kolumbus-Tag, sondern als „Tag der Rasse" gefeiert.

Nordöstlich Zur Guadalupe Und den Pyramiden

Wenn Sie vom **Monumento a la Raza** auf der *Av. Insurgentes Norte* in *nordöstliche* Richtung fahren, kommen Sie zur **Basilica de Guadalupe**. Die Basilika liegt bequem auf dem Weg zu der archäologischen Zone mit den Pyramiden in **San Juan Teotihuacan**. Wenn Sie sich der berühmtesten Wallfahrtskirche Mexicos nähern, genau *östlich* der *Av. Insurgentes Norte*, sehen Sie einen Hügel vor sich liegen; am Fuß des Hügels befindet sich die alte Basilika und genau westlich davon eine moderne Kirche. Hier soll die Jungfrau Maria einem Indianerjungen namens Juan Diego an diesem Hügel erschienen sein, die ihm aufgetragen habe, an dieser Stelle eine Kirche errichten zu lassen. Als der Junge dem Bischof von seiner Erscheinung berichtete, verlangte dieser einen Beweis. Der Indianerjunge kehrte daraufhin an die Stelle zurück (wo heute die alte Basilika steht) und pflückte Rosen, wie ihm die Jungfrau befohlen hatte. Als der Junge dem Bischof die Rosen brachte, fand man eine Abbildung der Jungfrau auf dem Umhang des Jungen. Dieses Kleidungsstück mit dem Bildnis der Jungfrau befindet sich heute über dem Hauptaltar der **1976** eingeweihten, modernen Kirche. Die bunten Glasfenster kommen übrigens aus Deutschland, das Holz aus Kanada und der Marmor aus Italien. Von überall strömen Pilger zu dieser Wallfahrtsstätte und legen das letzte Stück bis zum Gnadenbild meist auf den Knien zurück. Am **12. Dezember** findet die feierliche Prozession zu Ehren der „**Madonna von Guadalupe**" — die Schutzpatronin Mexicos — statt; dabei werden auch Folklore-Tänze aus der Azteken-Zeit dargeboten.

Und wenn Sie auf der *M-85* in *nordöstliche* Richtung nach Teotihuacan weiterfahren, kommen Sie an einem Park vorbei, den man zur Erinnerung an die spanische und aztekische Zeit angelegt hat. Anschließend erreichen Sie den **Indios Verdes Mercado** — eine gute Gelegenheit für Einkäufe; große Auswahl an Artikeln wie Lederwaren, Silberschmuck und andere gute Souvenirs; es gibt hier auch einen kleinen Imbißstand. Genau

82 ATTRAKTIONEN

außerhalb des Ladens befinden sich die Überreste eines alten Aquädukts, der früher das Wasser von Chapultepec hierher leitete. Genau nördlich der Grenze *Distrito Federal/Estado de Mexico* liegt der **Tola-Paß** – einer der niedrigsten Bergpässe nach Mexico City. Die beiden gebührenpflichtigen Straßen *M-85 D* und *M-132 D* führen zum **Kloster Acolman**, 1560 als Augustinerkloster gegründet, und zu den Pyramiden von **San Juan Teotihuacan** – Einzelheiten siehe **Große Erlebnisse in Mexico City**.

Nach Nordwesten – Nach Tula

Wenn Sie vom **Monumento a la Raza** ein paar Kilometer auf der *Calzada Vallejo* in *nordwestliche* Richtung fahren, erreichen Sie zwei interssante Pyramiden – **Piramide de Tenayuca** und **Piramide de Santa Cecilia**. Weiter Richtung *Norden* kommen Sie zur Kirche und Museum von **Tepotzotlan** und der archäologischen Zone von **Tuła**.

Tenayuca – die Pyramide stammt aus der Zeit des Chichimeken-Reichs, das etwa vor 800 Jahren hier blühte. Die Seiten der Pyramide sind mit gefiederten Schlangenköpfen aus Stein umgeben. Die Pyramide, ein mehrstufiger Bau, wurde von den Azteken mehrmals „übermantelt", das heißt überbaut, da Sie an einem 52jährigen Zyklus für ein „Jahrhundert" festhielten und am Ende eines solchen Jahrhunderts ihre Tempel erneuerten. Die rekonstruierte Pyramide ist eine der wenigen Azteken-Pyramiden, die die Zerstörung von Bauwerken der Azteken durch die Spanier im 16. Jahrhundert überlebt haben.

Ein paar Kilometer weiter kommen Sie zur **Pyramide von Santa Cecilia**. Der *einzige* Grund, diese kleine Pyramide zu besichtigen, ist, daß sie fast die einzige Pyramide ist, die noch einen vollständigen Azteken-*Tempel* oben auf der Pyramidenplattform hat. **Wichtiger Hinweis**: In der Hauptsache errichteten die Azteken ihre Pyramiden, um eine erhöhte Plattform für ihre Tempel zu schaffen. In diesen Tempeln opferten die Azteken ihren Göttern menschliche Herzen. Nach Ihrem Besuch dieses einmaligen Tempels, können Sie auf der Straße in *nordwestlicher* Richtung zur *M-57* fahren, der Straße, die nach Tepotzotlan, Tula und Queretaro führt.

Etwa 45 km *nördlich* von Mexico City, genau *westlich* der *M-57*, liegt der Ort **Tepotzotlan** mit einem Jesuitenkloster aus dem Jahre **1582**. Heute ist dort ein Museum für sakrale Kunst auch mit Ausstellungsstücken aus der Kolonialzeit untergebracht; hier gibt es auch ein Restaurant. Die Kirche im churrigueresken Stil mit dem vergoldeten Altar stammt etwa aus dem Jahre 1670. Achten Sie bei den Figuren darauf, daß einige davon wie Indianer aussehen. Genau im *Westen* befindet sich ein hoher **Aquädukt** aus dem frühen 18. Jahrhundert. Wenn Sie von **Tepotzotlan** auf der gebührenpflichtigen Straße weiter in Richtung *Norden* fahren, folgen Sie ab dem Ort **Tepeji del Rio** der Straße nach **Tula**.

Tula — die archäologische Zone von Tula, im Bundesstaat **Hidalgo**, liegt etwa 96 km *nördlich* von Mexico City. Die Hauptstadt des früheren Tolteken-Reichs hatte ihre Blütezeit etwa vom 9. bis zum 12. Jahrhundert n. Chr.; Teotihuacan dagegen, die andere archäologische Zone, nördlich von Mexico City, erreichte ihre Blütezeit etwa zwischen dem 4. und 7. Jahrhundert n. Chr. Teotihuacan hatte **olmekische** Einflüsse (von der Küste des Golfs von Mexico); diese neue Zivilisation wiederum beeinflußte die der **Tolteken**, diese wiederum die der **Azteken**, die sich etwa im 13. Jahrhundert n. Chr. im Tal von Mexico bildete.

In der Nähe vom Eingang zur archäologischen Zone von **Tula** kommen Sie zu einem kleinen Museum und einem Ballspielplatz. Die größte Attraktion sind jedoch der **Templo de Tlahuizalpentecuhtli** oder *Morgenstern-Tempel* und die berühmten und einzigartigen **Atlanten**, die 4,6 m hohen steinernen Kolossalstatuen von Kriegern. Diese und die quadratischen Säulen trugen wahrscheinlich das Dach des Tempels. Sie finden hier auch Steinfriese mit Darstellungen von Jaguaren und Adlern, menschliche Herzen fressend.

Hier in der archäologischen Zone von **Tula** finden Sie auch einen **Chac-Mool** — den Regengott der Tolteken. Wenn Sie einige der archäologischen Zonen auf der Halbinsel **Yucatan** erforschen wollen, beispielsweise **Chichen Itza**, werden Sie dort ebenfalls die halb auf dem Rücken liegende, halb sich aufrichtende Figur des Gottes finden. Die auf dem Bauch des Chac-Mool liegende Scheibe (oder Teller) stellt die Opferschale für die den Göttern geopferten menschlichen Herzen dar. Nach einer Version soll *Ce Acatl Topitzin* („unser Prinz") einer der größten und fähigsten Herrscher der Tolteken gewesen sein, der dann den Titel **Quetzalcoatl** — Gefiederte Schlange — trug. „Quetzal" heißt Federn und „coatl" bedeutet Schlange. **Quetzalcoatl** war ein sehr beliebter Herrscher und wurde als Gottheit verehrt; er war es auch der verboten hatte, Menschenopfer darzubringen — die Priester waren natürlich gegen die Beseitigung dieses Zeremoniells. Quetzalcoatls Widersacher gaben ihm zuviel **Pulque** zu trinken und brachten ihn soweit, sich vor seinem Volk geschändet zu fühlen. Da er in diesem Zustand der Trunkenheit nicht gesehen werden wollte, floh er in Richtung *Golf von Mexico* — versprach aber, eines Tages zurückzukehren. Es heißt, er habe einige Leute mitgenommen, die sich in Yucatan niederließen — dies mag den toltekischen Einfluß an den Mayastätten wie Chichen Itza erklären. Es ist wohl dieses Versprechen, daß er aus dem **Osten** zurückkäme, das den Azteken-Herrscher Moctezuma **1519** glauben ließ, daß Cortés, der mit den goldgierigen Konquistadoren aus dem **Osten** kam, **Quetzalcoatl** sei! Eine Legende hatte die Geschicke der Weltgeschichte beeinflußt.

GROSSE ERLEBNISSE IN MEXICO CITY
Ein Besuch im Anthropologischen Museum
Ein Besuch Bei Den Pyramiden
Ein Besuch In Xochimilco
Ein Folklore-Ballett Erleben

Zweifellos hat Mexico City sehr viele Attraktionen anzubieten; viele dieser touristischen Sehenswürdigkeiten haben wir bereits auf den vorangegangenen Seiten beschrieben. In diesem Abschnitt möchten wir Sie auf **vier** besonders interessante Attraktionen aufmerksam machen — alle vier haben etwas gemeinsam: sie lassen Sie das Mexico von gestern und heute *erleben*. Im weltberühmten **Anthropologischen Museum** erfahren Sie alles über Zivilisation und Kulturen vergangener Jahrhunderte und über das Leben der heutigen Indianer. Die riesige Pyramidenanlage von **Teotihuacan**, etwas außerhalb von Mexico City, wird Sie bestimmt sehr beeindrucken. In **Xochimilco**, den südlichen Ausläufern von Mexico City, werden Sie bei einer Bootsfahrt auf den von Booten dichtgedrängten Kanälen erleben, wie mexikanische Familien sich vergnügen (es wird Ihnen auch gefallen!). Bei einer Aufführung des **Folklore-Balletts** erleben Sie einen Leckerbissen wunderschöner folkloristischer Tänze, wobei Sie auf eine Reise durch verschiedene Regionen des Landes geführt werden, begleitet von den Rhythmen und Klängen der Marimba- und Mariachi-Musik.

Jede dieser vier Attraktionen ist ein **großes Erlebnis** bei Ihrem Mexico City-Aufenthalt — egal wie lange Sie sich in Mexico City aufhalten — drei Tage oder eine Woche — Sie sollten auf keine dieser Attraktionen verzichten. Ein solcher Besuch wird bestimmt zu Ihren tiefsten Eindrücken und Erlebnissen im Land der drei Kulturen zählen.

EIN BESUCH IM ANTHROPOLOGISCHEN MUSEUM

Das moderne **Museo Nacional de Antropologia**, das Nationale Anthropologische Museum im Chapultepec-Park, gehört gewissermaßen zu jedermanns Lieblingsattraktion in Mexico City. Sie können hier praktisch an einem Ort einen Streifzug durch die Kulturen, die sich vor der Eroberung durch die Spanier in Mexico ausbreiteten, unternehmen und erfahren eine Menge Wissenswertes. Sie können das Museum mit dem *Bus Nr. 100,* der den *Paseo de la Reforma* entlangfährt, mit dem *Auto* oder *Taxi* erreichen. Die nächste U-Bahn-Station ist *Chapultepec Park* — etwa 15 Minuten zu Fuß. Sie können das Museum (obwohl nur für eine relativ kurze Zeit) auch bei einer begleiteten *Stadtrundfahrt* kennenlernen. **Öffnungszeiten** des Museums: Di–Sa 9 bis 19 Uhr, Sonn- & Feiertage 10 bis 18 Uhr; **montags geschlossen**. Eintrittsgebühr.

Da es innerhalb dieses Museums *so viel* zu sehen gibt, empfehlen wir Ihnen, nicht alles auf einmal anzusehen. Aber er-

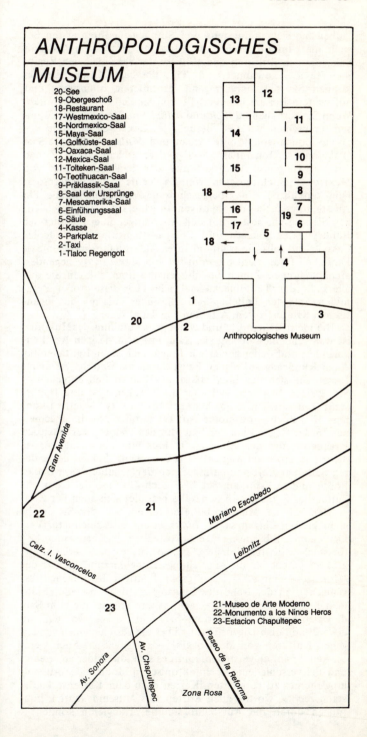

86 MUSEUM

lauben Sie sich mindestens drei Stunden für Ihren ersten Besuch hier. Im **Erdgeschoß** des Museums gibt es ein Dutzend Säle, die den Kulturen und Völkern der verschiedenen Regionen Mexicos gewidmet sind. **Tip:** Bei dem Museumsbesuch können Sie sich hervorragend **informieren, orientieren** und auf weitere Reiseziele außerhalb von Mexico City **vorbereiten.** Wenn Sie vorhaben, *südlich* und *östlich* von Mexico City zu reisen, empfehlen wir den Besuch des **Oaxaca-Saals** (archäologische Zonen von **Monte Alban** und **Mitla**), den **Maya-Saal** (**Palenque & Bonampak** sowie andere archäologische Zonen auf der Halbinsel **Yucatan**) und den **Saal des Golfes von Mexico** (Freilichtmuseum von **La Venta** bei Villahermosa; Olmekenkultur). Im Obergeschoß des Museums finden Sie Ausstellungsstücke der **heutigen** Indianerkulturen; beschäftigen Sie sich am besten mit den Abteilungen über Indianer der Bundesstaaten **Oaxaca** und **Chiapas** (San Christobal de las Casas). Und falls Sie während Ihres Aufenthaltes in der mexikanischen Hauptstadt die *nördlich* von Mexico City liegenden archäologischen Zonen besichtigen möchten, müssen Sie auf alle Fälle den **Teotihuacan-Saal** (alles über diese großen Pyramiden) und den **Tolteken-Saal** (alles über Tula mit den gigantischen Kriegerfiguren, Atlanten von Tula) sehen.

Die meistbesuchteste und wichtigste Abteilung des Museums ist wahrscheinlich der **Mexica-Saal**, mit dem riesigen Aztekenkalender; und daher geben wir Ihnen auch einen **Leitfaden** für einen **Rundgang auf eigene Faust** durch die Welt der Azteken. Lassen Sie sich den **Mexica-Saal** auf keinen Fall entgehen – Sie werden hier sehr viel über die Azteken und ihre Hauptstadt **Tenochtitlan** – das heutige Mexico City! – lernen können. Hier noch ein weiterer **Tip:** Taxen finden Sie im allgemeinen in der Gegend bei der Skulptur des **Tlaloc** – der mächtige Regengott, der den Eingang des Museums „bewacht"; er ist etwa 7 m groß und wiegt etwa 160 Tonnen. Und auf der anderen Seite der *Reforma* befindet sich der beliebte See, wo man Boote mieten kann; am See liegt auch das Caso del Lago, ein kulturelles Zentrum. In der Nähe befindet sich auch der Zoo.

Wenn Sie das **Museum** betreten haben, befinden Sie sich in einer großen Eingangshalle. *Links* ist ein ausgezeichneter Verkaufsraum mit Büchern und eine kostenlose „Taschengarderobe" (beispielsweise für Umhängetaschen), da es nicht erlaubt ist, größere Taschen in die Ausstellungsräume mitzunehmen. In der *Mitte* steht eine etwa 1,5 m große Tonfigur des Regengottes. Danach – in der Nähe des Eingangs zu den Ausstellungsräumen in der *rechten Ecke* – geht es zur Treppe, die zum **Sala de Orientacion** – Orientierungs-Saal führt, wo es stündlich eine etwa 20minütige Diavorführung über die verschiedenen vergangenen Kulturen von Mexico gibt – auf spanisch. Auch wenn Sie kein Spanisch verstehen, lohnt es sich, die Bilder anzusehen und die verschiedenen architektonischen Modelle des Ausstellungsraumes zu betrachten. Karten dazu beim Kartenverkaufsstand *rechts*, wo Sie auch Karten fürs Museum kaufen, Führungen durch die Ausstellungsräume arrangieren können –

auch auf deutsch (geringe Gebühr). *Ganz rechts* befindet sich ein Raum mit temporären Ausstellungen. Hier können Sie den riesigen Innenhof betreten, der teilweise von einer gigantischen, nur von einer Säule getragenen Dachkonstruktion überdeckt wird. Um die Säule herum ergießt sich von oben ein „Regen" als Wasserfall. Von hier gelangen Sie zu den verschiedenen Ausstellungsräumen und zum Restaurant.

Kurzer Überblick Über Die Museumsabteilungen

Wir geben Ihnen hier einen kurzen **Überblick** über die verschiedenen Abteilungen des Museums, mit dem Saal beginnend, der sich am dichtesten beim Eingang des Museums befindet. Anschließend führen wir Sie um den hufeisenförmigen Innenhof zum Ausgang des Museums, dem Gebäudeflügel, in dem sich das Restaurant befindet. Der **Mexica–Saal**, die beliebteste Ausstellungshalle mit den Funden und Sammlungen aus dem Aztekenreich, liegt am anderen Ende des Innenhofs; wir geben Ihnen im Anschluß an diesen Überblick einen **praktischen** Leitfaden durch den Mexica-Saal.

Im **ersten Saal** erhalten Sie eine Einführung in die **Anthropologie** mit einem Überblick über verschiedene Menschenrassen unserer Erde.

Der **Mesoamerika-Saal** behandelt die Entwicklungsgeschichte des Gebietes des heutigen Mittelamerika. Sie sehen dort eine große Wandkarte mit einer geographischen Darstellung Mexicos, auf der die verschiedenen Tempel und Kulturen verzeichnet sind.

Im **Saal der Ursprünge** sehen Sie Ausstellungsstücke über das Eindringen der ersten Siedler, die über die Behringstraße von Asien nach Nordamerika gelangten, bis zu Funden von über 12 000 Jahre alten Skeletten.

Der **Saal der präklassischen Periode** ist der Entwicklung der Indianer in Mexico gewidmet – von Jägern und Sammlern zu seßhaften Ackerbauern.

Im **Teotihuacan-Saal** finden Sie ein Modell der Anlage von Teotihuacan, der „Stadt der Götter", deren Blütezeit zwischen 100 v. Chr. und 750 n. Chr. lag – Pyramidenanlage 48 km nordöstlich von Mexico City. Hier befindet sich eine über 50 Tonnen schwere Steinskulptur der **Chalchiuhtlicue**, der Göttin des Wassers. Gerade außerhalb des Saals ist eine Teilkonstruktion des **Quetzalcoatl-Tempels** in bunt zu sehen (den sollten Sie auf keinen Fall bei ihrem Besuch in Teotihuacan verpassen!).

Im **Tolteken-Saal** sehen Sie Ausstellungsstücke der Tolteken-Zivilisation, deren Blütezeit sich von 900 n. Chr. bis etwa 1200 n. Chr. erstreckte; die Hauptstadt der Tolteken-Bevölkerung war **Tula**, etwa 96 km nordwestlich von Mexico City. Sie können dort einen 4,6 m hohen **Atlanten**, einen Krieger darstellend, sehen sowie eine liegende Gestalt eines **Chac-Mool**, des Götterboten, der mit den Händen einen Teller auf dem Bauch hält, der als Opferschale diente. Eine ähnliche Skulptur können Sie im Maya-Saal sehen; die Kultur der Tolteken breitete sich möglicherweise von der Gegend um Mexico City bis zur Halbinsel Yucatan aus. Sie werden hier auch eine Nachbildung der Pyramide von **Tenayuca** sehen, genau nordwestlich von Mexico City.

Zwischen diesem Saal und dem nachfolgenden **Mexica-Saal** finden Sie Toiletten. Einzelheiten über den Mexica-Saal finden Sie in unserem Leitfaden zum Mexica-Saal: **Rundgang durch den Mexica-Saal.**

Nach dem Mexica-Saal folgt der **Oaxaca-Saal**, der zwei Kulturen — der **Zapoteken** und der **Mixteken** — gewidmet ist. Sie können die Rekonstruktion des berühmten Grabes Nr. 7 von der archäologischen Zone von Monte Alban sehen, die sich in der Nähe der Stadt Oaxaca, Hauptstadt des Bundesstaates Oaxaca, befindet.

Im **Saal des Golfes von Mexico** sehen Sie Ausstellungsstücke verschiedener Kulturen entlang des Golfs von Mexico, einschließlich der Totonaken, Huaxteken und Olmeken — die **Olmeken**, die die überdimensionalen Steinköpfe mit dem grimmigen Gesichtsausdruck geschaffen haben.

Im **Maya-Saal** befindet sich auf dem Boden eine ausgezeichnete Reliefkarte über die Gebiete, auf die sich die Mayas konzentriert haben, einschließlich Bonampak und Palenque und viele andere Stätten. Sie können sich die Nachbildung des in Palenque befindlichen Originals des Königsgrabes ansehen, das sich dort tief unten im Innern des Tempels der Inschriften befindet.

Außerhalb dieses Saals befindet sich ein langgezogenes Gebäude mit drei kleinen Räumen, die Nachbildungen der berühmten **Fresken von Bonampak** enthalten. Schauen Sie sich die unbedingt an. Vielleicht werden Sie keine Gelegenheit haben, die Originale im Dschungelurwald von Bonampak zu sehen!

Der **Nordmexico-Saal** beherbergt Ausstellungsstücke aus den großen Wüstengebieten des Nordens von Mexico, die bis zum Südwesten der USA reichen. Auf der Wand sehen Sie ein besonders eindrucksvolles Bild von der Besiedlung dieser Region.

Der **Westmexico-Saal**, der letzte Saal auf dieser Etage des Museums, enthält Ausstellungsstücke aus verschiedenen mexikanischen Bundesstaaten einschließlich Jalisco, Colima, Michoacan, Guanajuato und Guerrero; Sie sehen hier Töpferarbeiten und Figuren.

Außerhalb des Saals führen Treppen zu dem ausgezeichneten Restaurant — ideal, um hier zu essen, einen kleinen Imbiß oder ein Erfrischungsgetränk zu haben.

Und für diejenigen, die etwas mehr Zeit haben: Im **Obergeschoß**, zu dem die Treppe in der Nähe des Saals über die Einführung in die Anthropologie führt, lernen Sie mehr über die weitere Entwicklung der Indianer in Mexico kennen. Einer der interessantesten Ausstellungsräume ist dem Leben der **Indianer** von heute in **Oaxaca** und **Chiapas** gewidmet. Wenn Sie vorhaben, nach Oaxaca und nach San Cristobal de las Casas zu reisen, sollten Sie sich als Einführung in diese Region etwas mit dieser Abteilung beschäftigen. Ein weiterer Raum im Obergeschoß enthält eine Ausstellung über Kunst von Mexico. Und nun zu einem **Rundgang** durch den polpulärsten Ausstellungsraum des Museums im Erdgeschoß – dem **Mexica-Saal**.

Rundgang Durch Den Mexica-Saal

Der zur Zeit der spanischen Eroberung Mexicos im Jahre 1521 im zentralen Teil des Landes dominierende Volksstamm war der der **Mexica-Azteken**. Zwei Jahrhunderte lang hatten sie ein weites Reich beherrscht. Heute nennt man sie einfach Azteken, obwohl hier im Museum der historische Name **Mexica** gebräuchlich ist. Mit unserem **praktischen** Leitfaden für unseren **Rundgang auf eigene Faust** können Sie ganz leicht die ausgestellten Museumsstücke erkennen. Hier ein wichtiger **Hinweis**: Wie in jedem Museum ist es durchaus möglich, daß manche Ausstellungsstücke von Zeit zu Zeit einen anderen Platz erhalten. Seien Sie nun willkommen bei unserem Rundgang durch einen der faszinierndsten Ausstellungsräume des Anthropologischen Museums.

1–Valle de Mexico; diese riesige Wandkarte zeigt Ihnen, wie das Tal von Mexico zur Zeit der spanischen Eroberung besiedelt war. Im Zentrum sehen Sie die Inselstadt **Tenochtitlan** (das heutige Mexico City – der See wurde inzwischen trockengelegt) – das Zeremonial-Zentrum des Aztekenreichs. Hier empfing Moctezuma, der Herrscher der Azteken, im Jahre 1519 Cortes und seine goldhungrigen Konquistadoren zum ersten Mal.

2–La Migracion; hier in der Glasvitrine sehen Sie Malereien, die den Weg der Azteken von Aztlan im Norden, ins Tal von Mexico, zeigen.

3–Piedra de los Guerreros; dieser Stein erinnert an die Kampftüchtigkeit der Azteken-Krieger.

4–Piedra de Tizoc; dieser runde Stein, der Stein des Tizoc, ist dem Azteken-Herrscher Tizoc gewidmet, der das Aztekenreich 1481-1486 regierte; Sie sehen den Herrscher, wie er Gefangene bei den Haaren packt – jeder Gefangene stellt einen Sieg dar.

5–Replica de un Quequetzalli; hier sehen Sie den prächtigen Kopfschmuck, der aus den Federn des heiligen Quetzalvogels besteht, den Moctezuma getragen hat. Leider ist es eine Nachbildung; das Original hatte Cortes Karl V. bringen lassen, um seinem Kaiser in Europa zu imponieren. Das Original befindet sich heute in Wien.

6–La Ciudad; eine Orientierungskarte des alten Mexico City liegt über einer Karte des heutigen Mexico City – sehr interessant. Darauf können Sie nun die Lage von Wahrzeichen der ehemaligen Stadt mit Wahrzeichen der heutigen modernen Stadt vergleichen.

7–Gemälde über Tenochtitlan; dieses riesige Gemälde an der Wand zeigt Ihnen eine ausgezeichnete Darstellung der Insel-

90 MEXICA-SAAL

stadt Tenochtitlan (das heutige Mexico City), wo Sie auch die Unterteilung der Stadt sehr gut erkennen können.

8—Boot; unter dem riesigen Gemälde über Tenochtitlan befindet sich ein Einbaum — man nimmt an, daß man früher diese Art Boot als Fortbewegungsmittel benutzt hat.

9—Modell der Stadt Tenochtitlan; vor Ihnen befindet sich — direkt in der Mitte vor dem großen Gemälde über Tenochtitlan — ein hervorragendes Modell der Stadt Tenochtitlan, mit den Haupttempeln, die den beiden Hauptgöttern geweiht waren (in der Mitte, an der dem Gemälde zugewandten Seite des Modells). In diesem Zeremonial-Zentrum der Azteken befand sich auch Moctezumas Palast; ein direkt im Zentrum des Modells befindliches Observatorium, weitere Tempel der Priester sowie Schulen gehörten ebenfalls zu dem Komplex. **Wichtiger Hinweis**: Wenn Sie in der Gegend am Zocalo in Mexico City sind, befinden Sie sich genau an der Stelle, an der sich der ehemalige Haupttempel und Moctezumas Palast befanden.

10—Templo Mayor de Tenochtitlan; hier sehen Sie Steinblöcke vom Haupttempel in Tenochtitlan.

11—Commercio; eine Sammlung von Produkten und Handelswaren, wie Häute und Felle, Mais, Kakaobohnen und Töpferwaren.

12—El Mercado; hier sehen Sie ein ausgezeichnetes Modell des Marktes von Tlatelolco — die Figuren sind so lebensecht gestaltet, daß Sie einen richtigen Mini-Marktplatz voller Leben vor sich haben. Der Markt gehörte früher zu einem der Hauptmärkte des Aztekenreichs; Cortes und seine Leute waren davon sehr beeindruckt. Zu Ihrer **Information**: Kaufleute und Händler wurden von den Azteken gerne als Spione benutzt, da sie genau über Ausmaß und Stärke der in der Ferne liegenden Städte, die sie besuchten, berichten konnten. Der Markt wurde auch als Gerichtsplatz benutzt, um Streitigkeiten zu schlichten. Zur **Orientierung**: Dieser riesige Aztekenmarkt befand sich in der Gegend des heutigen **Platzes der Drei Kulturen**. Es ist auch die Stelle, wo das Aztekenreich **1521** sein Ende erreichte, als die Azteken unter ihrem Herrscher Cuauhtemoc von Cortes und seinen Konquistadoren im Kampf besiegt wurden.

13—El Sacrificio Humano; diese Ausstellung gibt etwas mehr Erklärung über das Darbringen von Menschenopfern, das anscheinend im Mittelpunkt des Lebens der Azteken stand. Egal wie Sie über diese Ära der kriegliebenden Azteken denken mögen, speziell deren blutige Praktiken, Gefangene zu machen und ihnen das Herz aus dem Leib zu reißen, um es ihren Göttern als Opfer darzubringen, lenken doch etwas von ihren Errungenschaften ab. Sie sehen eine Sammlung von Messern (sehr unterschiedlich verziert!), die die Azteken dazu benutzt hatten, ihren Opfern die Herzen herauszutrennen.

14—Riesenskulptur; zwischen der Abteilung El Sacrificio Humano und dem spektakulären Aztekenkalender befindet sich die etwa 2,56 m große Riesenskulptur. Schauen Sie sich diesen Steinkoloß an, den man im 18. Jahrhundert in der Gegend des Zocalo gefunden hat. Diese Figur wird als **Coatlicue**

MEXICA SAAL

1-Valle de Mexico
2-La Migracion
3-Piedra de los Guerreros
4-Piedra de Tizoc
5-Replica de un Quequetzalli
6-La Ciudad
7-Gemälde über Tenochtitlan
8-Boot
9-Modell Tenochtitlan
10-Templo Mayor Tenochtitlan
11-Commercio
12-El Mercado
13-El Sacrificio Humano
14-Riesenskulptur
15-Aztekenkalender
16-Steinnachbildung
17-Mictecacihuatl
18-Xochipilli
19-La Conquesta
20-Ocelotl-Cuauhxicalli

92 MEXICA-SAAL

bezeichnet. Sie ist mehreren Göttern gewidmet, darunter der Göttin, die Leben gibt aber auch verschlingt – auch Urmutter der Götter genannt. Der Sage nach hat sie **Huitzilopochtli**, den dominierenden Sonnengott, und **Coyolxauhqui**, die Mondgöttin, geboren. Man sagt, daß Huitzilopochtli die Azteken nach Tenochtitlan geführt habe; angeblich hat man bisher noch keine Statue von ihm gefunden. Dagegen hat man inzwischen einen runden Stein gefunden, auf dem **Coyolxauhqui** dargestellt ist. Sie werden die Riesenskulptur bestimmt leicht erkennen – schauen Sie nur nach den eulenähnlichen Füßen mit Augen, und nach dem Schlangenkleid!

15–Aztekenkalender; vor Ihnen befindet sich der etwa 24 Tonen schwere Kalenderstein (Durchmesser etwa 3,6 m), auch Sonnenstein genannt, den man **1790** in der Gegend des Zocalo gefunden hat. Wenn Sie den Stein betrachten, schauen Sie direkt zur **Mitte** des Steins. Dort sehen Sie das **Gesicht der Sonne**; die **Zunge** ist als **Messer** dargestellt (wie die Obsidianmesser, die Sie bereits in vorherigen Abteilungen des Museums gesehen haben), ein Zeichen, daß der Gott ein Opfer erwartete – mit solchen Messern wurden den Menschenopfern die Herzen aus dem Leib gerissen! Außerhalb des **ersten** Rings, von der Mitte aus, sehen Sie **vier Vierecke** – sie stellen die Götter der **vier Jahreszeiten** dar: Wind, Regen, Feuer und Wasser. Genau außerhalb des **zweiten** Rings befinden sich **20** verschiedene Symbole – ein Aztekenmonat hatte 20 Tage, von denen jedes **Tier** (oder ein anderes Zeichen der Natur) jeweils **einen Tag** darstellt. Sie werden dabei entgegen dem Uhrzeigersinn erkennen, daß der 4. Tag eine Eidechse, der 5. Tag eine Schlange, der 14. Tag ein Jaguar und der 15. Tag ein Adler ist. Der ,,Lebenszyklus" der Azteken bestand aus **52 Jahren**; am Ende der 52 Jahre begann jeweils ein neues ,,Leben", alte Schulden wurden getilgt, und alte Pyramiden wurden durch neue überbaut. Und wenn Sie den Kalenderstein etwas genauer ansehen, werden Sie außerhalb des **dritten** Rings die **vier Himmelsrichtungen** erkennen (verschnörkelte umgekehrte ,,Vs"). Zwischen dem ,,Nordpunkt" und dem Rand des Steins befindet sich ein **rechteckiges** Feld mit **13** kleinen Kreisen – es gibt das Datum der Einweihung des Kalenders an: **1479**. Wenn Sie etwas dichter an den Stein treten, werden Sie auch noch etwas von der Originalfarbe des Steins sehen.

16–Steinnachbildung; hier können Sie eine farbenprächtige Nachbildung des Aztekenkalenders sehen.

17–Mictecacihuatl, ,,Diosa de los Muertos"; hier können Sie die Göttin der Toten, auch als Göttin des Jenseits bekannt, sehen.

18–Xochipilli; hier haben Sie den Gott des Gesanges und der Blumen vor sich. In der Nähe befindet sich eine kleine Statue eines sitzenden Coyoten, dem göttliche Ehren zuteil wurden; deshalb hat man sein Fell durch wunderschöne Federn ersetzt.

19–La Conquesta; wenn Sie diesen Stein etwas näher ansehen, werden Sie feststellen, daß er zum Bau eines spanischen Bauwerks benutzt wurde; doch unten sehen Sie ganz deutlich, daß

TEOTIHUACAN

diese Säule zuerst schon von den Azteken benutzt wurde!
20—Ocelotl-Cuauhxicalli; bei diesem letzten Aufenthalt bei unserem Gang durch den Mexica-Saal sehen Sie einen Jaguar als Opfergefäß mit einer runden Aushöhlung auf dem Rücken, in die die Herzen der Opfer als Weihegabe an die Götter gelegt wurden. Das Tier ist über 2 m lang. Sie können hochsteigen, um die Opferschale näher anzusehen. Der Ausgang aus diesem faszinierenden Museumssaal liegt vor Ihnen.

EIN BESUCH BEI DEN PYRAMIDEN

Die archäologische Zone von **Teotihuacan**, mit ihren Pyramiden in der Nähe der Ortschaft **San Juan Teotihuacan**, liegt etwa 48 km *nordöstlich* von Mexico City. In **Teotihuacan** — *der Ort, wo die Götter leben* (wie die Azteken glaubten) — können Sie die massive **Piramide del Sol**, *Sonnenpyramide*, und die **Piramide de la Luna**, *Mondpyramide*, sowie andere Bauwerke aus einer Zivilisation besichtigen, die sich vor etwa 1500 Jahren hier ausbreitete. Da Teotihuacan eine so günstige, nahe Lage zu Mexico City hat, kann man einen Besuch dieser Monumentalbauten der Vergangenheit praktisch in jeden Mexico City Aufenthalt mit einbeziehen. Es werden sehr häufig Halbtagstouren oder auch etwas umfangreichere Touren veranstaltet, deren Programm den Platz der Drei Kulturen, die Basilika der Madonna von Guadalupe, Besichtigung des festungsähnlichen Klosters von Acolman (in der Nähe der Pyramiden) aus dem Jahre 1540 mit Museum, Teotihuacan selbst umfaßt, und zu dem vielleicht sogar ein Mittag- oder Abendessen in einem Restaurant in der Nähe der archäologischen Zone gehört. Es gibt auch abendliche Touren, bei denen Sie die am frühen Abend veranstaltete, faszinierende **Ton- und Lichtschau** erleben können — von Oktober bis Mai. Erkundigen Sie sich über Einzelheiten im Hotel; vergewissern Sie sich bei jeder Tour, die Sie nach Teotihuacan nehmen, daß Sie genug Zeit haben, dort herumzulaufen, und vielleicht sogar auch genug Zeit haben, auf eine der Pyramiden hinaufzusteigen.

Auch wenn Sie an keiner **begleiteten Tour** von Mexico City nach Teotihuacan teilnehmen, können Sie die Gegend **auf eigene Faust** recht leicht erreichen. Es gibt beispielsweise von Mexico City häufige **Busverbindungen**, und falls Sie ein Auto haben, erreichen Sie die archäologische Zone über die ausgezeichneten *gebührenpflichtigen* Straßen in etwa einer Stunde. Wenn Sie in der Nähe der Pyramiden übernachten wollen, gibt es dort das **Hotel Villa Arqueologica** (die Telefonnummer in Mexico City: 533-4800). Sie werden diese angenehmen Hotels auch in anderen archäologischen Zonen, die wir beschreiben, finden, zum Beispiel in Chichen Itza, Uxmal und Coba; machen Sie Ihre Zimmerreservierung schon lange im voraus. Allgemeine Informationen und wertvolle Ratschläge über den Besuch archäologischer Zonen in Mexico finden Sie im Abschnitt **Tips zum Besuch archäologischer Zonen**.

94 TEOTIHUACAN

Historisches

Wenn Sie **von** Mexico City **nach Teotihuacan** fahren, werden Sie manchmal einige Wasserstellen in der Ferne erkennen — Reste des mächtigen Sees **Texcoco**. Dieser See bedeckte einst einen großen Teil des **Tals von Mexico**, bevor die Spanier kamen, und vielleicht war dies auch einer der Gründe, weshalb man Teotihuacan gerade **hier** auf dem trockenen Land erbaute. Die Methode, Inseln im See zu schaffen, von den Azteken zwar nur vor 700 Jahren perfektioniert, war nämlich noch nicht soweit fortgeschritten, ein Teotihuacan auf solchen Insel zu errichten, als die Siedler Teotihuacans kamen. **Teotihuacan** wurde wahrscheinlich erstmals von 100 v. Chr. bis etwa 750 n. Chr. bewohnt. Es wurde als Zeremonialzentrum und gleichzeitig auch als Handelszentrum für die Handelsbeziehungen innerhalb und außerhalb der Region von Zentral-Mexico benutzt. Es wird angenommen, daß hier zeitweise etwa 100 000 Menschen gewohnt haben — friedliche Priester, Künstler, Landwirte und Kaufleute, von denen man annimmt, daß sie eine Beziehung zu den **Olmeken** an der Küste des Golfs von Mexico hatten. Viele ihrer Götter hatten mit Regen (Wasser), Ackerbau, Feuer und der Fruchtbarkeit zu tun. Obwohl das größte Monumentalbauwerk der Anlage heute die **Sonnenpyramide** genannt wird, nimmt man an, daß hier gar **kein** Sonnengott verehrt wurde. **Tlaloc**, den Regengott, können Sie als riesigen Steinmonolithen direkt am Eingang des **Anthropologischen Museums** in Mexico City sehen.

Es wird angenommen, daß Teotihuacan eine der wenigen archäologischen Zonen ist, wo **religiöse Stätten** und **Handelsplätze** sich in unmittelbarer Nachbarschaft von **Wohnstätten** der leitenden Schicht befanden. Man nimmt an, daß der Gesamtkomplex von Teotihuacan etwa 25 Quadratkilometer umfaßt. Außer den riesigen Pyramiden, die Sie heute hier sehen, gab es einige Tausend flache Steinbauten in der Gegend. **Teotihuacan**, das seine Blütezeit etwa zwischen dem 4. und 7. Jahrhundert erreichte, erlebte im 8. Jahrhundert mit den kriegerischen **Chichimeken** aus dem Norden seinen Untergang. Die kriegerische Bevölkerung zerstreute sich in andere Gegenden Mexicos (die Stätte war völlig ausgestorben, als später die Azteken und danach die Spanier hierher kamen), einige der Leute haben möglicherweise später bei der Schaffung von **Tula** im Westen mitgewirkt. Das erklärt vielleicht auch die kolossalen Statuen der grimmig aussehenden Krieger, die sogenannten Atlanten von Tula, die dort als Pfeiler oder Träger von ursprünglichen Dachkonstruktionen der Tempel zu finden sind. Obwohl die Bewohner Teotihuacan verlassen haben, ließen sie die Pyramiden mit gigantischen Ausmaßen der Nachwelt als erfurchtsvollen Anblick zurück. Bei der Kombination von Lage und Gestaltung der Anlage wird man fast in eine andere Welt versetzt — man denkt, daß hier die Zeit stehengeblieben ist.

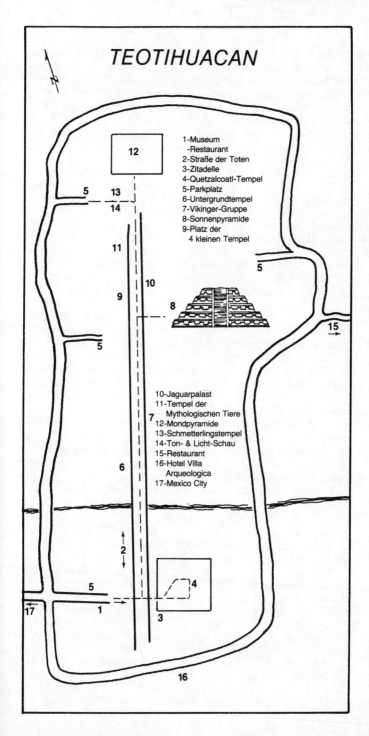

Teotihuacan Erforschen

Egal wie Sie zu der archäologischen Zone gelangen, machen Sie beim **Museum** Ihre erste Station — auch wenn es nur ein paar Minuten sind. Sie erfahren dort an einem **Modell**, wie sich Teotihuacan zusammensetzt, und sehen verschiedene Ausstellungsobjekte, die über den Lebensstil der Bewohner und deren Architektur informieren, sowie Skulpturen, Funde von Keramikgegenständen und anderes. Wenn Sie Teilnehmer einer **begleiteten Tour** sind, sollten Sie *verlangen*, hier Halt zu machen. Hier gibt es auch ein Restaurant und einen Souvenirladen. Und wenn Sie aus dem Gebäude des Museums herauskommen, haben Sie den etwa 40 m breiten und über 1,5 km langen **Totenweg** (auch Straße der Toten genannt) vor sich, der den kleinen Rio San Juan überquert und dann auf dem Weg zur Sonnenpyramide und zur Mondpyramide an Plätzen und terrassenförmigen Plattformen und Tempeln vorbeiführt. Der Name der *Straße der Toten* kommt daher — wie Experten annehmen — daß die Azteken sowie vielleicht auch die Spanier glaubten, daß die verschiedenen Plattformen, die sich rechts und links der „Straße" befinden, den Teotihuacanern als Begräbnisstätten dienten. Bevor Sie auf dem breiten „Boulevard" in *nördliche* Richtung gehen, überqueren Sie die „Straße" und haben die **Ciudadela**, Zitadelle, vor sich — der Komplex wurde von den Spaniern wegen des festungsähnlichen Aussehens so bezeichnet; es ist eine Art religiöser Festplatz. Am entfernteren Ende der Zitadelle befindet sich eine Pyramide **und** der dem Gott **Quetzalcoatl** geweihte Tempel, der wohl zu den eindrucksvollsten Sehenswürdigkeiten dieser archäologischen Stätte von Teotihuacan zählt. Da der Tempel teilweise von der im Vordergrund stehenden Pyramide verdeckt wird, verpassen viele Besucher diese Sehenswürdigkeit. Wenn Sie in einer Tourgruppe sind, *bestehen Sie darauf*, daß ihr Tourbegleiter Sie unbedingt hierher führt, denn das ist ein absolut **archäologischer Leckerbissen**, den Sie nicht verpassen dürfen!

Wenn Sie in *östliche* Richtung des rechteckigen Zitadellenkomplexes schauen, erkennen Sie an den Nord-, West- und Südseiten kleine Pyramidenstümpfe — ganz auf der Ostseite nur drei Hügel. Nachdem Sie den Zitadellenkomplex betreten haben, gehen Sie in südliche Richtung zum Zentralaltar, und betrachten Sie die vierstufigen Pyramiden. Sie werden noch einige Reste der **Täfelung** (besser eine dünne Stuckschicht) entlang des Grundsockels der Pyramide erkennen. Benutzen Sie den schmalen **Laufgang** zwischen dieser Pyramide und dem faszinierenden **Quetzalcoatl-Tempel**. Wenn Sie hinaufschauen, werden Sie die **vier** hohen Pyramidenabsätze sehen — der Tempel hatte ursprünglich sechs solcher Podeste. Beim Herumschauen werden Sie reiche Verzierungen und herausragende Steinköpfe mit Darstellungen der Gottheit **Quetzalcoatl** — halb Vogel, halb Schlange — und des Regengottes **Tlaloc** sehen. Sie können auch an manchen dieser Köpfe die gläsernen Augen erkennen. Das Charakteristische

dieses Tempels — das ihn von vielen anderen unterscheidet —
ist, daß an ihm **zwei** verschiedene Gottheiten abgebildet sind.

Wenn Sie selbst mit dem Auto hierher fahren, können Sie
nach Ihrem Besuch der Zitadelle von hier vielleicht zum nächsten Parkplatz fahren, um dort die Sonnenpyramide zu betrachten oder sogar zu ihr hinaufzuklettern. Wenn Sie **zu Fuß** von
der Zitadelle weitermarschieren wollen, halten Sie sich auf
dem Totenweg in Richtung *Norden;* im Westen liegen verschiedene unterirdische Gebäude und Tempel. Im *Osten* befindet
sich die **Vikinger-Gruppe** (Grupo Viking), nach der Organisation benannt, die die Ausgrabungs- und Forschungsarbeiten
hier finanzierte.

Die Stirnseite der Sonnenpyramide, die parallel zum Totenweg liegt, hat so eine spezielle Lage, daß die Sonne, wenn
sie den Zenith erreicht hat (d.h. zur Mittagszeit kein Schatten), sich direkt vor der Pyramide befindet (d.h. auf der
Westseite der Pyramide, die dem Totenweg zugewandte
Seite). Die Pyramide ist etwa 64 m hoch, jede Seite etwa 224 m
lang. Die größte Pyramide Ägyptens, die berühmte Cheops-Pyramide, wurde vor etwa 47 Jahrhunderten erbaut — die
Sonnenpyramide etwa vor 21 Jahrhunderten; die ägyptische
Pyramide ist etwas länger und etwa zweimal so hoch. Wenn
Sie vorhaben, die Sonnenpyramide zu besteigen, sollten Sie
etwa mit einer Stunde Zeit rechnen, wenn Sie den **Palacio de
Quetzalpapalotl** (halb Quetzalvogel und halb Schmetterling),
den wir als Schmetterlingstempel bezeichnen, in der Nähe
des Parkplatzes, als Ausgangspunkt nehmen. **Wichtiger Hinweis:** Oben auf der Pyramidenplattform befand sich früher
ein Tempel für religiöse Zeremonien. Der große Unterschied
zwischen den ägyptischen und diesen Pyramiden hier liegt
darin, daß diese Pyramiden als „Sockel" oder **Plattform** für
die Tempel und nicht als Grabstätten oder Grabkammern
errichtet wurden.

Wenn Sie auf dem Totenweg weiter in *nördlicher* Richtung marschieren, gelangen Sie zum **Platz der vier kleinen
Tempel** und sehen auf der *Ostseite* der Straße des Todes an
der Mauer ein gut erhaltenes **Fresko**, das einen **Jaguar** zeigt.
Weiter nördlich kommen Sie zum Tempel der **Mythologischen
Tiere** sowie zum **Tempel des Ackerbaus.** Vor Ihnen liegt die
etwa 45 m hohe **Mondpyramide.** Sie scheint genau so hoch
zu sein wie die Sonnenpyramide; das täuscht etwas, da das
Terrain hier etwas höher liegt.

Westlich des **Mondvorplatzes** liegen mehrere interessante
Gebäudeanlagen, einschließlich des **Schmetterlingstempels** mit
seinem reichen Skulpturenschmuck und den reliefverzierten
viereckigen Stützpfeilern — teilweise sind die Verzierungen
auch mit Obsidianstückchen versehen. Es handelt sich hier um
ziemlich große Räume — wahrscheinlich wurden sie von einer
hohen Priesterkaste bewohnt. Daran schließt sich der **Palast
der Jaguare** an, der noch einige Wandmalereien und Abflußlöcher aufweist. Sie werden ziemlich nahe dem Fußboden
einige Jaguardarstellungen erkennen können. Und unter dem

98 TEOTIHUACAN

Schmetterlingstempel (vom Innenhof führt ein Gang hinunter) liegt ein anderer Tempel aus einer früheren Zeit. Man nimmt an, daß dieser Tempel auf der Spitze keinen Tempelaufsatz besaß. Wahrscheinlich wurde dieser Tempel später aufgefüllt und der Schmetterlingspalast darüber gebaut. Auf diese Weise blieben die Wandgemälde der unteren Tempelstruktur gut erhalten. Sie sollten sich hier vielleicht merken, daß Sie sich in dem Teil der archäologischen Anlage befinden, von wo man abends die **Ton- und Lichtschau** erleben kann. Da es am Abend hier recht kühl wird, sollten Sie auf alle Fälle eine Jacke oder einen Pulli für die Abendvorstellung mitnehmen. Auf dem Weg zum Parkplatz kommen Sie an mehreren kleinen Läden vorbei. Wenn Sie ein interessantes Speiselokal suchen, besuchen Sie das Restaurant **La Gruta**, auf der Ostseite der archäologischen Zone — in einer riesigen natürlichen Höhle. Es bedeutet schon ein Erlebnis, hier zu sein; ziemlich vernünftige Preise. Und wenn Sie bei Ihrem Besuch der Pyramidenstadt Teotihuacan zurück auf die monumentalen Pyramiden blicken, werden Sie vielleicht auch wie wir den Gedanken haben, daß die Teotihuacaner bestimmt zu den Meister-Baumeistern des Tals von Mexico zu zählen sind.

Olmekenkopf
Olmeken – eines der ältesten Kulturvölker Mexicos

EIN BESUCH IN XOCHIMILCO

Einer der auffälligsten Verknüpfungspunkte zwischen dem heutigen Mexico und dem Mexico der Azteken von vor etwa 500 Jahren sind die **Schwimmenden Gärten von Xochimilco**, draußen am Rand von Mexico City. Die Azteken waren Experten beim Gewinnen von Neuland aus dem riesigen See, der früher einen großen Teil des heutigen Tals von Mexico City bedeckte. Sie pflanzten Bäume an die Ränder ihrer durch eine Spezialtechnik trockengelegten Inseln und begrenzten damit ihre *chinampas,* wie diese schwimmenden Inseln genannt wurden. Sie bepflanzten dann ihre neugewonnenen Landflächen mit Gemüse, Mais und Blumen, zum Beispiel Calla, Lilien, Nelken, Phlox, die wir teilweise auch bei unserer Fahrt auf den Kanälen bewundern konnten. Obwohl heute der See fast ganz trockengelegt ist, sind innerhalb des etwa 38 km langen **Kanalsystems** von Xochimilco immer noch einige dieser Inseln, die zwar nicht schwimmen, vorhanden. Die Kanäle verlaufen in dem früheren See etwa wie ein Gitterwerk und haben jeweils die Inselchen dazwischen.

Ein Ausflug nach Xochimilco ist nicht nur ein Sprung in die Vergangenheit, sondern hier erleben Sie das lebhafte, bunte Mexico **von heute**. Obwohl wir von unserem Ausflug nach Xochimilco wirklich begeistert sind, möchten wir doch festhalten, daß es auch manch andere Touristen gibt, die — möglicherweise weniger beeindruckt oder auch einfach müde und erschöpft von einer ganztägigen Stadtrundfahrt — diesen Ausflug nicht viel anders als eine normale Bootsfahrt auf irgendeinem Kanal empfinden. Doch wenn Sie das Leben und Treiben auf den Kanälen etwas mitverfolgen, werden Sie sicher das bunte Bild von Xochimilco lange in Erinnerung behalten.

Am bequemsten ist es wahrscheinlich, die Schwimmenden Gärten von Xochimilco bei einer begleiteten **Ausflugstour** zu erleben; bei vielen Stadtrundfahrten gehört auch der Besuch von Xochimilco zum Programm. Versuchen Sie, am **Wochenende** hier zu sein, wenn die Kanäle von den flachen, mit künstlichen Blumen geschmückten Booten dichtgedrängt sind. Gewöhnlich lösen sich Staus oder „Verkehrsknoten" von selbst auf, es gibt vielleicht einen kurzen Ruck, ein paar Boote stoßen aneinander und ihr Boot, *trajinera,* bewegt sich wieder weiter. Es gibt etwa 3000 solcher Boote, die die hier wohnenden Einheimischen mit langen Stöcken steuern. Oft gibt es Gedränge, wenn jeder versucht, mit seinem Boot durchzukommen. Die vielen dichtgedrängten Boote auf den Gewässern mit dem Gewimmel von Menschen gehören an den Wochenenden zur Festtagsstimmung von Xochimilco.

Bevor Sie zur Anlegestelle kommen, wo Sie in Ihre *trajinera* steigen, die mit künstlichen Blumen geschmückt ist, überqueren Sie einen großen *Markt,* wo Waren aus Plastik und Keramik verkauft werden. Und ganz in der Nähe gibt es Reitpferde. Auf dem Weg zu den Booten werden Sie Frauen beim Wäschewaschen sehen — es wird noch mit der Hand gewaschen!

100 XOCHIMILCO

Wenn Sie auf einer Tour nach Xochimilco kommen, kümmert sich der Reiseleiter darum, eine der vielen *trajineras*, die hier festgemacht sind, zu mieten. Falls Sie **auf eigene Faust** hier sind, können Sie damit rechnen, etwa 200–300 Pesos/Stunde für die Miete eines dieser Flachboote auszugeben; die Preise sind ziemlich unterschiedlich. Sobald Sie sich auf dem Boot befinden, stößt der Bootsführer das Boot mit einem langen Stock vom Ufer ab, und ab geht die Fahrt; bei einer **Tour** dauert so eine Bootsfahrt etwa **20–30 Minuten**. Sitzbänke und Stühle auf dem Boot machen die Fahrt zu einem bequemen Ausflug. Unterwegs sehen Sie, was alles auf dem Wasser los ist. Ab und zu stoßen die Boote auch kräftig aneinander. Bald nähern sich **Verkäufer** in ihren winzigen Booten, die Getränke verkaufen; oder Indio-Frauen kommen mit ihren Kanus, vollbeladen mit **Blumen**, an. Auf anderen Booten wird sogar richtig gekocht, und Sie können die warmen Speisen kaufen. Händler nähern sich Ihrer *trajinera* und verkaufen gewebte **Decken** und **Jacken**.

Sie werden bei dieser gemütlichen Fahrt, bei der Ihr Boot auch gelegentlich an ein anderes Boot stößt, beobachten, daß auf einigen anderen *trajineras* mexikanische Familien ihren Sonntagsausflug machen und vielleicht gerade beim Mittagessen sind oder ihre mitgebrachten Tacos essen. Wenn Sie sonntags hier sind, wird Ihnen bald auffallen, daß der Sonntag in Mexico ein *Tag der Familie* ist. Wenn Sie mal einen Blick auf die Uferränder der Kanäle werfen, werden Sie die wechselnden Schichten aus Faschinen (ein Weidengeflecht) und lockerer Erde und die an den Rändern gepflanzten Bäume mit ihren Wurzeln sehen, die zu früheren Zeiten so wichtig waren, die Inseln zu festigen. Heute wird auf diesen Inseln sehr viel **Mais** angebaut. Außerdem wird Ihnen auffallen, daß der Wasserstand der Gewässer hier in den letzten Jahren erheblich gesunken ist; das können Sie beispielsweise daran erkennen, daß einige der Ufertreppen jetzt gar nicht mehr zum Wasser reichen.

Wenn Sie mit dem Boot weiter auf den Kanälen entlangfahren, werden mehr und mehr Boote mit Händlern ankommen, die Ihnen **Blumen** verkaufen wollen. Dann gibt es sogar „schwimmende" **Fotografen**! Sie können sich von einem solchen Boot aus auch fotografieren lassen; wenn Sie zu zweit sind, kann solch ein Foto gerade eine nette Urlaubserinnerung sein. Wie immer, *tarifa* zuerst, das heißt, erst nach dem **Preis** fragen; dann lassen Sie sich am besten unter dem Namensschild Ihres Bootes knipsen. Und noch einen anderen Service gibt es vom Boot aus, und zwar sind das Boote mit prächtig gekleideten Mariachi-Kapellen, die für ein paar Minuten **Mariachi-Musik** anbieten. Wenn Sie mit einer Gruppe hier sind, sollten Sie die Gelegenheit wahrnehmen, sich Ihre „eigene Mariachi-Kapelle" zu engagieren. Sammeln Sie einfach von jedem ein paar Pesos (einer muß ja den Anführer spielen!). Garantiert wird jeder aus der Gruppe davon begeistert sein und vielleicht einen seiner schönsten Augenblicke des Tages als Erinnerung mit nach

BALLETT 101

Hause nehmen. Wenn Sie Ihr Boot wieder verlassen, ist es im allgemeinen üblich, dem Bootsführer ein paar Pesos **Trinkgeld** zu geben − eine kleine Anerkennung, daß er Sie trotz des Gedränges auf den Kanälen und trotz gelegentlichem Anstoßen an ein anderes Boot und trotz vielleicht etwas undichtem Boot (wie bei unserem Boot, mit dem wir fuhren) wieder heil an Land gebracht hat. Wenn Sie nicht mit einer Reisegruppe hier sind, haben Sie vielleicht noch etwas Zeit, zu dem etwas größeren Gebäude in der Nähe der Anlegestelle und der Brücke zu gehen. Dort spielt nämlich meistens eine Musikkapelle, bei der Sie auch tanzen können. Es sind viele Einheimische hier, die sehr viel Vergnügen beim Tanzen haben. Mexico City lebt sonntags zum Vergnügen!

EIN FOLKLORE-BALLETT ERLEBEN

Eines Ihrer größten Erlebnisse in Mexico City wird vielleicht der Besuch der zweistündigen **Folklore-Ballett-Aufführung** sein − die beliebte, musikalisch begleitete Tanzdarbietung führt Sie durch Mexicos Vergangenheit. Lassen Sie es sich nicht entgehen! Bei unserem letzten Mexico-City-Aufenthalt fanden im **Palacio de Bellas Artes** (Palast der Schönen Künste) Aufführungen des *Ballet Folklorico de Mexico* und im **Teatro de la Ciudad** (Stadttheater) Aufführungen des *Ballet Folclorico Nacional* statt. Da wir beide Aufführungen besucht haben, konnten wir bei beiden Programmen gewisse Gemeinsamkeiten feststellen, und beide Veranstaltungen waren hervorragend. Die fröhlichen und temperamentvollen Rhythmen und Tänze der Mexikaner werden Sie bestimmt genauso wie uns begeistern, daß Sie am Ende sogar beide Vorstellungen besuchen werden − Sie werden es nicht bereuen. **Tip:** Erkundigen Sie sich gleich nach Ihrer Ankunft in Mexico City nach den genauen Anfangszeiten und besorgen Sie sich rechtzeitig die Eintrittskarten. Im **Palacio de Bellas Artes** gibt es beispielsweise sonntagmorgens und sonntagabends sowie mittwochabends Vorstellungen.

Am bequemsten ist es natürlich, eine organisierte **Tour** mit Ballettbesuch mitzumachen. Dabei werden Sie von Ihrem Hotel abgeholt, zum Theater gebracht, jemand besorgt die Karten für Sie, und nach der Vorstellung wartet der Bus vorm Theater und bringt Sie wieder zum Hotel zurück. Sie brauchen sich um nichts zu kümmern, **wie** Sie hinkommen, **wo** Sie einen Parkplatz finden, **daß** Sie Karten bekommen und **wie** Sie wieder **zurück** zum Hotel gelangen. Doch wenn Sie etwas **Geld sparen** wollen, können Sie sich auch **selbst** um alles kümmern und besorgen sich die Karten **direkt** an der Theaterkasse, entweder im **Palacio de Bellas Artes** oder im **Teatro de la Ciudad** − benutzen Sie unsere **Downtown Area Karte** zur Orientierung. Aber als erstes sollten Sie vorher unseren **Leitfaden** zu den Aufführungen lesen. Obwohl sich natürlich Reihenfolge, Anzahl und Art der vorgeführten Tänze von Zeit zu Zeit ändern

102 BALLETT

können, dient Ihnen unsere Beschreibung zur **Orientierung** und zum **Verständnis** des Programms, zu dem Sie weitere Einzelheiten auf *spanisch/englisch* im Programmheft finden.

Aufführung Des Ballet Folclorico Nacional

Egal welche Folklore-Ballettaufführung Sie besuchen werden, beschäftigen Sie sich vorher etwas mit diesem **Leitfaden**, da die Tänze alle etwas **gemeinsam** haben, egal von wem sie dargeboten werden. Als wir letztes Mal die Aufführung im **Teatro de la Ciudad** erlebten, bestand die Vorstellung aus **sieben** Hauptszenen.

Die **erste** Szene kam aus dem Bundesstaat Michoacan mit der Bezeichnung: *Hochzeit von Tarascan*, aus der Gegend in der Nähe des Sees Patzcuaro (wo die Fischer früher die riesigen schmetterlingförmigen Netze benutzten). Es beginnt mit einem Tanz, Gesängen und einer mexikanischen Hochzeit; Sie werden Braut und Bräutigam an dem wunderschönen Kopfschmuck erkennen. Es wird auch ein *Mexikanischer Hut-Tanz* gezeigt.

Im **zweiten** Teil sehen Sie Tänze von Oaxaca und aus der Gegend der Landenge von Tehuantepec (der schmale Landstreifen zwischen dem Golf von Mexico und dem Pazifik); die Gegend ist weltbekannt wegen ihrer bildhübschen Frauen. Es beginnt mit einer Tanzgruppe, Kerzen und Blumen auf Stäben tragend. Wenn Sie auf die Füße der Tänzer und Tänzerinnen schauen, verstehen Sie, weshalb man diese Tänze als Ballett bezeichnet. Der *Schildkrötentanz* ist eine religiöse und heidnische Mischung. Sie werden danach kriegerische Musik hören und den *Federtanz* erleben, der die Eroberung Mexicos durch die Spanier darstellt. Moctezuma wird als Vogel dargestellt, der seine Häuptlinge zur Verteidigung des Aztekenreichs auffordert.

Im **dritten** Teil erleben Sie eine Veracruz-Fiesta — ganz herrliche *Huapango*-Musik mit Gitarren und harfenähnlichen Instrumenten. Beim *Flamenco* — eigentlich typisch spanisch — werden Sie bestimmt auch von den feurigen Klängen gefesselt sein! Und wenn die Tänzer und Tänzerinnen um das auf dem Boden liegende lose Band tanzen, das sie später zu einer Schleife formen (ohne die Hände dabei zu benutzen) — ein Ausdruck ihrer Verbundenheit, werden Sie voller Überraschung und Bewunderung über diese Geschicklichkeit sein!!! Dieser Tanz gehört fast zu jeder mexikanischen Fiesta-Schau — achten Sie einmal darauf. Nach einer kurzen **Pause** — wenn Sie wollen, können Sie eine Schallplatte mit der Aufführung kaufen (tun Sie es, Sie werden es bestimmt nicht bereuen), geht das Programm weiter. Hier ein **wichtiger Hinweis** zum **Fotografieren**: Als wir letztes Mal hier waren, war Blitzlicht erlaubt, im Palacio de Bellas Artes allerdings nicht.

Der **vierte** Teil der Schau kommt aus dem Bundesstaat **Chiapas**. Sie hören die herrlichen Klänge der Marimba-Musik, bei der die Darsteller zuerst mit bunten Schals und dann mit Schwertern tanzen. Dabei taucht auch ein Wolf auf.

BALLETT 103

Im **fünften** Teil erleben Sie eine *Nahuatl*-Szene (in präkolumbianischer Zeit war *Nahuatl* eine der wichtigsten Sprachen). *Xalsocoxochitl* ist ein Lied in dieser Sprache und bedeutet „Guayaba-Blüte" — Guayabas sind tropische Früchte. Das Lied handelt auch ein wenig von religiösen Zeremonien. Recht interessant ist auch der Tanz, bei dem die breiten Bänder zum Schluß wie Girlanden um einen Maibaum gewunden sind, *Maibaum-Tanz*.

Im **sechsten** Teil der Vorstellung erleben Sie den berühmten *Tanz des Hirschs* aus dem Bundesstaat **Sonora** im nordwestlichen Teil Mexicos. Die geheimnisvollen Klänge einer Flöte begleiten den Tanz der *Yaqui*-Indianer, der den Kampf ums Leben darstellt.

Der **siebte** und letzte Teil der Vorstellung kommt aus dem Bundesstaat *Jalisco* (wozu Guadalajara gehört). Sie erleben dabei die *Mariachi*-Musiker mit ihren prächtigen breitrandigen Sombreros. Es gibt dabei auch eine *Super-Lasso-Darbietung*. Am Ende der Vorstellung werfen die Tänzer Luftschlangen in die Menge der Zuschauer. Die bunte Aufführung dauert mit Pause etwa zwei Stunden.

Aufführung Des Ballet Folklorico De Mexico

Einer der Anziehungspunkte, eine Ballettaufführung dieser Ballettgruppe zu erleben, ist, daß sie in dem herrlichen **Palacio de Bellas Artes** stattfindet (das sollte jedoch nicht davon ablenken, eine Vorstellung im prächtigen Teatro de Ciudad zu erleben). Sobald Sie Ihren Platz gefunden haben, können Sie den wunderschön bemalten **Tiffany-Glasvorhang** (von dem berühmten New Yorker Geschäft) betrachten. Die Landschaft zeigt das Tal von Mexico mit den Seen und den beiden hohen, schneebedeckten Vulkanbergen **Popocatepetl** („der rauchende Berg", der Anfang des 19. Jahrhunderts zum letzten Mal ausbrach) und **Ixtaccihuatl** („die weiße Dame", der wie eine gigantische, schlafende Frau aussieht; nach einer Legende ist es eine schlafende Indianerprinzessin).

Bei unserem letzten Balletterlebnis im **Palacio de Bellas Artes** gehörten neun verschiedene Musik- und Tanzdarbietungen zu dem abwechslungsreichen bunten Programm des **Ballet Folklorico de Mexico**. Zum Programm des Teatro de Ciudad gaben wir Ihnen bereits einen Hauch von der fröhlichen Atmosphäre der bunten Ballettaufführung. Zum besseren Verständnis und leichteren Verfolgen des Programms hier im Palacio de Bellas Artes — ohne an Sprachschwierigkeiten hängenzubleiben — geben wir Ihnen zusätzlich noch den erklärenden **deutschen** Begleittext zum spanisch/englisch abgedruckten Programm.

1. Die Götter — Los Dioses Aztecas
Eine Serie von vier Tänzen, die sich mit der Schöpfung des Menschen und seiner Beziehung zu den Göttern — aus der Sicht der Azteken — beschäftigt.

Der erste Tanz „*Erschaffung der Azteken-Welt*" stellt die Schöpfung des Menschen durch **Quetzalcoatl** dar, der die **Götter der Vier Himmelsrichtungen** besiegt und den Gott der Unterwelt, **Mitlanteculi**, um menschliche Gebeine beraubt. Mitlanteculi läßt Quetzalcoatl daraufhin wegen dieses Diebstahls bestrafen, indem er ihn nur durch sein eigenes Blut Menschen zum Leben erwecken läßt. Im zweiten Tanz „*Die Sonne und der Mond*" erwacht der Mensch und sieht sich Tag und Nacht gegenüber. Der dritte Tanz drückt die Dankbarkeit des Menschen für seine Erschaffung gegenüber allen Göttern aus, besonders gegenüber Quetzalcoatl. Der Mensch versucht, den Gott mit ihm und anderen Göttern dargebrachten rituellen Opfern zum Leben zu erwecken; den Sonnengott (**Sol**) und die Mondgöttin (**Luna**); **Xochiquetzal** – Göttin der Liebe und Blumen; **Huitzilopochtli** – Kriegsgott; und **Chalchiuhtlicue** – Göttin des Wassers. Am Schluß der Opferungen vereinigen sich der Mensch und seine Götter und leben im letzten Tanz „*Paradies*" glücklich zusammen.

2. Gesänge/Tänze aus Michoacan — Sones de Michoacan

Mit *Sones* bezeichnet man in Mexico einen Stil von Gesang und Tanz. Jede Region hat ihre eigenen Trachten, Musik und Tänze, doch überall wird dabei die Festtagsstimmung ausgedrückt. **Michoacan** ist eine der folklorereichsten Regionen Mexicos. Es beginnt mit einem Volkstanz „*del Pastor*", gefolgt von zwei *Klapperschlangen-Tänzen* indospanischen Ursprungs. Das Ballett endet mit drei „*Jarabes*"-Tänzen, die auf die spanischen Tänze „*Sarabande*" & „*Jota*", aus dem 16. und 17. Jahrhundert, zurückgehen.

3. Zuckerrohrernte in Tamaulipas — Zafra en Tamaulipas

Der in der nordöstlichen Ecke Mexicos liegende Bundesstaat **Tamaulipas** liegt mitten in der Zuckerrohrgegend des Landes. Im Eröffnungstanz „*Picota*" kommen die Leute aus dem Dorf zum Tanz; der „*Fruchtbarkeitstanz – Danza de la Fertilidad*" ist voller Temperament und Fröhlichkeit. Beim „*Erntetanz – Danza de la Cosecha*" imitieren die jungen Tänzer mit sehr echten und rhythmischen Bewegungen das Schneiden von Zuckerrohr mit ihren „*Macheten*". Nach der Ernte wird gefeiert; beim „*Lassotanz*" dreht ein Cowboy geschickt ein Lasso – manchmal fängt er sein Mädchen in den Kreis des Lassos ein; die „*huapangueros*" spielen auch noch weiter, während das Paar mit den anderen feiert.

4. Revolution — La Revolucion

Das moderne Mexico begann mit der Revolution von **1910**. Zum ersten Mal in der Geschichte des Landes gingen die mexikanischen Frauen mit ihren Männern gemeinsam in den Krieg. Das Ballett ist den „*Soldaderas*", den Frauen gewidmet, die sogar für den Kampf um die Freiheit Mexicos Waffen trugen. Die Lieder der Soldaten über die „*Soldaderas*" sind inzwischen schon zu Volksliedern des modernen Mexico geworden. Bei dem Tanz tragen die Tänzerinnen Gewehre. Es treten ebenfalls die Aristokraten auf, die überhaupt keine Rücksicht auf die

Wünsche und Bedürfnisse der Armen nahmen.

5. Veracruz

Musik und Tänze der *„Jaroches"*, der Leute aus **Veracruz**, mit drei Richtungen – andalusische Tänze aus Spanien, afrikanische Gesänge und das Temperament präkolumbianischer Totonaken-Indianer. Unter den Tänzen vor einer Kulisse von Fischernetzen wird der traditionelle *La Bamba* getanzt. Zum Schluß sehen Sie ein Tanzpaar, das bei einem *Flamenco* ein langes Band mit den Füßen zu einer Schleife bindet – Symbol ewiger Liebe. Wir waren jedesmal wieder begeistert, daß die Schleife gelang. Hiermit endet die erste Hälfte des Balletts. In der Pause werden Schallplatten verkauft – ein ausgezeichnetes Souvenir.

6. Guerrero Guerrero

Südlich von Mexico City liegt der Bundesstaat **Guerrero** mit den beliebten Reisezielen wie Acapulco, Chilpancingo, Taxco sowie Ixtapa/Zihuatanejo. Ein lebhafter *„Stock"*-Tanz wird vorgeführt; Sie sehen den Stier, und lesen die Worte *„viva la vida"* – lang lebe das Leben!

7. Hochzeit in Tehuantepec – Borda en Tehuantepec

Die bildhübschen Mädchen von **Tehuantepec** kommen mit Kerzen als Zeichen ihrer Jungfräulichkeit auf die Bühne; daran schließt sich der Tanz an, bei dem der Bräutigam die Braut entführt, gefolgt von dem *Tanz der Schildkröten – Danza de la Tortuga*. Darauf folgt die Hochzeitsfeier.

8. Tanz des Hirschs – Danza del Venado

Dieser Tanz stammt von den *Yaqui*-Indianern aus dem Norden Mexicos und stellt den Kampf um das Leben dar. Der *„Tanz des Hirschs"* zeigt einen der intensivsten Tänze – alles ist dabei gespannt, Bewegungen des Tänzers und Zuschauer. Es beginnt mit dem *„Tanz der Jäger"*; einer der Tänzer trägt einen Hirschkopf mit Geweih. An einer Wasserstelle wird der *„Hirsch"* von den Jägern gefangen und erschossen. Das sterbende Tier versucht vergeblich zu fliehen.

9. Jalisco

Der Bundesstaat **Jalisco** (Hauptstadt ist Guadalajara) ist bekannt für seine *Mariachi*-Musik – ein Symbol des Landes. Das Ballett beginnt mit einer Mariachi-Parade und endet im Finale mit temperamentvoller Musik und mit dem bekannten *Mexikanischen Hut-Tanz*. Und zum Abschluß des farbenprächtigen und temperamentvollen Programms werfen die Tänzer auch hier wieder Luftschlangen in die Reihen der Zuschauer.

Information und Reservierung:
Ballet Folclorico Nacional 510-2197
Ballet Folklorico de Mexico 529-0509

106 AUSFLÜGE

ENTFERNUNGEN IN KM VON MEXICO CITY NACH

Acapulco	416	Poza Rica	298
Cancun	1923	Puebla	131
Chichen Itza	1720	San Cristobal de las Casas	1045
Cuernavaca	85	San Diego, Kalifornien	3040
El Paso, Texas	1992	Taxco	163
Fortin de las Flores	310	Teotihuacan	48
Ixtapan de la Sal	160	Tepotzotlan	45
Laredo, Texas	1216	Toluca	64
Merida	1600	Tula	96
Oaxaca *via Tehuacan*	457	Tuxtla Gutierrez	970
Oaxaca *via Puebla*	544	Uxmal	1520
Orizaba	296	Veracruz	440
Palenque	1076	Villahermosa	920

Mexico City–Frankfurt ca. 10 000 km

AUSFLÜGE VON MEXICO CITY

Attraktionen südlich und nördlich der Stadtmitte haben wir bereits in einem vorherigen Abschnitt dieses Kapitels behandelt. Benutzen Sie diesen Abschnitt zur Planung Ihrer Fahrt, beispielsweise nach **Tepotzotlan** und **Tula** – *nördlich* der Hauptstadt. In einem anderen Abschnitt geben wir Ihnen Informationen über Teotihuacan. Für einen kleinen Abstecher können Sie vielleicht **Texcoco** ansehen, was zur Zeit der Azteken am Rande des Sees lag, von wo aus Cortes seine „Flotte" nach Tenochtitlan auslaufen ließ und das Aztekenreich zerstörte. Im Abschnitt Attraktionen *südlich* der Stadtmitte geben wir Ihnen Einzelheiten über Ausflüge nach Xochimilco, Mixquic, Chalco, Amecameca, Paso de Cortes, Ozumba und Cuautla.

Einzelheiten über Ausflüge in *westlicher* Richtung, beispielsweise nach Toluca, Valle de Bravo und San Jose Purua sowie Tenancingo, Ixtapan de la Sal, Cuernavaca und Taxco finden Sie im nächsten Kapitel **Richtung Süden – nach Acapulco**. Zu Ausflügen in *östlicher* Richtung, zur archäologischen Zone von Cholula, nach Puebla und Tehuacan schlagen Sie im Kapitel **Richtung Südosten – nach Oaxaca** nach. Über Reiseziele *weiter östlich*, wie Orizaba, Fortin de las Flores, die archäologische Zone von El Tajin, Jalapa und Veracruz informieren Sie sich im Kapitel **Richtung Nordwesten – nach Veracruz**.

AUSFLÜGE 107

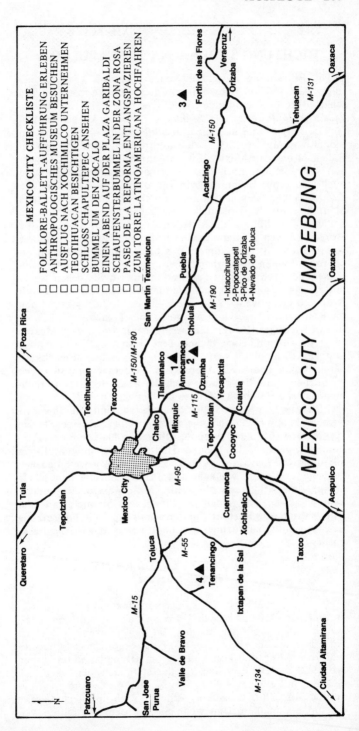

RICHTUNG SÜDEN – NACH ACAPULCO

Die Entfernung zwischen **Mexico City** und **Acapulco** beträgt etwa 416 km. Obwohl man diese Strecke in einem Tag schaffen könnte, empfehlen wir Ihnen, die Fahrt in **Cuernavaca**, der *Stadt des ewigen Frühlings* – etwa 85 km südlich von Mexico City – und in **Taxco**, der *Silberstadt* – etwa 163 km südlich von Mexico City – zu unterbrechen. Wenn Sie also am frühen Morgen in Mexico City abfahren, haben Sie Gelegenheit, auf dem Weg nach Taxco Cuernavaca zu besichtigen, und noch früh genug nachmittags in Taxco anzukommen, um noch Zeit für einen kleinen Bummel durch das am Berg liegende Städtchen aus der Kolonialzeit zu haben und vielleicht einen der über 200 Silberschmiedeläden zu besuchen. Am nächsten Morgen können Sie dann in aller Ruhe, ehe die Touristenbusse von Mexico City ankommen, das bezaubernde Städtchen erobern und einen Einkaufsbummel unternehmen, und dann anschließend nach Acapulco weiterfahren, wo Sie gegen Nachmittag sein können. Rechnen Sie für die Fahrt **von** Taxco nach Acapulco mit etwa 4–5 Stunden. Alternativ dazu gibt es noch die Route nach Taxco und Acapulco über **Toluca**.

Ein **wichtiger Hinweis** für Urlauber mit Standort in Mexico City: Es gibt praktisch täglich Tagestouren nach Cuernavaca und Taxco. Es bietet sich auch noch eine andere Möglichkeit, nämlich eine **Tour** nach Acapulco mit **Übernachtung** in **Taxco** zu buchen. Natürlich fahren auch die **Busse** der Busunternehmen *Estrella de Oro* (1.-Klasse-Bus-Service) und *Flecha Roja* recht häufig von **Mexico City** nach **Taxco**. Und falls Ihre Zeit wirklich knapp ist, können Sie auch in weniger als einer Stunde von Mexico City nach Acapulco **fliegen** – häufige Flugverbindungen zwischen den beiden Städten; dabei entgeht Ihnen allerdings Cuernavaca sowie Taxco, und Sie verpassen die Gelegenheit zu erleben, wie echt und unverfälscht die Landschaft Mexicos hier ist. Wenn Sie wieder nach Mexico City zurückkehren müssen, empfehlen wir Ihnen, falls Sie nicht mit dem Auto fahren, die **Bustour** Cuernavaca–Taxco mit Fortsetzung nach Acapulco zu buchen, und dann von dort wieder **zurückzufliegen**.

MEXICO CITY–TAXCO ROUTE
über Cuernavaca

Einer der beliebtesten Ausflüge **von** Mexico City ist der Abstecher nach **Cuernavaca** und **Taxco**. Falls Sie mit dem Mietwagen unterwegs sind, können Sie beispielsweise in Mexico City über die *Av. Insurgentes Sur* zur Stadt hinausfahren. In westlicher Richtung kommen Sie am **Olympiastadion** vorbei, wo 1968 die Olympischen Spiele stattfanden, bei denen Bob Beamon mit seinem 8,90-m-Sprung den Weltrekord im Weitsprung aufstellte. Genau in östlicher Richtung liegt die alte Pyramide **Cuicuilco**. Und wenn Sie mit dem Bus fahren, ver-

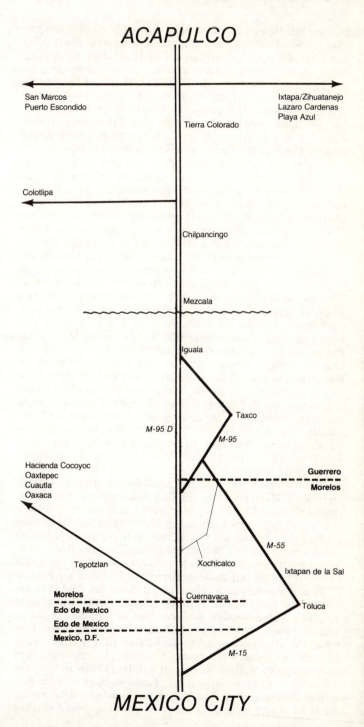

läßt der Bus Mexico City über einen breiten Boulevard, der parallel zur Nord-/Südrichtung der *Av. Insurgentes* verläuft, nämlich *Calz. Tlalpan*. Sie werden die beiden breiten Straßen dadurch unterscheiden können, daß bei der letztgenannten die Schienen der U-Bahn, der *Mexico City Metro*, auf dem Mittelstreifen verlaufen. In der Nähe der Metro-Station **Tasquena** liegt der Busbahnhof *Terminal de Autobuses del Sur*. Hier fahren die Busse von *Estrella de Oro* nach Cuernavaca, Taxco, Acapulco und Zihuatanejo ab. Nach dem großen Busbahnhof geht die Fahrt vorbei am riesigen Aztec Fußballstadion.

Kurz nachdem Sie die *Anillo Periferico Sur*, die sogenannte „Umgehungsstraße", überquert haben, biegen Sie auf die *M-95 D*, **cuota** (= gebührenpflichtige Straße), nach Cuernavaca ab. *M-95*, **libre** (= gebührenfrei), führt ebenfalls nach Cuernavaca, ist jedoch sehr kurvenreich. Unterwegs auf der *M-95 D*, einer breiten Straße, bietet sich Ihnen ein prächtiges Panorama mit dem Tal von Mexico und im Osten mit den beiden schneebedeckten Gipfeln, **Ixtaccihuatl** – 5280 m und **Popocatepetl** – 5452 m. Die *M-95* klettert ständig in die Höhe. Kurz bevor Sie vom Bundesstaat **Mexico** in den Bundesstaat **Morelos** hinüberwechseln, haben Sie eine Höhe von etwa **3124 m** erreicht! Von dort führt die Straße *abwärts* nach **Cuernavaca**. Ehe Sie die Stadt erreichen, kommen Sie zur Abzweigung nach **Cuautla** und zur *M-115* sowie *M-190*, der **Panamericana**, die nach **Oaxaca** führt. Wenn Sie in Richtung Cuautla fahren, gelangen Sie zu der reizvollen Ferienoase **Hacienda Cocoyoc**. Falls Cuernavaca Ihr Ziel ist, folgen Sie den Hinweisschildern in die Stadt. Zur Innenstadt gelangen Sie, vorbei am Militärlager, über die nach *Emiliano Zapata* benannte Straße – ein mexikanischer Volksheld und der „Vater der Agrarrevolution". Einzelheiten finden Sie unter **Cuernavaca**. Wenn Sie an Cuernavaca vorbei **direkt** nach **Taxco** fahren wollen, bleiben Sie auf der *M-95 D*, die östlich an der Stadt vorbeiführt.

Hinter Cuernavaca wird die gebührenpflichtige Autostraße **zweispurig**. Unterwegs können Sie bewundern, was das hervorragend günstige Klima in dieser Gegend hervorbringt – zu beiden Seiten der Straße breiten sich **Rosenfelder** aus; Sie können sie übrigens direkt an der Straße bei den Rosenhändlern kaufen – bei unserem letzten Besuch kostete das Dutzend Rosen etwa $20. Und diese edlen Blumen verbreiten auch den für Rosen so charakteristischen Duft. Außerdem bekommen Sie Zuckerrohr- und Reisfelder zu sehen. In der Nähe der Zahlstelle der Autostraße gibt es eine Pemex-Tankstelle. Auf dem Weg in Richtung **Süden** werden Sie verschiedene tropische Früchte, darunter auch Avocados und Mangos sehen. **Wichtiger Hinweis:** Die Abzweigung nach **Xochicalco** ist bei **Alpuyeca** – Einzelheiten siehe **Cuernavaca**. Wenn Sie auf **direktem** Weg **nach Acapulco** wollen, bleiben Sie auf der gebührenpflichtigen Autostraße. Aber versuchen Sie, **Taxco** irgendwie in Ihr Programm einzubeziehen. Um Taxco zu erreichen, verlassen Sie die *M-95 D* und biegen auf die *M-95* ab. Von dieser Kreuzung

CUERNAVACA

sind es nur etwa 43 km nach **Taxco**; aber da die Straße hier ziemlich steil mit vielen Haarnadelkurven ansteigt, brauchen Sie für diesen Streckenabschnitt etwa eine Stunde. Lassen Sie sich Zeit, und genießen Sie die Fahrt.

Wenn Sie auf der *M-95* nach Taxco fahren, können Sie bereits von weitem mehrere Berge erkennen — an einem dieser **Berge** liegt **Taxco!** Es wird Ihnen auch auffallen, daß die asphaltierte Straße hier schmaler geworden ist. Bald überqueren Sie den Fluß **Rio Amacuzac** und passieren das gleichnamige Dorf. In der Regenzeit ist die Strömung so stark, daß dadurch sogar vor einiger Zeit die alte Straßenbrücke weggerissen wurde. Das kleine Kirchlein, links der Straße, stammt aus dem 16./17. Jahrhundert und wird heute noch benutzt. Bald verlassen Sie wieder den Bundesstaat **Morelos** und gelangen in den Bundesstaat **Guerrero** — *Land der Echsen*. Und entlang der Straße werden Sie Frauen sehen, die dieser Bezeichnung wirklich Ehre machen, denn sie verkaufen die Echsen oder lassen sich wenigstens damit fotografieren (für ein paar Pesos); sie halten die Tiere in der Hand oder legen sie auf den Kopf. Wenn Sie gute Fotos machen wollen, sollten Sie die Gelegenheit hier wahrnehmen.

Wenn Sie auf der Seite des Hügels in **Axixintla** hinabschauen, werden Sie eine riesige Kirche sehen. Von hier aus führt die *M-55* in Richtung Norden zu den faszinierenden Tropfsteinhöhlen von **Cacahuamilpa**; manche Säle sind etwa 46 m oder sogar höher. Wenn Sie sich für Höhlen interessieren, ist der kleine Abstecher wirklich lohnend. Täglich geöffnet. Und auf dem Weg nach Taxco steigt die Straße weiter an, und die Kurven scheinen noch schärfer zu werden. Etwa 10 Minuten vor Taxco können Sie die Stierkampfarena sehen — *Plaza de Toros*. Am Rande der Stadt führt eine steile Straße den Hügel hinauf zu dem hübschen **Holiday Inn**, das hoch auf dem Hügel thront. **Wichtiger Hinweis:** Die ziemlich breite *Avenida John F. Kennedy* führt nur an der bezaubernden Stadt vorbei; in die Stadt selbst gelangen Sie nur über die engen, steilen Gassen mit dem Kopfsteinpflaster. Einzelheiten finden Sie unter **Taxco**. Doch nun zum ersten Hauptreiseziel auf der Route Mexico City — Acapulco: **Cuernavaca**.

CUERNAVACA

Cuernavaca, die Hauptstadt des Bundesstaates **Morelos**, liegt etwa 85 km südlich von Mexico City und ist über die *M-95 D*, die hervorragende gebührenpflichtige Straße, *autopista*, günstig zu erreichen. Mit dem Auto müssen Sie von der Innenstadt von Mexico City mit etwa zwei Stunden Fahrzeit rechnen. Übrigens soll der prächtig rotblühende Weihnachtsstern, *poinsettia*, aus der Gegend von Cuernavaca stammen, benannt nach dem ersten US-Botschafter in Mexico (19. Jahrhundert) J.R. Poinsett. **Cuernavaca** können Sie am bequemsten bei einer Bustour kennenlernen; es gibt täglich mehrere Tagesausflüge mit dem Bus

112 CUERNAVACA

von Mexico City. *Erste-Klasse-Bus-Service* mit Bussen der Busgesellschaft *Estrella De Oro* von Mexico City nach Cuernavaca, Abfahrt neben der U-Bahn-Station *Taxquena Metro Station*, im südlichen Stadtteil einer der größten Städte der Welt. **Cuernavaca** liegt etwa auf 1524 m Höhe, etwa 700 m tiefer als Mexico City. Es liegt teilweise gerade an dieser Höhenlage, daß das Klima dort zu jeder Jahreszeit sehr mild ist und eine sehr üppige Vegetation hervorbringt, daher auch der Name: *Stadt des ewigen Frühlings.* Cuernavaca ist deswegen auch ein bevorzugtes Wochenendreiseziel der Stadtbewohner von Mexico City. Über 10% der Einwohner Cuernavacas sind Fremde, die scharenweise wegen des milden Klimas in die Stadt gekommen sind. Cuernavaca ist aber nicht nur ein Ferien- und Erholungsort, sondern die Stadt mit etwa 280 000 Einwohnern verfügt über alle möglichen Industriezweige, und zwar im Industriegebiet CIVAC am Stadtrand.

In vorspanischer Zeit war die Stadt unter dem Namen **Cuauhnahuac** — etwa der Ort im Grünen — bekannt. Die Spanier zerstörten viele Bauten der Stadt und errichteten auf den Trümmern neue Bauwerke, die heute zu den Hauptattraktionen zählen. Zum Beispiel die **Catedral**, die 1529 erbaute Kathedrale mit einigen späteren Anbauten; den Innenraum der Kirche schmückt ein eindrucksvolles Wandgemälde, mexikanische Missionare im Fernen Osten darstellend. Eines der ältesten Bauwerke der Neuen Welt ist der auf einer Pyramide erbaute Cortes-Palast, **Palacio de Cortes**; in den 1520er Jahren wurde mit dem Bau begonnen, ab 1531 lebte Cortes 9 Jahre lang zeitweilig hier. Heute stellt der Palast ein sehr beeindruckendes Museum dar. Auch andere fremdländische Regenten wurden von dem milden Klima Cuernavacas angelockt, beispielsweise das Kaiserpaar Maximilian und Carlota, das manches Wochenende hier verbrachte; die Kaisergemahlin liebte ganz besonders die **Jardins de Borda**, die de la Borda-Gärten (im 18. Jahrhundert von dem wohlhabenden Silberminenbesitzer de la Borda angelegt) mit dem großen Teich — auch heute noch sind die Gärten sehr reizvoll. Der Eingang liegt gegenüber der Catedral. In den 1920er Jahren hatte die Stadt wiederholt einen berühmten Besucher: Charles Lindbergh, der Flieger und Pionier der Luftfahrt. Auch andere bekannte Persönlichkeiten, wie der US-Botschafter von Mexico Dwight Morrow mit seiner Familie, weilten hier. Seine Tochter heiratete übrigens Lindbergh, der 1929 mit der ersten Flugverbindung zwischen Mexico und den USA begann, und zwar zwischen Tampico, an der Küste vom Golf von Mexico, und Brownsville, Texas. Der malerische **Mercado**, der Markt, liegt nur ein paar Schritte vom Zentrum entfernt. Besonders günstig sind hier die sogenannten *Huaraches,* Ledersandalen — vorher anprobieren! Ein bißchen außerhalb, in der Nähe vom Bahnhof, finden Sie die Ruinen einer kleinen Pyramide aus dem 15. Jahrhundert, die **Teopanzolco Pyramide**. So bequem bekommen Sie fast nie eine Ruine zu sehen, die übrigens angeblich durch die Erschütterungen einer Kanone, die während der Mexikani-

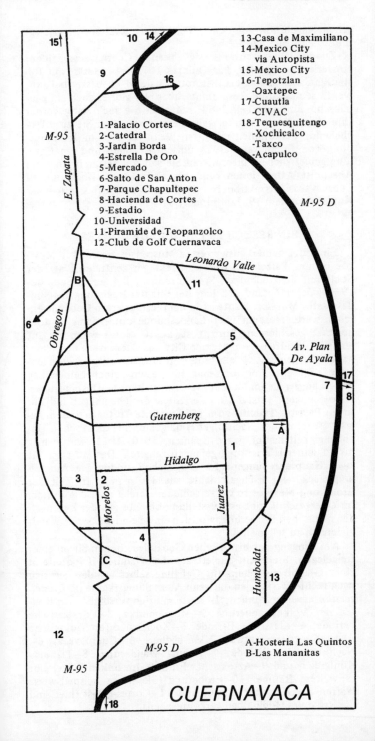

114 CUERNAVACA

schen Revolution auf dem „Hügel" eingesetzt war, freigelegt und so entdeckt wurde!

Zu den **Übernachtungsmöglichkeiten** Cuernavacas zählen: **Hosteria Las Quintas**, Las Quintas 107, Tel. 28800; mit Restaurant. **Las Mananitas**, Ricardo Linares 107, besser bekannt wegen seines guten Restaurants, aber hier gibt es auch ein paar hübsche Zimmer; Tel. 24646. Machen Sie rechtzeitig vorher Ihre Zimmerreservierung, ganz besonders, wenn Sie zum Wochenende herkommen möchten. Wenn Sie sich in der Umgebung von Cuernavaca etwas umsehen wollen und ein Erholungsgebiet suchen, informieren Sie sich am besten in unserem Abschnitt **Attraktionen rund um Cuernavaca**. Doch nun zu Cuernavacas Attraktion Nr. 1: **Palacio de Cortes**, mit einer Kutsche aus dem 19. Jahrhundert.

EIN BESUCH IM PALACIO DE CORTES

Eines der bemerkenswertesten Museen in diesem Teil Mexicos ist der **Palacio de Cortes**, direkt am zentralen Platz der Stadt mit dem hübschen Springbrunnen. Bis gegen Ende der 1960er Jahre befand sich hier der Sitz der Regierung des Bundesstaates **Morelos**. Heute ist in dem restaurierten Gebäude ein sehenswertes Museum über Landeskunde untergebracht; donnerstags geschlossen; Eintritt etwa $10. Sogar wenn Sie auf einer **Busrundfahrt** von Mexico City aus Cuernavaca besuchen, haben Sie genug Zeit, einige der im Museum ausgestellten Objekte anzusehen, obwohl man mindestens einen halben Tag ohne Langeweile im Museum verbringen könnte. Das eindrucksvolle Bauwerk entstand an der Stelle des ehemaligen indianischen Palastes **Tlahuica**; um **1531** wohnte Cortes in diesem Palast. Morelos, der Nachfolger Hidalgos im mexikanischen Unabhängigkeitskampf gegen Spanien, **1810—1821**, wurde hier bis zu seiner Hinrichtung gefangen gehalten. Das Museum hat *zwei* **Hauptabteilungen**: Im *Erdgeschoß* finden Sie Ausstellungsstücke der Frühgeschichte aus der spanischen Zeit der Eroberung Mexicos sowie verschiedene archäologische Funde. Im *Obergeschoß* gibt es Ausstellungsobjekte aus der Zeit nach der spanischen Eroberung, wo auch einige eindrucksvolle Wandmalereien zu sehen sind.

Am Eingang des historischen Gebäudes können Sie an einer freigelegten Stelle ein Skelett aus der **Tlahuica II Periode** in einer Glasvitrine sehen. Im Gebäude selbst wenden Sie sich nach **rechts**, wo sie sich die **neun** Ausstellungsräume im *Uhrzeigersinn* ansehen können: 1—Karte mit den verschiedenen Routen der Völkerwanderung; 2—Mesoamerika; 3—Vorklassische Periode; 4—Klassische Periode; 5—Xochicalco (archäologische Ausgrabungsstätte etwa 32 km südlich von Cuernavaca); 6—Nachklassische Periode; 7—Nahuatl-Wanderung; 8—Tlahuica Königreich und 9—Aztekischer Einfluß. Im **linken** Flügel gibt es weitere Räume: 10—Eroberung (Sie sehen beispielsweise Waffen der Konquistadoren) und 11—Cortes-Palast (hier sind die Reste des Originalbauwerks zu sehen).

CUERNAVACA 115

Im *Obergeschoß* gibt es folgende Ausstellungen: Spanien in der Neuen Welt, Oaxaca-Tal, Fernosthandel, die Revolution sowie die Wandmalereien auf der Ostgalerie von Diego Rivera, der 1929–1930 daran arbeitete; dargestellt sind Szenen aus der Zeit der spanischen Eroberung und Ausbeutung der Gegend durch die Spanier sowie Szenen aus der Geschichte des Bundesstaates Morelos. An klaren Tagen werden Sie sogar in der Ferne den hohen, schneebedeckten **Popocatepetl** sehen können.

Attraktionen Rund Um Cuernavaca

Im **Umkreis** von Cuernavaca gibt es sehr viele historische Sehenswürdigkeiten und Ferienattraktionen. Die Stadt eignet sich daher hervorragend als Ausgangsort für Tagesausflüge zu den benachbarten Attraktionen oder zur Übernachtung bei einer Rundreise von Mexico City. Darüber hinaus finden Sie mehrere reizvolle Erholungsziele in der Nähe von Attraktionen – eine ideale Kombination von Besichtigungs- und Erholungsreise.

Nur wenige Kilometer *westlich* vom Zentrum Cuernavacas liegen die lieblichen **Wasserfälle von San Anton**, etwa 40 m hoch, wo Sie sehr schöne Spaziergänge machen können. *Nördlich* der Stadt befindet sich das große Stadion, **Estadio**, und die Universität, **Universidad**, von Morelos. Von hier führt die Straße nach **Tepotzlan**, **Oaxtepec** und zur **Hacienda Cocoyoc**; alles weniger als eine Stunde von Cuernavaca entfernt. In *östlicher* Richtung führt die *Av. Plan de Ayala* zu dem entzückenden **Chapultepec Park** zur **Hacienda de Cortes** – 1530 errichtet und ehemals zur Zuckerrohrplantage der Cortes-Familie gehörend (heute gibt es dort luxuriöse Hotelzimmer), zum **CIVAC** Industriepark und zum Städtchen **Cuautla**. In *südlicher* Richtung befindet sich die Residenz des Kaisers Maximilian, **Casa de Maximiliano**, sowie der Cuernavaca Golf Club. Und hier verläuft auch die *M-95 D*, auf der Sie nach **Tequesquitengo** mit See, nach **Xochicalco**, zu den Tropfsteinhöhlen von **Cacahuamilpa**, nach **Taxco** und **Acapulco** gelangen.

Etwa 48 km *nordöstlich* von Cuernavaca liegt das Dorf von **Tepotzlan**, wo sogar noch heute die Sprache der *Nahuatl-Indianer* gesprochen wird. Die Landschaft wird überragt von den Ruinen des dem Gott der Azteken geweihten Tempels, **Tepoztecatl** – *Gott der Pulque*; Pulque ist ein beliebtes mexikanisches Getränk aus dem vergorenen milchigen Saft der *Maguey* (Agave). Die Azteken-Priester hatten sich hier eine herrlich gelegene Stelle für ihre Meditationen ausgesucht! Alljährlich feiert man hier am **8. September** ein buntes Fest, bei dem aztekische Tänze aufgeführt werden. Im Dorf gibt es das **Kloster von Tepoztlan**, dessen eindrucksvolles Gebäude um 1559 von den Spaniern errichtet wurde. In südöstlicher Richtung befindet sich das Super-Erholungsziel **Hacienda Cocoyoc**. In der Nähe liegt **Oaxtepec**, ein bevorzugter Kurort der Azteken – sogar Moctezuma kam zur Erholung hierhin. Das Kloster stammt aus dem 16. Jahrhundert.

CUERNAVACA

Während der mexikanischen Unabhängigkeitskämpfe bildete die Gegend um **Cuautla** einen wichtigen Knotenpunkt. Morelos eroberte die Stadt im Jahre 1811 von den Spaniern, die sie dann aber wiederum belagerten. Morelos konnte durch ein geschicktes Manöver der Belagerung entfliehen. Ein Jahrhundert später trat Emiliano Zapata (1883–1919) in diesem Landstrich mit riesigen Zuckerrohrplantagen während der Mexikanischen Revolution den Kampf zur Beseitigung des Großgrundbesitztum an. *„Das Land gehört denen, die es mit ihren eigenen Händen bearbeiten"* wurde im Grundsatzdokument, **Plan of Ayala**, beschlossen. **Ayala** und andere Gemeinden, wie **Anenecuilco** und **Tlaltizapan** (kleines Museum), die mit Zapata verbündet waren, liegen *südwestlich* von Cuautla. **Las Estacas**, auch in derselben Umgebung, ist ein beliebtes Ziel zum Baden. Weiter in *südwestlicher* Richtung und direkt *südlich* von Cuernavaca, nahe der *M-95 D*, liegt **Tequesquitengo** mit dem wunderschönen gleichnamigen See; *nördlich* davon befindet sich das Erholungsgebiet **Hacienda Vista Hermosa**, eine ehemalige Hazienda. **Wichtiger Hinweis:** Machen Sie Ihre Hotelreservierung für Hacienda Cocoyoc oder Hacienda Vista Hermosa, bevor Sie Mexico City verlassen.

Etwa 40 km *südlich* von Cuernavaca liegt die archäologische Ausgrabungsstätte von **Xochicalco** mit den hoch in den Bergen liegenden Pyramiden. Dieser Landschaftsteil schien bereits vor über 500 Jahren ein bedeutsames Handelszentrum gewesen zu sein, ehe sich das aztekische Kaiserreich so weit von **Tenochtitlan**, dem heutigen Mexico City, *nach Süden* ausbreitete. Experten beobachteten mögliche Einflüsse der **Tolteken, Zapoteker** oder sogar der **Mayas**, bevor die Azteken diese Gegend *„die Heimat der Blumen"* nannten. Heute sehen Sie hier auf dieser Ruinenanlage die rechteckige Hauptpyramide der **Gefiederten Schlange** — die steilen Sockelwände sind mit faszinierenden *Bas-Reliefs* verziert mit klar erkennbaren Reliefs von Kriegern, gefiederten Schlangen und Priestergestalten. In der Nähe befindet sich ein riesiger **Ballspielplatz**, vollständig mit dem zugehörigen Mauerring. Dieses Gebiet wurde in der **Nachklassischen Periode** auch als Festung benutzt. Um **Xochicalco** zu erreichen, biegen Sie bei **Alpuyeca** in Richtung *Nordwesten* ab, etwa 8 km ehe Sie dann etwa 5 km in *nördliche* Richtung fahren.

CUERNAVACA AREA CHECKLISTE

- ☐ PALACIO DE CORTES BESICHTIGEN
- ☐ DIE KATHEDRALE ANSEHEN
- ☐ IM BORDA-GARTEN SPAZIERENGEHEN
- ☐ TEOPANZOLCO PYRAMIDE EROBERN
- ☐ ZUM ESSEN INS LAS MANANITAS
- ☐ AUSFLUG NACH TEPOTZLAN
- ☐ HACIENDA COCOYOC BESUCHEN
- ☐ XOCHICALCO ENTDECKEN

MEXICO CITY–TAXCO ROUTE
über Toluca

Eine **Alternativroute** von Mexico City nach Cuernavaca/Taxco (mit anschließender Weiterfahrt nach Acapulco) ist über **Toluca**. Toluca, die Hauptstadt des Bundesstaates **Mexico**, liegt etwa 64 km westlich von Mexico City, erreichbar über die reizvolle *M-15*. Von Toluca führt die *M-55* etwa 96 km in Richtung Süden bis zum Thermalbad **Ixtapalan de la Sal**; die Tropfsteinhöhlen **Grutas de Cacahuamilpa** liegen etwa weitere 40 km im Süden. Dann geht's zur Silberstadt **Taxco**, genau im Südwesten; von dort können Sie weiter in Richtung Süden, nach Acapulco fahren. Zu einer **Rundreise** von Mexico City fahren Sie **von** Taxco in Richtung Norden weiter **nach Cuernavaca**; unterwegs machen Sie, bevor Sie nach Cuernavaca kommen, an der archäologischen Zone von **Xochicalco** Halt. Von hier aus können Sie solche Attraktionen wie das Dorf **Tepotzlan** besichtigen. **Übernachtungsmöglichkeiten** in Toluca, Ixtapan de la Sal, Taxco, Hacienda Vista Hermosa, Cuernavaca und Hacienda Cocoyoc.

Toluca, etwa 2652 m hoch, gehört zu den höchstgelegensten Städten des Landes, bekannt wegen seines farbenprächtigen Indianermarktes — einer der größten Märkte Mexicos, am Rande der Innenstadt. Obwohl der Markt täglich stattfindet, ist Freitag der beste Tag, den traditionellen Markt mitzuerleben. Sie können dann Indianer sehen, die überall aus den umliegenden Dörfern herankommen, um ihre Ware zu verkaufen. **Wichtiger Hinweis:** Wenn es darum geht, die Ware zu verkaufen, werden die Indianer tüchtige Geschäftsleute, passen Sie auf, Sie müssen **handeln!** Um sich über Preise zu informieren, sollten Sie sich vorher im Laden neben dem Kunstgewerbemuseum, wo Waren zu staatlich kontrollierten Preisen verkauft werden, informieren. Ehe Sie Toluca erreichen, passieren Sie den historischen **Monte de las Cruces** (etwa 3000 m). Hier hat Hidalgo (der eigentliche Anführer im Kampf um die Unabhängigkeit von Spanien) mit seiner „Armee" (reguläre Soldaten und Einheimische — Indianer) am **30. Oktober 1810** gegen die Spanier unter Trujillo gekämpft. Die Spanier zogen sich nach Mexico City zurück, und Hidalgo setzte seinen Kampf um die Unabhängigkeit fort. Zu den **Übernachtungsmöglichkeiten** Tolucas zählt das **Plaza Hotel** (etwa 150 Zimmer). 150 Zimmer).

Von Toluca haben Sie mehrere **Ausflugsmöglichkeiten**, beispielsweise zur aztekischen Siedlung **Calixtlahuaca**, eine archäologische Zone, etwa 8 km im Norden, an der Straße nach **Queretaro**. Da das letzte Stück dieser Strecke nicht asphaltiert ist, empfehlen wir Ihnen, mit dem Taxi vom Stadtzentrum dorthin zu fahren. Die erstaunliche, teilweise runde Pyramide (dem Windgott geweiht), ist sehenswert. Dieses originelle Bauwerk (vor sehr langer Zeit errichtet) stammt aus der Zeit der *Klassischen Periode*. Etwa 40 km südwestlich von Toluca liegt **Nevado de Toluca** (wenn Sie in Richtung **Temascaltepec** fah-

118 TOLUCA

ren) mit 4558 m, Mexicos vierthöchster Gipfel. Sie können mit dem Auto bis zum Kraterrand des erloschenen Vulkans und anschließend hinunter zu den beiden Kraterseen fahren. Diese Fahrt ist jedoch **nur für erfahrene** Autofahrer mit einem Geländefahrzeug geeignet; erkundigen Sie sich beim staatlichen Touristenbüro im Palacio de Gobierno in Toluca nach dem neuesten Stand, und verlangen Sie eine Karte. Wenn es dort schneit, verzichten Sie lieber auf diesen Ausflug! Ein weiteres Ausflugsziel ist das etwa 112 km westlich von Toluca liegende Städtchen **Valle de Bravo**, an dem bezaubernden See **Lagos de Avandaro** − gern als die *Schweiz Mexicos* bezeichnet. Am 3. Mai beginnt hier für eine Woche die Fiesta zu Ehren des *El Cristo Negro* − des schwarzen Christus. Für Golfspieler und Erholungsuchende ist der Club de Golf Avandaro ein ideales Ferienhotel; Tel. 20003. Weiter westlich. ebenfalls an *M-15*, liegt das Thermalbad **San Jose Purua**. Das große Kurhotel **Spa San Jose Purua** wird gern von Wochenendurlaubern aus Mexico City angesteuert. **Morelia**, 1541 gegründet − eines der besterhaltensten Städtchen Mexicos aus der Kolonialzeit, liegt an der *M-15*, etwa 272 km westlich von Toluca; es ist die Hauptstadt des Bundesstaates **Michoacan**.

Von **Toluca** aus führt die *M-55* in südliche Richtung zum Thermalbad **Ixtapan de la Sal**. Unterwegs in Richtung Süden, immer mit Blick auf Tolucas „Hausvulkan" **Nevado de Toluca**, gelangen Sie durch mehrere Nachbardörfer von Toluca, die sehr bekannt für ihr Kunsthandwerk sind. Beispielsweise gilt das für **Metepec** wegen seiner Töpfereien; hier gibt es aber auch ein Kloster aus dem 17. Jahrhundert. Weiter südlich finden Sie bei **Tenango** etwa eintausend Jahre alte Ruinen. **Tenancingo**, ein Mittelpunkt der Webkunst, ist bekannt für die farbenprächtigen Schals; hier gibt es auch ein Kloster aus dem 18. Jahrhundert. Genau östlich davon liegt die archäologische Zone von **Malinalco** mit einer aus dem Felsen gehauenen Pyramide und Jaguaren aus dem 15. Jahrhundert. Es ist erstaunlich, wie die Azteken es fertigbrachten, mit den ihnen zur Verfügung stehenden Handwerkzeugen eine derartige Pyramide aus dem Stein zu hauen. In der Nähe befindet sich ein Kloster aus dem Jahre 1543. Die kurvenreiche *M-55* führt südlich weiter, bis Sie das bezaubernde Thermalbad **Ixtapan de la Sal** erreichen. **Übernachtungsmöglichkeit** in dem populären **Hotel Ixtapan**. Reservierungsmöglichkeit von Mexico City: 566-2855. Weiter südlich fahren Sie an den Höhlen **Grutas de la Estrella** vorbei, ehe Sie zu den faszinierenden **Grutas de Cacahuamilpa** gelangen. In den 1835 entdeckten Tropfsteinhöhlen gibt es mehr als 20 beleuchtete Säle, einige davon sind etwa 61 m lang und 46 m hoch. Ein **Muß**! Und noch immer ist die Erforschung der Höhlen nicht beendet. Lassen Sie sich auch nicht den herrlichen Ausblick auf das Flußtal des **Amacuzac** entgehen. Kurz vor der Zufahrt zu den Höhlen ist die Abzweigung in östlicher Richtung nach **Xochicalco**, aber Sie können diese archäologische Zone viel bequemer **von Alpuyeca**, an der Hauptstraße nach Mexico City, erreichen. Südlich der Höhlen stößt die *M-55* auf die *M-95*, die nach **Taxco** führt. Nach Ihrem Aufenthalt in **Taxco** können Sie entweder nach Mexico City über Cuernavaca zurück oder in Richtung Süden nach Acapulco weiterfahren.

TAXCO
Die Silberstadt

Taxco (**Tah**-sko ausgesprochen), etwa 163 km *südlich* von Mexico City, ist ein bevorzugtes Reiseziel von Mexicos Hauptstadt. Es gibt Tagestouren mit dem Bus von Mexico City zu dieser bezaubernden Stadt, deren Charme noch aus der Kolonialzeit erhalten blieb, etwa 60 000 Einwohner. Da die Stadt unter **Landesdenkmalschutz** steht, droht den anmutigen Wohnhäusern und Gebäuden aus dem 18. Jahrhundert auch keinerlei Gefahr, ihr Gesicht zu verlieren! **Taxco** ist auch ein beliebtes Ziel, um dort auf dem Weg nach Acapulco zu übernachten, entweder auf Rundreisen oder auch beim Reisen auf eigene Faust. Es gibt Busverbindungen *1.-Klasse-Service* mit der Busgesellschaft **Estrella de Oro** entlang der **Mexico City—Taxco—Acapulco-Route**.

Sogar schon den **Azteken** war bekannt, daß hier in den Bergen von Taxco reiche Silbervorkommen waren. Die **Indianer** nannten die Gegend zunächst **Tlachotepan**, dann kam der abgekürzte Name: **Tlacho**, und wahrscheinlich wurde es durch die Spanier zu **Taxco** – der ursprüngliche Name bedeutet: *Der Platz, wo man Ball spielt*. Im 18. Jahrhundert suchte Jose de la Borda hier nach den reichen Silbervorkommen und entdeckte tatsächlich eine reichhaltige Erzader; doch da sein Sohn Priester wurde und die Tochter ins Kloster ging, konnte das riesige Familienerbe nicht auf nachfolgende Generationen übergehen. Als Zeichen seiner Wohltätigkeit stiftete de la Borda die Kirche **Santa Prisca** mit den 39 m hohen Zwillingstürmen. Bordas Maxime: *Gott gibt Borda, und Borda gibt es Gott zurück*. Das sakrale Bauwerk stellt heute noch die größte Attraktion der liebenswerten Stadt dar.

Gegen Ende des 19. Jahrhunderts ging der Ertrag der Silberminen der malerisch am Berg liegenden Stadt erheblich zurück. In den **1930er** Jahren kam der Amerikaner William Spratling und entwickelte mit den einheimischen Bewohnern die Silberschmiedekunst. Taxco wurde damit wirtschaftlich wiederbelebt und erlangte seinen Ruf als „**Silberhauptstadt der Welt**". Heute wird das Silber zuerst zum Schmelzen nach **Monterrey**, im nördlichen Teil Mexicos gebracht und **dann** nach **Taxco**, wo die wunderschön verzierten Kunstwerke des Silberschmiedehandwerks hergestellt werden. Es ist schon ein Erlebnis für sich, die Vielfalt an herrlichen Ornamenten auf den Silberschmiedewaren zu betrachten. Auch wenn Sie hier keinen Silberschmuck kaufen (einige der ausgezeichneten Silberartikel sind viel **billiger** als in Mexico City), lohnt sich ein Abstecher nach **Taxco** allein schon wegen des Charmes, den die Kolonialstadt mit ihren roten Ziegeldächern und ihren steilen Gassen mit dem Kopfsteinpflaster ausstrahlt.

Wenn Sie sich Taxco über die *M-95*, von Mexico City und Cuernavaca kommend, nähern, kommen Sie am Stadtrand zu der steilen Straße, die von der Hauptstraße hinauf zum **Holiday Inn** führt. In der Ferne können Sie das andere große Hotel der Stadt sehen: **De La Borda**, hoch über dem darunterliegenden Tal. Die Straße führt weiter am Stadtrand vorbei, passiert dabei verschiedene andere Hotels, Restaurants sowie den Busbahnhof der Busgesellschaften **Flecha Roja** und **Estrella de Oro**, von wo sich die Straße weiter in Richtung Acapulco fortsetzt. Doch von dieser Hauptstraße, *M-95*, auch *Av. John F. Kennedy* genannt, biegen ein paar enge Gassen zum reizvollen Zentrum der Stadt ab.

Bequem gelangen Sie in die Innenstadt, wenn Sie in der Gegend der **Pemex** Tankstelle und dem Touristeninformationsstand (auf der Mexico City Seite der Stadt) zur Stadt abbiegen. In der Nähe (auch auf dieser Seite der Stadt, von Mexico City kommend) liegt das **De La Borda Hotel**, das **De La Mision Hotel** und das **Las Terrazas Restaurant**, mit Tischen im Freien, draußen auf dem Balkon – sehr preiswertes Essen. Daneben ist der Silberladen **Plateria Virginia**, den Sie vielleicht schon im Touristenprospekt abgebildet gesehen haben. Schräg gegenüber ist der **Silber Shop** Plateria San Diego; und direkt unten im De La Mision Hotel befindet sich das Touristenbüro, Secretaria de **Turismo** (Untergeschoß). Viele Besucher (einschließlich Teilnehmer einer Busrundreise) benutzen gerne aus diesem Stadtteil ein **Taxi** zum Stadtkern. Wenn Sie in einem Hotel dieser Gegend übernachten, empfehlen wir Ihnen, Ihr Auto im Hotel zu lassen und mit einem Taxi zum **Zocalo** zu fahren.

Wenn Sie die *Calle de la Garita* (*garita* = Wachhäuschen) entlanggehen, sind Sie bald einige Jahrhunderte zurückversetzt. Auf der engen Gasse mit dem holprigen Kopfsteinpflaster kommen Sie an den Kirchen **Chavarrieta** und **San Bernardino**, ehemaliges Kloster vorbei und gelangen dann zum Zocalo, auch **Plaza de la Borda** genannt, im Herzen der Stadt. Hier gibt es einige schattige Plätzchen mit Bänken – ruhen Sie sich ein bißchen aus, und schauen Sie sich doch ein wenig um. Und den Mittelpunkt aller Attraktionen bildet die prächtige Kirche **Santa Prisca**. Kleine Erfrischungen bekommen Sie in der **Paco Bar**, in der Nähe, und vom Lokal im ersten Stock können Sie den Zocalo gut überblicken; wenn Sie wollen, können Sie hier auch Mariachi-Musik verlangen. Etwas abseits vom Platz ist das **Alarcon Restaurant**, das Sie von der Kirche aus sehen können. Und überall hier gibt es Händler, die Ihnen irgend etwas verkaufen wollen. **Wichtiger Hinweis**: Falls Sie eine Hängematte, Jacke, Poncho oder was sonst noch suchen, fragen Sie nach dem Preis, und teilen Sie den automatisch durch vier, beginnen Sie dann zu handeln (nun das war unsere eigene Methode, als wir letztes Mal hier waren). Natürlich ist **Taxcos**

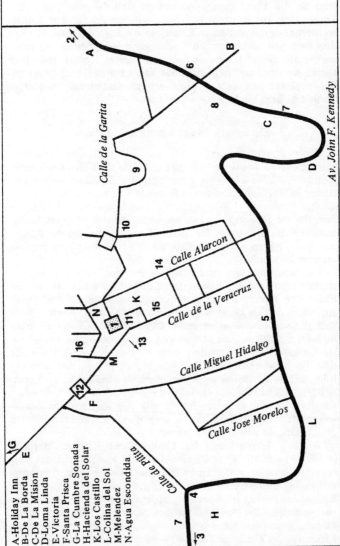

122 TAXCO

Hauptattraktion die Silberschmiedekunst, und daher finden Sie hier überall **Silber Shops**. *Links* neben der Kirche, wenn Sie davor stehen, ist ein Laden, von dem einige Fremdenführer behaupten, daß es „hier 30% billiger sei, als woanders", da es ein „Familienbetrieb" sei — aber das müssen Sie selbst beurteilen! Sie werden die vielen Menschen dort sehen — kostenlose Erfrischungen hinten im Laden. Ein weiterer Silberladen befindet sich an der *Plaza San Juan,* Plateria Gloria. Es gibt hier eine reiche Auswahl an Silberwaren, und wenn Sie ein bißchen mehr über Silber und die Silberschmiedekunst wissen wollen, werden die Silberschmiede Ihnen gerne etwas Information an die Hand geben. Außerdem sind sie sehr stolz, ihre Preise und Auszeichnungen zu zeigen, die sie für ihre Kunstwerke bei der alljährlichen Silbermesse erhalten haben. Die Läden sind nur einen kurzen Spaziergang vom Zocalo entfernt, vorbei am **Hotel Melendez** (ein preiswertes Hotel) und einer Bank. An der Plaza liegt auch das **Santa Prisca Hotel** — freundliches Hotel mit gutem preiswertem Restaurant; nur etwa 46 m den Berg hoch.

Ein Besuch In der Kirche Santa Prisca

Etwas Bemerkenswertes, während Sie die Kirche von außen betrachten: Obwohl de la Borda das Geld zum Bau der Kirche spendete, wurde das sakrale Bauwerk von Indianern errichtet. Daher ist der Baustil auch ein **Gemisch** von mexikanisch/indianischer Baukunst. **1748** wurde mit dem Bau der Kirche begonnen, der schließlich zehn Jahre dauerte, bis das Bauwerk fertiggestellt war. Und wenn Sie durch die alten Portale der Kirche schreiten, haben Sie das Gefühl, mehrere Jahrhunderte zurückversetzt zu werden.

Das was Sie am meisten faszinieren wird, ist der reich verzierte vergoldete **Hochaltar**. Die Steine und das Holz für den Fußboden stammen aus der näheren Umgebung. Es wird Ihnen auffallen, daß es keine Nägel im Fußboden gibt. Hinter Ihnen befindet sich eine wunderschöne **Orgel** mit etwa 366 Orgelpfeifen! Den Kirchenraum schmücken auch eine Reihe prachtvoller **Gemälde**. In der an den Hochaltar angrenzenden Kapelle sind noch weitere kostbare Gemälde zu sehen, darunter ein Bild, das de la Borda zeigt, ein Werk des indianischen Künstlers Miguel Cabrera, ein Indio, der angeblich nie eine besondere Kunstausbildung genossen haben soll. Sie können seine prunkvollen Malereien bewundern — kein Wunder, daß man ihn den „Michelangelo von Mexico" nennt.

Weitere Attraktionen im Umkreis der Kirche: **Mercado** (= Markt) und die **Casa Humboldt** (1803 wohnte hier der Forscher Alexander von Humboldt), die Fassade trägt den ornamentalen *Mudejar-Stil* — heute gibt es hier ein Museum des Kunsthandwerks. Im **Spratling Museum**, in der Nähe der Kirche, erhalten Sie einen Überblick über die Stadtgeschichte. Ebenfalls in der Nähe vom Zocalo befindet sich die **Casa Figuera**, *„das Haus der Tränen"* — eine kleine Kunstgalerie.

TAXCO 123

Übernachtungsmöglichkeiten In Taxco

Taxco hat ein großes Angebot verschiedenster **Übernachtungsmöglichkeiten** — wir geben hier einige **erstklassige** Hotels sowie mehrere **preiswerte** Hotels an. Gerade weil Taxco eine sehr beliebte Touristenattraktion ist, empfehlen wir, Ihre Hotelreservierung **vor** Ihrer Ankunft im Hotel vorzunehmen. Sie können beispielsweise Ihre Reservierung für das Holiday Inn noch vor Ihrer Ankunft in Mexico, oder falls Sie Ihre genaue Reiseroute noch nicht kennen, dann von Mexico City vornehmen. Wir geben die **Adressen** und **Telefonnummern** der Hotels in Taxco an. Die **Anschrift** ergänzen Sie dann mit Taxco, Gro., Mexico.
Holiday Inn, Lomas de Taxco, 21300, *lomas* = kleiner Hügel, mit herrlicher Aussicht auf Taxco. **De La Borda**, Cerro del Pedregal No. 6, 20225. Beide dieser erstklassigen Hotels verfügen über Swimming Pools und haben ein ausgezeichnetes Unterhaltungsprogramm. **Posada de la Mision**, Cerro de la Mision No. 84, 20063; am Pool befindet sich eine reliefgeschmückte Wand aus Naturstein von Juan O'Gorman, auf der Sie unter anderem einen Jaguar und einen Adler erkennen können. **Loma Linda**, Av. J.F. Kennedy, 20206; mit Swimming Pool. **Rancho Taxco-Victoria**, Carlos J. Nibbi No. 15, 20004; mit Swimming Pool. Günstig liegt das Hotel **Santa Prisca**, Chenaobscuras No. 1, 20080; **preiswert** und gutes Essen. **La Cumbra Sonada**, 20856, liegt ein paar Kilometer außerhalb der Stadt. Die nette **Hacienda del Solar**, El Solar S/N, 20323, auf der Acapulco-Seite der Stadt, Tennisplätze und Swimming Pool; in der Nähe das Touristenbüro. Ideal für den Ausgehabend (Essen).

Hier einige **preiswerte** Hotels: **Posada de los Castillo**, Juan Ruiz de Alarcon No. 7, 21396. **Colina del Sol**, Av. J.F. Kennedy, 21091. **Hotel Melendez**, Cuauhtemoc No. 2, 20006, in Zocalo Nähe. **Agua Escondida**, Guillermo Spratling No. 4, 20726; direkt am Zocalo.

UNGEFÄHRE ENTFERNUNGEN TAXCO NACH:

Acapulco	286 km	Ixtapan de la Sal	60 km
Chilpancingo	136 km	Mexico City	163 km
Cuernavaca	85 km	Puente de Ixtla	45 km
Grutas de Cacahuamilpa	32 km	Toluca	160 km
Iguala	36 km	Zihuatanejo/Ixtapa	527 km

TAXCO CHECKLISTE

- ☐ SANTA PRISCA KIRCHE BESICHTIGEN
- ☐ BUMMEL AM ZOCALO
- ☐ DIE SILBERLÄDEN ANSEHEN
- ☐ ERFRISCHUNG IN DER PACO BAR
- ☐ CASA HUMBOLDT BESUCHEN
- ☐ SPRATLING MUSEUM BESICHTIGEN

NACH ACAPULCO

TAXCO—ACAPULCO ROUTE

Von **Taxco**, der an einem Berg liegenden Stadt, führt die *M-95* etwa 40 km in Richtung Süden nach **Iguala**. Hier stößt die **gebührenpflichtige** Autostraße *M-95 D* von Mexico City kommend, auf die *M-95*. Von hier verläuft die *M-95* etwa 240 km südwärts nach **Acapulco**. Obwohl die Straße selbst in ausgezeichnetem Zustand ist, müssen Sie stets damit rechnen, daß Tiere und sehr oft die Einheimischen die Straße entlanglaufen. Lassen Sie sich soviel Zeit, spätestens gegen Spätnachmittag in Acapulco zu sein.

Iguala, etwa 120 000 Einwohner, spielte in der Geschichte Mexicos eine wichtige Rolle. Hier hat Augustin de Iturbide (der später Mexicos einziger mexikanischer Kaiser wurde) am 24. Februar 1821 seinen berühmten *Plan de Iguala,* das historische Dokument zur mexikanischen Verfassung, veröffentlicht, nach dem Mexico zur unabhängigen konstitutionellen Monarchie proklamiert und alle Bewohner des Landes – Kreolen, Mestizen, Indianer und Spanier – zu **mexikanischen** Bürgern erklärt wurden!

Die Entfernung von **Iguala** nach **Chilpancingo** beträgt etwa 100 km. Unterwegs kommen Sie an dem Städtchen **Mezcala** und dem gleichnamigen Fluß **Rio Mezcala** vorbei, der in den gewaltigen **Rio Balsas** mündet; bei **Lazaro Cardenas** fließt der Rio Balsas in den Pazifischen Ozean. **Chilpancingo**, etwa 1200 m hoch, ist die Hauptstadt des Bundesstaates **Guerrero**. Der Bundesstaat trägt den Namen des bekannten Generals aus dem Unabhängigkeitskrieg und späteren Präsidenten Mexicos, 1829–1830, General Vicente Guerrero. Hier tagte am 8. September 1813 der neue Nationalkongreß. Bei dieser Versammlung verkündete der Pfarrer Jose Morelos (Nachfolger des Pfarrers Miguel Hidalgo im Kampf um die Unabhängigkeit), daß Mexico nicht mehr zu Spanien gehöre, daß alle Menschen gleich und die Sklaverei endgültig abgeschafft sei!

An beiden Ausgängen von **Chilpancingo** – nach Norden und nach Süden, finden Sie eine Pemex-Station. Von hier sind es etwa 63 km nach **Tierra Colorado**, etwa 80 000 Einwohner. Wenn Sie weitere Höhlen sehen wollen, können Sie sich die Grutas De Colotlipa in der Nähe der Stadt **Colotlipa** ansehen. Von **Tierra Colorado** nach Acapulco sind es etwa 70 km. Unterwegs überqueren Sie den **Rio Papagayo**. Sobald Sie die Hügel, die Acapulco teilweise umgeben, überquert haben, liegt vor Ihnen das bezaubernde Panorama der **Bucht von Acapulco** und des Pazifiks.

Atlanten von Tula

ACAPULCO
Der Ort, Wo Das Schilf Vernichtet Wurde

Acapulco — schon allein der Name gibt einem die Vorstellung von viel Sonne, herrlichen Badestränden und riesigen Luxushotels. Es ist sicher, all das finden Sie hier in diesem weltbekannten Badeort am **Pazifischen Ozean**, etwa 416 km genau **südlich** von Mexico City. Vor seiner *„Entdeckung"* als Super-Reiseziel war Acapulco eine emsige Hafenstadt. Sogar schon zur Zeit der *Azteken* — vor etwa 500 Jahren — war **Aca**, wie es heute manchmal genannt wird, ein wichtiges Bindeglied innerhalb des Kaiserreichs. Auch die *Spanier* bedienten sich Acapulcos hervorragenden Hafens und benutzten den Hafen als Ausgangsbasis für verschiedene ihrer Entdeckungsreisen — darunter auch Handelsreisen in den Fernen Osten und zu den Philippinen.

Die Festung **Fort San Diego** wurde im 17. und 18. Jahrhundert von den *Spaniern* zum Schutz des wertvollen Hafens errichtet. Von hier schafften die Spanier das Gold von Südamerika auf dem Landweg nach Veracruz, am Golf von Mexico, und verluden es dort auf Schiffe nach Spanien. Heute steht dieses alte Fort noch — nur einige Meter vom Strand entfernt. Und nachdem Mexico **1821** seine **Unabhängigkeit** von Spanien erhielt, schien es, als habe man Acapulco vergessen. Erst in den letzten dreißig oder vierzig Jahren, als mit den Reichen und Berühmten der Jet-set kam, wurde die herrliche Bucht und ihre

126 ACAPULCO

Badestrände „wiederentdeckt". Mit der Fertigstellung einer wichtigen Verbindungsstraße von Mexico City, in den 1950er Jahren, und dem Bau eines Flughafens in den 1960er Jahren konnten mehr und mehr „Sonnenanbeter" hierher gelangen, um ihre Ferien zu verbringen. Im Vergleich zu den Reißbrett-Ferienzielen, wie Cancun und Ixtapa, hat **Acapulco** — da es zunächst ein Handelszentrum war (und noch ist) und dann zu einem Ferienziel entwickelt wurde — sehr viel Atmosphäre in seiner Innenstadt. Aber erwarten Sie von Acapulco nicht, das „typische" Mexico zu sein — es ist es nicht!

Halten Sie **Acapulco** nicht für einen schläfrigen Ferienort; es ist eine riesige Stadt mit über einer halben Million Einwohner, etwa 7 Stunden *Busfahrt* südlich von Mexico City — weniger als eine Stunde mit dem *Flugzeug*. Viele der Luxushotels liegen um die *östliche* Hälfte der Bucht, einige Kilometer von der lebhaften Innenstadt Acapulcos entfernt, die weit genug von den mondänen Hotelanlagen ist. Acapulco, mit **ganzjähriger** Wassertemperatur zwischen 24° und 29° Celsius, kann ein reizvoller Kurz-Urlaub sein; länger als eine Woche hier zu sein, gibt manchen Urlaubern das Bedürfnis, woanders hinzufahren.

Kurz und gut, **Mexico** hat viele Attraktionen. Beispielsweise können Sie eine Woche **Badeaufenthalt** in Acapulco mit einer Woche Mexico City und Umgebung **kombinieren**. Oder für diejenigen, die auf ihrer Entdeckungsreise die Ruinen auf der Halbinsel **Yucatan** und die Kulturstätten in den Bundesstaaten **Chiapas** und **Oaxaca** besucht haben, ist Acapulco perfekt geeignet, etwas länger zu verweilen, um sich nach der anstrengenden Reise durch das östliche und südliche Mexico zu erholen und das Strandleben mit Nichtstun zu genießen. Acapulco ist ein **ganzjähriger** Ferienort mit Temperaturen von **sehr warm** bis **sehr heiß**.

Acapulco ist *leicht* zu erreichen; **von Mexico City** gibt es häufige **Bus-** und **Flugverbindungen**. Außerdem gibt es **Direktflüge** von Europa sowie von mehreren Flughäfen der USA, falls Sie einen USA-Besuch mit einem Mexico-Aufenthalt verbinden wollen. Viele Reiseveranstalter bieten **preiswerte** Ferienarrangements nach Acapulco an, sogenannte **Packages**; dabei können Sie ein bißchen Geld sparen, nicht zu vergessen, daß Sie sich Kummer und Ärger bei der Hotelsuche ersparen. Wichtig ist, daß Sie, besonders in der Zeit von **Dezember bis April**, hier **nicht ohne** bestätigte Zimmerreservierung ankommen. Während dieses Zeitabschnitts scheint die Sonne praktisch jeden Tag und die Temperaturen sind erträglich. Und das ist es gerade, weshalb diese Periode des Jahres die **Hochsaison** = *high season* ist! Außerdem müssen Sie bei den meisten Hotels in dieser Zeit Halbpension buchen (man nennt es *MAP = modified American Plan,* d. h. Frühstück & Abendessen — *breakfast & dinner*), was die Kosten natürlich kräftig anhebt.

Von **Mai bis November** gibt es eine Menge Niederschläge (besonders im September/Oktober) und tagsüber steigen die Temperaturen sehr hoch (es ist schwül!). Daß es richtig **heiß** hier wird, wissen wir, da wir schon zu verschiedenen Zeiten des

Jahres da waren. Damit haben Sie aber die **Niedrigsaison** = *low season*, denn die Hotelpreise gehen in diesen Monaten ganz beträchtlich zurück. Wenn Sie also schon immer von einem Badeurlaub in Acapulco geträumt haben (sogar, obwohl es ein lebhafter, nicht unbedingt ruhiger, sondern überfüllter Badeort ist), sich nur Sorgen machten, wie Sie die Kosten so niedrig wie möglich halten könnten, ein **Tip**: Besuchen Sie Acapulco **im Sommer** — das Wasser ist sogar während dieser Zeit noch erfrischender und angenehmer als zur Wintersaison! Als Ferien- und Badeort hat Acapulco, egal zu welcher Saison, ein **großes Freizeitangebot**, angefangen bei den Stierkämpfen über die Bikinis am Strand bis zu den atemberaubenden Felsenspringern, dem Fallschirmfliegen und den berühmten „Fliegenden Indianern" von Papantla.

Willkommen in Acapulco — wo man sich *zwanglos* kleidet, wo man abends **nicht vor** 9 oder 10 Uhr ausgeht, wo Nichtstun zu den Spielregeln gehört, und wo die traditionelle **Siesta-Zeit** der Hitze des Nachmittags zu entfliehen. Hier können Sie hemmungslos die Rolle eines Jet-setters spielen, Acapulco akzeptiert alle, und schließlich verbringen Sie Ihre kostbaren Urlaubstage hier, machen Sie also das Beste daraus. Ein Bikini oder eine Badehose ist das, was man tagsüber benötigt; ein einfaches, ärmelloses, leichtes Kleid oder lange Hosen und Hemd zum Ausgehen genügen schon, um „in" zu sein! Vergnügen Sie sich, nehmen Sie Ihren **Coco-Loco** (Kokosnuß, gefüllt mit Kokosmilch, und mit Tequila und Gin gemixt) mit zum Strand und **genießen** Sie den prächtigen Blick auf die Bahia de Acapulco!

ANKUNFT MIT DEM FLUGZEUG

Sogar noch bevor Sie in Acapulco landen, haben Sie schon das Gefühl, in ein Ferienparadies zu gelangen. Vom **Flugzeug** aus sehen Sie kilometerweite Palmlandschaften und die rollenden Wellen des Pazifischen Ozeans. Wenn Sie bei einem internationalen Flug aus Deutschland, USA oder sonst einem anderen Ausland erstmals ankommen, müssen Sie im Flughafen erst durch den Bereich der **Einwanderungsbehörde** *(immigration area)*, wo das **Original** der *zweiteiligen* **Touristenkarte** von den Beamten **entnommen** wird; das **Zweitstück** erhalten Sie zum *Aufbewahren* für Ihren *Rückflug* zurück. **Wichtiger Hinweis**: Verlieren Sie das Zweitstück der Touristenkarte nicht, denn Sie brauchen dieses Stück Papier, um aus dem Land zu reisen!

Acapulcos Flughafen heißt **Juan N. Alvarez Internacional Aeropuerto**, nach dem mexikanischen Präsidenten, 1855–1856, benannt, der das diktatorische Militärregime von Santa Ana in seine Gewalt brachte, und der den berühmten Benito Juarez als Justizminister hatte. Und 1854 hatte Alvarez, gemeinsam mit einigen anderen, darunter der Acapulco-Zöllner Ignacio Comonfort (der Alvarez Nachfolger als Präsident wurde) in der Nähe des Dorfs **Ayutla**, nordöstlich vom Flughafen, das Schicksal der Geschichte Mexicos entwickelt.

ACAPULCO

Nachdem Sie Ihr Gepäck vom *baggage claim* = Gepäckausgabe geholt und die Zollkontrolle = *customs* passiert haben, werden Sie zu einem Touristeninformationsstand gelangen. **Wichtiger Hinweis:** Dort in der Nähe gibt es auch mehrere **Geldwechselbüros.** Näher zur Straße finden Sie die Schalter der **Autovermieter** Avis, Budget, Hertz und National sowie einige andere lokale Mietwagenfirmen. Der **Flughafenbus**, Abfahrtsstelle in der Nähe der Schalter der Autovermieter, braucht für die 20 km zu den verschiedenen Hotels in Acapulco etwa 30 Minuten. Geben Sie dem Fahrer nur das Hotel an, wo Sie aussteigen wollen. Fahrpreis etwa vier US-Dollars — sowohl Dollars als auch Pesos werden akzeptiert. **Wichtiger Hinweis** für Ihren Abflug (Rückflug) von Acapulco: Im Bereich der Abflughalle, *departure area,* finden Sie viele Souvenirläden.

Die Fahrt **vom** Flughafen **nach** Acapulco ist *landschaftlich* sehr interessant. Zuerst führt die Küstenstraße, *M-200,* an Hütten und kleinen Höfen vorbei. Entlang der Straße gibt es grasende Rinder und Esel, die sich nicht vom Strom der ständig neu ankommenden, sonnenhungrigen Touristen stören lassen! Und dann plötzlich taucht aus dem Nichts das pyramidenförmige Luxushotel **Acapulco Princess** mit seinen aufwendigen Golfplätzen auf. In der Nähe liegt das **Hotel Pierre Marques.** Bald sehen Sie Ihre erste Tankstelle; alle Tankstellen in Mexico gehören zu **PEMEX**. Die Straße beginnt zu steigen, und plötzlich haben Sie einen bezaubernden Blick auf **Puerto Marques** (nach Cortez benannt, der vom spanischen Königshaus zum *Marques de la Valle de Oaxaca* ernannt wurde) und seine wunderschönen Sandstrände. Sie werden zu sich selbst sagen, das ist das, was man von Acapulco erwartet!

Die Rohrleitung entlang der Straße ist die Wasserleitung zum Hotel Acapulco Princess. Der Bus klettert weiter, vorbei an der steilen Straße, die zum malerischen Aussichtspunkt führt, wo Sie eine kleine Kapelle mit einem kleinen Friedhof finden. Dann hält der Bus am **Hotel Las Brisas** — hier ist praktisch alles pinkfarben. Das Hotel liegt nicht am Strand, sondern ziemlich hoch über der Bucht. Las Brisas hat seinen Namen von der Seebrise, die ständig von der Bucht einströmt und dazu verhilft, die Temperaturen zu mäßigen. *„200 Swimming Pools, 250 pinkfarbene casitas (Bungalows), 150 pink- & weißfarbene Jeeps."* Es ist ein beliebter Platz für Flitterwochen oder auch für Urlauber, die sich etwas zurückziehen möchten.

An der der Bucht zugewandten Seite der Straße liegen viele der exklusivsten Privatvillen Acapulcos. Von der Straße haben Sie einen fabelhaften Blick auf die **Bahia de Acapulco**. Längs der herrlichen Bucht sehen Sie die vielen Hotels von Acapulco. Ehe Sie die Hotelzone erreichen, kommen Sie unten am Stützpunkt der Kriegsmarine vorbei. Dieser malerische Abschnitt ist der Standort einer zukünftigen exklusiven Hotelanlage. Die Straße führt bergab zum Küstenstreifen der Bucht. Eines der ersten Hotels, das Sie erreichen, ist das elegante Luxushotel **Hyatt Regency Hotel**, mit seinen schönen Schattenbäumen bei der Einfahrt.

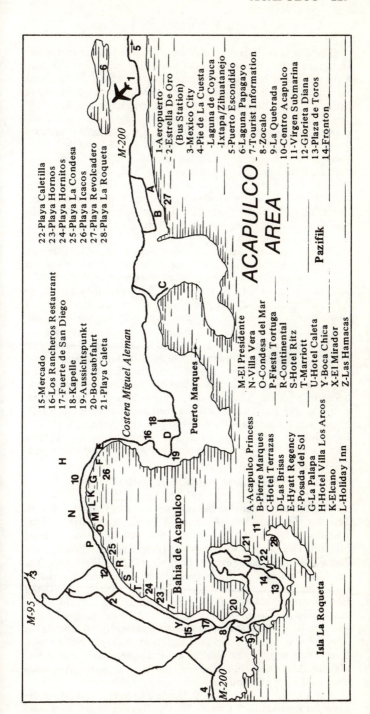

130 ACAPULCO

ANKUNFT MIT DEM BUS & AUTO

Obwohl viele Urlauber mit dem Flugzeug in Acapulco ankommen, haben Sie auch die Möglichkeit, Acapulco mit dem **Auto** zu erreichen. Auf der neuen Küstenstraße *M-200* können Sie vom Osten über **Tehuantepec** und seine Hafenstadt **Salina Cruz** und den neuen Badeort **Puerto Escondido** nach Acapulco gelangen; von Nordwesten führt die *M-200* von **Ixtapa/Zihuatanejo** nach Acapulco. Im allgemeinen kommen die meisten Reisenden mit dem Auto und mit dem Bus über die *M-95* von **Mexico City, Taxco** und **Chilpancingo** – Hauptstadt des mexikanischen Bundesstaates Guerrero, in Acapulco an. *Costera Miguel Aleman* (nach dem mexikanischen Präsidenten, 1946 bis 1952, benannt, der viel für das Wachstum des Tourismus beigetragen hat), der breite Küsten-Boulevard, der entlang der Bucht von Acapulco führt, verbindet die Hotelzone der Luxushotels mit dem Zentrum von Acapulco.

Der Busbahnhof **Estrella De Oro** liegt an *Av. Cuauhtemoc* (nach dem letzten Herrscher der Azteken), einer lebhaften Straße, die parallel zur *Costera Miguel Aleman* verläuft. Weiter landeinwärts ist die *Av. Ruiz Cortinez*, nach dem mexikanischen Präsidenten, 1952–1958, benannt. Der Busbahnhof liegt ein paar Straßen vom Strand entfernt. Ankunft der Busse auf der Sie zwei interessante Darstellungen von Mexico City und der Bucht von Acapulco im 19. Jahrhundert sehen. Außer den Fahrkartenschaltern finden Sie hier Toiletten, einen kleinen Laden und öffentliche Telefonapparate (Sie brauchen zum Telefonieren ein 20-Centavos-Stück). Auf der **oberen** Ebene befindet sich ein Schalter für Businformation, Gepäckaufbewahrung, ein Restaurant und draußen vor dem Gebäude Taxis. Eines der etwas preiswerteren Hotels (im Vergleich zu den Luxushotels an der *Costera Miguel Aleman*) ist das **Autotel Ritz** in der Nähe. Es gibt **keine** Bahnverbindung nach Acapulco.

HOTELZONE DER LUXUSHOTELS

Die meisten Besucher **Acapulcos** verbringen einen großen Teil der Zeit in dieser Area der Luxushotels – die **östliche** Hälfte der Bucht von Acapulco, vom **Paraiso Marriott Hotel** bis zum eleganten und schicken **Hyatt Regency Hotel**, auch Plaza Internacional genannt. In diesem Abschnitt stellen wir die Lage von Hotels, Restaurants, Geschäften und Geschäftsstellen der Autovermieter heraus, die Sie entlang der breiten *Costera Miguel Aleman* finden. Wir informieren Sie auch über das **Centro Acapulco**, wo Sie verschiedene Einrichtungen finden, wie eine Bank, Boutiquen, Restaurants, einen Nightclub und ein Theater, wo Folklore-Tänze dargeboten werden. Neben dem Hyatt Regency ist die Stelle, wo die Abendshow der **Aztec Flyers** stattfindet. Einzelheiten finden Sie unter **Acapulco Veranstaltungen & Touren**.

Auf unserer praktischen **Orientierungskarte** finden Sie die Lage des Busbahnhofs **Estrella De Oro Bus Station** *(Erste Klasse*

ACAPULCO 131

Downtown Acapulco ↑ | Park
Tourist Information

10

Paraiso Marriott

Auto Hotel Ritz →

Hotel Ritz

Hotel Kennedy

1 | **9** Bali-Hai Motel
13
12 Hotel Sand's

Acapulco Plaza | Hotel Luna de Mar
Acapulco Continental | **6**
6 | **8** Mexico City →

TOURIST INFORMATION → M-95
El Matador
4

Teddy Stauffer's Rest. | Fiesta Tortuga
15 | Romano Palace

HOTEL AREA

Condesa del Mar
2

7 Villa Vera

El Presidente

1-Denny's
2-Sanborns
3-Aztec-Flyers

Aeromexico/Mexicana | **11**
VIPS Restaurant | 4-Avis
Holiday Inn | **14** | -American Express
5 | 5-Pizza Hut
6-Bank
7-Carlos'n Charlies
Acapulco Malibu | 8-Pemex
9-Hertz
Elcano | 10-Estrella De Oro
12 | (Bus Station)
11-Denny's

La Palapa | 12-Big Boy
13-Kentucky Fried Chicken
14-Farmacia
Posada del Sol | 15-Paraiso Restaurant
Arbela Hotel

Centro Acapulco
Hotel Roman | mit Bank
Hotel Villa Los Arcos

El Tropicano

3 | *Costera Miguel Aleman*

Hyatt Regency

Los Rancheros Restaurant
Hotel Las Brisas
Puerto Marques
Acapulco Princess
↓ Aeropuerto ✈

Service nach *Mexico City* sowie nach *Zihuatanejo).* Bei **Sanborns**, neben dem lebhaften **Condesa Mel Mar Hotel**, können Sie Zeitschriften, Zeitungen, Badekleidung, Sonnenschutzmittel und Toilettenartikel kaufen. Es gibt auch eine kleine Backwarenabteilung – leckere Brötchen und Kuchen. Toiletten finden Sie auch im Geschäft. Das Straßen-Restaurant liegt ideal, um einen Imbiß, eine Tasse Kaffee oder Tee oder gar eine richtige Mahlzeit zu sich zu nehmen.

Da es in Acapulco – egal zu welcher Jahreszeit – sehr heiß ist, wird es Sie bestimmt sehr interessieren, daß es genau gegenüber vom El Presidente Hotel ein kleines Geschäft gibt, wo Sie Mineralwasser (Sprudel), Limonaden und Säfte sowie andere Erfrischungsgetränke kaufen können. Die Preise sind hier viel günstiger als in den Hotels, besonders bei solchen Artikeln, die Sie in dem kleinen Kühlschrank in Ihrem Hotelzimmer vorfinden. In der Nähe ist **Denny's** und auch ein **Pizza Hut**, wo es gute Pizzas gibt. Schräg gegenüber vom Hotel Condesa Del Mar gibt es eine **Bank** – eine bequeme Stelle, Geld zu wechseln. **Wichtiger Hinweis**: Sie wechseln bei der Bank immer zu einem günstigeren Kurs als beim Hotel.

Eines der beliebtesten Restaurants in Acapulco ist **Carlos'n Charlie's**, praktisch gegenüber vom Hotel El Presidente. Etwa ab 19 Uhr geöffnet. Und wenn Sie gutes mexikanisches Essen suchen, probieren Sie es beim **Los Rancheros Restaurant**, es liegt zwischen dem Hyatt Regency und Las Brisas Hotel; nehmen Sie ein Taxi für diese kurze Fahrt. Ausgezeichnete Aussicht. In der anderen Richtung, in der Gegend von *Glorieta Diana* – dem großen Verkehrskreisel – finden Sie ein Reisebüro von American Express, Avis sowie eine Pemex-Tankstelle. Weiter in Richtung Innenstadt von Acapulco kommen Sie zu Hertz; daneben ist ein beliebter Silberladen, *silver shop* – die Silberwaren sind mit Preisen ausgezeichnet, es ist nicht billig! In dieser Gegend gibt es auch ein Denny's, ein Burger King und ein Kentucky Fried Chicken. Etwas weiter liegt ein neuer Park und dahinter beginnt der „alte" Teil von Acapulco.

DIE INNENSTADT VON ACAPULCO

Wenn Sie in einem der großen Hotels an der Bucht von Acapulco wohnen, empfehlen wir Ihnen, sich ein paar Stunden Zeit zu nehmen – vielleicht am späten Nachmittag, um sich in der **Innenstadt** von Acapulco, der *Downtown Area*, umzusehen. Nehmen Sie ein Taxi bis zu **Sanborns**, in der Nähe vom Zocalo, oder steigen Sie in einen der vielen Stadtautobusse, die die *Costera Miguel Aleman* entlangbrausen, der Haupt-Boulevard entlang der Bucht. In dem bekannten Sanborns-Geschäft gibt es eine Apotheke = *farmacia*, Bücher und Zeitschriften, jegliche Art von Bekleidung sowie ein **preiswertes** Restaurant. In der Nähe ist **Woolworth**, auch mit Restaurant.

Auf der anderen Straßenseite, gegenüber von Sanborns, ist ein *Park*, mit Zeitungsverkäufern aller Art und einladen-

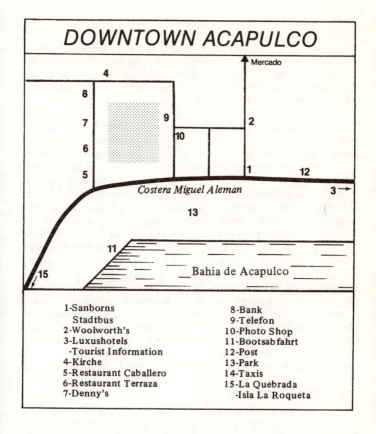

den Bänken. Suchen Sie sich dort eine Bank aus, und betrachten Sie nur, was so an Ihnen vorüberzieht, und machen Sie Augen und Ohren auf, denn hier vor Ihnen breitet sich das **echte** und wohl viel realistischere Bild von Mexico aus, als Sie es vielleicht in den mondänen Luxushotels erleben werden. Alte, klapprige Busse rauschen vorbei, spielende Kinder tummeln sich im Park, die Polizistin beobachtet gelassen die unaufhörliche Verkehrsflut von Fahrzeugen, Schulkinder in Uniform, die sich zögernd entscheiden, ob sie einen Peso für Süßigkeiten ausgeben sollen. Der Zeitungsverkäufer, der eifrig seine noch nicht verkauften Comics — bei den Mexikanern sehr bliebt — zählt, wischt sich endlich den Schweiß von der Stirn — in Acapulco kann es heiß, richtig heiß werden!

Auf der anderen Straßenseite, fast wie aus einem Film von gestern, gibt es ein altes Hotel, mit — wie es sich gehört — einem Ventilator, der von der Decke Luft „wedelt". Lassen Sie sich jedoch von diesen Bildern altmodischer Methoden nicht zu sehr beeindrucken, der Fortschritt ist überall sichtbar. Als wir letztes Mal in Acapulco waren, saßen beispielsweise zwei junge Mexikaner neben uns, die mit großem Eifer über ihre Geometrieaufgabe büffelten! Sie sollten wirklich mal eine halbe Stunde oder so hier sitzen und nur beobachten, es wird Ihnen bestimmt eine eindrucksvolle Erinnerung vermitteln.

Nicht weit von hier, genau auf der anderen Straßenseite, ist der **Zocalo** mit den schönen schattenspendenden Bäumen, der Kathedrale, Restaurants und mehreren Geschäften. Vom **Restaurant Caballero** können Sie gut den lebhaften Verkehr auf der Straße beobachten und haben auch einen guten Blick auf den Park und die Bucht. Ein sehr beliebtes Restaurant ist das mehrstöckige Restaurant **Terraza Los Flores**; von wo Sie den Zocalo prima überblicken können. Die Speisekarte ist auf deutsch, das Publikum hier scheint freundlich und angenehm. Wenn Sie nicht die Mahlzeiten in Ihrem Hotel einnehmen müssen, können Sie vielleicht abends zum Essen, *Dinner*, hierher kommen. Gleich nebenan ist **Denny's** – ein Restaurant der „schnellen Küche", zwar fehlt hier die Atmosphäre, aber dafür ist das Essen **preiswert**. In der Nähe ist die farbenprächtige **Kathedrale**, es lohnt sich, mal einen Blick in das Innere dieses Kirchenbauwerks zu werfen. Wenn Sie Fotoartikel brauchen, so gibt es auf der anderen Seite des Zocalo ein riesiges Fotogeschäft. Die Straße neben dem Fotoladen führt an interessanten Geschäftsauslagen vorbei zu **Woolworth**. Wenn Sie während des Tages hier sind, können Sie sich den **Mercado**, den Markt, ansehen; es sind etwa 15–20 Minuten zu Fuß dorthin, aber vielleicht wollen Sie lieber ein Taxi vom Zocalo aus nehmen. Falls Sie doch zu Fuß gehen sollten, werden Sie nach ein paar Straßen vom Haupt-Boulevard entlang der Bay merken, daß sich das Bild von Acapulco merklich verändert – hier herrscht wirklich elende Armut!

ACAPULCO VERANSTALTUNGEN & TOUREN

Acapulco hat Weltruf und bietet eine Menge zur Ferienatmosphäre. Dazu gehören natürlich in erster Linie die vielen Möglichkeiten zum Baden, die unzähligen Wassersportarten – vom Schnorcheln, Tauchen und Wasserski bis Fischen, Segeln und Schwimmen. Bei vielen der großen Hotels haben Sie die Gelegenheit zum **Fallschirmfliegen** – *parasailing,* nennt man diesen Freizeitspaß. Sie werden dabei an einen Fallschirm angeschnallt, der an einer Leine im Schlepp hinter einem Motorboot hergezogen wird. Der Fallschirm wird (ähnlich wie beim Drachenfliegen) vom Wind hochgezogen, und Sie fliegen! Abgesehen davon, daß dies vielleicht einer der Höhepunkte Ihres Strandaufenthalts ist, haben Sie von dort „oben" einen tollen Blick auf den Strand und die Bucht. Wenn Sie vielleicht Ihr Glück beim **Hochseefischen** probieren wollen, so gibt es dazu beispielsweise Hochseefahrten mit dem Motorboot, Abfahrt morgens, Rückkehr am frühen Nachmittag. Im Princess Hotel haben Sie unter anderem Gelegenheit zu **reiten**. Außerdem gibt es in Acapulco mehrere Golfplätze, und viele Hotels haben Tennisplätze; und praktisch alle größeren Hotels besitzen mindestens einen Swimming Pool.

ACAPULCO 135

Um zunächst einen *Überblick* von Acapulco zu bekommen, können Sie die Stadtrundfahrt **Acapulco City Tour** mitmachen, Abfahrt von Ihrem Hotel gegen 10 Uhr und Rückkehr etwa um 13 Uhr, gerade rechtzeitig zum Essen und zur willkommenen, traditionsgemäßen Siesta (keine schlechte Idee, um vor der Hitze des Nachmittags zu fliehen). Erinnern Sie sich daran, Acapulco geht erst **sehr spät** schlafen. Die Stadtrundfahrt ist so gestaltet, daß Sie außer dem Besuch des Acapulco Princess Hotels und eines bekannten Silberladens um 12.30 Uhr eine Vorstellung der todesmutigen Felsenspringer von **La Quebrada**, neben dem El Mirador Hotel, zu sehen bekommen.

Es ist ein atemberaubendes Schauspiel, wenn sich die kühnen Felsenspringer von dem 37 m hohen, steilen, kantigen Felsen abstoßen, hinabstürzen, um dann mit Eleganz dort unten in eine nur 5 Meter breite Wasserschlucht zwischen den Felsen einzutauchen – mit einer Geschwindigkeit von etwa 100 km/h. Sie können von der gegenüberliegenden Seite des Felsens der Springer den Sturzflug von verschiedener Höhe aus verfolgen. Eine Treppe führt zu den Aussichtsstellen für die Zuschauer bis zur unteren Plattform, aber denken Sie auch daran, wenn Sie von dort unten zugucken wollen, daß Sie die Treppen alle wieder hochsteigen müssen! Sobald Sie dort angekommen sind, suchen Sie sich eine Stelle, von der aus Sie die Plattform, wo der Todesspringer sich abstößt und seinen Sturzflug beginnt, sehen und in die enge Wasserschlucht hinunterschauen können; das wird Ihnen helfen, die richtige Stelle zu erwischen, von wo Sie den **gesamten** Sprung verfolgen können.

Wenn Sie nicht an der Stadtrundfahrt teilnehmen, zahlen Sie eine ,,Zuschauergebühr" von etwa 10 Pesos. Diese Todesspringer sind schon für mehrere Jahre im Programm und gehören zu den **größten Attraktionen** von Acapulco; die Springer sind in einer Gewerkschaft organisiert. Bei Dunkelheit gibt es weitere Vorstellungen, dabei stürzen sich die Todesspringer mit brennenden Fackeln in der Hand in die Tiefe. **Wichtiger Hinweis**: Sie können alles sehr schön beim Essen im **La Perla Restaurant** des El Mirador Hotel beobachten.

Eine andere sehr beliebte Tour ist die **Nightclub Tour** – Drinks und Fahrt im Preis inbegriffen. Sollte sich Ihr Mexico-Aufenthalt nur auf die Gegend von Acapulco beschränken, so können Sie vielleicht zur Abwechslung des Badeurlaubs eine Tagestour nach **Taxco**, der Silberstadt, unternehmen. Es gibt dort sehr viel Gelegenheit zum Einkaufen. Im Winter haben Sie sonntags auch Gelegenheit zum Besuch eines Stierkampfs auf dem **Plaza De Toros**, in Acapulco; doch wenn Sie kein Blut sehen können, dann sollten Sie lieber nicht hingehen!

Wenn Sie vielleicht ein etwas erholsameres Ferienerlebnis suchen, können Sie eine Fahrt mit dem **Glasbodenboot** über die herrliche Unterwasserwelt mitmachen; Abfahrtsstelle in der Gegend von Downtown Acapulco. Es gibt auch eine dreistündige Mondscheinfahrt, *moonlight cruise*, mit dem Boot. Tagsüber gibt es auch eine ausgedehnte Schiffstour zur Insel **Roqueta Island**, das Mittagessen ist im Preis inbegriffen; Gele-

136 ACAPULCO

genheit, am Strand der Insel zu baden. Bei einer Dschungelfahrt, **Jungle Tour**, gelangen Sie zur **Laguna de Coyuca** — genau westlich von Acapulco, wo Sie Kokosmilch trinken und eine Bootsfahrt durch die Lagune unternehmen können, wobei Sie die Vogelwelt und andere Bewohner der Lagune erleben.

Wenn Sie das Gebiet von Acapulco auf eigene Faust entdecken wollen, können Sie Geländewagen, Jeeps, für 24 Stunden mieten. Wenn Sie Ihr eigenes Verkehrsmittel haben, ist es ganz leicht, zum **Pie de la Cuesta** — etwa 13 km westlich von Acapulco — zu gelangen, um dort den traumhaft schönen **Sonnenuntergang** zu erleben. Und wenn Sie einen großen Appetit auf echte mexikanische Spezialitäten haben und typisch mexikanische Musik und Tänze erleben wollen, empfehlen wir Ihnen, eine **Fiesta Mexicana** mitzumachen. Im Holiday Inn, auch bei anderen Hotels, gibt es an verschiedenen Tagen der Woche abends eine Fiesta Mexicana. Wenn Sie einen Nightclub besuchen möchten, wie wäre es mit dem **El Fuerte Nightclub**, neben dem Hotel Las Hamacas; täglich, außer sonntags, zwei Shows. Sollten Sie in einem der großen Hotels untergebracht sein, werden Sie meistens im eigenen Hotel eine Tanzbar, Bar mit Unterhaltungsprogramm oder auch einen Nightclub zur Verfügung haben. Jet-setter, die sehen und gesehen werden wollen, sollten **Teddy Stauffers Sunset Bar, Restaurant & Beach Club** im UBQ Building an Costera M. Aleman 115, aufsuchen mit Tanzbar. Der Schweizer Bandleader der 30er Jahre, Teddy Staufer, gehört zu den Leuten, die das ehemalige Fischerdorf Acapulco vor ein paar Jahrzehnten wieder populär machten. Erkundigen Sie sich über Einzelheiten der angebotenen Touren und Freizeitmöglichkeiten beim Reisebüro in Ihrem Hotel. Und hier einige weitere Attraktionen, die sich beim Acapulco-Aufenthalt lohnen, anzusehen und zu erleben.

Los Voladores

Eine der spektakulärsten Shows von Acapulco findet um 22.30 Uhr neben dem Hyatt Regency Hotel statt. Akteure dieser Vorführung sind die **Los Voladores**, die den *Dance of the Flyers* aufführen, einen Tanz der fliegenden Indianer. Dieses jahrhundertealte Schauspiel wird von dem Indianerstamm der *Totonaken* aus dem mexikanischen Bundesstaat *Veracruz* aufgeführt. Oben auf der Spitze des etwa 35 m hohen Masts führt der Häuptling seinen Tanz auf, spielt auf der Flöte und schlägt die Trommel. Der hohe Mast soll einen Weg zeigen, den Göttern näher zu sein. Die vier „fliegenden Indianer", die mit dem Kopf nach unten an einem Seil hängen, schwingen sich langsam um den Mast herum, drehen dabei etwa zweiunddreißig Runden ehe sie landen. Bei dem ursprünglichen Tanzzeremoniell drehte jeder der vier „Flieger" 13 Runden, das ergab die Zykluszahl von 52, somit 52 Jahre für ein „Jahrhundert"! Die Kostüme bestehen aus einem Federschmuck, Vögeln gleich, da man glaubte, die Toten kämen als Vögel wieder zurück zur Erde. Versuchen Sie unbedingt die Show mit den Azteken-Fliegern zu sehen. Reservierungen in Ihrem Hotel.

Ein Besuch Im Centro Acapulco

Wenn Sie abends ausgehen wollen, können Sie beispielsweise zum **Centro Acapulco** gehen. Das ist ein riesiges Unterhaltungs- und Vergnügungszentrum mit mehreren Restaurants und Bars, Geschäften (einschließlich netter Boutiquen, Büros der Fluggesellschaften, Bank und Apotheke) und vielen Lokalen, wo es abends „non-stop" mexikanische Shows gibt. Zum Beispiel können Sie am **Plaza Mexicana** die *Acapulco High Divers* und die *Flying Indians* sehen. Im **Teatro Netzahualcoyotl**, dem reizvoll angelegten Freilichttheater, gibt es mehrmals in der Woche Aufführungen des *Guerrero Folklorico Ballet* — ein **wichtiger Hinweis**: Acapulco liegt im mexikanischen Bundesstaat **Guerrero**. Und wenn Sie etwas spanische Atmosphäre in Mexico erleben wollen, gemischt mit einem feurigen Flamenco Beat, wie wäre es mit einem Besuch des **Tablado Andaluz**. Im Nightclub **El Internacional** können Sie eine echte Las Vegas Show oder eine andere prominente Show erleben. Und wenn Sie auch gerne Mariachi-Musik mögen, werden Sie in der **Los Mariachis** Bar viel davon hören können. Erkundigen Sie sich in Ihrem Hotel nach den aktuellsten Anfangszeiten und Programmen des **Centro Acapulco**; etwas ist dort immer los in dem so bequem zu erreichenden Unterhaltungszentrum. In der Nähe gibt es auch ein kleines **Museum** über die Geschichte der Umgebung; auch Verkauf von Kunstgewerbeartikeln.

Acapulcos Badestrände

Die **Badestrände**, *playas*, entlang der **Bahia de Acapulco** (Bucht von Acapulco = Acapulco Bay) und der benachbarten Gegend sind traumhaft schön. Doch ehe Sie irgendwo zum Baden gehen, erkundigen Sie sich immer in Ihrem Hotel, wo es die wirklich tückischen und äußerst gefahrenvollen Strömungen gibt. **Wichtiger Hinweis:** Deponieren Sie Ihre Wertsachen immer im Hotelsafe, auch wenn Sie nur in Hotelnähe baden wollen. Da Acapulcos Sonne sehr heiß ist, seien Sie — besonders in den ersten Tagen — äußerst vorsichtig, fangen Sie ganz behutsam mit dem Bräunen an. Auch hier ist wohl das sicherste Sonnenschutzmittel *„die Vernunft"!*

Playa Caleta und **Playa Caletilla** sind als „Morgen"-Badestrände bekannt, da sie nach Osten gewandt liegen. In der Nähe der beiden Badestrände gibt es die **Playa La Roqueta** auf der Insel Isla La Roqueta. Es ist nur eine kurze Fahrt mit der Fähre zur Insel hinüber. **Playa Hornos** und **Playa Hornitas** sind bekannt als die Badestrände für den „Nachmittag". Die Badestrände von **Playa La Condesa** und **Playa Icacos** dehnen sich vom Continental Hotel bis zum Hyatt Regency aus. Westlich von Acapulco liegt die **Playa Pie De La Cuesta** und in östlicher Richtung die **Playa Revolcadero**, beide sind wegen ihrer starken Brandung bekannt. Bei Puerto Marques finden Sie

138 ACAPULCO

weitere Badestrände, darunter auch den Privatstrand eines ehemaligen mexikanischen Präsidenten – im übrigen sind jedoch die meisten Badestrände Acapulcos *öffentlich*.

Ausflüge Von Acapulco

Eines der beliebtesten Ausflugsziele von Acapulco ist **Pie de la Cuesta**, etwa 13 km westlich der Stadt, nett zum Baden, aber hauptsächlich fährt man dorthin, um den romantischen Sonnenuntergang zu erleben. Etwas weiter westlich liegt die **Laguna de Coyuca** – tropische Vegetation mit einer reichen Vogelwelt; Gelegenheit zum Bootfahren. Es ist, kurz gesagt, ein Paradies für Naturliebhaber. Zu einem etwas längeren Ausflug können Sie auf der *M-200*, etwa 250 km nordwestlich von Acapulco, zu der malerischen Stadt **Zihuatanejo** und dem benachbarten ultra-modernen Badeort **Ixtapa** fahren. Mit der Fertigstellung der neuen Straße, die Mexico City mit Ixtapa/Zihuatanejo verbindet, haben Sie die Möglichkeit einer sehr interessanten **Rundreise**: Mexico-City–Cuernavaca-Taxco–Acapulco–Ixtapa/Zihuatanejo–Mexico-City.

ZU BESUCH IM ACAPULCO PRINCESS

Zu einer der reizvollsten (auch teuersten) Hoteloasen des Landes gehört das **Acapulco Princess Hotel**. Es liegt etwa auf halbem Wege zwischen Flughafen und Acapulco, bzw. etwa 10 km außerhalb von Acapulco. Ein Taxi von Acapulco oder vom Flughafen zum Hotel kostet etwa $120–150. Das Hotel, das mittlerweile etwas mehr als ein Jahrzehnt existiert, brauchte bis zu seiner Fertigstellung etwa zwei Jahre Bauzeit. Im Hauptgebäude mit der Form einer *Azteken-Pyramide* und dem angrenzenden Nebentrakt gibt es über 700 Zimmer. Es ist **die** ideale Ferienoase zum Entspannen! Von einem jungen Paar, das gerade seinen Urlaub hier verbrachte, hörten wir, daß es immer die schwerste Entscheidung des Tages gewesen sei, zu welchem Swimming Pool sie gehen sollten – so soll man richtig Ferien machen. Und falls es Ihre Reisekasse einfach nicht erlaubt, Urlaub in dieser Luxusherberge zu machen, sollten Sie ruhig hierherkommen, wo Sie gegen eine geringe Gebühr ebenfalls die vorhandenen Freizeiteinrichtungen benutzen können. Das Acapulco Princess Hotel zählt nämlich zu einem der beliebtesten Ausflugsziele Acapulcos.

Wenn Sie planen, für ein paar Tage im Acapulco Princess zu bleiben, empfehlen wir Ihnen, die Zimmerreservierung schon rechtzeitig **im voraus** über Ihr **Reisebüro** vorzunehmen. Erkundigen Sie sich gleichzeitig auch beim Reisebüro über solche Touren nach Acapulco, bei denen **Übernachtung** in diesem Hotel zum Tourprogramm gehört. Dabei können Sie einen spürbaren Teil der Kosten **sparen**. In der Hochsaison — Mitte Dezember bis Ende April — herrscht die Preiskategorie **MAP** (*MAP = Modified American Plan = breakfast & dinner* = Frühstück und Abendessen), das heißt, **Übernachtung mit Halbpension**; in der übrigen Zeit liegen die Zimmerpreise viel **niedriger**, und Sie können zwischen *EP* (*European Plan* = keine Mahlzeiten) und *MAP* **wählen**. Das Hotel verfügt über ein riesiges Freizeitangebot, dazu gehören Tennisplätze (darunter zwei Hallenplätze mit Luftkühlung), ein 18-Loch-Golfplatz auf der anderen Seite der Straße, mehrere Swimming Pools mit Süß- und Meerwasser, Möglichkeiten zum Reiten und Hochseefischen sowie einem äußerst beliebten Freizeitspaß, dem Fallschirmfliegen, sog. *parasailing*, und vieles mehr. Zur Hotelanlage gehört ein fast 500 Meter langer, traumhaft schöner Sandstrand am Revolcadero-Strand, **Playa Revolcadero**, am Pazifik. **Wichtiger Hinweis**: Nehem Sie die eindringlichen Warnungen vor der wirklich starken Brandung tatsächlich sehr ernst, wenn Sie hier irgendwo im Meer baden wollen. Auch das Schild am Strand macht ausdrücklich auf diese bedrohlichen Gefahren aufmerksam. Nun ist es Ihnen sicher klar, weshalb es im Acapulco Princess so viele Swimming Pools gibt.

Der Eingang zum Acapulco Princess Hotel ist von erstaunlichem Reiz; gleich dort empfängt Sie ein niedlicher Wasserfall. Auch die Hotelhalle ist recht eindrucksvoll, zu zwei Seiten ins Freie geöffnet, wodurch eine angenehme Brise erfrischende Kühle bringt. Die Hotelhalle wird von den 16 Stockwerken des Hotels überragt, ein wirklich grandioser Anblick! Und wenn Sie die verschiedenen Swimming Pools des Hotels ausprobieren möchten, sollten Sie auf keinen Fall die **El Grotto Bar** auslassen, mitten im Pool mit einem kleinen Wasserfall; Sie werden zugeben müssen, daß es bestimmt ein erfrischendes Erlebnis ist, Ihren Drink mitten im Pool zu haben. Im Hotel finden Sie etwa sieben **Restaurants** verschiedenster Art — mexikanische Atmosphäre und leckere Steaks bietet das **La Hacienda**. Dann gibt es auch noch mehrere Bars, darunter die Amigo Bar, und einen Nightclub.

Als **Hinweis**: Das hübsche **Pierre Marques Princess Hotel** liegt ziemlich in der Nähe — Preise sind etwa mit dem Acapulco Princess vergleichbar. Zu diesem bildhübschen Teil Acapulcos gelangen Sie, wenn Sie (von Acapulco kommend) an der Tankstelle Pemex Station **rechts** abbiegen. Zu Ihrer **Information**: Stellenweise soll das sumpfige Gelände, rechts der breiten Straße zum Pierre Marques Princess und zum Acapulco Princess Hotel, bei den Dreharbeiten des klassischen Kinofilms *African Queen* mit Humphrey Bogart/Katherine Hepburn als Kulisse gedient haben; und wirklich wirkt die Landschaft hier wie eine Szene aus diesem Film. Und noch etwas **Interessantes**, angeblich hat sich der vielfache Millionär und Pionier der Luftfahrt, Howard Hughes, vor seinem letzten Flug nach Houston, Texas, ins Acapulco Princess zurückgezogen.

140 ACAPULCO

MEHRERE LUXUSHOTELS

Wenn Sie für Ihren Urlaub in diesem populären Bade- und Erholungsziel ein sogenanntes Ferienpaket — **Packagetour** — gebucht haben, werden Sie wahrscheinlich in einem der folgenden Hotels in Acapulco wohnen. Diese Hotels zählen zur gehobenen Hotelkategorie. Wenn Sie mehr Einzelheiten über einzelne Hotels wissen wollen, wenden Sie sich an nachstehend genannte Adressen. Wir geben Ihnen dabei außerdem auch die Telefonnummern an. *Costera* bedeutet *Costera Miguel Aleman*.

Acapulco Continental	Costera	40909
Acapulco Princess	Playa Revolcadero	43100
Caleta	Playa Caleta	24800
Condesa Del Mar	Costera	42355
Elcano	Av. de las Palmas	41950
El Presidente	Costera	41700
Fiesta Tortuga	Costera	48889
Holiday Inn	Costera	40410
Hyatt Regency	Costera	42888
La Palapa	Fragata Yucatan 210	45363
Las Brisas	Carretera Escenica	41650
Paraiso Marriott	Costera	24140
Pierre Marques	Playa Revolcadero	42000
Posada Del Sol	Costera	41010
Ritz	Costera & Magallanes	40105
Villa Los Arcos	Avenida Monterrey 195	42280
Villa Vera	Lomas del Mar 33	40333

LISTE VON PREISWERTEN HOTELS

Folgende Liste gilt für die Reisenden, die etwas **weniger** fürs Hotelzimmer **ausgeben** möchten. Die in Strandnähe liegenden Hotels haben wir auf unserer *praktischen* **Orientierungskarte** angegeben. **Autotel Ritz**, zwischen dem Busbahnhof und dem Marriott Hotel; **Motel Kennedy** neben Hertz. **Hotel Sand's**, Juan de la Cosa y M. Aleman, Tel. 42260. Etwas weiter vom Strand zurückliegend, finden Sie das **Hotel Terramar**, Gran Via Tropical No. 18, Tel. 22965. Und an der wunderschönen Bucht Puerto Marques (zwischen Acapulco und dem Flughafen — ideal, wenn Sie die meiste Zeit am Wasser verbringen wollen) liegt das **Hotel Terrazas**, Tel. 40231.

Auf der anderen Seite der *Downtown Area* von Acapulco finden Sie verschiedene andere **preiswerte** Hotels. Zum Beispiel, **Hotel Boca Chica**, Playa Caletilla, Tel. 26014. Und wenn Sie so nah wie möglich an *Acapulcos Attraktion Nr. 1* sein möchten, die früher oder später jeder Acapulco-Besucher sehen will, so gibt es nichts Besseres, als im **El Mirador Hotel** zu wohnen, in reizvoller Lage, direkt am Felsen. Beim Abendessen oder einem Drink können Sie vom Hotel aus die **La Quebrada**-Klippenspringer, auch *Highdivers* genannt, bei ihren todesmutigen Sprüngen vom Felsen hinunter in die schmale Wasserschlucht beobachten. Ein **Tip:** Sie sparen sehr viel Geld, wenn Sie ein billiges Zimmer, *a standard room,* verlangen; diese Zimmer sind nämlich **viel billiger** als die *first class* und *deluxe* Zimmer; El Mirador Hotel, La Quebrada No. 74, Acapulco, Gro. Mexico, Tel. (748)21111. Um Ihre Zimmerreservierung **von Mexico City** aus vorzunehmen, wählen Sie die Nummer 531-7090 in Mexico City. Bei unserem letzten Aufenthalt in Acapulco kostete ein Doppelzimmer *(standard room)* während der Sommersaison **nur** etwa US $30!

ACAPULCO CHECKLISTE

- [ ] DEN BERÜHMTEN KLIPPENSPRINGERN ZUSEHEN
- [ ] MIT DEM BOOT DURCH DIE ACAPULCO BAY
- [ ] ZENTRUM VON ACAPULCO ERLEBEN
- [ ] MARKTBUMMEL ÜBER DEN MERCADO
- [ ] AZTEKEN-FLIEGER SHOW ANSEHEN
- [ ] EIN BESUCH IM ACAPULCO PRINCESS
- [ ] IM CENTRO ACAPULCO AUSGEHEN
- [ ] SONNENUNTERGANG AM PIE DE LA CUESTA
- [ ] FIESTA MEXICANA SHOW GENIESSEN

IXTAPA/ZIHUATANEJO

Etwa 250 km *nordwestlich* von Acapulco, entlang der *M-200,* und weniger als eine Flugstunde von Mexico City entfernt, liegt das Feriengebiet von **Ixtapa/Zihuatanejo.** Der Bade- und Ferienort **Ixtapa,** nur vor wenigen Jahren vom „Reißbrett" entstanden, ist heute ein ultramoderner Ferienkomplex mit supermodernen Hotelanlagen entlang des Pazifischen Ozeans. Diese Erholungsoase aus der „Retorte", die bei ihrer Fertigstellung aus etwa 15 oder 16 gigantischen Hotelburgen bestehen wird, nennt man gelegentlich das *Cancun-West,* wobei man es bezugsvoll mit dem erfolgreich geplanten Ferienziel und Sonnenparadies an der Karibik, auf der Halbinsel Yucatan, vergleicht. **Ixtapa** liegt etwa 11 km nordwestlich von Zihuatanejo. **Zihuatanejo** ist ein „altes Fischerdorf" (heute mit einer Einwohnerzahl von nahezu 20 000), das früher, als der schwungvolle Handel mit dem Fernen Osten blühte, als Hafenstadt eine Rivalin von Acapulco war. Obwohl es vom Bauboom im benachbarten Ixtapa nicht verschont bleibt, hat Zihuatanejo doch noch etwas von seiner bezaubernden Atmosphäre und der Idylle eines kleinen verträumten Fischerdorfes der vergangenen Jahre bewahren können. Man sollte sich jedoch beeilen, ehe das Ganze sich ändert! Auf alle Fälle durchlaufen das **moderne** Ixtapa und das noch etwas **verträumte** Zihuatanejo mit dem Strom der mehr und mehr entdeckungsfreudigen Touristen einen Entwicklungsprozeß zu einem idealen Ferienziel, wo man mal für eine Woche oder so von allem abschalten und *Ferien mal ganz anders* machen kann.

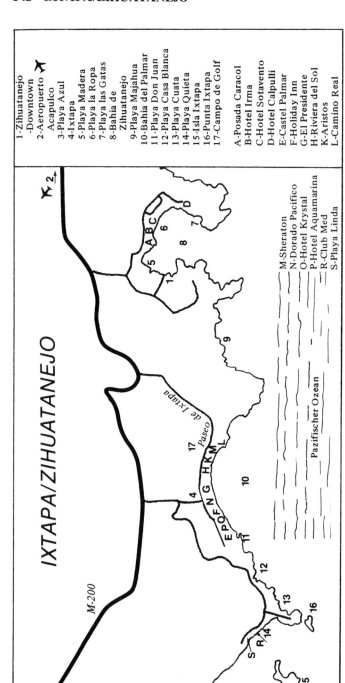

Verkehrsmäßig liegt Ixtapa/Zihuatanejo ziemlich günstig. Aeromexico und Mexicana haben beide mehrere **Flugverbindungen** von Mexico City aus. Es gibt auch einige Direktflüge von den USA. Der Flughafen liegt etwa 13 km östlich von Zihuatanejo; **billiger** Transfer mit Kleinbussen zu den Hotels. Die neue **Straße** (erkundigen Sie sich nach dem neuesten Stand) zwischen **Mexico City** und **Ixtapa/Zihuatanejo** bietet Ihnen einen weiteren Verkehrsweg, diesen Ferienkomplex, außer über die *M-200,* von Acapulco zu erreichen. Außerdem haben Sie mit der neuen Straßenverbindung eine Möglichkeit zu einer sehr interessanten **Rundreise** von Mexico City, die hier die Pazifikküste entlangführt. Das **Bus**unternehmen *Estrella De Oro* hat dreimal täglich Busverbindung ab Acapulco (um 05.30, 09.45 & 13.30 Uhr, als wir letztes Mal da waren; erkundigen Sie sich nach den neuesten Abfahrtszeiten); rechnen Sie mit etwa 4 Stunden Fahrt. Der Busbahnhof liegt **außerhalb** des Zentrums von Zihuatanejo.

ZIHUATANEJO

Suchen Sie einen Ferienort, wo Sie ab und zu mal einen netten Einkaufsbummel machen können, der in einer lieblichen, von Hügeln umgebenen Bucht liegt, an dem Sie Traumstrände und eine mit dem „Acapulco von vor dreißig Jahren" vergleichbare Atmosphäre finden, so entspricht **Zihuatanejo** genau dieser Vorstellung — ideal für den erholsamen Badeurlaub. Obwohl es hier recht vernünftige Hotels gibt, ist es gut zu wissen, daß die riesigen ultramodernen Hotels im benachbarten Ixtapa zu finden sind. *Avenida Cuauhtemoc* (nach dem letzten Herrscher der Azteken benannt) ist die Hauptgeschäftsstraße von Zihuatanejo. Der Markt **Mercado** befindet sich am *Paseo Del Cocotal,* nur ein paar Straßen vom Strand entfernt. Wenn Sie gerne Fisch essen, wie wäre es mit frischem Fisch im **Restaurant Canaimo**. Etwas vornehmere Umgebung finden Sie im **La Mesa Del Capitan**. Und wenn Sie nicht viel Geld ausgeben wollen, gibt es beispielsweise beim **Kapi Kofi** täglich ein **preiswertes** Tagesmenü. Obwohl die etwas populäreren Hotels am Stadtrand liegen, finden Sie ein sehr **günstig** liegendes **preiswertes** Hotel am Strand, dem Stadtzentrum, das **Hotel Avila**. Falls es Sie interessiert was Zihuatanejo eigentlich bedeutet, es gibt dafür mindestens eine Interpretation, nämlich: *Die einsame Stadt der Frauen.*

Außerhalb der Stadt liegen die größeren Hotels, teils an der Bucht oder hoch über der Bucht von Zihuatanejo. Dazu gehören das 60-Zimmer-Hotel **Posada Caracol** (Tel. 42035) am Strand *Playa Madera,* das **Hotel Irma** und das **Hotel Sotavento** (Tel. 42024). Am anderen Ende der *Playa Ropa* liegt das **Hotel Calpulli** — Bungalowhotel.

144 IXTAPA/ZIHUATANEJO

IXTAPA

Das supermoderne Ixtapa bietet praktisch alles — wunderschöne Sandstrände, Luxushotels, eine Bucht, die für alle Arten von Wassersport gut geeignet ist, Tennisplätze und einen prächtigen 18-Loch-Golfplatz. Und wenn Sie das unverfälschte, *alte Mexico* schnuppern wollen, **Zihuatanejo** ist nur Minuten entfernt. In **Ixtapa** finden Sie das Beste zweier Welten! Und vom **Klima** her gesehen herrschen das ganze Jahr über hier vergleichbar **warme** Temperaturen wie in Acapulco.

Zu den modernen Hotelanlagen entlang der Strandpromenade von Ixtapa gehören: **Aristo** (260 Zimmer), **Riviera Del Sol** (320 Zimmer), **El Presidente** (313 Zimmer), **Holiday Inn** (251 Zimmer) und Castel Palmar (110 Zimmer). Unter den neuesten Hotels ist das **Krystal Ixtapa Hotel** (252 Zimmer) und das **Camino Real** (450 Zimmer), ein Hotel der Western

IXTAPA/ZIHUATANEJO 145

International Hotels. Da die Hotelpreise zur Hochsaison, Dez.–April, mächtig in die Höhe schießen (im Sommer zahlen Sie spürbar weniger!), empfiehlt es sich, ein **Package-Programm** mit Unterbringung in einem der Luxushotels über Ihr Reisebüro zu buchen, da Sie dabei in den Vorzug eines günstigeren Hotelpreises gelangen. Falls Sie selbst die Hotelreservierung vornehmen möchten, hier ein **wichtiger Hinweis**: Die Telefonnummer, beispielsweise für Holiday Inn – 42396 und für El Presidente 42013. Übrigens können Sie auch in beiden Fällen Ihre Hotelreservierung bereits in Mexico City vornehmen. Das Hauptgeschäftsviertel von Ixtapa liegt in der Nähe vom El Presidente.

IXTAPA/ZIHUATANEJO BADESTRÄNDE

Hier einige Bemerkungen über die **fabelhaften** Sandstrände der Gegend, die übrigens alle öffentlich sind. Erkundigen Sie sich auf alle Fälle aber vorher in Ihrem Hotel über die gefahrenvollen Strömungen im Meer. Da die Sonne es hier sehr gut mit Ihnen meint, es wird nämlich sehr heiß, seien Sie behutsam mit dem Sonnenbaden; der beste Sonnenschutz ist übrigens *die Vernunft!* Zu den weltberühmten Badestränden entlang der Bucht von Zihuatanejo zählt die **Madero Beach** (Strand mit Bäumen) der Stadt am nächsten; **Playa La Ropa** (Kleider-Strand), in der Nähe liegen mehrere Hotels und die **Playa Las Gatas** (Katzen-Strand), ein sehr hübscher Sandstrand – am weitesten von der Stadt entfernt. Und genau *westlich* von Zihuatanejo liegt der einsame und bezaubernde Badestrand **Playa Majahua**.

Westlich von den ultramodernen Hotels von **Ixtapa** gelangen Sie zum Badestrand **Playa Don Juan**; in der Nähe liegt ein anderer kleiner Strand, **Playa Casa Blanca**. Dann schließt sich die **Playa Cuata** an. Am anderen Ende von Punta Ixtapa kommen Sie zur herrlichen **Playa Quieta** (Strand der Ruhe). Auf der dem Festland vorgelagerten Insel **Isla Ixtapa** finden Sie auch mehrere kleine Strände. Sie können zwei besonders interessante **Touren** mitmachen, eine Bootsfahrt zur **Isla Ixtapa** und einen Bootsausflug zum Strand **Playa Las Gatas** – bei beiden ist das Mittagessen im Preis inbegriffen, und Sie haben Gelegenheit zum Baden.

NORDWESTLICH VON IXTAPA/ZIHUATANEJO

Etwa 125 km *nordwestlich* von Ixtapa/Zihuatanejo führt die *M-200* zu einem anderen malerischen Badeort, **Playa Azul**, im Bundesstaat **Michoacan**. Und etwa 100 km nordwestlich von Ixtapa/Zihuatanejo gelangen Sie über die *M-200* zu einem der größten und modernsten Industriekomplexe des Landes; er wird ständig erweitert. In der Nähe von Lazaro Cardenas, am mächtigen **Rio Balsas**, erstrecken sich die Fabrikanlagen des riesigen Stahlwerks Las Truckas Steel Complex. Außer Millionen Tonnen Stahl, die jährlich hier produziert werden (und Stahlrohre), gibt es hier auch eine Düngemittelfabrik, ein Tanklager der Pemex (führend bei der Entdeckung von Öl im Gebiet des Pazifiks) und einen riesigen Fischverpackungsbetrieb. **Lazaro Cardenas** (benannt nach dem mexikanischen Präsidenten Lazaro Cardenas, 1934–1940), ermöglicht Ihnen einen Blick auf Mexicos industrielle Ausmaße. Entlang der Pazifikküste gelangen Sie in Richtung Nordwesten zur wichtigen Hafenstadt **Manzanillo**, im Bundesstaat **Colima**, mit dem Super-Ferienort **Las Hadas**, zum Fischerdorf **Barra de Navidad** und an die **Costa de Carayes**, die *Küste der Schildkröten*.

IXTAPA/ZIHUATANEJO CHECKLISTE

- ☐ SIGHTSEEING TOUR IN ZIHUATANEJO
- ☐ BUMMEL DURCH ZIHUATANEJO
- ☐ TOUR ZUR INSEL IXTAPA
- ☐ AUSFLUG ZUM STRAND VON LAS GATAS
- ☐ DIE SONNE GENIESSEN

RICHTUNG SÜDOSTEN – NACH OAXACA

Die 544 km lange Mexico City – Oaxaca-Route ist eine der ersten unserer vorgeschlagenen Routen, die Sie zur Halbinsel von Yucatan führen. Nach **Oaxaca**, der Hauptstadt des Bundesstaates Oaxaca, gibt es von Mexico City Inter-City-Busse, einen Nachtzug und Flugverbindungen. Von Oaxaca mit den bekannten archäologischen Zonen **Monte Alban** und **Mitla** führen unsere Routen nach **Tuxtla Gutierrez** und **San Cristobal de las Casas**. Von dort können Sie nach **Villahermosa** und zur archäologischen Zone von **Palenque** weiterfahren. Von dort geht es weiter nach **Merida**, Hauptstadt des Bundesstaates Yucatan und Ausgangsbasis für die archäologischen Zonen von **Uxmal** und **Chichen Itza**. Von hier sind Sie nur ein paar Stunden von den Super-Badeorten der Karibik, **Cozumel**, **Isla Mujeres** und **Cancun** entfernt. Und nun zur **Mexico City–Oaxaca-Route**.

Zwischen **Mexico City** und **Oaxaca** gibt es mehrere Routenmöglichkeiten. Eine Route führt Sie von Mexico City südlich über die *M-95 D* und über **Cuernavaca**, dann südöstlich über **Cuautla** nach Oaxaca. Eine andere Route führt über *M-150 D* nach **Puebla**, dann südlich über *M-190* nach **Izucar de Matamoros** nach Oaxaca; diese Route ist etwa 544 km lang. *M-190* ist bekannt als Panamericana – *die Traumstraße der Welt*. Die Route, die wir beschreiben, geht über die *M-150 D* an Puebla vorbei, dann *südlich* nach **Tehuacan**. Von dort führt eine relativ neue Strecke, die *M-131*, weiter. Die Entfernung zwischen Mexico City und Oaxaca über Tehuacan beträgt etwa 457 km. Viele Reisende versuchen, diese Strecke **Mexico City–Oaxaca** in einem Tag zurückzulegen. Das ist durchaus möglich, wenn Sie früh starten; es ist eine 8–9stündige Fahrt. Da der Abschnitt der kurvenreichen Strecke **Tehuacan–Oaxaca** durch eine etwas abgelegene Gegend führt, empfehlen wir Ihnen, unsere wichtigen Hinweise im Abschnitt **Tehuacan–Oaxaca** zu lesen. Und falls Sie etwas extra Zeit haben, lohnt es sich, unterwegs **Cholula**, **Puebla** und **Tehuacan** zu besuchen.

NACH OAXACA 147

MEXICO CITY–TEHUACAN ROUTE

Die Strecke zwischen **Mexico City** und **Oaxaca**, über *Tehuacan*, beträgt etwa 457 km, das bedeutet etwa 8–9 Stunden Fahrt. Für den ersten Abschnitt von Mexico City nach **Tehuacan**, im Bundesstaat Puebla, müssen Sie für etwa 247 km mit 4 Stunden rechnen. **Tip:** Verlassen Sie Mexico City möglichst **früh**, bevor der Berufsverkehr beginnt. Wenn Sie sich in der *Zona Rosa* befinden, nehmen Sie erst die *Av. Chapultepec* und biegen dann in östlicher Richtung auf *Dr. Rio de la Loza/Fray St. de Mier* ab, die Sie zur *M-150 D* in Richtung **Puebla** bringt. Wenn Sie allerdings noch ein besonderes Erlebnis suchen, empfehlen wir Ihnen, über die *Plaza de La Constitucion* (Zocalo) am Nationalpalast vorbei in *östlicher* Richtung nach **Puebla** über die *Corregidora* zu fahren. Hier erleben Sie echtes Einheimischenmilieu. In dieser Gegend wird samstagmorgens der Markt links und rechts am Straßenrand aufgebaut. Da ist frühmorgens schon viel los. Busse und Marktkarren schieben sich durch die Gegend. Deshalb, nur für **geduldige** und **erfahrene** Autofahrer geeignet. Vorbei an duftenden Garküchen an den Ecken, Brot- und Obstständen, braungebrannten Maiskolben, ganzen Bananenstauden, Blumenverkäuferinnen, Indianerinnen mit Babies auf dem Rücken mündet schließlich die *Corregidora* in eine breitere Straße, wo Sie sich nach links halten, um kurz darauf auf die Hauptstraße nach **Puebla**, *Calz. Zaragoza*, rechts abzubiegen. Obwohl die Straße sehr breit ist, machen Sie sich auf eine riesige Flut von **Autobussen** gefaßt, die unvermutet oft auch noch auf zwei Spuren nebeneinander anhalten, so daß Sie manchmal eingekeilt sind. Eines lernt man in Mexico: **Geduld** zu haben!

Auf der linken Seite sehen Sie bald den riesigen Busbahnhof Ter-

148 NACH OAXACA

minal Oriente mit dem großen Kuppeldach. Halten Sie sich am besten auf dem mittleren oder linken Fahrstreifen, und fahren Sie immer geradeaus. Obwohl sich der Verkehr nach dem Busbahnhof etwas entspannt und auflöst, geht man immer noch in einer riesigen Auspuffwolke unter. Die Fahrspuren sind nicht markiert nur von der Gegenfahrbahn durch einen bepflanzten Mittelstreifen abgeteilt. Orientieren Sie sich nach den Schildern Richtung **Puebla**. Nehmen Sie am **Reiterstandbild** die innere Fahrbahn. Obwohl die Straße breit und übersichtlich ist, sind nur max. 70 km/h erlaubt!

Die Fahrt *südöstlich* von Mexico City führt an dem großen Sportstadion mit der riesigen Benito Juarez-Büste vorbei; wo die Landschaft leicht hügelig wird und die Straße etwas bergan geht. Nach einem Industriegebiet mit Eisenwerk taucht plötzlich der langgestreckte, schneebedeckte Bergkamm des **Ixtaccihuatl** vor Ihnen auf. Nach etwa 18– 20 km vom Zocalo in Mexico City biegen Sie, dem Hinweisschild *Puebla Cuota* folgend, auf die gebührenpflichtige *M-190/M-150 D* ab. Hier ein Hinweis: Gebührenpflichtige Straßen sind mit einem „D" bezeichnet; *cuota* = gebührenpflichtig, daher **Puebla Cuota**, und *libre* = frei, d.h. keine Gebühr. Vom Zocalo in Mexico City aus bis hierhin sind es etwa 30–45 Minuten Fahrt, je nach Verkehr. Sie befinden sich nun endlich auf der berühmten *Traumstraße der Welt*. An der Zahlstelle, *caseta de cobro*, zahlen Sie die Straßenbenutzungsgebühr – etwa 40 Pesos. Wenn Sie bis **Puebla** auf der gebührenpflichtigen *M-190 D* bleiben, antworten Sie auf die Frage des Kassierers *directo?* nur *si*. Wechselgeld kontrollieren, Zahlschein gut aufbewahren. Kurz vorher Wechsel von Mexico, D.F. zum Bundesstaat Mexico.

Kurz nach der Zahlstelle gibt es eine Pemex-Tankstelle. Von hier sind es etwa 103 km nach Puebla. Die breite, 2spurige Straße steigt mit Sicht auf den **Ixtaccihuatl** (lang) 5287 m und nun auch den **Popocatepetl** (spitz) 5452 m. Vorbei an Sisalagavenfeldern, Viehweiden, Pinienwäldern geht es kurvenreich bergauf – 90 km/h. Bei **Rio Frio** mit Pemex-Tankstelle und Cafeteria verläuft die kontinentale Wasserscheide. Der dritte Vulkanberg der Gegend taucht auf, **La Malinche** direkt *nördlich* von Puebla, 4110 m. Bei etwa 90 km verlassen Sie den Bundesstaat Mexico und wechseln in den Bundesstaat **Puebla** über.

Bei **San Martin Texmelucan**, berühmt für textiles Kunsthandwerk (Webarbeiten), führt die Straße in *nordöstlicher* Richtung nach **Tlaxcala** ab. Tlaxcala war die Hauptstadt der Tlaxcala-Indianer, mit denen sich Cortes verbündete und dadurch 1520 die Azteken besiegen konnte. Hier biegt auch südöstlich die Straße zur Riesenpyramide von **Cholula** ab, etwa 25 km. An der nächsten Zahlstelle geben Sie Ihren Zahlschein wieder ab, von hier sind es noch etwa 28 km bis Puebla.

Weiter auf der *M-190* erreichen Sie bei etwa 117 km das riesige **VW-Werk** von Puebla, das seit Ende der 60er Jahre seine Produktion aufgenommen hat – hier kommt auch unser VW-Käfer zu Hause her! *Bienvenidos a Puebla Volkswagen* heißt Sie das Schild willkommen. Hier ein paar **wissenswerte** Fakten: VW-Puebla steht in der Automobilindustrie Mexicos an 1. Stelle. Es gibt über 200 VW-Verkaufsstellen im Lande. Das VW-Werk mit etwa 12 000 Beschäftigten produziert täglich über 500 Autos und exportiert in über 50 Länder. Etwa 4 km weiter kommen Sie zur Pemex-Tankstelle, von wo es noch etwa 153 km in südlicher Richtung nach Orizaba sind. Im Nordosten taucht in der Ferne der gewaltige **Pico de Orizaba** auf, auch **Citlaltepetl** genannt; mit 5747 m ist er der höchste Berg Mexicos. Falls Sie keinen Abstecher nach Puebla & Cholula unternehmen wollen, bleiben Sie weiter auf *M-190/M-150 D*.

Etwa bei **Acatzingo** mit Franziskanerkirche und Kloster in interessantem Barockstil biegen Sie bei etwa 167 km in südliche Richtung nach **Tehuacan** auf die *M-140* ab. Die *M-140* führt als schmale Straße etwa 8 km durch eine ländliche Gegend, ehe sie auf die *M-150* stößt, wo Sie in **südöstliche** Richtung nach links abbiegen. Die *M-150* ist vergleichbar mit deutschen Landstraßen, relativ gut zu fahren. Unterwegs durch die **Sierra de Tecamachalco** passieren Sie **Ciuapaxtla, Calteno** und **Tecamachalco**. Bei 189 km eine Pemex-Tankstelle. Bei 211 km führt die *M-150* durch **Tlacotepec**, mit Kirche auf dem Hügel

NACH OAXACA

OAXACA

Centro Oaxaca — Pemex

---- BUNDESSTAATEN

			km
			457
		Mexico City	
		Acapulco	
		Oaxaca	
		Tuxtla Gutierrez	
	→ M-190	Villahermosa	
		Merida	441
	Telixtlahuaca	Cancun	439

Rio Grande — 366
Pemex — 362
Rio Grande — 357
Rio Salado — 337

Pemex — Teotitlan — 309

Oaxaca — 307
- -
Puebla

	San Rafael	299
Pemex	Coxcatlan	287
	Calipan	283
Pemex	Zinacatepec	273
Pemex	Ajalpan	267
Pemex		265

Orizaba & Veracruz ← *M-131* → Mexico City

Pemex — **Tehuacan** — 247

M-125

	Pemex	245
	Tepanco	229
Pemex	Cacaloapan	225
Pemex	Tlacotepec	211
Pemex	Tecamachalco	189

M-150 — 175

M-140 — 167

Orizaba & Veracruz ← **Acatzingo** — 167
Tlaxcala

Popocatepetl (5452 m)
Ixtaccihuatl (5287 m)

La Malinche (4100 m)
= Malintzin

Caseta de Cobro — 144
Pemex — Puebla — 121
Cholula — 117

VW-Puebla

Tlaxcala
- - - - - **San Martin Texmelucan** — *Caseta de Cobro* - - - - -
Puebla — Tlanlapan — 90
- -
Mexico

Kontinentale Wasserscheide

Rio Frio — Pemex — 68
Mexico — *Caseta de Cobro* — 34
- -
Mexico D.F. — *M-190/M-150 D* — 20

MEXICO CITY

und an der Hauptstraße, Marktstände und Pemex-Tankstelle am südlichen Ortsausgang. Kakteen, Yuccapalmen und eine sehr trockene Gegend. Bei 225 km gibt es in **Cacaloapan** gleich am Ortseingang eine Pemex-Tankstelle, mit einer großen Straßenkarte an der Wand. Ein paar Kilometer weiter führt die Straße durch **Tepanco** mit einer schönen, farbigen Kirche mit Rundkuppel und auf dem Hügel ein riesiges Monument; überall herrliche Bougainvillaeas und ab und zu Felder mit Weintrauben. Kurz vor Tehuacan vereinigt sich M-150 mit der aus dem Süden kommenden M-125 und führt durch **Tehuacan**.

CHOLULA–PUEBLA–TEHUACAN

Drei sehr interessante Reiseziele entlang der Route **Mexico City–Oaxaca**, oder entlang der Route nach Veracruz, sind **Cholula, Puebla** und **Tehuacan**. Es sind sehr beliebte Ausflugsziele von Mexico City, aber es lohnt sich, auf dem Weg nach Oaxaca hier eine interessante Unterbrechung der Reise einzulegen, wenn die Zeit reicht. (Da viele Reisende versuchen, die Mexico City–Oaxaca Strecke in einem Tag zurückzulegen). Wir geben Ihnen hierzu nicht nur Informationen über Sehenswürdigkeiten, sondern auch **Übernachtungsmöglichkeiten**. Das erste Ziel ist **Cholula** – Sie können bei **San Martin Texmelucan** von der gebührenpflichtigen Straße abbiegen, oder weiter bis **Puebla** und dort ein kurzes Stück in *westlicher* Richtung weiterfahren.

In **Cholula** finden Sie eines der größten von Menschenhand geschaffenen Bauwerke der Neuen Welt – etwa 13 km *westlich* von **Puebla**. Cholula ist als die „Stadt der 365 Kirchen" bekannt (wir bezweifeln diese Zahl etwas!). Der Name Cholula kommt aus dem *Nahuatl* für „wo das Wasser fließt." Die Stadt wurde etwa 200 v. Chr. gegründet, später von den Tolteken und Azteken bewohnt. Cholula hatte früher einmal 100 000 Einw.! Die größte Attraktion ist die **Pyramide von Tenpanapa** – über 70 m hoch; auf ihrer Spitze wird sie von der Kirche **Nuestra Senora de los Remedios** gekrönt. Die spanischen Eroberer pflegten den Brauch, auf die Plattform der von ihnen zerstörten indianischen Tempel eine Kirche zu bauen; daher auch hier eine Kirche und von wo Sie eine ausgezeichnete Sicht haben. Als Cortes sich auf dem Weg nach Tenochtitlan befand, wurde er hier von Moctezumas Gesandten empfangen. Die Azteken planten einen Überraschungsangriff auf die Spanier, doch Cortes erkannte diese hinterhältige Absicht und zerstörte diese Siedlung mit ihren Bewohnern.

Sie können bis zur Spitze der fast völlig bedeckten Erd-Pyramide klettern (sie besteht aus sieben überbauten Schichten!); aber Sie können auch von der Basis durch mehrere **Tunnels** das Innere der Pyramide besichtigen. In diesen Gängen werden Sie eine riesige Wandmalerei sehen, die mehrere Leute zeigt, die Pulque trinken – etwa aus dem 2. Jahrhundert. Schauen Sie sich bei der Gelegenheit auch das kleine Museum in der Nähe an. Zu den weiteren Attraktionen Cholulas zählt die Universität **Universidad de las Americas**, die **Capilla Real**, die Königliche Kapelle, mit ihren 49 Kuppeln. Günstigliegende **Übernachtungsmöglichkeit:** Hotel Villas Arqueologicas – Telefonnr. von Mexico City: 514-4995.

Puebla – etwa 120 km *östlich* von Mexico City – ist die Hauptstadt des Bundesstaates Puebla. Die Stadt mit weit über einer Million Einwohnern, direkt neben der *M-150 D*, ist eine der ältesten Kolonialstädte in Mexico. Die Stadt ist weltbekannt für die wunderschönen Artikel aus **Onyx** (beispielsweise Schachfiguren) und farbigen **Kacheln** und **Keramiken**. Sie haben hier auch Gelegenheit, die Kachelproduktion zu sehen, beispielsweise in der Nähe der Kreuzung Av. 4 Poniente & Calle 9 Norte. Weitere Attraktionen: **Biblioteca Palafoxiana** – 1646 gegründete Bibliothek. Das **Museo Regional de Puebla**, Regionalmuseum, mit handwerklichen Erzeugnissen und Trachten, befindet sich in dem wunderschön gekachelten Gebäude, der **Casa de Alfenique**, Avenida 4 Poniente 418. Lohnend ist ein Besuch der Kirche von **Santo Domingo**, deren Kapelle Capilla del Rosario über und über mit Blattgold überladen verziert ist, Calle 5 de Mayo No. 606. Das Theater **Teatro Principal**, Avenida 6 Oriente und Calle 6 Norte, gilt als eines der ältesten Theater der Neuen Welt.

Das ehemalige Kloster **Santa Monica**, das vor mehr als 70 Jahren in aller Stille existierte, dient heute als Museum, und liegt an Avenida 18 Poniente 101. Im **Bello Museum**, Avenida 3 Poniente 302, gibt es Keramiken, Glaswaren und Gegenstände aus Gold. Im Kloster **Santa Rosa**, in der Nähe vom Kloster Santa Monica, soll die berühmte mexikanische Spezialität *Mole Poblano* zum erstenmal in Neu-Spanien zubereitet worden sein. *Mole* ist eine besonders gewürzte Soße. Vom **Fort Loreto**, etwas außerhalb der Innenstadt, bietet sich Ihnen ein herrlicher Blick auf die Stadt. Am **5. Mai 1862** wurden die Französischen Truppen hier in Puebla von den Mexikanern besiegt – dieser Tag wird heute als ein **Nationalfeiertag** gefeiert. **Übernachtungsmöglichkeiten** in Puebla: El Meso del Angel, neben der *M-190/M-150 D*, Av. Hermanos Serdan 807, Tel. 482100. In der Nähe vom Fort Loreto, an Calzada de los Fuertes, liegt das Hotel Lastra, Tel. 424630.

Tehuacan, etwa 90 000 Einw., ist ein beliebter Erholungsort direkt auf der Route Mexico City–Oaxaca, an *M-131*, der relativ neuen Straße. Die Stadt ist wegen ihres Mineralwassers bekannt (viele der Mineralwasserflaschen Mexicos werden hier in Tehuacan abgefüllt). Es ist die letzte größere Wohnsiedlung vor Oaxaca in südöstlicher Richtung. Das Franziskanerkloster beherbergt interessante Fresken. Der berühmte Markt **Mercado la Purisima** befindet sich am anderen Ende des Ortes (recht gut beschildert) – samstags Markttag. Die **ADO Busstation** befindet sich direkt an der Hauptstraße. Direkt in der Stadtmitte finden Sie das Hotel Mexico, Tel. 20019. Das große Hotel Spa Panafiel (beliebtes Hotel für Reisegruppen) befindet sich auf der Puebla-Seite der Stadt, Tel. 20190; es ist für sich alleine schon wie ein kleines Ferienzentrum. Und da die Straße ab hier bis Oaxaca kurvenreich ist und durch eine relativ einsame Gegend führt, sollten Sie unbedingt sicher sein, den vier-Stunden-Trip nach Oaxaca noch bei **Tageslicht** zurückzulegen. Sonst raten wir Ihnen dringend, die Nacht in Tehuacan zu verbringen.

TEHUACAN–OAXACA ROUTE

Von **Tehuacan** setzen wir die Route **Mexico City–Oaxaca** auf der *M-131* fort, in *südöstlicher* Richtung. Von der Gesamtstrecke Mexico City–Oaxaca von 457 km sind bis jetzt 247 km zurückgelegt. Für die restliche Etappe dieser Strecke geben wir Ihnen zunächst einige wirklich ernst zu nehmenden Hinweise.

1. Überprüfen Sie Ihr Auto vorher gründlich und überzeugen Sie sich, daß es **mechanisch** in **gutem Zustand** ist, gerade weil die Strecke durch eine etwas abgelegene, unbewohnte Gegend führt.
2. Auch der **Ersatzreifen** muß in Ordnung sein. Machen Sie einen Trockentest (Reifendruck prüfen, sind Wagenheber und Werkzeug zum Reifenwechsel vorhanden).
3. Fahren Sie nur mit **vollem Tank** von Tehuacan ab. Tanken Sie unterwegs bei jeder Gelegenheit.
4. Füllen Sie Ihren **Getränkevorrat** mit *agua minerale* oder ähnlichem für unterwegs auf, es wird eine „durstige" Strecke. Besorgen Sie sich auch etwas Leichtes zum Knabbern, *pan tostado* vielleicht.
5. Auf dieser Strecke müssen Sie vollkommen **selbst versorgt** sein. Denken Sie auch an eigene Bedürfnisse.
6. Fahren Sie **nicht** bei Dunkelheit!
7. Rechnen Sie für die Strecke **Tehuacan–Oaxaca** mit etwa **5 Stunden Fahrt** – ohne Fotostops. Wegen der vielen Kurven geht es tatsächlich im „Schneckentempo"!
8. Riskieren Sie nichts auf dieser Strecke.
9. Die **kurvenreiche** Strecke mit fast unerträglicher **Hitze** eignet sich nicht, mit vollem Magen zu fahren.

Die **kurvenreiche** Strecke beginnt direkt hinter Tehuacan, wenn Sie durch die *Sierra Zongolica* fahren. Die nachfolgenden **Entfernungsangaben** beziehen sich jeweils auf Mexico City. Nach etwa 267 km, also etwa 20 km nach Tehuacan, kommen Sie nach einigen Mais- und Bambusfeldern kurz vor **Ajalpan** zu einer Pemex-Tankstelle. Die Strecke ist zwar nicht überwältigend reizvoll, doch bietet sie eine gute Gelegenheit, abseits vom Touristenrummel das dörfliche Leben im Landesinnern mitzubekommen. Nach **Zinacatepec** (273 km) wird die Landschaft etwas kultivierter, ab und zu Bienenkästen am Straßenrand – auch heute noch ist der Honig ein wichtiger Süßstoff. Kakteen ragen wie Bajonette aus den Hügeln – Mexico gilt als eines der kakteenreichsten Länder der Welt. In der Nähe von **Calipan** und **Coxcatlan** (287 km) sehen Sie wieder eine Pemex-Tankstelle. Bei **San Rafael** (299 km) sehen Sie in dieser trockenen und dürren Landschaft eine offene Wasserleitung, einen Aquädukt.

Bei 307 km verlassen Sie den Bundesstaat **Puebla** und wechseln in den Bundesstaat **Oaxaca** über. Von **Teotitlan**, etwa 17 000 Einw., führt die Straße **kurvenreich** durch etwas dschungelhafte Landschaft – die *Sierra Juarez* im Osten und *Sierra Tanazulapan* im Westen. Eine wirklich einsame, kaum besiedelte Gegend! Bei 337 km führt die Straße über den **Rio Salado**, wo Papayas angebaut werden. Unterwegs sind oft nur 30 km/h erlaubt. Eine zeitraubende Strecke bis etwa 352 km, wo die serpentinenförmige Straße endet und nicht mehr so kurvenreich durch ein fruchtbares Tal mit dem **Rio Grande** (357 km) führt. Kurz danach überquert die Straße die Bahnstrecke Mexico City–Oaxaca. Überzeugen Sie sich, daß kein Zug kommt! Die Tankstelle bei 362 km liegt in einer richtigen Palmenoase. Seitlich der Straße sehen Sie viele Ranchos. Bei 366 km wird der Rio Grande erneut überquert. Bei 375 km steigt die Straße wieder durch eine wilde Berglandschaft — Achtung, rollende Steine! Nur 40 km/h erlaubt. Bei 431 km begegnen Sie erneut der Bahnstrecke. Nach **Telixtlahuaca**, etwa 4500 Einw., fahren Sie an einem Benito Juarez-Monument vorbei — schließlich ist Benito Juarez ein Sohn der Hauptstadt des Bundesstaates Oaxaca. Bei etwa 441 km erreichen Sie die Kreuzung, wo Sie die *M-190*, die Panamericana wieder erreichen, die direkt nach Oaxaca führt.

OAXACA

Oaxaca, die Hauptstadt des Bundesstaates Oaxaca, liegt etwa 544 km *südöstlich* von Mexico — über die *M-190*, die berühmte *Panamericana*. Die Entfernung beträgt über die relativ neue *M-131* über **Tehuacan** etwa 457 km; mit dem Auto dauert es etwa 9—10 Stunden. Man kann **Oaxaca** — etwa 200 000 Einw. — auch leicht in 10 Stunden mit dem *Bus* oder mit einem *Nachtzug* von Mexico City erreichen. *Flug*verbindung von Mexico City sowie von Acapulco (der Flug dauert etwa eine Stunde — in jede Richtung) haben Oaxaca zu einem beliebten Reiseziel werden lassen, besonders für die Touristen, die weder mit dem Auto, Bus oder der Bahn unterwegs sein wollen. Und egal wie Sie hierher kommen, Sie werden ein sehr **angenehmes** Klima vorfinden — tagsüber warm und nachts erfrischend abkühlend.

Wenn Sie Mexico besuchen, darf **Oaxaca** natürlich nicht fehlen! Ein Besuch Oaxacas gibt Ihnen nämlich einen Querschnitt des Landes in kleinster Form. So gibt es beispielsweise in der Gegend von Oaxaca außer den archäologischen Stätten von **Monte Alban** und **Mitla** aus der Kultur der **Zapoteken** und **Mixteken** auch viele Städte und Dörfer mit den malerischen **Indianermärkten**. In der Stadt Oaxaca findet **samstags** Markt statt. Es gibt hier außerdem einige interessante Museen, Souvenirläden und einen sehr lebhaften **Zocalo**, wo man Musik hören und das echte Mexico beobachten kann.

154 OAXACA

In der Stadt finden Sie auch eine große Auswahl an **Übernachtungsmöglichkeiten**. Machen Sie Ihre Hotelreservierung rechtzeitig vor Ihrer Ankunft. **Tip**: Bleiben Sie nach Möglichkeit mindestens **drei** Tage in Oaxaca, damit Sie alle Sehenswürdigkeiten sehen und erleben können. Außerdem liegt Oaxaca äußerst **günstig** für Ihre weitere Entdeckungsreise durch das *südliche* und *östliche* Mexico, nach **San Cristobal de las Casas** sowie zu den **archäologischen Zonen** und zu den **Badeorten** der **Karibik** auf der Halbinsel Yucatan.

Rund Um Den Zocalo

Man kann die *Innenstadt* von Oaxaca am besten **zu Fuß** erobern. Um den **Zocalo** gibt es mehrere Restaurants, einige relativ *preiswerte* Hotels, Büros der Fluglinien und Reisebüros, wo Sie Fahrt mit Übernachtung zum abgelegenen Pazifikbadeort **Puerto Escondido** buchen können. In der Nähe befindet sich das **Hotel Monte Alban**, wo es ausgezeichnete **folkloristische** Darbietungen gibt. Informieren Sie sich am besten vormittags beim Touristenbüro, **Turismo**, gegenüber von der **Catedral**, die aus dem Jahre 1563 stammt, und erkundigen Sie sich dort, wo Sie einen **Markt** besuchen können. In Oaxaca ist **samstags** Markt. Informieren Sie sich auch über Vorstellungen in dem hübschen **Teatro Alcala**, oder sehen Sie sich das reichverzierte Gebäude tagsüber an, lohnenswert. Fragen Sie hier auch nach,

OAXACA 155

ob während Ihres Aufenthaltes gerade eine **Fiesta** stattfindet. Besonders im Juli werden viele folkloristische Tänze und Vorstellungen im **Auditorio Guelaguetza** veranstaltet, in der Nähe vom **Benito Juarez Monument** und dem Victoria Hotel — hoch über der Stadt. Wie Sie sicher erraten können, ist der **21. März** ein großer Tag — nicht nur Frühlingsanfang, sondern man feiert auch den Geburtstag von Benito Juarez, der hier zu Hause war!

Nur ein paar Straßen vom **Zocalo** kommen Sie zu mehreren bedeutenden Sehenswürdigkeiten; zum Beispiel liegt die **Marktgegend** *südwestlich* vom Zocalo. Im *Westen* gelangen Sie auf der *Av. Independencia* zu der riesigen **Basilica de la Soledad** — der Schutzpatronin Oaxacas, der Jungfrau der Einsamkeit geweihte Kirche. Näher zum Zocalo befindet sich das **Museo Rufino Tamayo** — ein Geschenk des bekannten zeitgenössischen Malers an die Stadt. In den fünf nach Farben bezeichneten Räumen sehen Sie eine Sammlung präkolumbianischer Kunstwerke, die der Künstler über Jahre hinaus gesammelt hat. In diesem intimen Museum finden Sie Ausstellungsstücke aus der Zeit von 1200 v. Chr. bis 1521 n. Chr. mit einer großen Abteilung über die Kultur der Olmeken, Totonaken, Tolteken, Mayas, Zapoteken, Mixteken und Azteken. Museum täglich geöffnet — außer dienstags, 10—14 und 16—19 Uhr.

Ein Besuch Im Regionalmuseum

Das Regionalmuseum, **Museo Regional de Oaxaca**, und direkt daneben die Kirche **Santo Domingo** zählen zu den größten Attraktionen Oaxacas — etwa fünf Straßen vom Zocalo entfernt. Das Museum ist bekannt für seine Ausstellung über den Goldschmuck aus dem **Grab Nr. 7** von **Monte Alban**. Täglich — außer montags, von 10 bis 13 Uhr und von 16 bis 19 Uhr; erkundigen Sie sich beim **Turismo** über Änderungen der Öffnungszeiten. Sehen Sie sich auch die Kirche aus dem 16. Jahrhundert an — eine der bedeutendsten Kirchen Oaxacas. Der über und über vergoldete Altar erstrahlt gegen Spätnachmittag in seinem schönsten Licht, wenn die letzten Sonnenstrahlen vor Sonnenuntergang ihn glorifizieren!

Das **Museum** ist in dem ehemaligen Kloster von Santo Domingo untergebracht — es wirkt wie eine Festung. Innen ein hübscher Innenhof mit Springbrunnen. **Tip:** Sehen Sie sich doch gleich nach dem Eingang zum Museum links die **Fotoausstellung** über die **Danzantes** und die Freilegung der archäologischen Stätte von **Monte Alban** an (noch unten im „Kreuzgang"). Auch Toiletten vorhanden. Im Rundgang verschiedene archäologische Funde, Fragmente und Bänke. Links vom Eingang führen die Treppen hoch zum Ausstellungsraum des **Grabes Nr. 7**; der Weg ist beschildert. Im Treppenaufgang Reste von Stelen zu sehen. Im *Obergeschoß* führt ein Balkongang rings um den hübschen Innenhof mit dem Brunnen. Außer dem Prunkstück **Grab Nr. 7** gibt es hier oben verschiedene Ausstellungen über die Bevölkerung Oaxacas und eine Abteilung über sakrale Kunst.

156 OAXACA

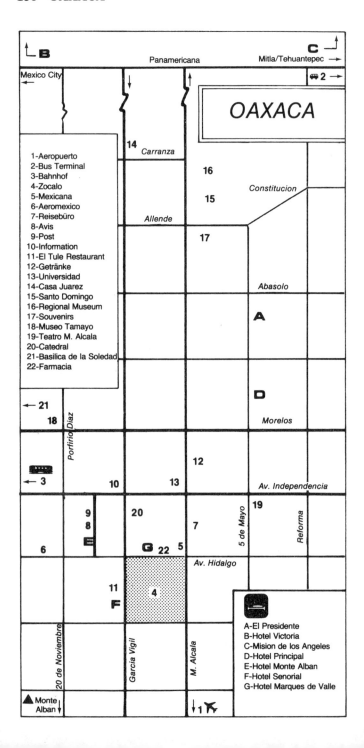

OAXACA 157

Die Ausstellung **Tumba No. 7**, in der der Schatz des Grabes Nr. 7 zu sehen ist, ist gut überschaubar. **Tip:** Versuchen Sie, sich zunächst ausschließlich damit zu beschäftigen, ehe Sie von den anderen Museumsteilen abgelenkt werden. **1932** entdeckte der mexikanische Archäologe Alfonso Casa das Grab Nr. 7 auf **Monte Alban** und fand darin über 500 Beigaben — angeblich der größte Goldschatz Mexicos. Es sind kostbare Schmuckstücke wie Halsbänder, Ohrringe, Spangen und Ringe und anderer Schmuck aus Jade, Achat, Türkis, Alabaster, Perlmutter und Gold sowie Schalen aus Bergkristall, Onyx, Silber und geschnitzte Jaguarknochen, Arbeiten der Mixteken. Die bedeutendsten Grabbeigaben waren jedoch Stücke aus massivem Gold. Man sieht beispielsweise eine Feder aus purem Gold, 351 mm lang, 81 mm breit mit 43,6 g. Hier ist auch der bekannte goldene **Brustschmuck** zu sehen, auf dem ein bärtiger Mann mit einer Krone und langen Ohrgehängen zu erkennen ist. Übrigens werden Sie auf Monte Alban an der Statue von Alfonso Casa eben diesen Schmuck wiedererkennen.

Falls Sie sich noch mehr für die **Bevölkerung Oaxacas** interessieren finden Sie unten im Erdgeschoß eine Abteilung über die Umgebung und die Bevölkerung Oaxacas mit einer Trachtenabteilung. Übrigens ist Oaxaca ein ziemlich gemischter **Sprachraum**. Folgende Zahlen in Prozent geben den Anteil der Bevölkerung Oaxacas an, der die jeweilige Sprache spricht: Spanisch 54%, Indianisch 46% davon *Zapotekisch 14,6%, Mixtekisch 9,6%, Chinantekisch 2,7%, Nahuatl 0,28%* u. a. Etwa 26 % der Bevölkerung spricht spanisch und indianisch.

Und wenn Sie nach Ihrem Museumsbesuch zurück zum Zocalo wollen, gibt es in der Straße an der Kirche einen Laden, in dem Sie als **Souvenir** Nachbildungen der im Museum ausgestellten Kunstwerke kaufen können, El Oro de Monte Alban — Artesanias de Oaxaca.

AUSFLÜGE IN DIE UMGEBUNG OAXACAS

Außer den bekannten Attraktionen in der Umgebung Oaxacas **Monte Alban** und **Mitla**, gibt es noch viele *andere* Sehenswürdigkeiten und Orte, deren Besuch sich lohnt. Hier sind einige Ausflugsmöglichkeiten mit ungefährer *Entfernungsangabe* in km von Oaxaca. Orientieren Sie sich über **Markttage** in den einzelnen Orten auf der **Oaxaca Ausflugskarte**, und erkundigen Sie sich bei der Touristeninformationsstelle, **Turismo**, nach den Straßenverhältnissen, Verlegung von Markttagen und über weitere Einkaufstips.

Etla — 10 km von Oaxaca ist bekannt für seinen *Käse*;
Atzompa — 10 km, wo die *grünen Töpferwaren* herkommen.
Cuilapam — 13 km, wo es ein *Dominikanerkloster* aus dem 16. Jahrhundert gibt; es wurde nie ganz fertiggestellt und hat daher heute eine *„offene"* Kapelle. Hier in diesem Ort wurde Vicente Guerrero, einer der Volkshelden während des mexikanischen Kampfes um die Unabhängigkeit von Spanien und später Präsident (1829—1830), im Jahre 1831 hingerichtet! Etwas

weiter weg liegt **Zaachila** — 18 km, eine frühere Zapoteken-Hauptstadt. Man hat hier über 1000 Jahre alte Grabstätten entdeckt. Erkundigen Sie sich beim **Turismo** in Oaxaca über Führungen mit Besichtigung der Gräber.

Ausflüge In Richtung Pazifikküste

Coyotepec — 10 km, genau genannt **San Bartolo Coyotepec**, ist bekannt für seine glänzend lasierten *schwarzen Töpferwaren*. In **Zimatlan** — 38 km, sowie in **Sola de Vega** — 100 km ist einmal in der Woche *Markttag*. Die Straße, die von hier weiter zu der Oase am Pazifischen Ozean, **Puerto Escondido** — etwa 260 km *südlich* von Oaxaca — führt, ist in keinem guten Zustand und recht kurvenreich; erkundigen Sie sich beim **Turismo** nach dem jüngsten Straßenzustand. Erkundigen Sie sich auch hier oder beim Reisebüro (in Mexico City oder Oaxaca) über mögliche *Flugverbindungen* nach **Puerto Escondido**. Es gibt auch *Busverbindungen* von Oaxaca nach Puerto Escondido, und man kann sogar dort in dem Pazifik-Badeort ein *Auto* mieten. Machen Sie schon gleich Ihre **Hotelreservierung** für Puerto Escondido von Oaxaca, oder sogar von Mexico City. Beim Viva Inn, Blvd. B. Juarez, Zona Hotelera, Puerto Escondido, Oaxaca, Tel. 204-46, gibt es 100 Zimmer. Rufnummer für Hotelreservierung von Mexico City aus: **553-4933**.

Die etwa 260 km lange Strecke über die *M-175* von Oaxaca nach **Puerto Angel** am Pazifik ist in einem etwas besseren Zustand als die Straße von Oaxaca nach Puerto Escondido. Erkundigen Sie sich jedoch auch hier beim **Turismo** über Einzelheiten. Auf dem Weg nach **Puerto Angel** kommen Sie nahe an **Santo Tomas** vorbei, bekannt für *Ledergürtel*. Entlang der Hauptstraße fahren Sie durch die Orte mit *Märkten* wie **Ocotlan** — 30 km, **Ejutla** — 70 km und **Miahuatlan** — 105 km.

Weitere Ausflüge

Nördlich von Oaxaca liegt **Guelatao** — 65 km, der Geburtsort von Benito Juarez. Schauen Sie sich auf alle Fälle dort das Denkmal an, das Benito Juarez als Hirtenknabe darstellt. Von der *Panamericana, M-190*, führt eine ungeteerte Straße auf dem Weg nach **Teotitlan del Valle** — 25 km durch **Macuilxochitle**, wo es die *bunten Decken* und *Wandbehänge*, die hier gewebt werden, zu recht vernünftigen Preisen gibt. Auf der *Südseite der Panamericana* liegt etwa 21 km von Oaxaca entfernt die kleine archäologische Zone von **Dainzu**, eine ehemalige religiöse Kulturstätte der Zapoteken. Weiter *östlich*, etwa 28 km von Oaxaca, kommen Sie zu der Abzweigung, die *südlich* zu einer weiteren archäologischen Stätte führt — **Lambiteyco**, mit mehreren Grabkammern, Friesen und Skulpturen.

Etwas *östlich* von **Tlacolula** — etwa 32 km von Oaxaca — in *nördlicher* Richtung biegt die Straße nach **Yagul** ab — eindrucksvolle Ruinen aus der Zeit der *Zapoteken* und *Mixteken*. Es lohnt sich, zum Vergleich und als *Ergänzung* des Besuchs

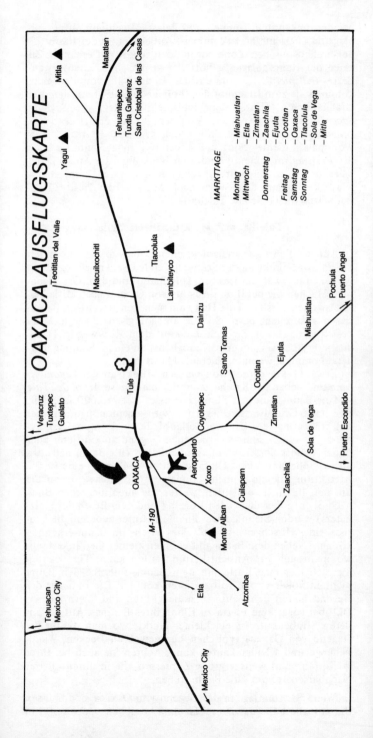

bei den bekannten Tempel- und Palastanlagen von Monte Alban und Mitla hierherzukommen. Außerdem ist der Hauptteil der archäologischen Zone sogar noch relativ gut erhalten. Zu einer der Hauptanlagen gehört der große, inzwischen restaurierte, *Ballspielplatz* — ohne Ringe. In der Nähe vom Parkplatz kommen Sie zum Innenhof des *Dreifachen Grabes* mit den drei Grabkammern. Hinter dem Ballspielplatz liegt die *Sala de Sacerdotes*, der Priestersaal. Von dem großen *Palast der sechs Innenhöfe*, der wahrscheinlich den früheren Herrschern als Wohnpalast diente, führt ein steiler Weg hinauf zum Gelände der *Festung* mit einem grandiosen Blick über die Anlage. Und hier noch kurz ein paar Einzelheiten über zwei Hauptsehenswürdigkeiten auf dem Wege nach Mitla — der riesige **Tule-Baum** und die Ortschaft **Tlacolula**.

Tule-Baum & Markttag In Tlacolula

Auf der Fahrt zur archäologischen Zone von **Mitla** kommen Sie an zwei direkt an der Straße liegenden Sehenswürdigkeiten vorbei, und zwar am riesigen **Tule-Baum** und dem Ort **Tlacolula**. Machen Sie bei Ihrem Ausflug von Oaxaca nach Mitla beispielsweise zuerst in **Tule** Halt, um sich den gewaltigen Baumriesen anzusehen, **bevor** Sie die archäologische Zone in **Mitla** besichtigen. Halten Sie sich dann auf dem Rückweg in **Tlacolula** auf. Aber versuchen sie, möglichst an einem Sonntag hierherzukommen, wenn in Tlacolula **Markt** ist.

Etwa 11 km *östlich* von Oaxaca, direkt an der *Panamericana* und neben der Kirche, steht der Baumriese *Arbol del Tule* — **Tule-Baum**, eine Art Sumpfzypresse — etwa 2000 Jahre alt. Der hohe Grundwasserspiegel (es wird angenommen, daß das Tal früher mal ein See war) erlaubt der wasserdurstigen Zypresse, in dieser sonst so trockenen Gegend zu existieren; der Baum wächst übrigens immer noch! Der **Tule-Baum** hat etwa 40 m **Höhe** und einen **Umfang** von etwa 42 m — eine riesige Attraktion, die noch nicht einmal Eintritt kostet. Wenn Sie um den Baum herumlaufen, werfen Sie auch mal einen Blick nach oben; außer den vielen Vögeln (und dem Besen des Platzhüters) werden Sie mit etwas Phantasie unter anderem die Umrisse eines Hirschgeweihs und eines Fischs im Baum erkennen können. Neben dem Baum gibt es einen kleinen Getränkestand, wo man auch gut Ansichtskarten kaufen kann. **Tip**: Kaufen Sie sich hier eine Karte mit dem Baum, falls Sie den Baum nicht in voller Größe fotografieren können! Die Indianer der Gegend halten den Baum in hohen Ehren und feiern hier im Oktober sogar eine **Fiesta** zu Ehren ihres Baumes. Auf der anderen Straßenseite ist ein kleiner Markt, wo man die für die Gegend von Oaxaca **typischen** buntgewebten Decken, Wandbehänge und Kleider kaufen kann. Achten Sie auch bei Ihrer Weiterfahrt auf weitere große Zypressen, die in unmittelbarer Nachbarschaft vom Tule-Baum stehen.

Wenn Sie **sonntags** in der Gegend von Oaxaca sind, müssen Sie auf alle Fälle das Dorf **Tlacolula** besuchen — etwa 30 km *östlich* von Oaxaca. Die meisten Ausflugsbusse machen auf dem Weg nach Oaxaca hier Halt – nämlich wegen dem lebhaften **Indianermarkt** und der Kirche aus dem 16. Jahrhundert mit der attraktiven Seitenkapelle. Noch ehe Sie die Kirche erreichen, sehen Sie deren hübsches Kuppeldach. Und rund um die Kirche erstreckt sich der **Markt**; wie auf jedem Markt, überall ein dichtes Menschengewühl. Passen Sie gut auf Geld und Taschen auf (wie es die Tourbegleiter empfehlen). Hier findet wirklich **echtes** Marktleben statt, wo die Indianer von überall herkommen, um zu kaufen oder zu verkaufen.

Im Vergleich zu dem Indianermarkt in Oaxaca ist dieser Markt vielleicht besser **überschaubar**, intimer und sehr echt. Die Menschen sind natürlich und nehmen von den Touristen kaum Notiz; es ist wirklich ein Markt der **Einheimischen**! Schlendern Sie ruhig so ein bißchen zwischen den Ständen herum – getrocknete Felle, aufgehäufte Pepperonis und Paprika, Kräuterstände mit verschiedenen Kräutern und Gewürzen in Säcken, Gebäck und Brotstände, Stoffe, Obst – Ananas, Mangos, Bananen, Erdnüsse – schwarz gebrannt (noch in der Schale), Körbe, Hüte, lebende Schweine und Truthähne, Werkzeug, bunte Bänder und kleine Käfige mit Vögeln! Auf der Schattenseite des Kirchenvorplatzes gibt es eine große Auswahl an **Textilien** – Hemden, baumwollene Blusen mit Spitzen, Kleider, Decken und Ponchos. In der Nähe ist die Schule und eine Büste von Benito Juarez.

Die kleine **Kapelle**, genau rechts vom Eingang der großen Kirche, ist innen durch Spiegel erhellt. Der Altar ist reich mit Gold verziert. Von dem winzigen Balkon baumelt ein spanisches Schiff. Draußen neben der Kirche gibt es mehrere Läden, wo Sie den berühmten **Mezcal** in Flaschen sehen können. Es ist ein Schnaps – ähnlich wie Tequila – und um den hohen Alkoholgehalt zu demonstrieren, befindet sich ein **Wurm** in der Flasche!

ÜBERNACHTUNGEN IN OAXACA

Zu den *preisgünstigeren* Hotels in Oaxaca gehören die **Hotels Senorial** und **Monte Alban** am Zocalo sowie das **Hotel Margarita**, in der Nähe vom Bahnhof. Wenn Sie etwas mehr ausgeben wollen, versuchen Sie es im netten **Hotel Mision de los Angeles**. Für etwas sparsamere Urlauber gibt es das **Vera Cruz Hotel**, eine Straße vom Busbahnhof entfernt. Hier ein **Tip**: Da es lohnenswert ist, drei oder vier Tage in Oaxaca zu verbringen, empfehlen wir Ihnen, Ihr Besichtigungsprogramm mit Aufenthalt in einem etwas komfortableren Hotel zu kombinieren und dabei dessen Vorzüge zu genießen. Sie werden es bestimmt sehr zu schätzen wissen, wenn Sie sich hier ein wenig **erholen** können, und dann mit neuer Energie geladen an die archäologischen Zonen in Yucatan herangehen. Außerdem liegen die Preise hier sogar in den besten Hotels **unter** den Hotelpreisen der Badeorte an der Karibik. Zwei der hübschesten Hotels von Oaxaca sind das hoch über der Stadt liegende **Hotel Victoria** mit dem Panoramablick auf Oaxaca und Umgebung und das **Hotel El Presidente** Ex-Convento de Santa Catalina, nur etwa vier Straßen vom Zocalo entfernt.

Das **Hotel Victoria**, etwa 150 Zimmer im Hauptgebäude und mehreren Bungalows, ist eine richtige Erholungsoase. Es liegt nicht direkt im Stadtzentrum, sondern seitlich der *Panamericana* und ist daher ein ideales Hotel für Autoreisende. Sogar wenn Sie ohne Auto reisen, haben Sie vom Flughafen, Bahnhof, Busbahnhof und Zocalo eine bequeme **Limousine/ Taxi-** Verbindung zum Hotel. **Autovermietungsstelle** direkt im Hotel. Gleich daneben ist der Schalter für **Ausflugstouren** nach Mitla und Monte Alban. Das Hotel verfügt über Tennisplätze, einen großen Swimming Pool und die prachtvolle Aussicht auf die Gegend von Oaxaca.

Das **El Presidente Hotel** (etwa 90 Zimmer) befindet sich im Gebäude eines ehemaligen Klosters! Es wurde etwa gegen Ende des 17. Jahrhunderts gebaut; 1862 verwandelte der große Reformer, Benito Juarez, im Zuge seiner Reformen, dieses Kloster in ein Gefängnis; später beherbergte das Gebäude dann Regierungsbüros und wurde vor einigen Jahren zum Hotel — zu einem wirklich einmaligen Hotel! Die Zimmer sind geräumig, überall mit dicken Holzbalken, die **Atmosphäre** schaffen. An manchen Wänden sind noch die Reste alter **Fresken** zu sehen. Über allem liegt ein Hauch von Geschichte. Die weiten, blumengeschmückten Innenhöfe sind sehr romantisch; und es gibt dort auch eine Bar im Freien — am Swimming Pool. Im Innenhof kann man übrigens auch ausgezeichnet essen. **Tip:** Machen Sie sich langsam mit der einheimischen *Mole*-Soße vertraut — eine Soße voller Gewürze, eine der köstlichen Spezialitäten Oaxacas. Versuchen Sie nach Möglichkeit, **mindestens** 3 Tage hier zu bleiben, um einige der Hauptattraktionen der Gegend Oaxacas anzusehen und noch genügend Zeit zu haben, die Ruhe und erholsame Atmosphäre im Hotel zu genießen. Selbst wenn Sie hier gar nicht übernachten, werfen Sie wenigstens mal unbefangen einen Blick in das Innere des Hotels. **Vorschlag:** Gehen Sie doch zum Essen hin! Bestimmt möchten Sie daraufhin auch gerne hier übernachten. **Wichtiger Hinweis:** Das Hotel verfügt über **keine** Hotelgarage. Falls Sie mit dem Auto hier sind, müssen Sie Ihr Auto auf der Straße vorm Hotel parken.

Oaxaca Hotelliste

Hotel El Presidente, 5 de Mayo & Abasola 60611
Hotel Victoria, Carr. Panamericana km 545 62633
Mision de los Angeles, Calz. Porfirio Diaz No. 102 ... 61490
Hotel Principal, 5 de Mayo No. 208 62535
Hotel Monte Alban, Alameda de Leon No. 1 62777
Hotel Senorial, Portal Flores No. 6 63933
Marques de Valle, Portal de Claveria S—N 63677
Hotel Margarita, Calzada Madero No. 1254 64085
Hotel Veracruz, Blvd. Ninos Heroes de
Chapultepec No. 1020 65300

OAXACA AREA CHECKLISTE

- ☐ AM ZOCALO AUSRUHEN UND BEOBACHTEN
- ☐ DIE KIRCHE SANTO DOMINGO ANSEHEN
- ☐ DAS REGIONALMUSEUM BESICHTIGEN
- ☐ INS MUSEO RUFINO TAMAYO GEHEN
- ☐ DEN SAMSTAGSMARKT IN OAXACA ERLEBEN
- ☐ FOLKLORETÄNZE ANSCHAUEN
- ☐ DEN TULE-BAUM ANSEHEN
- ☐ ZUM SONNTAGSMARKT NACH TLACOLULA
- ☐ EIN BESUCH AUF MONTE ALBAN
- ☐ ARCHÄOLOGISCHE ZONE VON MITLA ANSEHEN

❖❖❖❖❖❖❖❖❖❖❖❖❖❖❖❖❖❖❖❖❖❖❖❖❖❖

BESICHTIGUNG VON MONTE ALBAN

Nur etwa 8 km von der Innenstadt von Oaxaca entfernt, hoch oben auf einem künstlich abgeflachten Berg, liegt eine der faszinierendsten archäologischen Zonen Mexicos — **Monte Alban**. Die Ruinen dieses einst so bedeutenden religiösen Zentrums der **Zapoteken** sind hervorragend restauriert und legen eindrucksvoll Zeugnis ab von einer der ältesten Kulturen Mexicos. Die Originalgebäude auf der Plattform sowie die Tempel wurden etwa um 700 v. Chr. errichtet und diese wurden dann im Laufe der Zeit nach und nach verfeinert. Man hatte den Berg wohl wegen seiner überragenden Lage und der weiten Sicht über das Tal ausgewählt; man nimmt an, daß dieses Tal etwa vor 2000 Jahren teilweise von einem *See* bedeckt war.

Die Kultur der **Zapoteken** erreichte zwar in der Zeit von 200 n. Chr. bis 900 n. Chr. ihre *Blüte*, doch kurz darauf wurde **Monte Alban**, die „Weiße Akropolis" oder der „Weiße Berg" aus bisher ungeklärten Gründen verlassen. Vielleicht wurden die Zapoteken von den eindringenden **Mixteken** verdrängt, die vor etwa 1000 Jahren ins Tal kamen. Man hatte zwar damals die Zapoteken aus ihren Tempelanlagen vertrieben, sie aber nicht ganz ausgerottet. Heute noch machen Sie einen **wesentlichen** Bestandteil der Bevölkerung des Bundesstaates Oaxaca aus; einige Hunderttausende sprechen noch die **zapotekische Sprache**. Und dabei darf man nicht vergessen, daß einer der beliebtesten Präsidenten Mexicos, **Benito Juarez** (1806–1872), der praktisch in Sichtweite dieses religiösen Zentrums geboren wurde, ein Vollblut-Zapoteke war!

Straße Zur Archäologischen Zone

Die recht *kurvenreiche* Straße nach Monte Alban ist ziemlich schmal und stellenweise äußerst steil. Sie kommen zuerst an dem betriebsamen 2. Klasse-Busbahnhof und dem Markt vorbei, überqueren den **Rio Atoyac**, passieren dann ein Wohnviertel, ehe Sie an eine Kreuzung gelangen. Die Straße zu Ihrer **Linken** führt hier nach **Cuilapam** und nach **Zachila** (ebenfalls Zapoteken-Ruinen), und *rechts* geht es durch ein Steintor an einem Aquädukt vorbei nach **Monte Alban**; folgen Sie nur den Hinweisschildern. Unterwegs sehen Sie ärmliche Hütten, die am Berg kleben; manchmal begegnen Sie Wasserträgern. Man kann sich nur wundern, daß die Leute hier in ihren doch sehr ärmlichen Lehmhütten mit den mächtigen Zapoteken verwandt sind, denen einst das etwa 400 m über dem Hochtal von Oaxaca liegende herrschaftliche Gelände von Monte Alban gehörte. Oben am Parkplatz gibt es ein kleines Museum; **Tip:** Sehen Sie es sich am besten erst nach Ihrem Rundgang auf Monte Alban an, dann werden Sie möglicherweise eine größere Beziehung zu den Ausstellungsstücken haben. Hier gibt es auch einen winzigen Souvenirladen, Getränke und Toiletten. **Tip:** Von der Cafeteria aus haben Sie einen ausgezeichneten Blick auf Grab Nummer 7.

164 MONTE ALBAN

Die Archäologische Zone

Etwas oberhalb vom Parkplatz streift ein steiniger Weg die archäologische Zone und führt an mehreren Gräbern einschließlich **Grab Nr. 104** vorbei. Monte Alban wurde von den Zapoteken und später von den Mixteken als Begräbnisstätte benutzt; eine Menge Gräber der Anlage sind mit Verzierungen versehen. Wenn Sie sich die Grabkammern etwas genauer ansehen wollen, empfehlen wir Ihnen, sich eine Taschenlampe für die dunklen Grabgänge und Kammern mitzunehmen. Von der Gegend um Grab 104 führt der Weg einen Berg hoch, bis zur **Nordplattform** mit dem riesigen „versenkten Hof". Von dieser Gegend haben Sie einen ausgezeichneten Blick über die Area. Und wenn Sie den großen Platz — *Gran Plaza* — mit seinen eindrucksvollen Gebäudeteilen betrachten, nehmen Sie sich mal einen Augenblick, um sich Gedanken über die Gründung und Errichtung dieses kolossalen Komplexes zu machen. Die Gebäude der Anlage werden in verschiedene Perioden Monte Alban I, II usw. oder **Epocas** eingeteilt:

Prä-Monte Alban (800 v. Chr. — 600 v. Chr.); kleine Dörfer in der Area.
Epoca I (600 v. Chr. — 200 v. Chr.); Entstehung von Monte Alban und Bau des Gran Plaza sowie einiger der Danzantes. Bevölkerung etwa 5000—10 000.
Epoca II (200 v. Chr. — 200 n. Chr.); dies war eine Periode des Ausbaus, als die Architektur von Neuankömmlingen in der Gegend angewandt wurde. Bevölk. etwa 20 000.
Epoca III (200 n. Chr. — 500 n. Chr.); Monte Alban begann, seinen Höhepunkt zu erreichen; viele Gebäude, einschließlich Gräber 104 & 105, wurden errichtet und der Zapoteken-Stil festigte sich. Bevölk. etwa 25 000.
Epoca III B (500 n. Chr. — 700 n. Chr.); es wurde weitergebaut, der Gran Plaza erneuert und das Grab 7 gebaut; soziale Schichten bildeten sich und es gab sogar Beziehung zu Teotihuacan (der Pyramidenkomplex nördlich von Mexico City). Bevölkerungsanstieg bis zu 30 000, Rückgang jedoch wieder gegen Ende dieser Periode.
Epoca IV (700 n. Chr. — 900 n. Chr.); die Gegend wurde aus ungeklärter Ursache verlassen. Von den Zapoteken als Begräbnisstätte benutzt. Neues Zentrum der Bevölkerung verschob sich zur Mitla Area.
Epoca V (1000 — 1500 n. Chr.); die Mixteken benutzten weiterhin Monte Alban als Begräbnisstätte. Die Bevölkerung befand sich in den Tälern um Mitla und Zaachila.

Wenn Sie sich die Anlage entgegen dem Uhrzeigersinn ansehen, kommen Sie in der Gegend der Gran Plaza zu einer interessanten **Stele** — viele davon sind heute im Anthropologischen Museum in Mexico City zu sehen. Stelen waren in erster Linie „Schilder", auf denen man die Zeit oder bestimmte Ereignisse zählte. In der Nähe ist der **Komplex IV** (vielen Komplexen und Gebäuden wurden von den Archäologen Nummern und Buchstaben gegeben) mit sehr vielen Tunnels oder Gängen. In der *Südwestecke* der Anlage befindet sich der **Tempel der Tänzer** *(Danzantes)* mit der berühmten Danzantes „Galerie". Hier ist auch die Sammlung von Steinplatten zu sehen, an denen nach Meinung von Experten Einflüsse der Olmeken von der Golfküste erkennbar sind; in der Nähe befinden sich weitere Stelen. Die **Südplattform** ist ein riesiger Komplex — früher eine religiöse Stätte. Von hier haben Sie eine Supersicht auf die Gegend.

In der Nähe der **Südplattform** befindet sich zur Mitte hin das bogenförmige **Observatorium** (Sternwarte), das etwa auf die **Epoca II** oder — wie manche sie nennen — **Monte Alban II** zurückgeht. In der Mitte der **Gran Plaza**, die etwa 274 m lang und 228 m breit ist, steht das Gebäude „H" — es diente einst als Altar. Auf der *Ostseite* des Komplexes befinden sich weitere Gebäude, darunter der **Palast** — ehemals mit vielen Räumen und Gemächern ausgestattet. Und ehe Sie die Anlage verlassen, steigen Sie mal in den Hof des **Ballspielplatzes** hinunter und stellen Sie sich so ein früheres Ballspiel vor. Obwohl die Steinringe inzwi-

MONTE ALBAN 165

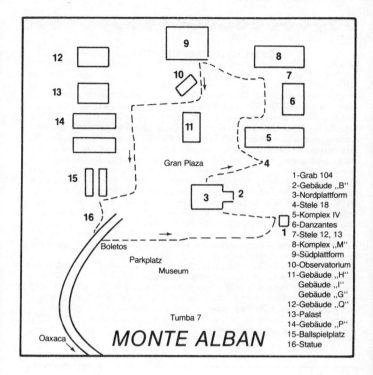

schen nicht mehr vorhanden sind, nimmt man an, daß das Ziel des Ballspiels war, den Ball durch die Ringöffnung zu bringen – ohne die Hände zu benutzen. In der Nähe sehen Sie die Statue von **Alfonso Caso** – der *„Descubridor de Monte Alban"*, Entdecker von Monte Alban – Werk von Beatriz Caso. Und er (er wird manchmal der Vater der mexikanischen Archäologie genannt) war derjenige, der das berühmte **Grab Nr. 7** – *Tumba No. 7* – in den 1930er Jahren entdeckte. Der Schatz, den er darin gefunden hatte, wird heute im **Regional Museum** in Oaxaca, neben der Kirche Santo Domingo, aufbewahrt. Es lohnt sich, ihn anzusehen! Nach Ihrem Rundgang sollten Sie auch noch dem kleinen **Museum** einen kurzen Besuch abstatten, am Parkplatz. Hier können Sie auf Fotos vergleichen, wie die Anlage bei ihrer Entdeckung und vor ihrer Freilegung ausgesehen hat – Sie werden einen erstaunlichen Unterschied feststellen. Von der Fensterseite der kleinen Cafeteria können Sie übrigens einen Blick auf Grab Nr. 7 werfen.

166 MITLA

BESICHTIGUNG VON MITLA

Die archäologische Zone von Mitla – außerhalb des Dorfes Mitla, liegt seitlich der *M-190*, etwa 45 km *südöstlich* von Oaxaca. Die Stadt wurde von den Zapoteken gegründet, die etwa 200 n. Chr. bis 900 n. Chr. hier ein religiöses Zentrum errichteten. Die Gegend wurde dann von den eindringenden Mixteken, „den Wolken-Leuten", im 10. Jahrh. besiedelt; ihre Kunst bestand darin, Steine zu behauen – das ist es schließlich auch, was diese Anlage heute so interessant macht; die Muster sind wie Spitzenmuster. Hier befinden sich keine Pyramiden. Und da die Stätte zur Bestattung von Toten benutzt wurde, wird sie manchmal auch *„Stadt der Toten"* genannt. Die kleine archäologische Zone besteht aus **fünf** Gebäudegruppen. Die besterhaltensten zeigt unsere **Orientierungskarte**. Einer der Gründe, weshalb diese Gebäude so gut erhalten sind, liegt wahrscheinlich darin, daß man annimmt, daß die Spanier diese Gebäudegruppe im 16. Jahrh. als Stützpunkt benutzt hatten. Die benachbarte Kirche wurde teilweise aus den Trümmern anderer Teile der Anlage gebaut.

Die Geschicklichkeit der **Mixteken** kann man am deutlichsten erkennen, wenn man an unserem ersten **Standort** steht. Schauen Zone auf das Profil der Gebäude. Sie werden feststellen, daß die Ecken kantig und nicht abgerundet sind. Die scharfen Linien der verschiedenen Muster zeigen das „Druckprinzip", das den Komplex zusammenhält. Unser zweiter Standort befindet sich dicht an den Mauern, wo Sie noch deutlicher dieses überall hier verfolgte „Druck"-System sehen.

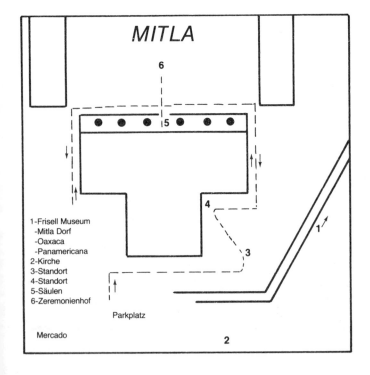

MITLA 167

Die Steine sind so ineinander und aufeinander gefügt, daß es ein festes Gefüge gibt – ohne Verwendung von Mörtel oder Zement. Die Architektur basiert auf *Gleichgewicht, Druck* und *Schwerkraft*. Die akkuraten geometrischen Muster, die in Tausenden von Blocks vorhanden sind, scheinen, als ob die einzelnen Steine mit einer Säge bearbeitet wurden. Tatsächlich wurde jedes einzelne Stück von Hand behauen. Was Sie hier sehen, ist etwa 800 Jahre alt; diese geometrischen Muster sind nicht restauriert – es ist noch **Originalarbeit**! Nicht ein einziger Stein steht „unerlaubt" über.

Sie werden nun den offensichtlichen Unterschied zwischen **Monte Alban** und **Mitla** erkennen – die erste Zone ist eine **Kolossalstätte**, während die letztere ein Werk der **Präzision** ist. Mitlas verschiedene geometrischen Muster (es heißt, es gäbe mindestens 14) sind nicht humanistisch, eher abstrakt. Es ist wahrscheinlich eines der letzten Hauptbauwerke in diesem Tal, bevor die Spanier kamen. Diese **mixtekische** Architektur stellt einen der Höhepunkte der indianischen Kulturen in Zentralmexico dar. Man nimmt an, daß der zugehörige Steinbruch mindestens 8 km weit weg war.

Einer der bedeutendsten Teile dieses Komplexes ist die Längshalle mit **sechs Rundsäulen** (15 Tonnen schwer), die früher eine Dachkonstruktion trugen. In der Ecke können Sie erneut die geometrischen Muster ansehen, einige sind mehrere cm tief; und zwischen den Steinen kann man noch nicht einmal eine Rasierklinge einschieben. Im Innern befand sich der Wohnraum – achten Sie beim Durchgehen auf Ihren Kopf (der Stahlträger soll übrigens aus Deutschland stammen). Der Raum ist von einem restaurierten Dach bedeckt. Da es keine Fenster gibt, wird angenommen, daß sich Küche und Toilette außerhalb befanden. Das glänzende Rot der Wände durch den Lichteinfall erkennbar. Wenn Sie wieder auf dem Parkplatz sind, werden Sie etwas abseits einen kleinen Markt – *mercado,* sehen. Bestimmt will hier jeder seine Kokosnüsse anbieten; die werden kurz oben abgeschlagen, und dann haben Sie ein köstlich erfrischendes Kokosgetränk. Auf dem Weg zurück ins Dorf kommen Sie am kleinen **Frisell Museum** vorbei, wo es Funde und Ausstellungsstücke aus der Gegend gibt.

Ixtaccihuatl 5287 m
„Die schlafende Indianerprinzessin"
in der Nähe von Puebla: Mexico City – Oaxaca Route

168 NACH TUXTLA

OAXACA–TUXTLA GUTIERREZ ROUTE

Die Strecke zwischen **Oaxaca** und **Tuxtla Gutierrez**, im Bundesstaat Chiapas, beträgt etwa 511 km, über die *M-190*. Rechnen Sie für diese Route mit etwa 8–9 Stunden Fahrt. Damit Sie sich auf diese riesige Etappe richtig vorbereiten können, geben wir Ihnen hier einige wichtige Informationen zu dieser Strecke:

1. Fahren Sie diese kurvenreiche Strecke nur bei **Tageslicht**! Rechnen Sie unterwegs immer damit, daß Fußgänger und Tiere plötzlich auf die Fahrbahn treten können.
2. Nehmen Sie unterwegs Hinweise auf gefährliche **Kurven**, *curva peligrosa*, und **Geschwindigkeitsbegrenzungen** ernst.
3. Nur mit **vollem** Tank starten! Tanken Sie unterwegs bei jeder Gelegenheit!
4. Seien Sie unterwegs auf alles, auch auf Massen von Aasgeiern, die sich nicht von ihrem Mahl vertreiben lassen wollen, **rollende** Steine und **entgegenkommende** Fahrzeuge gefaßt!
5. Nehmen Sie genügend **Flüssigkeit** und **Proviant** mit, denn es ist eine durstige und lange Strecke.
6. Unterschätzen Sie unterwegs die Kraft des **Windes** nicht, wenn Sie in der Gegend von Tehuantepec am Isthmus von Tehuantepec sind!

Doch nun zur Route Oaxaca–Tuxtla Gutierrez. Der Anfang der *südöstlich* verlaufenden Route führt auf der *M-190* außerhalb von Oaxaca an mehreren Sehenswürdigkeiten, sowie archäologischen Stätten entlang – siehe **Oaxaca Ausflugskarte**. Zum Beispiel sind der berühmte Tule-Baum 11 km, die Dainzu-Pyramide 21 km und die Ortschaft Tlacolula etwa 30 km von Oaxaca entfernt. Bei etwa 32 km von Oaxaca kommt die Abzweigung nach Yagul, und bei etwa 39 km östlich von Oaxaca biegt die Straße nach Mitla ab.

Über **Matalan** führt die *M-190*, die Panamericana, nach Tuxtla Gutierrez. Hier durch die **Sierra Madre del Sur** gibt es überall entlang der Straße kleine Agavenbrennereien, wo der berühmte **Mezcal** hergestellt wird. Vorbei am Rio La Ceiba mit seinem breiten Flußbett gelangen Sie nach **Totolapam**, 75 km von Oaxaca; Tankstelle und Gelegenheit, sich in dem kleinen Restaurant mit der Wandkarte zu erfrischen, bevor die Strecke kurvenreich weiterführt. Nach **Las Margaritas** überquert man den Rio La Junta. Die Sisalpflanzungen unterwegs an den Steilhängen erinnern etwas an Weinbaukulturen in der Mosel- und Rheingegend. Bei Los Cantiles führt die Straße durch eine hohe steile Felsschlucht über El Boqueron anschließend in zahlreichen Windungen bergab.

In **El Cameron** Gelegenheit zum Tanken – auch ein kleines Restaurant vorhanden; hier steigt die Straße wieder an. Die heiße Strecke über Orte wie **Rio Hondo**, **La Reforma** führt weiter bis **Marilu**, etwa 190 km von Oaxaca. Hier sollten Sie die Gelegenheit wahrnehmen, in dem Restaurant mit den Hängematten, kurz vor dem Fluß, eine Pause einzulegen. Genießen Sie es, sich ein wenig hier im Schatten in einer Hängematte zu erholen. Von Marilu aus führt die Strecke fast schnurgeradeaus. Unterwegs zweigt etwa bei 208 km die Straße zum von der Straße aus sichtbaren Stausee **Presa Benito Juarez** ab, der vom **Rio Tehuantepec** gespeist wird. Vorbei an der Abzweigung zu den **Ruinas de Guinoles** erreichen Sie etwa 237 km nach Oaxaca die Stadt am Isthmus von Tehuantepec: **Tehuantepec**.

Tehuantepec ist bekannt für seine selbstbewußten Frauen, die bunte Trachten mit knöchellangen Röcken und stolz weiße Spitzenschleier auf dem Kopf tragen. Direkt im Westen der Stadt biegt in südlicher Richtung die Straße zum Pazifik ab, die *M-185*, die nach Salina Cruz führt. Östlich vom Stadtzentrum führt die *M-190* weiter nach Tuxtla Gutierrez vorbei an der Pemex-Tankstelle und dem Hotel Calli. **Tip:** Wenn Sie unbedingt in der Salina Cruz Gegend zum Pazifik wollen, sollten Sie sich wegen der begrenzten Hotelkapazität erst ein Zimmer, zum Beispiel im günstig direkt an der *M-190* liegenden **Hotel Calli**-besorgen. Nachdem Ihre Unterkunft gesichert ist, können Sie den Pazifik dann in Ruhe entdecken. Hotel Calli, Tehuantepec, Tel. 50113.

NACH TUXTLA

SAN CRISTOBAL DE LAS CASAS

		km
	Pemex	85
	San Felipe	83
Zinacantan	Nachig	75
	Navenchauca Apaz	66
	Zequentic	58
		39
Villahermosa ← M-195		
via Pichucalco		
Grutas Balnearos		29
	Pemex	
▲ Cangalu Piramide		22
	Chiapa de Corzo	17
	Pemex	
Rio Grijalva/Rio Chiapas		14
	Presa de la Angostura	12
	Pemex	10
		0

TUXTLA GUTIERREZ 511

	Pemex Berriozabal	499
El Aguacero	Pemex Ocozocoautla	482
	Cintalapa Pemex	439
	Col. Lazaro Cardenas	427
	Pemex → M-200 Tapachula	420
	via Arriaga	
	Rizo de Oro Pemex	392
Chiapas		383
- -
Oaxaca		
	Tapanatepec → M-200 Tapachula	364
	Pemex	
Niltepec	Pemex	313
Acayucan ← M-185	Pemex	278
Veracruz		
	Pemex Playa Victoria	263
	Tehuantepec → Salina Cruz	237
	Juchitan Pemex M-185 Pazifik	
	Puerto Escondido	
		227
Ruinas de Guinoles ▲	Jalapa de Marques	208
Presa Benito Juarez		190
	Marilu La Reforma	171
	Rio Hondo	162
	El Cameron Pemex	125
	El Boqueron	113
	Los Cantiles	111
	San Jose de Gracia	107
Rio La Junta	Las Margaritas	97
	Totolapam Pemex	75
Rio La Ceiba		
	Matatlan	44
Mitla ▲	Pemex	39
	Union Zapata	38
Yagul ▲		32
	Diaz Ordaz **Tlacolula**	30
	Pemex	
	▲ Lambiteyco Piramide	28
	▲ Dainzu Piramide	21
		20
Benito Juarez	Tlacochahuaya	18
	☿ Tule-Baum El Tule	11
		8
Tlacitac	Benito Juarez Monument	6
	ADO	
	Hotel Mision Hotel Vera Cruz	
OAXACA	de los Angeles	
	Panamericana	

170 NACH TUXTLA

Abstecher zum Pazifik. Der Ausflug über die *M-185* zum Pazifik nach **Salina Cruz**, etwa 18 km südlich von Tehuantepec, ist nicht sehr lohnend, wenn Sie hübsche, gepflegte Strände und einen traumhaften Pazifikaufenthalt erwarten. Salina Cruz selbst ist eine **betriebsame Hafenstadt** und durchaus keine Erholungsoase. Für einen erholsamen Aufenthalt am Pazifik empfehlen wir daher zum Beispiel **Puerto Escondido**, etwa 240 km *westlich* von Salina Cruz. Erkundigen Sie sich jedoch in jedem Fall beim **Turismo** über den neuesten Straßenzustand der *M-200*.

Falls Sie keinen Abstecher an den Pazifik unternehmen, setzen Sie Ihre Fahrt nach **Tuxtla Gutierrez** auf der *M-190* in *östlicher* Richtung fort. Neben der Straße ist die **Isthmus-Bahnstrecke** zu sehen, die über die Landenge von Tehuantepec vom Pazifik zum Golf von Mexico führt. Etwa 263 km nach Oaxaca passieren Sie die riesige Industriestadt **Juchitan**; auch hier eine Pemex-Tankstelle. Nach weiteren 15 km zweigt in *nördlicher* Richtung die *M-185* ab, die den Isthmus von Tehuantepec bis **Acayucan** überquert, in Richtung Golf von Mexico. Dort auf der Golf von Mexico Seite führt dann die *M-180* weiter, und zwar westlich nach **Veracruz** und östlich nach **Villahermosa**.

Für die Weiterfahrt nach **Tuxtla Gutierrez** bleiben Sie weiter auf der *M-190* in östlicher Richtung. Hier führt nun die Straße durch die heiße, tropisch feuchte Sumpfgegend, die nördlich von der **Sierra de Niltepec** begleitet wird. Die schmale Strecke ist in keinem guten Zustand, sehr viele Unebenheiten! Es geht immer näher an die **Sierra Madre de Chiapas**, daher führt die Straße nun in vielen Windungen bergauf. Bei **Tapanatepec**, etwa 364 km *östlich* von Oaxaca, haben Sie die Möglichkeit, einen Abstecher über die *M-200* nach **Tapachula**, an der Grenze von **Guatemala**, zu unternehmen.

Abstecher nach Tapachula. Falls Sie die Absicht haben, über die *M-200* südöstlich von Tapanatepec nach **Tapachula**, im Bundesstaat Chiapas, zu fahren (auch Bus- und Flugverbindungen), empfehlen wir, von Mexico City oder Oaxaca rechtzeitig ein **Zimmer zu reservieren**: Loma Real Hotel — außerhalb der Stadt, Tel. 61440, oder Kamico Motel, Tel. 62640. In der Stadt gibt es auch ein Guatemala-Konsulat, wo Sie sich für die Weiterreise nach Guatemala die notwendige **Touristenkarte** besorgen können. Hier einige Einzelheiten zur Strecke nach Tapachula. **Tapachula** liegt über die *M-200* etwa 299 km in östlicher Richtung von Tapantepec. Unterwegs führt die *M-200* an der **Lagune Mar Muerte** vorbei, wo es mehrere noch nicht vollständig freigelegte archäologische Überreste aus präkolumbianischer Zeit gibt. Nach dem Übergang von Oaxaca nach **Chiapas** über **Arriaga** und **Tonala** biegt südlich eine Straße zu den Pazifikstränden von **Puerto Paredon** und **Puerto Arista** ab. Parallel zur *M-200* verläuft die Eisenbahnstrecke durch die tropische Küstenebene **Llanura-Costera** nach Tapachula. Tapachula ist übrigens ein Zentrum der Kaffee und Kakaoregion. In der Nähe befindet sich die archäologische Zone von **Izapa** aus präklassischer Zeit. Dicht an der Grenze von Guatemala erhebt sich nördlich der Stadt der 4100 m hohe erloschene Vulkan **Tacana**. Tapachulas Pazifik-Seebad, **Puerto Madero**, liegt etwa 20 km südlich der Stadt.

Von **Tapanatepec** mit Pemex-Tankstelle setzen Sie die Fahrt in *nordöstlicher* Richtung nach **Tuxtla Gutierrez** auf der *M-190* fort. Etwa 383 km von Oaxaca verlassen Sie den Bundesstaat Oaxaca und wechseln nach **Chiapas** über. Nach **Rizo de Oro** führt die Strecke ziemlich schnurgeradeaus. Etwa 420 km nach der Stadt Oaxaca biegt südlich die Verbindungsstraße zur *M-200* über **Arriaga** nach **Tapachula** ab. Bei **Col. Lazaro Cardenas** wird die *M-190* kurvenreich und steigt wieder an. Ab **Cintalapa** — 545 m ü.M., mit der Pemex-Tankstelle am Ortsausgang wird die Gegend merklich kühler, und die *M-190* führt durch eine kultivierte Agrarlandschaft. In **Ocozocoautla** gibt es einen Engpaß, wo sich die *M-190* durch die lebhafte Ortschaft zwängt, etwa 830 m ü.M. Hier geht es zu den in der Nähe liegenden Wasserfällen **El Aguacero**, zu denen 986 Stufen hinabführen. Bei 499 km führt die *M-190* in **Berriozabal** von 880 m Höhe bergab und kurz vor **Tuxtla Gutierrez** als breite Promenade zur Stadt. Vorbei an der Abzweigung zum Flughafen, *aeropuerto*, von wo Sie zu Flugexkursionen nach **Bonampak** starten können. Nach 511 km von Oaxaca haben Sie endlich **Tuxtla Gutierrez** im Bundesstaat Chiapas erreicht.

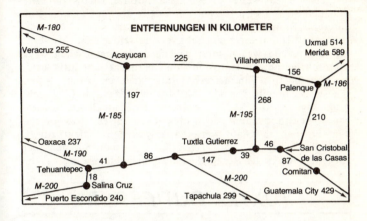

TUXTLA GUTIERREZ

Tuxtla Gutierrez, die Hauptstadt des Bundesstaates Chiapas, ist eine Geschäftsstadt von etwa 180 000 Einw. Die Stadt wurde nach einem mexikanischen Politiker benannt — Joaquin Miguel Gutierrez. Dieses Zentrum einer Kaffeeanbauregion liegt etwa 511 km *östlich* von Oaxaca, über die *M-190*. **Bus**- und **Flug**verbindungen von Mexico City, Oaxaca und Villahermosa sowie anderen Städten vorhanden. Tuxtla Gutierrez eignet sich ganz besonders als **Ausgangspunkt**, wenn Sie mit dem Bus, Auto oder Taxi die landschaftlich reizvolle Fahrt nach **San Cristobal de las Casas** unternehmen wollen, etwa 85 km *östlich*. **Autovermietung** in Tuxtla Gutierrez: Am Flughafen und in der Innenstadt.

Viele Reisende machen auf dem Weg von Oaxaca nach San Cristobal de las Casas in Tuxtla Gutierrez Halt zum **Übernachten**. Am nächsten Morgen hat man dann die Gelegenheit, einen Ausflug zur Sumidero Schlucht, **Canyon El Sumidero**, zu unternehmen, etwa 22 km nördlich der Stadt. Von verschiedenen Aussichtsstellen hat man dort einen spektakulären Blick auf den **Rio Grijalva**, der etwa 700 bis 1000 m tief unter Ihnen fließt. In der Stadt selbst gibt es noch einige Sehenswürdigkeiten, wie zum Beispiel das **Regional Museum** mit archäologischen Funden von Chiapas. In der Nähe finden Sie auch den Botanischen Garten, das Museum für Naturgeschichte und den Zoo.

Auf der *Westseite* der Stadt befindet sich der Flughafen, sowie mehrere kleine Hotels; die Umgehungsstraße, *Anillo Periferico*, biegt rechts ab und führt an dem dichten Verkehr der Stadt vorbei. Wenn Sie **geradeaus** weiterfahren, gelangen

Sie zum **Touristeninformationsbüro** (nahe dem Hotel Bonampak). Die verkehrsreiche Hauptstraße, *Blvd. Belisario Dominguez* und *Av. 14 de Septiembre* genannt, erstreckt sich von hier etwa 3 km weiter bis zur **Casa Cultural**. Dieses moderne Gebäude dient als Kulturzentrum; es gibt dort auch eine kleine Cafeteria, Bibliothek und ein kleines Theater.

Da Tuxtla Gutierrez eine sehr verkehrsreiche Geschäftsstadt ist, und gerade wegen ihrer **günstigen, geographischen** Lage auch sehr gerne von Touristen zum Übernachten benutzt wird, machen Sie Ihre Zimmerreservierung lange im **voraus** – beispielsweise bereits von Mexico City oder Oaxaca. **Übernachtungsmöglichkeiten** auf der Westseite der Stadt: Hotel Bonampak – weithin bekannt, doch inzwischen hat es etwas von seinem ehemaligen Glanz verloren, erwarten Sie nicht zuviel; Blvd. B. Dominguez 180, Tel. 20201. Schauen Sie sich aber auf jeden Fall in der Hotelhalle (gleich neben dem Eingang) die

Reproduktion der berühmten Wandmalereien von **Bonampak** an. Es gibt außerdem im Pavillonrestaurant des Hotels noch einige interessante Fotos über die **Lacandonen**, die in den Urwäldern von Chiapas leben (Fotos von Gertrude Duby Blom). Im Hotel finden Sie auch ein Reisebüro; erkundigen Sie sich hier nach Ausflugsmöglichkeiten, Autovermietung, und nehmen Sie hier vielleicht die **Rückbestätigung** Ihrer gebuchten Flüge vor! Zu den **Übernachtungsmöglichkeiten** in der **lauten** Innenstadt zählen: Gran Hotel Humberto, Av. 14 de Septiembre Poniente 180, Tel. 22080. Für diejenigen, die eine **billige** Übernachtung suchen, gibt es das Hotel Esperanza, Tel. 20716 — in der Nähe vom Busbahnhof.

TUXTLA GUTIERREZ CHECKLISTE

- [ ] SICH BEIM TOURISTENBÜRO INFORMIEREN
- [ ] AUSFLUG ZUM CANYON EL SUMIDERO
- [ ] REGIONALMUSEUM BESUCHEN

TUXTLA GUTIERREZ–SAN CRISTOBAL ROUTE

Die Strecke zwischen **Tuxtla Gutierrez** und **San Cristobal de las Casas** über die *M-190* ist etwa 85 km lang. Rechnen Sie mit etwa 2 Stunden Fahrt — ohne Fotostops, denn die Strecke geht von einer Höhe von 536 m hinauf auf 2113 m ü.M. Von Tuxtla Gutierrez nach **Villahermosa** über die *M-190* und *M-195* sind es etwa 307 km. Vom Westrand der Stadt führt die *Anillo Periferico* an der Stadt vorbei und trifft etwa nach 10 km an dem „Mexico"-Monument mit dem Blvd. Dominguez aus der Innenstadt zusammen. Kurz danach kommt die Abzweigung in südlicher Richtung zum Stausee **Presa de la Angostura** (68 km von Tuxtla Gutierrez), der etwa 100 km lang ist. Direkt nach der Brücke über den **Rio Grijalva** (auch Rio Grande de Chiapas genannt) führt rechts eine Dorfstraße zum Fluß. Erkundigen Sie sich wegen des wechselhaften Wasserstandes in dem kleinen Restaurant über Einzelheiten der Bootsausflüge — 2 kleine Swimming Pools sind vorhanden.

Durch eine fruchtbare Obstgegend mit Mangos und Kokospalmen gelangen Sie nach **Chiapa de Corzo**, bei 17 km: Pemex-Tankstelle vor Ortsbeginn. **Chiapa de Corzo** liegt auf etwa 443 m ü.M., etwa 16 000 Einw., von den Spaniern gegründet. Auf der Durchgangsstraße, die am Nordrand wieder mit der *M-190* zusammentrifft, kommen Sie zu dem großen Platz mit dem überdachten Mudejar-Brunnen in Form einer spanischen Krone. Dort gibt es eine Statue von Angel Albino Corzo (Abgeordneter der Lokalregierung) sowie ein kleines Volkskunstmuseum, etwas weiter am Nordrand des Ortes Reste einer monumentalen Kirche. Außerhalb der Ortschaft kommen Sie in Richtung San Cristobal de las Casas direkt neben der Pemex-Tankstelle zu der kleinen **Cangalu-Pyramide** (Olmekenzeit). So leicht werden Sie wohl kaum an eine Pyramide gelangen! Bei etwa 29 km ist die Abzweigung zu den Höhlen **Grutas Balnearos**. Hier beginnt die Straße allmählich zu steigen und windet sich in mehreren Haarnadelkurven in die Berge; Geschwindigkeitsbegrenzungen bei 40 km/h bis zu 30 km/h. Bei etwa 39 km biegt in nördlicher Richtung die *M-195* über Pichucalco nach **Villahermosa** ab (307 km von Tuxtla Gutierrez).

Die Gegend bietet soviel an Naturschönheiten und Gelegenheit, die kleinen Indianersiedlungen und unterwegs die Indianer in ihren farbigen Trachten zu sehen, beispielsweise die Zinacanteken, mit den Rosakitteln, daß wir Ihnen dringend empfehlen, diese Strecke nur bei **Tageslicht** zu fahren. Vorsicht Fußgänger! Vorbei an Zequentic, Navenchauca und Apaz kommen Sie nach **Nachig**, etwa 75 km östlich von Tuxtla Gutierrez, wo die ungeteerte Straße nach **Zinacantan** abbiegt. Von **San Felipe**, mit der großen weißen Kirche etwa 2 km vor San Cristobal de las Casas, sehen Sie schon die Stadt der Hochlandindianer im Tal vor sich. An der Pemex-Tankstelle mit dem De Las Casas-Monument führt die *M-190* weiter in Richtung **Comitan** und nach **Guatemala**, während Sie geradeaus direkt ins Zentrum von **San Cristobal de las Casas** gelangen.

SAN CRISTOBAL DE LAS CASAS

San Cristobal de las Casas im Bundesstaat **Chiapas** liegt etwa 1000 km *südöstlich* von **Mexico City** und etwa 85 km *östlich* von **Tuxtla Gutierrez**, direkt an der *M-190* — der berühmten *Traumstraße der Welt,* wie die **Panamericana** auch gerne genannt wird. Da der Flughafen von San Cristobal de las Casas eigentlich nur für kleinere Flugzeuge — Buschflugzeuge und dergleichen — geeignet ist, können Sie beispielsweise von Mexico City oder auch von Oaxaca zunächst nach **Tuxtla Gutierrez** fliegen. Nehmen Sie von dort den Bus oder ein Taxi nach San Cristobal de las Casas. Es gibt auch **Busverbindungen** von Mexico City über Oaxaca und Tuxtla Gutierrez nach San Cristobal de las Casas.

Die Stadt mit etwa 40 000 Einwohnern liegt etwa 2113 m hoch in einem weiten *Hochtal,* schützend von bewaldeten Höhen umgeben. Hier ein wichtiger **Hinweis:** Obwohl die Tagestemperaturen hier sehr angenehm sind, nehmen Sie unbedingt einen Pullover oder eine Jacke für die kühleren Abende mit. Tagestemperaturen während der Zeit von März bis Oktober durchschnittlich etwa 19 $^{\circ}$C.

Die etwas provinzhafte Stadt wird geprägt von engen schmalen Gassen und deren Kopfsteinpflaster mit hohen Bordsteinen, von den niedrigen Häusern im Kolonialstil mit schmiedeeisernen Fenstergittern und den vielen Kirchen mit betont spanischer Architektur. Doch das, was den Charakter dieser Stadt ganz wesentlich beeinflußt, sind die vielen verschiedenen **Hochland-Indianer**, die von überall aus den Bergdörfern in die Stadt kommen. Bei so viel Tradition, die sich über mehrere Generationen hinweg erhalten hat, gewinnt man sehr leicht den Eindruck, daß die Welt hier für ein Weilchen stehengeblieben ist.

Um **1528** gründete der Spanier Diego de Mazariegos die Stadt, die später nach einem Heiligen, **San Cristobal**, und nach dem großen Bischof, der sich für ein besseres Leben der Indianer einsetzte, Bartolome **de las Casas,** genannt wurde. Ein Denkmal des „*Beschützers der Indianer"* zu seinem 500. Geburtstag (1474—1974) steht direkt am Eingang zur Stadt (von Tuxtla Gutierrez kommend), gegenüber von der Pemex-Tankstelle. Und alljährlich feiert die Stadt am **25. Juli** eine große **Fiesta** zu Ehren ihres Heiligen **San Cristobal**. San Cristobal de las Casas war bis etwa **1892** die Hauptstadt des Bundesstaates Chiapas. Die Stadt mit ihren Indianern ist **anders** als andere Reiseziele in Mexico, wie die Weltmetropole Mexico City oder eine archäologische Ausgrabungsstätte in den Urwäldern von Yucatan. San Cristobal ist nichts für Nachtleben-Anhänger, denn

am Tage ist die Stadt ein **buntes** Meer,
später ein **Menschen**meer
und abends dann **gar nichts mehr!**

Praktisches Über San Cristobal De Las Casas

Wenn Sie mit dem 1. Klasse-**Bus** *Cristobal Colon* **von** Tuxtla Gutierrez in San Cristobal de las Casas ankommen, hält der Bus im Busbahnhof Terminal de Autobuses *Cristobal Colon.* Der Terminal befindet sich direkt an der *Panamericana,* in Richtung Comitan, Ecke *Av. Insurgentes,* etwa sieben Straßen vom Zentrum von San Cristobal, dem Zocalo. Hier fahren auch die Busse nach Comitan ab, dem Umsteigeplatz zu den **Lagunas de Montebello**. Nur ein paar Straßen weiter in Richtung Tuxtla Gutierrez befindet sich der andere Busbahnhof von San Cristobal de las Casas, wo unter anderem die Busse der Busgesellschaften *Tuxtla* und *Lacandonia* **nach Palenque** abfahren. Erkundigen Sie sich über Abfahrtszeiten und Preise direkt beim Busbahnhof.

Wenn Sie mit dem **Auto** von Tuxtla Gutierrez über die *Panamericana* gekommen sind, biegen Sie am **de las Casas Denkmal** bei der Pemex-Tankstelle zur Innenstadt von San Cristobal de las Casas ab. Die *Panamericana* führt ostwärts weiter am Flughafen **Aeropuerto** vorbei, der auf der südlichen Seite der Straße Richtung Comitan und Guatemala liegt.

San Cristobal de las Casas ist in Stadtviertel, sogenannte *Barrios* aufgeteilt, und die symmetrisch verlaufenden Straßen der Stadt sind fast alle **Einbahnstraßen.** Vom westlichen Stadteingang zum **Zocalo** überqueren Sie zunächst eine kleine Brücke, fahren die *Calle de Mazariegos* entlang, vorbei an der weißen Kirche mit den Glockentürmen. Der Zocalo, auch **Plaza 31 de Marzo** genannt, mit seinen angenehmen Schattenbäumen, Parkbänken und dem erhöhten, überdachten Podest in der Mitte, wird seitlich von der großen Kirche, der **Catedral**, dem weißen, zweigeschossigen **Palacio Municipal** und anschließend von einigen Hotels und Banken flankiert. Der Verkehr läuft über *Calle Diego de Mazariegos, Av. Insurgentes & Av. Miguel Hidalgo.* Straßenrichtung an **Pfeilen** an Häuserwänden erkennbar.

Und hier wichtige **praktische** Informationen: Im Palacio Municipal finden Sie im 1. Stock das **Turismo,** wo Sie eine kleine Ausstellung über Indianertrachten finden. Wenden Sie sich wegen allgemeiner Information und Bestimmungen, zum Beispiel über Ausflüge zu den Indianerdörfern, neuesten Straßenzustand, zum Beispiel Straße nach Palenque über Ocosingo, an das Turismo. Toiletten nebenan. Nahe dem Zocalo kommen Sie in der *Av. General Utrilla* zu einem ziemlich großen Supermarkt, **Supermercado,** wo Sie unter anderem Zwieback, *pan tostado,* bekommen, vielleicht gerade das Richtige, wenn Sie eine Magenverstimmung haben. Einen anderen Supermercado gibt es in der *Calle Real de Guadalupe,* wo auch die vielen Souvenirläden sind. Und wenn Sie **Getränke**vorrat brauchen, gibt es einen kleinen Laden in der *Av. 20 de Noviembre,* etwa in der Nähe der *Calle 5 de Febrero.* An der Catedral finden Sie übrigens auch einen Taxistand.

Zum **Geldwechseln** können Sie die große moderne Bank gegenüber vom Palacio Municipal aufsuchen. Schauen Sie sich

176 SAN CRISTOBAL

dort mal die respektvoll dicke, schwere Panzertür zum Geldtresor an, wenn Sie Ihre Reiseschecks einlösen. Eine andere Bank befindet sich neben den beiden Hotels Santa Clara und Ciudad Real, ebenfalls am Zocalo. Und gleich um die Ecke der „Panzertür"-Bank können Sie in der *Calle Real de Guadalupe* gleich Ihre Pesos wieder ausgeben. Hier finden Sie nämlich eine Reihe **Läden** mit **Huaraches**, den etwas schweren Ledersandalen, Textilien, Decken und **Serapes**. Besonders gute Qualität und Auswahl finden Sie im Geschäft direkt neben der Bank. Es gibt in dieser Straße auch die gewebten Kleider, die die Indianer hier selbst tragen, die Originaltrachten. Die Länder ziehen sich fast bis zum **Templo de Guadalupe**, auf dem kleinen Hügel, schon kurz nach dem Zocalo sichtbar. Hier in der Straße finden Sie auch kurz nach dem Supermercado das Büro der **Aero Chiapas**, wo Sie Flugexkursionen nach **Bonampak, Yaxchilan** und **Lacanja** sowie reguläre Flugverbindung = *vuelo regular* nach **Palenque** buchen können.

Falls Sie in der Nähe vom Zocalo ein Lokal fürs Mittagessen suchen, so gibt es in der *Calle Francisco I. Madero* (die Fortsetzung der *Calle Diego de Mazariegos*) ein winziges Lokal, **Los Arcos**. Und wenn Sie Appetit auf etwas Süßes haben, gleich daneben ist eine **Bäckerei** mit leckeren Kuchen. Etwas geräumigere Restaurants finden Sie in den beiden Hotels Santa Clara und Ciudad Real. Direkt neben dem Ciudad Real ist eine kleine Buchhandlung (auch Ansichtskarten). Eine **Pizzeria** finden Sie an *Calle Cuauhtemoc/Av. Crescencio Rosas*. Etwa 2 Straßen vom Zocalo gibt es in der *Calle Guadalupe Victoria* das etwas vornehmere Restaurant **La Parroquia**, im Erd- und Obergeschoß. Wenn Sie sich vielleicht nach Ihrem Marktbesuch auf dem Mercado ein bißchen ausruhen möchten, wird es Ihnen bestimmt auch in dem hübschen Gartenlokal **La Galeria** gefallen, *Calle Dr. Navarro* – eine Seitenstraße der *Av. General Utrilla* etwas unterhalb vom Mercado Richtung Zocalo. Etwa einen Block vom Zocalo finden Sie ein **Reisebüro**, das interessante Ausflüge sowie Stadtführungen arrangiert, 5 de Febrero No. 1. Fast alle Sehenswürdigkeiten, die wir im folgenden Abschnitt beschreiben, sind vom Zocalo gut **zu Fuß** erreichbar.

Attraktionen In San Cristobal De Las Casas

In San Cristobal de las Casas gibt es mehrere Sehenswürdigkeiten, die überall in der **Stadt** verteilt sind. Die meisten liegen zentral zum Zocalo und sind zu Fuß bequem erreichbar. Direkt am Zocalo gibt es gleich zwei Kirchen: Der langschiffige Dom, **Catedral**, etwa aus dem 16. Jahrhundert, mit einer Fassade im sogenannten *platereskem Mischstil* (*platero* = Silberschmied; beim *platereskem* Stil sind die Fassaden von feinen Mustern, wie bei einer Silberschmiedearbeit, überzogen); und der direkt an der Kopfseite angrenzende **Templo de San Nicolas**, ein religiöses Museum der Stadt. Da wir gerade bei Kirchen sind, da gibt es den **Templo de Santo Domingo** aus dem 16. Jahrhundert, an der *Av. 20 de Noviembre* – nicht weit vom Mercado

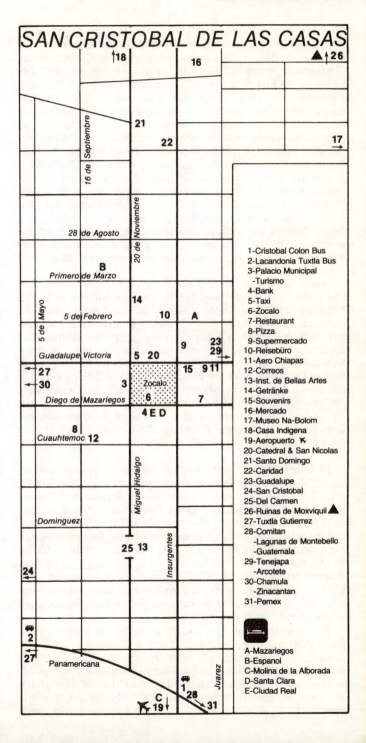

(gut mit einem Marktbesuch zu verknüpfen). Sie erkennen die Kirche an ihrer etwas rosafarbenen, prunkvollen, *churrigueresken* Fassade. Dieser Dekorationsstil, nach dem Spanier Benito Churriguera benannt, auch als „salomonischer Barock" bezeichnet, ist hier in prunkvoller Verschwendung von Sockeln, gedrehten Säulen, Friesen und Ornamentik sichtbar. Vor der Kirche ist ein kleiner Zocalo mit mehreren alten, schattigen Bäumen; etwa 12 Stufen führen zu der kleinen Plattform vor dem Rundbogenportal. Im Innern der Kirche befinden sich mehrere vergoldete Altäre, sogenannte *Retablos*. Eigentlich ist es nur die Eingangsfassade, die so reich verziert ist, die übrigen Seiten der Kirche sind ziemlich einfach gehalten. Im angrenzenden Kloster **Convento de Santo Domingo** befindet sich ein Museum mit Ausstellungsstücken aus der kolonialen Zeit von San Cristobal de las Casas; hier gibt es auch eine Ausstellung sowie Verkauf von einheimischem Kunsthandwerk. Gleich daneben ist die etwas kleinere Kirche **Templo de Caridad** (*caridad* = Nächstenliebe, Barmherzigkeit) mit einem exquisiten Altar.

Wenn Sie wieder am Zocalo sind, können Sie schon bald von der *Calle Real de Guadalupe* auf einer kleinen Anhöhe die kuppelgeschmückte Kirche **Templo de Guadalupe** sehen, zu der mehrere, von schattigen Bäumen begrenzte Stufen hinaufführen. Von hier oben haben Sie einen sehr schönen Blick auf die Stadt. Und genau im entgegengesetzten Stadtteil liegt ebenfalls auf einer leichten Anhöhe malerisch das Kirchlein **Templo de San Cristobal**. Von der *Calle Ignacio Allende* führt ein langgezogener, recht steiler Treppenweg hinauf, wo Ihr Aufstieg mit einer herrlichen Aussicht belohnt wird, ganz San Cristobal de las Casas liegt Ihnen nämlich zu Füßen. Falls Sie sich vor dem Treppenaufgang etwas scheuen, können Sie vielleicht über die Fahrstraße, die von der Panamericana abzweigt, hinauffahren.

In unmittelbarer Nachbarschaft gibt es eine weitere interessante Kirche, den **Templo del Carmen** an der *Calle Dominguez/Av. Miguel Hidalgo*. Sie werden die Kirche an dem über die Straße führenden Torbogen erkennen, der jedoch für den Autoverkehr gesperrt ist; ein typisches Bauwerk aus der Kolonialzeit. Hier befindet sich gleich daneben das **Instituto de Bellas Artes**, das „Kulturzentrum" von San Cristobal de las Casas. Wieder zurück zum Zocalo, dort finden Sie direkt hinter dem **Palacio Municipal** mit seinen schattigen Kolonnaden eine kleine, von Bögen eingerahmte Anlage mit einem Springbrunnen und mehreren Parkbänken, wo Sie sich etwas ausruhen und die Leute beobachten können

Etwas weiter weg vom Zocalo gelangen Sie zum Museum **Na-Bolom**, an *Calle Vicente Guerrero & Comitan* – im Barrio de Cuxtitali. Dieses Gebäude mit seiner spanischen Architektur und dem reizenden Innenhof, hübsch mit Kacheln geschmückt, beherbergt ein Museum über das Leben der Lacandonen-Indianer, mit einigen archäologischen Ausstellungsstücken sowie eine wertvolle Bibliothek. Die Existenz von Na-Bolom, auch

Casa del Tigre genannt, ist auf die Initiative der Schweizerin Gertrude Duby Blom — ausgezeichnete Fotografin und Sprachwissenschaftlerin — zurückzuführen. Sie hat hier das Werk ihres Mannes, des dänischen Ethnologen Franz Blom, der sich um die Indianer, besonders um die im tropischen Urwald östlich von San Cristobal de las Casas lebenden **Lacandonen**, gekümmert hat, weitergeführt.

Falls Sie keine Gelegenheit haben sollten, einen Ausflug mit einem Buschflugzeug in den tropischen Urwald nach Bonampak oder Yaxchilan zu unternehmen, um die dort lebenden **Lacandonen**, angeblich unmittelbare Nachkommen der Mayas, zu sehen, können Sie sich im Na-Bolom wenigstens die ausgezeichneten **Fotos** der Gertrude Duby Blom mit Aufnahmen der Lacandonen kaufen; ausgezeichnetes Souvenir! Falls Sie in Tuxtla Gutierrez im Speisepavillon des Hotels Bonampak zum Essen waren, konnten Sie dort ebenfalls Fotos der Künstlerin mit Aufnahmen der Lacandonen sehen. Die **Bibliothek** von Na-Bolom enthält eine wertvolle Sammlung von Büchern und Dokumenten des Bischofs Bartolome de las Casas. Museum 16–18 Uhr, Bibliothek 9–13.30 Uhr täglich geöffnet; Unkostenbeitrag zur Erhaltung der Bibliothek und des Museums. Zu Na-Bolom gehört auch eine kleine Pension mit mehreren Gästezimmern. Erkundigen Sie sich hier auch nach der Möglichkeit, **Reittouren** zu den Indianerdörfern sowie Ausflüge in den tropischen Urwald zu den Lacandonen zu unternehmen. Gegenüber vom Na-Bolom liegen die Reitställe; das Reiten ist hier ziemlich preiswert; Reiten mit und ohne Begleitung möglich.

Nicht weit vom Na-Bolom gelangen Sie über die *Calle Chiapa de Corzo* zur *Calle Yajalon,* die die *Calle Diagonal Arriaga* überquert und zum Stadtrand führt. Von hier geht es auf einer ungeteerten Straße ein paar Kilometer in nördliche Richtung zu den **Ruinas de Moxviquil**, Ruinen eines kleinen Tempels — eine Maya-Kulturstätte, etwa 7.–10. Jahrhundert, jedoch nicht vergleichbar mit Palenque.

Wenn Sie sich ein bißchen mehr für Einzelheiten über die Indianer des Hochlands von Chiapas interessieren, empfehlen wir Ihnen einen Besuch beim **Centro de Coordinacion de los Centros Indigenistas**. Diese Einrichtung befaßt sich insbesondere auf dem sozialen Sektor mit den Indianern, die hier leben. Die Institution beschäftigt sich nicht nur damit, die materiellen Existenzbedingungen der Indianer zu verbessern, sondern auch damit, ihre Kultur und die über Generationen hin weitergegebenen Traditionen und Bräuche zu erhalten und zu fördern. Vom Mercado aus gelangen Sie zur **Casa de Indigena** (seit 1943), wo sich das Centro befindet, wenn Sie am Ende von *Av. General Utrilla* links abbiegen bis zur *Calz. Lazaro Cardenas* und dort rechts in die schmale, ungeteerte Gasse einbiegen. Über die kleine Brücke gelangen Sie zum Eingang mit einem kleinen Parkplatz für Besucher. Wenn Sie sich ein bißchen mehr über die Arbeit des Centro interessieren und über Einzelheiten informieren wollen, melden Sie sich dort beim Eingang.

180 SAN CRISTOBAL

Die Arbeit des Centro wirkt sich anscheinend sehr günstig und positiv aus, wie wir nach mehreren Besuchen in San Cristobal de las Casas feststellen konnten. Es ist uns nämlich bei unserem letzten Aufenthalt deutlich aufgefallen, daß viel weniger Leute mit sichtbaren Augenkrankheiten sowie viel weniger vom Alkohol beeinflußte Indianer zu sehen waren. Doch nun zu einer der größten Attraktionen in San Cristobal de las Casas, dem Markt — **Mercado**, den wir Ihnen im folgenden Abschnitt beschreiben.

Der Bunte Markt — Ein Richtiges Erlebnis

Der Hauptanziehungspunkt von San Cristobal de las Casas sind die Indianer und der Markt — **Mercado**. Markt findet täglich, außer sonntags, etwa von 7 Uhr bis 14 Uhr statt. Auf der *Av. General Utrilla* gelangen Sie vom Zocalo geradewegs zum Marktgelände des Mercado. Unterwegs schon reihen sich mehrere Läden aneinander, beispielsweise mit Haushaltsartikeln, Eimern, Schüsseln, Werkzeug, bunten Kleidern, Ledertaschen und Gürteln, Sandalen — besonders stark vertreten sind die bei den Indianern so beliebten kurzen, schwarzen Gummistiefel, wie Cowboystiefel gemustert, oder bunte Plastiksandalen, die man gelegentlich auch an den Füßen von Indianerfrauen sieht, ein vollkommener Kontrast zur traditionellen „Tracht".

Der **Mercado** besteht eigentlich aus zwei Märkten, nämlich aus der riesigen **Markthalle** und den **Ständen im Freien.** Hier kommen Indianer aus den verschiedensten umliegenden **Indianerdörfern** zum Markt, oftmals zu Fuß oder auch mit dem Bus, das heißt, sie stehen dicht gedrängt auf der Ladefläche eines Lastwagens! Oft ist es nur ein Säckchen Orangen, ein Bündel weißer Calla, ein paar an den Füßen zusammengebundene Hühnchen, ein Kunststoffnetz voll Tomaten, was sie mit zum Markt bringen. Barfüßige Indianerfrauen tragen ihr Kleines im Tuch auf den Rücken gebunden, andere hocken auf dem Boden, ihre Serapes (den Umhang) auf der Erde ausgebreitet, und bauen kleine Pyramiden aus Tomaten oder Kartoffeln vor sich auf. Es geht sehr familiär zu, denn man ist hier unter sich!

Sie werden schon bald merken, daß man gar keine besondere Notiz von Ihnen nimmt, wenn Sie nicht gerade mit ihrer gesamten Fotoausrüstung im Einsatz sind. Da sitzen die Indianer-Mamis und legen unbekümmert ihr Kind an die Brust, wenn es Hunger hat, oder die Kleinen werden mit Tortillas gefüttert. Der Chamula-Mann kauft seine Tomaten am Stand der Tenejapa-Frau, die ihr kleines Tenejapa-Mädchen freundlich zum Lächeln bringt. Der Platz brütet ein bißchen unter der heißen Sonne, manchmal sieht man Kinder unter einem Schirm auf der Erde hocken.

Duft von überreifen Bananen dringt gelegentlich in die Nase, er kommt von den seitlichen Bananenschuppen, in denen sich die Bananen häufen. Der Markt von San Cristobal de las Casas ist gut überschaubar. Ein sehr schön **buntes Bild** bietet sich

Ihnen mit den verschiedenen **Trachten,** die die Indianer hier tragen, und den vielen verschiedenen Obst- und Gemüsesorten und Blumen. Erwarten Sie hier keinen Kunstgewerbemarkt, es ist eigentlich überwiegend ein Obst- und Gemüsemarkt. Wir wollen Ihnen hier nur einiges von dem, was wir bei unserem Bummel über den Markt gesehen haben, aufzählen: Bunte Bohnen, Zitronen, Apfelsinen, Mangos in Körben, Passionsfrüchte, Zwiebeln und Kartoffeln als kleine Pyramiden aufgetürmt, Wassermelonen, Krautköpfe, kleine rote Pepperonis, Tomatenhäufchen, Mohrrüben, lebende Hühner und Puten, kleine lebende Ferkel, leere Säcke, Netze und Seile aus Sisal, gebündelte Nelken und Gladiolen, Knoblauch, Rote Rüben, Radieschen, Gewürze und Kräuter in Säcken — darunter schwarzer Pfeffer in Körnern, Säcke mit Maiskörnern, Brotstände, Ledergürtel, Tortillas, Kürbisse; daneben gibt es auch Stände mit farbigen Unterhosen und braun/beige Tonschüsseln, auch die orangefarbenen Krüge und Schalen der Indianerfrauen von **Amatenango**; Strohhüte, Kerzenbündel, leere Blechdosen (Vorratsbehältnisse).

Und das bunte Bild färbt sich noch bunter durch die vielen, recht unterschiedlichen **Trachten** der Indianer. Die meisten Indianer sind von recht kleinem Wuchs — wahrscheinlich werden Sie die meisten mit Ihrer Körpergröße überragen. Da sind die „weißen" Chamulen aus **Chamula.** Sie erkennen die Männer an ihren weißen, kurzen, nur die Oberschenkel bedeckenden Hosen und der darübergetragenen *Serapes* — eine Art Tunika, die meistens ebenfalls weiß ist (manchmal wird auch eine schwarze Serapes getragen), mit dunklem Gürtel. Sie tragen dazu einen Strohhut und an den Füßen schwere Ledersandalen, die *Huaraches.* Die Chamula-Frauen tragen einen schwarzen Rock mit brauner, doch meistens weißer Bluse, darüber eine schwarze Serapes mit bunten Quasten, sowie eine breitgewebte rote Schärpe, ebenfalls mit bunten Quasten. Die dunklen Haare tragen sie mit farbigen Bändern zu zwei Zöpfen geflochten. Oft sehen Sie auch, daß sie ein breites Sisalband um den Kopf gelegt haben, das die auf den Rücken gelegte Last (im Netz oder Sack) hält. Es ist erstaunlich, wie flink diese Frauen mit den manchmal sehr schweren Lasten auf dem Rücken barfuß zum Markt huschen.

Dann werden Sie sehr viele „rosafarbene" Indianer von **Zinacantan** sehen. Die Männer tragen den markanten rosa Kittel (rosa wegen der dünnen ziegelroten und weißen Streifen im Stoff), der unten am Saum Fransen hat. Dazu wird die weiße, sehr kurze, den Oberschenkel nur knapp bedeckende Hose und eine weiße langärmelige Bluse getragen. Sie haben einen sehr flachen breitkrempigen Strohhut mit langen schmalen farbigen Bändern. Außerdem gehört noch ein hellblauer Schal um den Hals dazu, an dem dicke Quasten hängen. Den Junggesellen erkennen Sie leicht daran, daß er die bunten Bänder lose vom Strohhut hängen läßt, während die Bänder der verheirateten Zinacanteken zusammengebunden sind. An den Füßen tragen sie *Huaraches* oder kurze schwarze Gummistiefel. Auffällig

182 SAN CRISTOBAL

wie bei den übrigen Indianerstämmen ist, daß die Zinacantan-Frauen keine Schuhe oder Sandalen tragen. Bekleidet sind sie mit dunkelblauem Rock und weißer, langärmeliger Bluse, über die sie wie die Männer eine rosa Serapes (mehr ein Cape) mit winziger, bunter Bordüre gesäumt, tragen. Eine rote Schärpe mit grüneingewebten Streifen gehört dazu.

Aus **Cancuc**, nördlich von San Cristobal de las Casas und Tenejapa, kommen ebenfalls Männer und Frauen zum Wochenmarkt. Die Frauen von Cancuc tragen weiße, buntgewebte, mit Längsstreifen gemusterte Hemden, die an der Brust buntgewebt sind; die Männer haben weiße Kittel mit langen, mit roten Querstreifen gemusterten Ärmeln, roten Bindegürtel, schwarz gemusterten weißen Strohhut mit schwarzem Band.

Die Frauen von **Mitontic**, nördlich von Chamula, tragen schwarzen Rock mit rotem breiten Gürtel mit schwarzen Streifen, dazu eine weiße Bluse, die am Hals hellrot gemustert ist, darüber eine weiße Stola mit hellrotem Muster, die Männer tragen weißen Kittel mit kurzen Ärmeln, Karomuster und Querstreifen am Ärmel, etwas gewölbten Strohhut mit kurzen bunten Stoffbändern.

Die Indianerfrauen von **Magdalena**, nördlich von Chamula, tragen schwarzen Rock mit feinen, weißen Querstreifen mit feinem grün/rosa Stickmuster, dazu weißen Gürtel mit feinen schwarzen Streifen, weißgrundige Bluse mit buntem Rautenmuster überstickt.

Die Frauen von **Amatenango**, südöstlich von San Cristobal de las Casas, bekannt wegen ihrer schönen Töpferarbeiten – von Hand getöpferte bräunlich/beige bauchige Krüge und Schalen – tragen weiße Blusen mit bunter Halsstickerei, dunkelblauen Rock mit dünnen hellblauen Querstreifen, darüber eine breitgewebte, rote Schärpe.

Da kommen auch Indianer von **Oxchuc**, Dorf auf dem Weg nach Ocosingo – die Frauen tragen einen dunkelbraunen Rock mit weißer, kurzärmeliger Bluse, die mit Längsstreifen aus buntgestickten Kästchen gemustert ist; die Männer tragen weiße Kittel mit langen Ärmeln, die mit dünnen hellroten Streifen verziert sind, darüber einen rotgewebten Gürtel mit dunkelroten Querstreifen.

Auch Indianer von **Larrainzar**, nordwestlich von San Cristobal de las Casas, auf dem Weg nach Chamula, kommen gelegentlich zum Markt; die Frauen tragen blauen Rock mit roter Schärpe; Männer tragen weiße knielange Hose, weiße Bluse mit roten Ärmeln, in die dünne schwarze Längsstreifen eingewebt sind, dazu schwarze Serapes, mit dünnen weißen Längsstreifen, und Strohhut mit kurzen, bunten Bändern.

Und auch die Indianer von **Tenejapa**, östlich von San Cristobal de las Casas, werden Sie hier sehen. Die Männer tragen weiße Kittel, meist mit bunter Bordüre am Saum oder schwarze oder blaue lange Hosen, schwarze Serapes mit weißen dünnen Längsstreifen, darüber weiße, buntgestickte Schärpe, Strohhut mit bunten Bändern. Die Frauen tragen schwarzen Rock mit einem Querstreifen orangefarbener Zickzackstickerei, weiße

SAN CRISTOBAL 183

Bluse, bei der die obere Hälfte buntbestickt – überwiegend dunkelrot gemustert ist, darüber breite dunkelrote Schärpe.

Doch im allgemeinen werden Sie hier auf dem Markt von San Cristobal de las Casas überwiegend Indianer von Chamula, Tenejapa und Zinacantan sehen. Und noch etwas wird Ihnen sicher auffallen, die Indianerfrauen sind meistens **barfuß**; wenn Schuhe getragen werden, sind es die Indianermänner, die *Huaraches* – das sind schwere, geflochtene Ledersandalen oder Gummistiefel tragen! Dasselbe können Sie sogar schon bei den Kindern beobachten – die kleinen Indianermädchen sind barfuß.

Zur Markthalle gelangen Sie von oben vom Marktplatz über eine Treppe und unten, direkt von der *Av. General Utrilla,* wo die „Bushaltestelle" der „Busse" zu den Indianerdörfern ist. Solche Busse, das heißt einfach nur offene **Lastwagen**, fahren **von hier** auch zum **Sonntagsmarkt** in die Indianerdörfer, beispielsweise nach **Chamula**. Es gibt vormittags mehrere Abfahrten, zum Beispiel schon etwa um 8.30 Uhr, erkundigen Sie sich jedoch nach Einzelheiten, genauen Abfahrtszeiten und Fahrpreis beim Turismo im Palacio Municipal in San Cristobal de las Casas, gleich am Zocalo.

Doch wieder zurück zum Markt von San Cristobal de las Casas. In der **Markthalle** gibt es fest betonierte Verkaufsstände. Wir möchten Sie gleich darauf aufmerksam machen, daß es zum Beispiel am Fleischstand vielleicht nicht so peinlich sauber zugeht, wie im heimatlichen Metzgerladen. Auch an die möglicherweise etwas strengen aufdringlichen Gerüche und Düfte muß man sich erst ein bißchen gewöhnen. Da sind die Stände mit gesalzenen, getrockneten Fischen, darunter große breite Fische (wie Schollen) aber auch richtig winzige Fischlein, zu Bergen aufgehäuft. Daneben gibt es Geflügelstände, wo frischgeschlachtete Hühner oder Puten zerlegt werden. Auch Wurstketten mit kleinen abgebundenen Würstchen hängen an einem Stand.

Von engen Gängen voneinander getrennt sind da die Stände mit Käse, Brot, Fettklumpen, Tortillas, Eier, Tomaten, Äpfel, Gurken, Zwiebeln, Melonen sowie Berge von Nelken, Gladiolen, Calla, und Säcke mit verschiedenen Kernen. Da stehen Behälter mit in Saft eingelegten Ananasstücken. Puddingverkäuferinnen mit ihrem Tablett und Hunde laufen durch die Gänge. Sie werden bestimmt zustimmen, daß der Marktbesuch in San Cristobal de las Casas einfach ein Erlebnis ist, um **Land und Leute** richtig kennenzulernen.

Beobachtungen Am Zocalo

Wenn Sie das „Kontrastprogramm" von San Cristobal de las Casas einmal so richtig erleben wollen, dann setzen Sie sich wie wir am **Zocalo** auf eine Parkbank, und machen Sie Ihre eigenen Beobachtungen. Da sitzen die Indianerfrauen unter den Arkaden vor der Bank und basteln kleine Wollpüppchen, weben bunte Bänder, bieten Süßigkeiten an; daneben hocken auf der

SAN CRISTOBAL

Erde die Kinder. Manchmal gibt es auch kleine, an den Füßen zusammengebundene Hühnchen und kleine Schweinchen.

Direkt auf dem Zocalo ist **tagsüber** immer viel los, meistens sind die Parkbänke alle gut besetzt. Eines wird Ihnen auffallen: Die Einheimischen tragen auch tagsüber, wenn es warm ist, oft einen Pullover. Nehmen Sie als **Hinweis**, selbst immer eine Jacke oder einen Pulli dabei zu haben, denn gegen Abend wird es recht **kühl**. Und noch etwas, in diesem doch noch sehr konservativen Landesteil Mexicos ist es vielleicht nicht angebracht, sich im Acapulco-Stil zu kleiden.

Doch nun zu einigen unserer **eigenen** Beobachtungen am **Zocalo**. Da ist die **Obstverkäuferin** an der Ecke des Palacio Municipal. Eifrig schält die Indianerfrau Obst in einen Korb. Bevor sie ihren Kunden das Obst gibt, wird es mit etwas Zukker und Zitronensaft beträufelt. Der Wachsoldat vom Palacio Municipal in der blauen Uniform, der schon zum dritten Mal Obst holt, mag die Mangofrüchte wohl am liebsten. An der Catedral versuchen Schulkinder ein Taxi zu bekommen und zwängen sich dann schließlich nach längerem Wortwechsel mit dem Taxifahrer zu fünft ins Taxi.

Indianermuttis eilen **barfuß** mit dem Baby auf dem Rücken über den Platz. Es kommt gelegentlich auch vor, daß Sie unverhofft ein Lächeln geschenkt bekommen. Haben Sie etwas Mut, das Lächeln auch zu erwiedern. Rings um den Zocalo rollt unaufhörlich der Autoverkehr. Der Verkehrspolizist — in Turnschuhen und brauner Uniform mit Mütze — steht an der Ecke auf einem kleinen Sockel, schlenkert einen Arm fast ständig hin und her und macht mit dem anderen Arm von seiner schrillen Pfeife Gebrauch. Überall wird eifrig gehupt. Über dem Polizist hängt ein kleiner flacher Schild als Sonnenschutz. Zwischendurch ertönt immer wieder das aufdringliche Kreischen der Vögel auf dem Zocalo.

Auffällig ist, wie hier **Tradition** und **modische Eleganz** nebeneinander existieren. Es ist nicht gerade übertrieben, den Zocalo als „den Platz der mehreren Kulturen" zu bezeichnen. Indianerfrauen mit ihren mit schönen bunten Bändern geflochtenen Zöpfen in neuzeitlicher Kleidung mit Schürze und farbigen Plastiksandalen tragen **stolz** ihre traditionelle Wollstola. Hier ein **Tip**: Vielleicht wollen Sie sich auch eine schöne warme Stola für den Abend zulegen. Das ist gleichzeitig ein schönes Souvenir.

Sie werden Indianer in ihrer Tracht sehen, *Bubble Gum* kauend. Daneben gibt es barfüßige Indianerinnen und Mexikanerinnen in den elegantesten Modeschuhen. Und betrachten Sie auch die Beamten, die aus dem Palacio Municipal kommen; die tragen dieselbe Amtsmiene wie überall auf der Welt. Da sind Frauen, egal wie alt, die geschickt Krüge oder andere Lasten **freihändig** auf dem Kopf tragen und damit auch noch die hohen Bordsteine erklimmen. Ab und zu kurvt ein Auto von Telefunken vorbei; und gerade außerhalb der Stadt befindet sich ein modernes Kaffee-Werk von Nestlé. **Fahrrad** und **Moped** sind

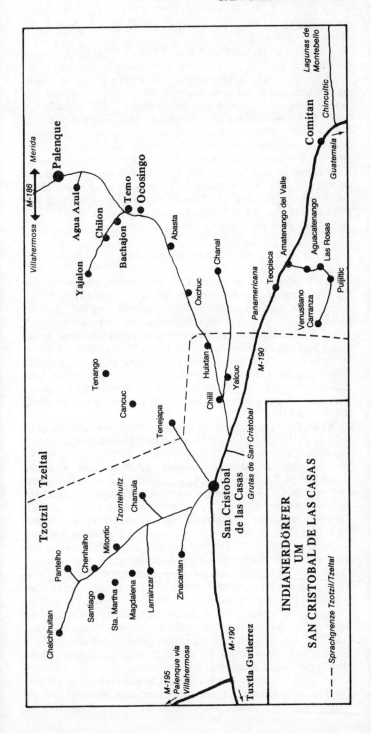

sehr beliebte Fortbewegungsmittel; oft steht der „Beifahrer" hinten auf den Felgen.

Bestimmt werden Sie nach einer Weile ein recht gutes System entwickeln, die Leute etwas überlegter zu betrachten, und nicht mehr sensationsgierig anzustarren. Sie werden sicher sehr viele eigene Eindrücke sammeln können. Wenn Sie am **Abend** auf dem Zocalo sind, es wird schon sehr früh dunkel, können Sie beim Sonnenuntergang die Silhouette der Berge hinter der Schule (gegenüber der Catedral) sehen — eine recht beruhigende Stimmung. Und wenn der Zocalo sich langsam leert, gibt es auch bald in ganz San Cristobal *Gute-Nacht-Stimmung*. Und wenn Sie nach dem Abendessen meinen, es sei immer noch zu früh, sich in Ihrem Hotel zurückzuziehen, **empfehlen** wir Ihnen als gemütlichen Tagesabschluß einen Besuch in der kleinen Bar des Hotel Espanol — einfach aber gemütlich und manchmal auch mit sanfter Gitarrenmusik.

Ausflug zum Indianerdorf

San Cristobal de las Casas ist ein idealer Ausgangspunkt, um die **Hochland-Indianer** zu erleben, die hier in einer Umgebung, im Stil und mit Traditionen außerhalb vom Strom des 20. Jahrhunderts existieren. Auf unserer **praktischen Orientierungskarte** sehen Sie mehrere in der Umgebung von San Cristobal de las Casas liegende Indianerdörfer. Wir geben Ihnen **nützliche Informationen** über den Besuch eines Indianerdorfes, zum Beispiel Chamula oder Tenejapa. Außerdem geben wir Ihnen gute **Ratschläge**, was Sie beim Besuch dieser Indianerdörfer beachten sollten. Und wir geben Ihnen ein paar Eindrücke von unserem letzten Besuch.

Wenn Sie einen Besuch in einem Indianerdorf planen, sollten Sie es vielleicht so einrichten, daß Sie am **Sonntagvormittag** nach Chamula oder Tenejapa fahren, da dort gerade Markt ist. Es gibt zum Beispiel **sonntagvormittags** vom **Mercado Municipal** in San Cristobal de las Casas mehrmals **billige** „Busverbindungen" nach Tenejapa oder nach Chamula — nach Tenejapa etwa ab 7 Uhr, nach Chamula etwa ab 8.30 Uhr. Erkundigen Sie sich aber über genaue Abfahrtszeiten, Preis und sonstige Einzelheiten in San Cristobal de las Casas beim **Turismo** im Palacio Municipal. Machen Sie sich aber schon darauf gefaßt, daß dieser Bus eventuell ein **Lastwagen** mit offener Ladefläche und Stehplätzen ist, mit dem natürlich überwiegend die Einheimischen zum **Sonntagsmarkt** in die Dörfer fahren. Gewiß ist es eine sehr **preiswerte** Möglichkeit, zu den Dörfern zu gelangen, nur müssen Sie vielleicht in Kauf nehmen, daß die Fahrt ein bißchen unbequem wird und ein bißchen länger dauert. Falls Sie diese Transportmöglichkeit wählen, müssen Sie sich unbedingt **sofort** bei Ankunft im Dorf nach der **Rückfahrmöglichkeit** erkundigen.

Ein vielleicht **rentablerer** und viel **bequemerer** Weg, zu den Dörfern zu gelangen, ist mit dem **Taxi**, das im Dorf auf Sie wartet und Sie wieder zurück zur Stadt bringt. Außerdem ist der Taxifahrer dann auch gleichzeitig Ihr Führer. Er zeigt Ihnen, wo Sie sich im Dorf bei den Dorfräten melden und gibt Ihnen gerne auch weitere Informationen. Bei unserem letzten Besuch kostete der etwa 4stündige Taxiausflug (mit Wartezeit im Dorf) mit Führer weniger als $200 pro Taxi. Das ist ein ziemlich **preiswerter** Weg, ein solch einmaliges Erlebnis ohne Qual mitzumachen, besonders, wenn Sie mit mehreren Leuten im Taxi fahren. **Tip:** Erkundigen Sie sich nach den neuesten Preisen beim Turismo, und seien Sie bereit, mit dem Taxifahrer über den Preis zu handeln.

Hier ein paar **Spielregeln** zum Besuch von Indianerdörfern. Erkundigen Sie sich über besondere Einzelheiten und eventuelle Beschränkungen beim Besuch eines Dorfes beim **Turismo** im Palacio Municipal oder bei Ihrem Taxifahrer.

1. Wenn Sie im Dorf ankommen, **melden** Sie sich sofort bei den Dorfräten; oft ist dieses *Centro Municipal* in der Nähe der Kirche.
2. In einigen Dörfern wird für den **Besuch** eine geringe **Gebühr** erhoben.
3. In manchen Dörfern, zum Beispiel in Chamula, ist **Fotografieren** nur gegen Entrichtung einer **Gebühr** erlaubt.
4. In einigen Dörfern darf man **nicht alles** fotografieren. Machen Sie Ihr Porträtfoto von Einheimischen nur mit Erlaubnis oder auf deren nickendes **Einverständnis** hin.
5. Da es am Interessantesten ist, ein Indianerdorf am Sonntag zu besuchen (denn dann findet dort der Markt statt), befassen Sie sich nur mit einem **kurzen Besuch** in der **Dorfkirche**, um den religiösen Ritus **nicht** zu **stören**.

Wenn Sie das Dorf Chamula oder Tenejapa besuchen – auf eigene Faust oder in einer kleinen Gruppe, sollten Sie völlig beruhigt sein, daß bis jetzt noch keine Tourbusse hierherkommen. Meistens sind es nur Individualisten und kleine Gruppen von Besuchern, die hierherfinden. Nun zunächst zu unserem Besuch in **Chamula**.

Ein Besuch In San Juan Chamula

San Juan Chamula liegt etwa 9 km *nordwestlich* von San Cristobal de las Casas. Auf der Fahrt von San Cristobal de las Casas nach Chamula kommen Sie an gepflegten, kultivierten landwirtschaftlichen Feldern, manchmal auch Terrassenkulturen vorbei. Unterwegs liegen verstreut kleine **Lehmhütten** mit Palmdächern, dazu gehört meistens ein mit Ästen oder Latten begrenzter Hof oder ebenso eingezäunter kleiner Stall mit schwarzen Schweinen oder Hühnern. Wir konnten dort bei den Hütten auch Frauen sehen, die **von Hand** Wolle gesponnen haben! Die kleine Anhöhe mit den gigantischen **Holzkreuzen**, manche farbig gestrichen, wird Ihnen auch auffallen. Die langstieligen Grabkreuze ragen wie Monumente in den Himmel. An den Grabstätten gibt es viel kleinere Holzkreuze, und die Gräber sind mit Brettern bedeckt „um vor den Geistern zu schützen". Man sieht, daß diese Bretter nicht per Zufall auf den Gräbern liegen.

188 SAN CRISTOBAL

Danach erreichen Sie **Chamula**. Der Dorfeingang sieht recht gepflegt aus. Die Häuser im Dorf wirken recht modern, meistens sind es feste Steinhäuser. Die Bevölkerung – von den Mayas abstammend, lebt jedoch überwiegend in verstreut in den Bergen liegenden Hütten. Die Chamulas sprechen eine Maya-Sprache, und zwar: **Tzotzil**. Die Chamula-Indianer ernähren sich überwiegend von der **Landwirtschaft**, arbeiten als **Handwerker** oder **Tagelöhner** auf dem Feld. Etwa 90% der Chamula-Männer verbringen etwa durchschnittlich sechs Monate des Jahres auf entfernt liegenden **Kaffeeplantagen** als Kaffeepflücker oder bearbeiten jedes Jahr die gepachteten Felder am **Rio Grijalva** und pflanzen dort **Mais** an. Die Chamulas sind in der glücklichen Lage, hier in den Bergen genug gutes und fruchtbares Ackerland zu besitzen, um Gemüse anzubauen, womit sie zum großen Markt nach San Cristobal de las Casas kommen. Da die Arbeit in den heißen Kaffeeplantagen oft nicht genug Geld einbringt, haben die fleißigen Chamulas meistens eine weitere Beschäftigung. Zum Beispiel fertigen sie Holzstühle, verkaufen Holzkohle, die Frauen weben Textilien – ihre eigenen Trachten und Decken, oder die Männer arbeiten auch beim Straßenbau.

Trotz mancher Schwierigkeiten zu existieren, halten die Chamulas an ihrer alten **Kultur**, ihrem **Brauchtum** und ihren **Traditionen** seit Generationen fest. Sie tragen ihre **Trachten**, die die Frauen selbst weben. **Chamula-Frauen** sind mit schwarzem Rock, einer braunen oder manchmal auch weißen Bluse bekleidet. Darüber tragen sie eine schwarze *Serapes*, eine Art Cape, von der bunte Quasten hängen und um die Taille eine breitgewebte rote Schärpe, ebenfalls mit bunten Troddeln. Sie sind meistens barfuß. Die dunklen Haare haben die Chamula-Frauen oft mit einem bunten Band zu zwei Zöpfen geflochten, oft noch um den Kopf gelegt. Die **Chamula-Männer** erkennen Sie an den weißen, kurzen, nur die Oberschenkel bis zu den Knien bedeckenden Hosen, über die sie eine weiße oder manchmal auch schwarze *Serapes* tragen. Auf dem Kopf tragen sie einen Strohhut mit geschwungener Krempe und an den Füßen *Huaraches*, geflochtene Ledersandalen mit schwerer Ledersohle. Auch die Kinder tragen dieselbe Kleidung.

Bei feierlichen Anlässen, zum Beispiel beim *Carnaval* – ein mehrtägiges Fest im Februar – tragen die Chamula-Männer Affenfelle als Kopfschmuck mit vielen bunten langen Bändern. Es ist ein Fest mit Gesang und Tänzen, die Männer schwenken dabei bunte Fahnen. Der Carnaval wird bei den Chamulas nicht nur als christliches Zeremoniell gefeiert, sondern er stellt gleichzeitig noch ein altes **Maya-Zeremoniell** dar. Dabei werden die „5 verlorenen Tage" gefeiert, die jedesmal am Ende des 360 Tage dauernden Wirtschaftsjahres der Mayas auftreten. Bei solchen Festen kommt oft rund die Hälfte der gesamten Chamula-Bevölkerung (etwa 40 000) ins Dorf.

Wenn Sie im Dorf **Chamula** auf dem großen weiten **Platz mit der weißen Kirche** ankommen, zeigt Ihnen der Taxifahrer, wo Sie sich im **Centro Municipal**, in der Nähe der Kirche, bei den Dorfräten **melden.** Die Dorfräte erkennen Sie übrigens an der um den Hals gelegten „Amtskette". Gegen eine geringe Gebühr für den Besuch des Dorfes erhalten Sie außerdem einen Begleiter für Ihren Rundgang durch das Dorf. Falls Sie fotografieren wollen, erkundigen Sie sich gleich danach. Bei unserem letzten Besuch mußten wir eine geringe Gebühr für die **Foto-Erlaubnis** zahlen. Unser Begleiter machte uns darauf aufmerksam, nicht die Kirche zu fotografieren. Wir machten vor unserem Rundgang durchs Dorf zunächst einen kleinen Abstecher zur Seite (beim Centro Municipal mit der kleinen Kolonnade) zum Waschplatz, wo ein paar Frauen gerade beim Haarewaschen waren — sogar hier macht eine Frau sich schön.

Wieder zurück zum **Centro Municipal,** in dem die Dorfräte ihren Sitz haben. Die Chamulas regeln ihre internen Dorfangelegenheiten hier im Centro Municipal. Übrigens zeichnen sich die Chamulas durch eine große Frömmigkeit und Heiligenverehrung aus. Da gibt es zunächst den Schutzpatron des Dorfes, **San Juan,** dessen Fest (Johannisfest) am **24. Juni** gefeiert wird — Fiesta de San Juan. Aber daneben gibt es noch andere Feste, wie Fiesta de **San Sebastian** — 20. Januar, Fiesta **Santa Rosa** — 30. August und Fiesta **San Mateo** — 21./22. September. In der großen Kirche von Chamula werden Sie daher mehrere Heiligenfiguren sehen. Übrigens ist der Kirchenraum sonst recht kahl, keine Bänke oder Stühle. Bei unserem Besuch war der Kirchenboden mit frischgeschnittenem **Gras** bestreut, und auf der Erde knieten mehrere Leute in kleinen Gruppen, Männer, Frauen und Kinder. Sie hatten vor sich viele bunte **Kerzen** und **Räuchergefäße** aufgebaut, auf denen auf Holzkohle etwas Duftendes verbrannt wurde. Man hörte leises Murmeln. Auch Hühner und Hunde gab es im Kirchenraum sowie ein paar Männer, die offensichtlich „Trinkopfer" darbrachten. Angeblich werden den Heiligen solche Trinkopfer in Form verschiedener Getränke dargebracht, auch Schnaps, den der Spender stellvertretend selbst trinkt.

Hier noch eine kleine **Information:** Die Chamulas haben eine Art „religiöse Betreuer", die jeweils für ein Jahr im Dorf wohnen. Sie sind dabei auch quasi die Verwalter der Heiligen. Jedes Jahr übernimmt eine andere Gruppe Männer und Frauen dieses Amt, zu dessen Aufgaben auch die Pflege der Heiligenfiguren in der Kirche gehört. Obwohl die Chamulas Katholiken sind, pflegen sie noch immer den **Sonnenkult** ihrer Vorfahren, der Mayas, und zwar heißt es, daß ein Chamula, **bevor** er eine Kirche betrete, erst **hinauf zur Sonne schaue.**

Direkt vor der Kirche beginnen die **Marktstände,** alles im Freien, kein Strauch oder schattenspendender Baum, dahinter ist das Schulgebäude. Hier sehen Sie verschiedene Tische mit aufgehäuftem **Salz** oder in kleine Pyramiden aufgebaut **Tomaten,** daneben liegen grüne **Zwiebeln,** längliche „Erdtröge" mit den Haufen von **Apfelsinen** und **Bananen.** Und auf einem Tuch auf der Erde wieder ein anderer Berg **Apfelsinen.** Es herrscht überall reger Betrieb. Die Einheimischen kommen mit dem Bus, das heißt mit dem offenen **Lastwagen** auf den Markt. Dieser

190 SAN CRISTOBAL

Markt ist noch intimer als der Markt von San Cristobal de las Casas. Hier hat man fast den Eindruck, ,,der unbequeme Fremde zu sein". Und offensichtlich machte das gerade den Unterschied zu unserem nächsten Indianerdorf, **Tenejapa**, wo wir etwas freundlicher aufgenommen wurden.

Ein Besuch In Tenejapa

Das Dorf **Tenejapa** liegt gerade entgegengesetzt von Chamula, und zwar etwa 27 km nordöstlich von San Cristobal de las Casas. Die Tenejapas sprechen auch eine Maya-Sprache, nämlich **Tzeltal**. Hier geht die Fahrt über recht steile und schlechte Wegstücke durch bewaldetes Gebiet. Unterwegs begegnen wir schwerbeladenen Indianerfrauen, die mit ihrem Stirnband richtige Berge von Brennholz auf dem Rücken schleppen. Sie laufen ziemlich flink mit ihren bloßen Füßen. Es sind schon die **Tenejapa**-Frauen, sie tragen nämlich den schwarzen Rock, der mit einem Band orangefarbener Zickzackstickerei verziert ist, dazu eine weiße Bluse, bei der die obere Hälfte bis zur Brust in breiten Querstreifen bunt bestickt ist — überwiegend dunkelrote Stickerei. Dazu gehört die rote, breitgewebte Schärpe, in die dünne dunklere Streifen eingewebt sind, sowie die schwarze *Serapes*.

Auch einige **Tenejapa**-Männer sind schon unterwegs. Nur manche tragen *Huaraches,* die schweren Ledersandalen. Im allgemeinen tragen sie einen weißen Kittel mit knielangem Rock, der manchmal am Saum eine bunte Bordüre hat. Dazu wird eine dunkle *Serapes* getragen, in die dünne weiße Längsstreifen eingewebt sind, über die eine weiße mit feinen dunklen Streifen gemusterte Schärpe gebunden wird. Auf dem Kopf tragen sie einen Strohhut mit breiten farbigen, ziemlich kurzen Bändern. Unterwegs ein paar fensterlose Lehmhütten mit Palmdächern, und Sie merken, daß die Straße keine Rennbahn ist.

Kurz vor **Tenejapa** hat man von der Anhöhe, ehe die Straße recht steil abwärts führt, einen guten Blick aufs Dorf, das tief unten liegt. Am Dorfeingang ist auch schon gleich die Kirche und das **Centro Municipal**, wo man sich als Besucher meldet. Bei unserem Besuch begrüßten uns gleich die Tenejapa-Dorfräte, die, wie die Chamulas, eine ,,Amtskette" umhatten. Es waren junge Burschen mit kurzgeschnittenem Haar. Kurz hinter uns kam gerade einer der üblichen Busse, ein Lastwagen, den ausgewaschenen Weg herunter, mit Einheimischen für den Sonntagsmarkt. Manche hatten ein Netz voll geschnittenem Zuckerrohr oder Apfelsinen dabei.

Der Markt in **Tenejapa** findet in einer langen **schmalen Straße** statt, rechts und links ein hoher Bürgersteig, dahinter grün, blau, türkis oder weißgestrichene Häuserfassaden. Die Leute **schieben** sich nur so durch diese Gasse. Die Verkäufer sitzen auf dem Bürgersteig und haben **auf der Erde** ihre Ware ausgebreitet, da ein paar Maiskolben, dort etwas an Kartoffeln. Sehr viele Netze mit **Zuckerrohrstückchen** oder **Apfelsinen** sind zu sehen. Da sieht man auch an den Füßen zusammengebundene kleine schwarze **Schweine**. Männer hocken um ein kleines Holzfaß, aus dem **Pulque** in kleine Schalen ausgegossen wird — eine braune, recht unansehnliche, trübe Flüssigkeit. Frauen sitzen in ihrer hübschen Tenejapa-Tracht auf den Stufen vor einem Hauseingang; die Stickerei auf der Bluse hat manchmal etwas ausgefärbt. Tenejapa-Muttis haben ihr Kleines auf den Rücken gebunden. Andere Tenejapa-Frauen schieben sich, **Zuckerrohr** kauend, barfuß durch das Gedränge. Es ist so eng hier, daß man stets auf Tuchfühlung ist. Fast am Ende der langen Gasse liegt ein Lokal, wo es auch Schnaps gibt. Und dahinter liegen ein paar fensterlose Lehmhütten mit Palmdächern, ringsum von Gras umgeben. Die Tenejapas sind sehr **zurückhaltende** aber freundliche Leute. Aber dennoch werden Sie hier häufig einen recht traurigen Gesichtsausdruck entdecken. Die Tenejapas leben natürlich auch in einer Umgebung, in der ihre Existenz auch sehr schweren Bedingungen unterworfen ist.

Weitere Indianerdörfer

Außer den Dörfern Chamula und Tenejapa lohnt es sich auch, andere Indianerdörfer zu besuchen, wie Zinacantan, Larrainzar, Oxchuc, Amatenango, die Sie ebenfalls auf unserer praktischen **Orientierungskarte** finden. Wir geben Ihnen hier nur einen knappen Überblick über die Lage einiger Dörfer. **Einzelheiten** über **Trachten** geben wir Ihnen bei unserer **Beschreibung** über den **Markt in San Cristobal de las Casas**.

Zinacantan liegt etwa 17 km *westlich* von San Cristobal de las Casas. Die Zinacantan-Indianer sind die Leute in den **rosa** Kitteln, die Sie auch auf dem Markt in San Cristobal de las Casas sehr häufig sehen können. Die Zinacanteken sind fleißige Landwirte. Sie bewirtschaften recht gepflegte Felder und bauen sehr viel Mais an oder pflanzen Bananen. Fiestas: 20. Januar — Fiesta de Sebastian; 10. August — Fiesta de San Lorenzo.

San Andres Larrainzar, etwa 36 km *nordwestlich* von San Cristobal de las Casas. **Oxchuc** liegt auf dem Weg nach Ocosingo, etwa 50 km östlich von San Cristobal de las Casas. **Amatenango del Valle**, etwa 37 km südöstlich von San Cristobal de las Casas, an der berühmten Panamericana. Die Frauen von Amatenango sind berühmt für ihre schönen beige/braunen dickbauchigen Vasen und Krüge, die sie auch zum Markt von San Cristobal de las Casas mitbringen. Sie töpfern mit der Hand ohne Töpferscheibe.

Venustiano Carranza, auf etwa 800 m, etwa 100 km südlich von San Cristobal de las Casas — Busverbindungen mit Autobussen *Lacandonia* nach Venustiano Carranza. Sehenswert ist hier auch der **Aquädukt** aus der spanischen Kolonialzeit sowie die spanische Kirche. Die Männer tragen eine weite weiße Pumphose, oft mit kleinen rot/grün/gelb/blau bestickten Rauten wie Punkte gemustert, dazu weiße Bluse mit langem Ärmel, sowie breitrandigen Strohhut und *Huaraches*. Die Frauen von Carranza tragen schwarze, in den Farben lila, blau, gelb, grün, buntbestickten Rock. Bei der **Fiesta de los Carrerantes**, ein Fest mit Reitspielen, tragen die Reiter unter einem schwarzen, weißeingefaßten Strohhut einen spitzen Tuchturban. Die Pferde sind mit breitem Stirnband und einem Glockenband um den Hals verziert. Von San Cristobal de las Casas können Sie auch mit den *Tuxtla*-Bussen nach Carranza fahren. Erkundigen Sie sich über Einzelheiten, Abfahrtszeiten und Preise an der **Busstation** oder beim **Turismo** in San Cristobal de las Casas.

Außerdem können Sie von San Cristobal de las Casas auch zu den **Lacandonen** im tropischen Dschungel am **Rio Lacanja**, einem Nebenfluß des Rio Usumacinta gelangen. Die Lacandonen, die direkte Maya-Abkommen sein sollen, leben in einfachen Palmdachhütten. Frauen wie Männer tragen ihr dunkles Haar sehr lang; die Männer sollen angeblich keinen Bartwuchs haben. Die Lacandonen tragen sackähnliche, ziemlich lange und weite Gewänder. Sie verehren ihre alten Mayastätten im Urwald und pilgern beispielsweise zu den im Urwald liegenden Ruinenstätten **Yaxchilan** und **Bonampak**. Einzelheiten darüber finden Sie im nachfolgenden Abschnitt **Exkursionen von San Cristobal de las Casas**. Erkundigen Sie sich auch im Na-Bolom nach Ausflügen zu den Lacandonen.

Exkursionen Von San Cristobal de las Casas

Fast vor der Haustür von San Cristobal de las Casas liegen die Tropfsteinhöhlen **Grutas de San Cristobal**, etwa 10 km südöstlich von der Stadt auf dem Weg nach Comitan. Von der *Panamericana,* noch vor der Abzweigung nach Ocosingo, biegt kurz nach dem Dorf El Aguae ein schmaler ungeteerter Weg durch den Wald zu den Höhlen. Holzstege führen durch die beleuchteten Höhlen; Vorsicht, manchmal sind die Stege etwas glitschig; 9—16 Uhr geöffnet; Eintritt.

Ein anderes Naturwunder an der Peripherie von San Cristobal de las Casas ist ein natürlicher Felsdurchbruch, der Felsbogen **El Arcotete** (*arco* = Bogen), etwa 4 km östlich der Stadt in Richtung Tenejapa. Und etwa direkt nördlich von San Cristobal de las Casas erhebt sich der 2910 m hohe **Tzontehuitz** mit Aussichtsturm.

Und einer der beliebtesten Ausflüge von San Cristobal de las Casas ist eine Fahrt zu den **Lagunas de Montebello**, vorbei an der archäologischen Zone von **Chincultic**. Es ist ein ganzer Tagesausflug zu der etwa 146 km südöstlich von San Cristobal de las Casas liegenden Seenlandschaft der Lagunas de Montebello, die zum Nationalpark **Parque Nacional de Montebello** gehört. Der Park umfaßt ein Gelände von etwa 60 Quadratkilometern. Von San Cristobal de las Casas gelangen Sie auf der *M-190,* die *Panamericana,* über **Comitan** zu den Seen. Etwa 14 km *südlich* von Comitan biegt die Straße zu den Seen in östlicher Richtung von der *Panamericana* ab.

Comitan — etwa 87 km südlich von San Cristobal de las Casas — ist die letzte größere Stadt Mexicos vor der Grenze nach **Guatemala**. Von Comitan bis zur Grenze sind es noch etwa

88 km in *südlicher* Richtung auf der *Panamericana* entlang. Falls Sie einen Abstecher nach Guatemala vorhaben, denken Sie daran, sich beim Konsulat von Guatemala in Comitan eine **Touristenkarte** für Guatemala zu besorgen. Übrigens ist Comitan wegen des ganzjährig sehr milden Klimas ein bevorzugtes Gebiet, Orchideen zu züchten. Außerdem ist Comitan auch bekannt für seinen aus **Zuckerrohr** gebrannten *Comitecho*-Schnaps.

Von San Cristobal de las Casas können Sie auch mit dem **Bus** über Comitan zu den Seen **Lagunas de Montebello** fahren. *1.-Klasse-Busse Cristobal Colon* oder auch der Busgesellschaft *Tuxtla* fahren bis Comitan, etwa 2 Stunden Fahrt. Von dort nehmen Sie Bus oder Taxi zu den Seen nach **Los Lagos**, weitere 2 Stunden Fahrt. Falls Sie nicht am selben Tag wieder zurück nach San Cristobal de las Casas fahren, gibt es in Comitan günstige **Übernachtungsmöglichkeit**, zum Beispiel Hotel los Lagos de Montebello, Tel. 20657. Falls Sie etwas **sparsam** sein wollen, gibt es ein einfaches Hotel im Zentrum von Comitan, Hotel Robert's.

Von Comitan zu den Lagunas de Montebello sind es etwa 59 km in östlicher Richtung. Unterwegs, etwa 49 km nach Comitan, biegt eine ungeteerte Straße von der Straße zu den Seen in nördlicher Richtung ab zu der archäologischen Ausgrabungsstätte **Chincultic**. Die Ruinenanlage der Mayakultur stammt etwa aus dem 6. oder 7. Jahrhundert. Außer zwei Pyramiden gibt es hier einen Ballspielplatz und einen **Cenote** – ein Wasserbecken.

Wieder auf der Straße zu den Seen, erreichen Sie nach etwa 8 km die erste Gruppe von etwa fünf Seen, die rechts und links der Straße liegen. Einer der ersten Seen, auf der nördlichen Seite der Straße ist der **Lago Monte Azul**, Campingmöglichkeit. Ein paar Kilometer weiter die Hauptstraße entlang gelangen Sie zu dem **Lago Montebello**, zu dem auch ein Restaurant gehört. Etwa 12 km in östlicher Richtung liegt einer der größten Seen dieser Seengruppe, der **Lago Tziscao** – Campingmöglichkeit. Die bezaubernde Seenlandschaft mit ihren azurblauen, türkisen und smaragdgrünen Seen liegt inmitten eines tropischen Waldgebietes.

Und wenn Sie die berühmten Mayastätten **Bonampak** und **Yaxchilan** kennenlernen wollen, können Sie beispielsweise von San Cristobal de las Casas **Flugexkursionen** mit Buschflugzeugen für etwa 4 oder mehr Personen mitmachen. Erkundigen Sie sich über Einzelheiten, Preise, Flugtermine in San Cristobal de las Casas bei **Aero Chiapas**, Calle Real de Guadelupe No. 8, Tel. 80827. Dort können Sie auch Einzelheiten über Flüge nach **Palenque** erkundigen. Hier geben wir Ihnen einen **kurzen Überblick** über diese berühmten Mayastätten.

Bonampak liegt östlich von San Cristobal de las Casas, mitten im tropischen Urwald von Chiapaneca am **Rio Lacanja**, ein Nebenfluß des Rio Usumacinta, nicht weit von der Grenze nach Guatemala, mit dem Buschflugzeug erreichbar. Erst **1946** wurde die etwa aus dem 7. Jahrhundert n. Chr. stammende

194 SAN CRISTOBAL

Mayastätte entdeckt. **Bonampak** bedeutet in der Sprache der Mayas „Bemalte Wände". Und das ist es, was diese Tempelanlage berühmt gemacht hat — die einzigartigen **farbigen Wandmalereien**. Die weltberühmten Fresken an den Tempelinnenwänden der drei Räume im **Templo de las Pinturas** erzählen eine Geschichte aus dem Leben der **Mayas**: Ein Angriff auf feindlichem Gebiet — eine Versammlung von Häuptlingen — eine Verhandlung mit Gefangenen — und eine Siegesfeier. Die Malereien sind in sehr kräftigen Farben und ziemlich klar in einer traditionellen Freskotechnik mit einer fantastischen Feinheit ausgeführt — der Künstler bemalte dabei den noch **feuchten** Putz und wahrscheinlich halfen ihm seine Assistenten, die Farben aufzutragen; **schwarz**, zum Beispiel aus Kohle, symbolisiert Krieg; **gelb**, die Farbe von Mais, Symbol für Nahrungsmittel; **rot** bedeutet Blut. Am schwierigsten war das tiefe **Purpurrot** herzustellen, das von Weichtieren (eventuell Muscheltieren) gewonnen wurde. Doch die charakteristische Farbe von Bonampak ist ein sogenanntes **Maya-Blau**. Die Tempelanlage erhebt sich auf einem Plateau aus dem Urwald, wo mehrere Tempel auf verschiedenen Terrassen erbaut sind, durch Stufen miteinander verbunden. Ein **Tip**: Falls Sie es nicht nach Bonampak schaffen, können Sie im **Anthropologischen Museum** in Mexico City eine ausgezeichnete Nachbildung der Fresken sehen. Und falls Sie über Tuxtla Gutierrez fahren sollten, können Sie dort einen kurzen Halt beim **Hotel Bonampak** machen, wo an einer Wand in der Hotelhalle ebenfalls eine hervorragende Nachbildung der Bonampak-Fresken zu sehen ist.

Eine weitere Mayastätte, zu der die in San Cristobal de las Casas startenden Exkursionen führen, ist **Yaxchilan**, direkt an der Grenze von Guatemala. Die tief im tropischen Urwald, in einer Biegung des **Rio Usumacinta** liegende Tempelstadt der Mayas ist ebenfalls fast nur mit dem Buschflugzeug zu erreichen. Die etwa aus dem 6. und 8. Jahrhundert n. Chr. stammende Anlage erstreckt sich auf einer erhöhten Terrasse mit der großen und der kleinen „Akropolis", mit den Haupttempeln, den vier **Dinteles**, dem Tempel der Inschriften — **Las Inscripciones**, dem roten Tempel am Fluß — **Templo Rojo** und dem **Palacio de las Siete Cameras**.

Hier ein **wichtiger Hinweis**: Wenn Sie eine Flugexkursion nach Bonampak und Yaxchilan und zu den Lacandonen-Indianern vorhaben, sollten Sie darauf gefaßt sein, daß es ein ziemlich robustes **Abenteuer** wird. Gelegentlich kann es auch zu Verschiebungen der Flugtermine kommen, wenn die Start- oder Landeverhältnisse im Urwald vielleicht zu ungünstig sind. Die Exkursionen sind meistens ganztägig, manchmal mit Mittagessen (im Preis inbegriffen). Preise oft jeweils für **4 Personen**. Abflug vom **Aeropuerto** in San Cristobal de las Casas. Einzelheiten bei **Aero Chiapas** oder beim Turismo im Palacio Municipal.

Und falls Sie sich für eine **Zuckerrohrplantage** (*cana de azucar* = Zuckerrohr) interessieren, können Sie vielleicht auf dem

Weg nach Venustiano Carranza unterwegs in **Pujiltic**, etwa 80 km südlich von San Cristobal de las Casas, Halt machen. Von San Cristobal de las Casas fahren Sie auf der *Panamericana* südwärts bis **Amatenango del Valle** und biegen dort ab in Richtung Venustiano Carranza.

Hier noch ein **wichtiger Hinweis**: Ausflüge zu den Lagunas de Montebello, nach Amatenango, Chamula, Reitausflüge, Stadtführungen und sogar Ausflüge mit dem Boot können Sie auch recht bequem beim **Reisebüro**, beispielsweise über Thomas Tours arrangieren, Calle 5 de Febrero No. 1, Tel. 81824.

Übernachten In San Cristobal De Las Casas

Wie wir bereits in unserer Einleitung zu San Cristobal de las Casas erwähnen, liegt diese Stadt ziemlich **abseits**. Man kommt eigentlich nur hierher, um die frische Bergluft zu verspüren, die angenehm kühlen Abende hier zu erleben und das Leben der Indianer kennenzulernen. Erwarten Sie daher gerade wegen der so zurückgezogenen und versteckten Lage in den Bergen nicht, eine Menge luxuriöser Hotels hier anzutreffen; Komfort und Hotelauswahl in dieser Stadt unterscheiden sich deutlich von den meisten bekannteren und überlaufenen Touristenzentren Mexicos. Wenn Sie also für ein paar Tage nach San Cristobal de las Casas kommen, sollten Sie **keinen Luxus** erwarten, aber Ihre Reservierung sehr **früh im voraus** vornehmen.

Nur etwa eine Straße vom Zocalo entfernt liegt das hübscheste Hotel der Stadt — **Posada San Diego de Mazariegos**, Maria Adelina Flores No. 2, San Cristobal de las Casas, Chiapas, Mexico; Tel. 80621. Autovermietung im Hotel beim Empfang. Machen Sie Ihre Zimmerreservierung rechtzeitig im voraus. Etwa zwei Straßen vom Zocalo liegt das andere nette Hotel im Zentrum der Stadt — **Hotel Espanol**, Primero de Marzo, Tel. 80045; Restaurant und Bar. Hübscher blumengeschmückter Innenhof mit Kacheln. Machen Sie auch hier Ihre Reservierung rechtzeitig im voraus. Bei der Anmeldung im Hotel können Sie Arrangements zur Stadtführung — Ciudad, oder für Ausflüge vornehmen, zum Beispiel nach Chamula, Zinacantan, Tenejapa, Amatenango del Valle, Grutas de San Cristobal, Lagos de Montebello, Canyon del Sumidero.

Und wenn Sie ein paar Hundert Pesos **sparen** wollen, käme dafür das Hotel Ciudad Real, direkt am Zocalo, in Frage; doch darf es Sie nicht stören, daß es keine Fenster nach draußen gibt und die Zimmer wirklich Tuchfühlung zum Nachbarn haben. Nebenan gibt es ein anderes, auch ziemlich billiges Hotel, das Hotel Santa Clara — erwarten Sie in beiden Fällen **keinen Luxus**.

SAN CRISTOBAL

ENTFERNUNGEN AUF EINEN BLICK
Von San Christobal de las Casas nach:

Agua Azul *via Ocosingo*	145	Lagos de Montebello	146
Amatenango	37	Larrainzar	36
Chamula	9	Ocosingo	100
Chanal	60	Palenque *via Villahermosa*	470
Chentalho	36	Palenque *via Ocosingo*	210
Chiapo de Corzo	60	Tenejapa	27
Comitan	87	Tuxtla Gutierrez	85
Guatemala City	516	Venustiano Carranza	100
Grutas de San Christobal	10	Villahermosa	314
Huixtan	36	Zinacantan	17

CHECKLISTE
San Cristobal De Las Casas Und Umgebung

- ☐ INDIANERMARKT BESUCHEN
- ☐ EINKAUFSBUMMEL RUND UM DEN ZOCALO
- ☐ NA-BOLOM MUSEUM BESICHTIGEN
- ☐ AUSFLUG NACH CHAMULA UNTERNEHMEN
- ☐ STADTFÜHRUNG MITMACHEN
- ☐ SANTO DOMINGO ANSEHEN
- ☐ BEIM TURISMO INFORMIEREN
- ☐ ESSEN IN LA GALERIA
- ☐ ABENDS IN DIE BAR HOTEL ESPANOL
- ☐ REITAUSFLUG IN DIE BERGE UNTERNEHMEN
- ☐ GRUTAS DE SAN CRISTOBAL BESUCHEN
- ☐ AUSFLUG ZU DEN LAGUNAS DE MONTEBELLO
- ☐ FLUGEXKURSION NACH BONAMPAK
- ☐ BESUCH EINER ZUCKERROHRPLANTAGE
- ☐ AUSSICHT VOM TEMPLO DE SAN CRISTOBAL

SAN CRISTOBAL-PALENQUE

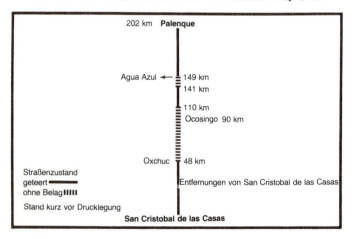

SAN CRISTOBAL DE LAS CASAS—PALENQUE ROUTE
via Ocosingo & via Villahermosa

Die Strecke zwischen San Cristobal de las Casas und den Ruinen von Palenque über *Ocosingo* beträgt 210 km — über *Villahermosa* 470 km. Wir geben Ihnen vor unserer Routenbeschreibung die „10 Gebote" für die Strecke über Ocosingo, die in jeder Beziehung ein Erlebnis ist. Auf unserer Fahrt war die abenteuerliche Strecke kurz vor Drucklegung auf großen Abschnitten noch nicht geteert.

1. Nur ratsam für **erfahrene** Autofahrer. Überzeugen Sie sich gründlich, daß Ihr **Auto** tip-top in Ordnung ist.
2. Erkundigen Sie sich beim **Turismo** über den Straßenzustand.
3. Ihr Auto sollte möglichst viel **Bodenfreiheit**, gute Federung und ausgezeichnete **Reifen** haben — auch der Ersatzreifen muß in Ordnung sein.
4. Nur mit **vollem** Tank in San Cristobal de las Casas starten — nächste Tankstelle erst in Ocosingo, 90 km — hier unbedingt erneut tanken!
5. Rechnen Sie mit mindestens 6 Stunden Fahrzeit, denn unterwegs gibt es mehrere Stellen mit max. 30 km/h, Schlaglöcher und ausgewaschene Fahrbahn.
6. Achtung an **Baustellen**. Oft nicht gut organisiert, welche Richtung beispielsweise zuerst fährt. Seien Sie bei frischer Fahrbahn vorsichtig, es könnte doch noch ein Arbeitsfahrzeug entgegenkommen.
7. Fahren Sie ziemlich früh los. Nehmen Sie einen sehr großen Vorrat an Getränken mit, denn es wird eine heiße Strecke.
8. Rechnen Sie unterwegs mit **Menschen und Tieren** auf der Straße.
9. Fahren Sie **niemals** bei Dunkelheit oder nachts. Es gibt Stellen, wo die Fahrbahn auf einer Seite abgebrochen und zu einer Spur eingeengt ist. Dabei wird die abgebrochene Stelle mit aufgehäuften großen Steinen wie ein Wulst abgetrennt. Wichtig: Es gibt meistens an solchen Stellen keine vorherige Warnung oder Beleuchtungssignale!
10. Ziehen Sie Ihre **Badesachen** möglichst vor Beginn der Fahrt an — halten Sie sie aber mindestens griffbereit für den Bade- und Erfrischungsstop an den Wasserfällen von **Agua Azul**.

Da manche Streckenabschnitte sich noch in einem eifrigen Baustadium befinden, ist zu erwarten, daß die Straßenverhältnisse möglicherweise im Zeitpunkt Ihrer Reise für den Touristenverkehr schon besser geeignet sind. Deshalb erkundigen Sie sich vorher ganz genau beim **Turismo** über die Straßenverhältnisse. Doch nun zu der abenteuerlichen Strecke **über Ocosingo** nach Palenque.

Von **San Cristobal de las Casas** fahren Sie auf der **Panamericana**, *M-190*, in *östlicher* Richtung (Richtung Comitan) am Templo San Diego, der Pemex-Tankstelle und einem Steinbruch vorbei. Bei etwa 4 km biegt links die Straße nach **Tenejapa** ab. Nach **El Aguae** führt etwa bei 9 km der schmale ungeteerte Weg rechts zu den Tropfsteinhöhlen, **Grutas de San Cristobal**. Unterwegs Geschwindigkeitsbegrenzungen von 60 km/h, grüne Weiden mit Kühen und kleinen Pferden. Bei 11 km biegt die Straße nach Ocosingo links in *nördlicher* Richtung ab, während sich die *M-190* in *südliche* Richtung nach Comitan und Guatemala fortsetzt.

Von **Chilil** (2 km abseits), etwa bei 19 km, beginnt die Straße zu steigen, an Maisfeldern, Feldern in Terrassenkulturen, durch saftige grüne Pinienwälder, und ab und zu an winzigen Indianersiedlungen vorbei. Von **La Era**, bei 25 km, führt die Strecke etwa für 1 km bis zur Abzweigung nach San Jose las Flores durch felsige Umgebung, danach wieder bergab, vorbei an kleinen Hütten mit Tonkrügen. In **Huixtan**, bei etwa 30 km, etwa 11 000 Einw., sehen Sie am Ortseingang einen kleinen Ballspielplatz, eine Kirche und Bananenstauden. Die Straße führt bergab durch die ausgedehnte Ortschaft, unten eine weitere Kirche. Ein Bild voller frischer Farben — rote Erde und grüne Berghänge. Nach der kleinen Brücke steigt die Straße und wird bald darauf

NACH PALENQUE

wieder breiter. An diesem modern ausgebauten Straßenstück gibt es sogar Wassergräben und Abflußleitungen. Immer wieder sieht man kleine Wohnsiedlungen längs der Straße. Bei 35 km führt links ein Weg von etwa 10 km nach Jocosic. Oder da gibt es bei 40 km den Ort Chempil – Achtung, tiefe Straßenrille. Viele Ortschaften liegen mehrere Kilometer abseits der Straße, wie El Nis bei 45 km.

Es geht oft bergauf/bergab, sehr kurvenreich bis Oxchuc, bei etwa 48 km. Hier ist viel Betrieb auf der Straße, denn die Dorfbewohner benutzen hier die Straße als eifrige Fußgänger – mit Apfelsinennetzen beladene Frauen, Männer in weißen, bestickten, langärmeligen Kitteln. Bergabwärts kommen Sie an Siedlungen mit Bananen-, Zuckerrohr- und Kakaopflanzungen vorbei. Ab hier beginnt für etwa 62 km ein ungeteertes Straßenstück (Stand kurz vor Drucklegung).

Bei etwa 62 km sieht man von der Straße aus auf einen prächtigen **Wasserfall** am gegenüberliegenden Berghang, der sich vom roten Gestein und den grünen Wäldern kontrastreich abhebt. Vorbei an Sisalagaven, einer feuchten Niederung im Tal gelangen Sie bei 66 km durch **Abasolo** – eine Ortschaft, bei deren Umgebung man an Schweizer Almen erinnert wird. Bei 70 km, **La Florida**, passiert die Straße eine sehr tropische Landschaft mit kleinen Holzhütten, Gärtchen, ein Sägewerk und Bananenpflanzungen. Bei 72 km steigt die Straße an und führt durch einen dichten Urwald. Bei 77 km wird die Straße sehr eng – Steinschlaggefahr und tiefe Löcher im Straßenbelag!

Bei **Chital**, 77 km, verschwinden die Häuser fast in den tiefliegenden Bananenplantagen. Unterwegs erleben Sie häufig einen Kontrast, wie hier die Indianerfrau in ihrer hübschen Tracht, die mit bloßen Füßen die Straße entlangmarschiert, dort den indianischen Bauarbeiter in seinen schweren Arbeitsschuhen. Ab und zu werden Sie auch staunen, welch riesige Lasten die Männer, aber auch die Frauen, mit ihrem **Stirnband** auf dem Rücken schleppen. Dieses Tragen mit dem Stirnband ist übrigens eine Technik, die sich offensichtlich seit Tausend Jahren nicht geändert hat.

Bei 90 km erreichen Sie **Ocosingo**. Etwa 15 km *östlich* von Ocosingo liegt die archäologische Stätte **Tonina**. *Tonina* ist übrigens der indianische Name dieser Region für Steinhäuser. Diese Maya-Kulturstätte, etwa aus dem 6. bis 8. Jahrhundert, besteht auch aus terrassenförmig angelegten Steinbauten in Pyramidenform und weist die stumpfen typischen Mayabögen sowie Türstürze aus Holz auf. Es ist übrigens sehr interessant, daß die Ocosingo–Palenque-Strecke früher eine 8-Tage-Reise war! Die Straße nach Palenque führt durch Ocosingo am Restaurant Bonampak vorbei. Am Ortsausgang befindet sich links die Pemex-Tankstelle – etwa noch 116 km bis **Palenque**. Danach führt die Straße am *Centro Coordinador indigenista de la selva Lacandona* vorbei und überquert nach einer kleinen Ziegelei, dem Hinweis nach Sibaca (etwa 4 km abseits) und einem Sägewerk den braunen Fluß.

Von nun an führt die Straße durch dichten Wald bergab, vorbei an einem Fluß, der sich in Meandern durch das Tal mit saftigen Wiesen windet. Danach steigt die Straße wieder an, es wird kurvenreich. Achtung – **Gegenverkehr**, denn die Straße ist hier nicht sehr breit. Durch dichten Dschungel mit rosablühenden Orchideen geht es bei 103 km wieder etwas bergab, diesmal durch Pinienwälder. Bei **Xotxotja**, etwa 108 km, sehen Sie wieder Bananenstauden und Zuckerrohrfelder neben den Lehmhütten. Ab **Temo**, etwa 110 km, ist die Straße wieder **geteert**. Von hier biegt die Straße nach **Yajalon** in *nordwestlicher* Richtung ab.

Ab **Temo** verläuft die Straße nach Palenque kurvenreich, in häufigem Wechsel geht es bergab und bergauf. Ab und zu sehen sie mächtige Rinder am Straßenrand – zur Überraschung auch manchmal auf der Straße! Bei 124 km passieren Sie kurz hintereinander Colomil und **Paso del Macho**. Die Straße läßt sich nun recht gut fahren, ab und zu wachsen nur die Sträucher fast bis auf die Straße. Man kann sich nun vorstellen, wie schnell der Dschungel die Mayastätten überwuchern konnte. Geschwindigkeitsbegrenzungen von **30–40 km/h** sind unbedingt ernst zu nehmen, denn es geht nun ständig kurvenreich bergab.

NACH PALENQUE 199

Nach der Brücke über dem „grünen" Fluß passieren Sie Xanil, etwa 141 km, in einer sehr fruchtbaren tropischen Landschaft mit Bananenpflanzungen — 40 km/h.

Ausflug nach Agua Azul. Bei 146 km biegt *links* eine schmale ungeteerte (Schotterstraße) Straße von der Hauptstraße in *westlicher* Richtung nach **Agua Azul** ab; Eintrittsgebühr. Der Name Agua Azul hält übrigens was er verspricht! Zu den azurblauen Wasserfällen inmitten des heißen Dschungels von Chiapas sind es etwa 4 km. Hier ein paar wichtige Informationen über die Straße nach **Agua Azul**: Es ist eine sehr steile, kurvenreiche Abfahrt über lose Steine. Ab und zu gibt es breite Querrinnen auf der „Fahrbahn, die nicht sehr breit ist. Eine staubige und steinige, äußerst heiße Strecke. Kurz nachdem die „Straße" wieder gerade verläuft, gelangen Sie zum Eingangstor (mit Kasse) des Naturparks — **Parque Natural Turistico La Cascada de Agua Azul.** Vorbei an der Landepiste des kleinen Flughafens gelangen Sie *links* zu den Parkplätzen mit einem Restaurant, direkt an den Wasserfällen. Es ist fast unglaublich, ein solch kühles Paradies — wie aus einem Hollywoodfilm — mitten im tropischen Dschungel anzutreffen. Übrigens formen diese mehrstufigen Wasserfälle den **Rio Tulja.** Hier ein **Tip:** Nehmen Sie die Gelegenheit für ein erfrischendes, kühles Bad wahr.

Wieder auf der Hauptstraße sind es noch etwa 60 km in *nördlicher* Richtung nach **Palenque.** Hier herrscht dichter, undurchdringlicher Urwald, Lianen hängen von den Bäumen und typische Urwaldlaute dringen ans Ohr. Mit 40–30 km/h führt die Straße immer bergab, vorbei an Bananenpflanzungen. Bei 156 km biegt links eine Straße nach **Agua Clara** (3 km abseits) ab. Hier scheint der Urwald schon gerodet und es folgt eine kultivierte Landschaft mit Pferden, Kühen und weißen Reihern. Bei 160 km überquert die Straße den **Rio Tulja** und führt durch eine wunderschöne, saftige Wiesenlandschaft. Abseits liegen Dörfer, wie U-Galvan, Troncada, Punta Brava bis Sie durch **Santa Maria,** bei etwa 170 km, kommen.

Bei 173 km überquert die Straße den **Rio Bazcan** und links biegt eine Straße nach Jerusalem ab. Nur etwa 1 km weiter kommen Sie an der winzigen **San-Miguel-Ruine,** am linken Straßenrand, vorbei. Etwas später geht es zwischen etwa 179 und 184 km zu Orten, wie Mi Zola (1 km) und Ruiz Cortines (1 km) sowie links zu der Abzweigung, bei etwa 185 km zu den Wasserfällen Cascada Mi Zola (2 km). Kurz darauf kommt die Kreuzung, wo es westlich nach Saragoza (6 km) und östlich nach B. Dominguez (1 km) geht. Bei etwa 191 km biegt westlich der Weg nach San Manuel (1 km) ab. Die Straßen oder Wege die zu den abseits liegenden Dörfer führen, sind überwiegend ungeteert — meistens nur als Fußwege geeignet. Und es ist fast so, als ob der Dschungel versucht, die Straße zu verschlingen.

Von der Kreuzung bei 194 km sind es noch etwa 9 km in *nördlicher* Richtung nach **Palenque.** In östliche Richtung biegt die Straße nach Chancala ab. Es ist feucht heiß — wie ein Dunstschleier liegt die Hitze hier über der Landschaft. Die Straße führt nun abwärts. Plötzlich tauchen Wiesen und Weiden auf. Bei 199 km, kurz nach der Brücke über den **Rio Chacamay** liegt rechts das **Hotel Nututun,** Camping- und Badegelegenheit. Bei 202 km gelangen Sie zur Kreuzung — *rechts* geht es nach **Palenque-Stadt** und **Catazaja** weiter, und links biegt die Straße zu den **Ruinen von Palenque** ab.

Und sollte man Ihnen beim **Turismo** wegen des Straßenzustandes oder wegen der Saison vom Befahren dieser Strecke über Ocosingo abraten, dann fahren Sie einfach von San Cristobal de las Casas über **Villahermosa** nach Palenque. Die Strecke von etwa 470 km führt über gute Straßen. Der erste Teil der Strecke sind etwa 46 km auf der Panamericana, *M-190,* und zwar *westlich* von San Cristobal de las Casas. Danach geht es auf etwa 268 km auf der *M-195* durch reizvolle Landstriche nach Villahermosa — vom kühlen Hochland in die heiße tropische Zone. Von Villahermosa über die *M-186* sind es weitere 156 km nach Palenque. Und hier geben wir Ihnen Informationen über Villahermosa, Ausgangspunkt für Palenque und die Yucatan-Halbinsel sowie für die Fahrt entlang der Golfküste nach Veracruz und nach Mexico City.

VILLAHERMOSA

Villahermosa, Hauptstadt des Bundesstaates **Tabasco**, ist eines der wichtigsten Zentren der expandierenden Ölindustrie Mexicos. Hier im Golf von Mexico ereignete sich übrigens eine der größten Ölkatastrophen, als aus der Bohrinsel Ixtoc I Millionen von Liter Öl ins Meer flossen. In den letzten Jahren hat sich diese Stadt am **Rio Grijalva** nicht nur zu einem bedeutenden Geschäftszentrum, sondern auch zu einem idealen **Ausgangspunkt** für **Palenque**, etwa 156 km entfernt, entwickelt. Ausgezeichnete Straßen sowie gute **Bus**- und Bahnverbindungen nach **Villahermosa** gibt es von Mexico City, Oaxaca, Tuxtla Gutierrez und Merida. **Teapa**, etwa 58 km südlich der Stadt, ist die nächste **Bahnstation** für Züge von Mexico City und Merida.

Außer **Villahermosa** als Tor für Palenque zu benutzen, lohnt es sich, hier zwei außerordentlich interessante Sehenswürdigkeiten anzusehen – den **Parque Museo de la Venta**, in unmittelbarer Nähe des *Flughafens*, und das **Museo de Tabasco**, *direkt* in der Stadt. Das **La Venta** Museum ist ein Freilichtmuseum mit über 30 Funden von Bildhauerarbeiten wie steinerne Großplastiken, Skulpturen und natürlich die riesigen Rundköpfe, die man mit einem der ältesten Kulturvölker Mexicos in Zusammenhang bringt, mit den **Olmeken**. Die *Monumentalköpfe* mit den dicken wulstigen Lippen, von denen einige über 20 Tonnen wiegen, sind in hervorragender Anordnung aufgestellt. Sie stammen aus der tief im Dschungel liegenden archäologischen Zone **La Venta**. Dieses Gebiet von La Venta liegt etwa 123 km *westlich* von Villahermosa, in der Nähe der Bundesstaatengrenze zwischen **Tabasco** und **Veracruz**, wo die Olmeken vor über 3000 Jahren gelebt haben sollen! Das Museum in Villahermosa lockt nicht allein eine große Anzahl Besucher an, sondern auch *Moskitos* – besorgen Sie sich daher unbedingt ein Mittel **gegen Insekten**.

Das **Tabasco Museum**, in der Nähe des **Rio Grijalva**, besteht etwa aus einem Dutzend Ausstellungsräumen. Sie finden dort auch Abteilungen über die **Olmeken** und **Mayas** (einschließlich deren berühmter Kodizes – die Mayas gehörten zu einem der wenigen Kulturvölker der Neuen Welt, die mit den Kodizes eine Schriftsprache entwickelten) sowie über andere Kulturen Mexicos.

Vorherige **Zimmerreservierung** ist in Villahermosa ein **Muß**! **Übernachtungsmöglichkeit** in der Nähe vom **Flughafen**: El Presidente, Tel. 26000; und Viva Hotel, Tel. 25555. In der **Innenstadt** gibt es im Gebiet der *Plaza de Armas* etwas preisgünstigere Hotels: Hotel Maya Tabasco (etwa 8 Straßen nördlicher), Tel. 21111; Hotel Olmeca, Reforma 304, Tel. 20022; Hotel Maria Dolores, Aldama 404, Tel. 22211. Wenn Sie nach **Palenque** weiterfahren, benutzen Sie die *M-180* in östlicher Richtung – etwa 156 km. Es gibt auch **Bus**verbindungen – etwa 2–3 Stunden Fahrt. Am bequemsten ist es, wenn Sie nicht mit dem Auto unterwegs sind, einen **Tagesausflug** mit einem Tourbus nach Palenque zu unternehmen — tägliche Abfahrten von den größeren Hotels. Für **Merida-Reisende** empfehlen wir, auf der *M-186* statt auf der *M-180* entlangzufahren, die über **Ciudad del Carmen** in *nordöstliche* Richtung an der Küste entlangführt. Obwohl diese Strecke landschaftlich reizvoller als die *M-180* ist, müssen Sie hierbei in Kauf nehmen, dreimal mit der Fähre überzusetzen. Manchmal treten bei den Fährschiffen infolge wechselhafter Witterung größere Verspätungen auf. Und hier einige wertvolle und **nützliche Informationen** für Reisende, die vorhaben, von Villahermosa an der **Golfküste** entlang bis **Veracruz** und anschließend dann nach **Mexico City** zu fahren.

RICHTUNG NORDWESTEN — NACH VERACRUZ

Für Reisende, die die Halbinsel Yucatan erkundet haben, ist **Villahermosa** eine ideale Ausgangsbasis für Veracruz. Die Entfernung zwischen **Villahermosa**, eines der neuesten Zentren der aufsteigenden Mineralölwirtschaft Mexicos, und **Veracruz**, älteste spanische Stadt Mexicos, beträgt etwa 480 km. Die *M-180* führt Sie geradewegs nach **Veracruz**; erwarten Sie jedoch nicht, daß die Straße am Golf von Mexico entlangführt! Aber Sie werden dafür in der Nähe der archäologischen

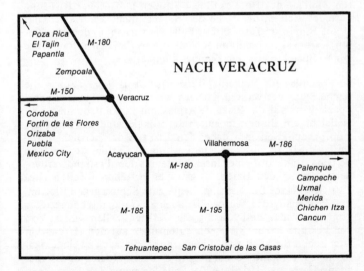

Zone von **La Venta** vorbeikommen, wo etwa vor 3000 Jahren die Kultur des Olmekenvolkes in voller Blüte stand. Da jedoch inzwischen praktisch alle hier gefundenen berühmten Steinskulpturen und Bildhauerarbeiten in Museen gebracht wurden, beispielsweise nach Villahermosa oder nach Mexico City, lohnt es sich nicht, hier Halt zu machen. Etwas weiter auf dem Weg nach Veracruz kommen Sie durch Industriezentren wie **Coatzacoalcos**, dem *nördlichen* Endpunkt der **Isthmus-Eisenbahnlinie**, die vor dem Bau des Panamakanals ein gewinnbringender Verkehrsweg war.

VERACRUZ

Die Spanische Eroberung Mexicos begann **1519** in **Veracruz**, als Cortes am Karfreitag dort landete und zum erstenmal mittelamerikanischen Boden betrat. Von hier begann er seinen Eroberungszug nach **Tenochtitlan**, der Aztekenhauptstadt und heutigen Hauptstadt der Bundesrepublik Mexico. Mehr als 300 Jahre später erlangte Mexico im Jahre **1821** seine Unabhängigkeit, und Veracruz wurde dann wiederum zum Ausreisehafen der Spanier! In Mexicos Geschichte blieb Veracruz bis heute die wichtigste **Hafenstadt** des Landes.

Wenn Sie sich der etwa 300 000 Einw. zählenden Stadt *vom Süden* nähern, können Sie einen **Übernachtungsstop** beim Mocambo Hotel einlegen, Tel. 31500 — etwa 10 km südlich vom Zentrum Veracruz und in der Nähe eines der besten Badestrände der Gegend, **Playa Mocambo**. Bei **Boca del Rio** (Flußmündung) gibt es mehrere Restaurants, die bekannt für ausgezeichnete Fischspezialitäten (aus frischem Fisch) sind. **Übernachtungsmöglichkeiten** in der verkehrsreichen (und manchmal ziemlich lauten) Innenstadt um die **Plaza Constitucion** (auch Plaza de Armas): Hotel Colonial, Tel. 20193; falls Sie etwas weniger ausgeben wollen, verlangen Sie eines der älteren Zimmer des Hotels. Einige Straßen in *östlicher* Richtung befindet sich in der Nähe des **Hafens**, dicht am Wasser, das Hotel Emporio, Tel. 20020. Falls Sie vorhaben, den berühmten **Karneval** hier mitzumachen, sollten Sie sich schon lange vor Weihnachten um ein Zimmer kümmern.

Vorschlag für Veracruz, *Villa Rica de la Vera Cruz* = die reiche Stadt des wahren Kreuzes, wie Cortes die Stadt nannte: Spaziergang auf der **Plaza de Armas**, mit Einkaufsbummel und vielleicht ein Besuch in einem der Lokale rund um den Platz zum Abendessen, um dabei den Klängen der herrlichen Marimba-Musik zu lauschen. Die Festung **El Castillo de San Juan de Ulua**, früher auf einer Insel, heute mit dem Festland verbunden, überragt den Hafen. Es gab hier in früheren Zeiten etwa 250 Geschütze. Die Festung diente zum Schutz gegen Flotten- und Piratenangriffe, wurde aber auch als Gefängnis benutzt. Sie können bei der Besichtigung die Gefängniszellen sehen. Von der Festung haben Sie einen guten Blick auf den Hafen. Am Ufer sehen Sie auch zwei **Leuchttürme**, die nach zwei mexikanischen Präsidenten benannt sind — Benito Juarez und Venustiano Carranza (1916—1920). Falls Sie genug Zeit haben, empfehlen wir Ihnen, eine Bootsfahrt (Abfahrt von der Stadtanlegestelle — Pier) zur Insel der Opfer, **Isla de los Sacrificios**, wo die Indianer, bevor die Spanier kamen, angeblich Menschenopfer dargebracht haben sollen. Und wieder auf dem Festland können Sie sich eine der ältesten Kirchen Nord-Amerikas ansehen, **Iglesia del Santo Cristo del Viaje** — die Kirche zu Ehren des Christus der Reise.

Ausflug Zu Archäologischen Zonen

Nordwestlich von Veracruz gibt es mehrere archäologische Zonen. Eine davon ist **Zempoala** — etwa 96 km über die *M-180* in Richtung *Nordwesten*. Als Cortes ankam, war dies die Hauptstadt und ein großes Zeremonialzentrum der **Totonaken**. Eine der Pyramiden der Anlage ist etwa 11 m hoch. Die Totonaken, die als Feinde der Azteken galten, verbündeten sich mit Cortes zu dem Zweck, eventuell die Azteken zu vernichten. Hier ist zu erwähnen, daß es entlang der heißen und fruchtbaren Küste des Golfs von Mexico drei Hauptkulturen gab: Die **Olmeken** — *Leute aus dem Gummiland* nannten die Azteken diese Menschen, die in den Gebieten zwischen *Veracruz* und *Villahermosa* lebten. *Nördlich* von Veracruz lebten die **Totonaken** und noch weiter im *Norden* die **Huaxteken**.

Etwa 240 km *nordwestlich* von Veracruz, über die *M-180* erreichbar, liegt die archäologische Zone von **El Tajin** — totonakisch für „Der Blitz", nach dem Regengott der Totonaken. Sie erstreckt sich etwa 10 km *südwestlich* von **Papantla** oder etwa 19 km *südlich* der Großstadt **Poza Rica** (Flug- und Busverbindungen von Mexico City sowie Busverbindungen von Veracruz). Die bekannteste Ruine hier ist die **Piramide de los Nichos**, die Pyramide der Nischen — sie besteht aus sieben Plattformen, hat 365 Nischen und ist etwa 18 m hoch. Aus ungeklärten Gründen (möglicherweise durch die Eindringlinge aus dem Norden) wurde die Stätte um 1200 n. Chr. verlassen. Als Cortes in Mexico ankam, war diese Anlage dicht vom Dschungel überwuchert.

Da die berühmten **Voladores**, die „Fliegenden Indianer" (die man auch in Acapulco zu sehen bekommt) aus **Papantla** stammen, erkundigen Sie sich beim **Turismo** in Veracruz nach dem Programm der Vorstellungen, damit Sie auch Ihren Besuch zeitlich entsprechend einrichten können. Die benachbarte Stadt **Poza Rica** ist ein Zentrum der mexikanischen Erdölraffinerie; **Übernachtungsmöglichkeit:** Das 40-Zimmer Hotel Juarez, Blvd. Cortinez & Bermudez, Tel. 25155.

Eine weitere **Ausflugsmöglichkeit** von Veracruz ist die 118 km lange Fahrt über die *M-140* nach **Xalapa** (auch **Jalapa** genannt) — Hauptstadt des Bundesstaates **Veracruz**. Der Name hat seinen Ursprung in dem Nahuatl-Begriff *Xalla–A–Pan* — etwa „Quelle im Sand". Hier ist die Universität von Veracruz zu Hause. Im **Museo de Antropologia** gibt es interessante Ausstellungen mit Skulpturen der Huaxteken, Totonaken, Olmeken und Azteken. Weitere Sehenswürdigkeiten der Stadt sind die **Casa Artesanias** — Haus des Kunstgewerbes mit kunstgewerblichen Gegenständen zur Ausstellung und zum Verkauf. **Übernachtungsmöglichkeit:** Hotel Maria Victoria, Zaragoza No. 6, Tel. 75600.

WESTWÄRTS – NACH MEXICO CITY

Die Entfernung zwischen **Veracruz** und **Mexico City** beträgt über die *M-150* etwa 440 km. Es gibt auch gute Bus- und Flugverbindungen zwischen diesen beiden Städten sowie eine Bahnverbindung – einen langsamen Tageszug und einen Nachtzug mit Schlafwagen. Etwa 130 km *westlich* von Veracruz liegt die Stadt **Cordoba** – etwa 100 000 Einw. Sie wurde zu Beginn des 17. Jahrhunderts gegründet. Hier wurde 1821 der **Vertrag von Cordoba** unterzeichnet, und zwar vom letzten Spanischen Vizekönig Juan O'Donoju und dem mexikanischen Heerführer Augustin de Iturbide. Ergebnis dieses Vertrages war die **Unabhängigkeit Mexicos von Spanien**.

In der Nähe liegt das charmante Städtchen **Fortin de las Flores** – etwa „kleine Festung der Blumen", direkt im Zentrum von Kaffeeplantagen und ausgedehnten Blumenfeldern. Eines der populärsten **Hotels** der Stadt ist das Hotel Ruiz Galindo, Tel. 30055; der Hotel-Swimming Pool ist über die Grenzen des Landes hinweg bekannt, da die Wasseroberfläche täglich mit über 200 000 weißen Blüten von Gardenias bedeckt wird – wie ein Paradies! Und vom Pool aus können Sie sogar den schneebedeckten Gipfel des höchsten Berges Mexicos sehen – **Citlaltepetl**, auch **Pico de Orizaba** genannt, 5747 m hoch. Tip: Wenn Sie hier bleiben, sollten Sie unbedingt versuchen, die **Matalarga Kaffeplantage** zu besichtigen – nur etwa 5 km entfernt. Im Norden liegt das Indianerdorf **Coscomatepec** – montags Markttag.

Etwa 150 km *westlich* von Veracruz liegt die Stadt **Orizaba** – etwa 100 000 Einw. Hier gibt es eine der größten Textilfabriken des Landes, und das Moctezuma Bier wird hier gebraut. In der Nähe liegt der Stausee **Tuxpango Reservoir** am **Rio Blanco**. Hier kann man eine 10-Minuten-Fahrt mit der steilen Zahnradbahn unternehmen.

Wenn Sie in *westlicher* Richtung auf der *M-150 D* weiterfahren, auf der ausgezeichneten gebührenpflichtigen Straße, kommen Sie auf dem Weg nach Mexico City an **Puebla** und **Cholula** vorbei. Einzelheiten über diese Reiseziele sowie über **Tehuacan**, bekannter Kurort *südwestlich* von Orizaba, finden Sie unter Mexico City–Oaxaca-Route.

Und hier noch nützliche Informationen für Reisende, die anstatt von Villahermosa in nördlicher Richtung nach Veracruz und dann weiter nach Mexico City, lieber in **Richtung Osten** zur Erkundung der archäologischen Zonen und Reiseziele der Halbinsel **Yucatan** reisen wollen. Wir beginnen zunächst mit dem Ort **Palenque**, in der Nähe der berühmten gleichnamigen Ruinen.

VON VILLAHERMOSA NACH:
Palenque-Stadt/Palenque
Nördlich Nach Yucatan
Uxmal, Merida, Chichen Itza, Cancun

PALENQUE
Palenque-Stadt

Palenque-Stadt (der Ort wurde früher **Santo Domingo de Palenque** genannt) ist der nächste Ort zu der unvergleichlichen **archäologischen** Zone von Palenque – etwa 8 km entfernt. Falls Sie nicht mit dem Auto hier sind, gibt es Taxis und Busse als Verkehrsmittel zwischen den beiden. Der wichtigste **Ausgangsort** für diese Area ist **Villahermosa**, etwa 156 km *nordwestlich* liegend mit dem Bus und per Flugzeug von verschiedenen Orten des Landes, einschließlich Mexico City und Merida, erreichbar. **Von Villahermosa** hat man die Möglichkeit, mit dem Mietauto, Bus oder mittels einer der vielen angebotenen Touren nach Palenque zu gelangen.

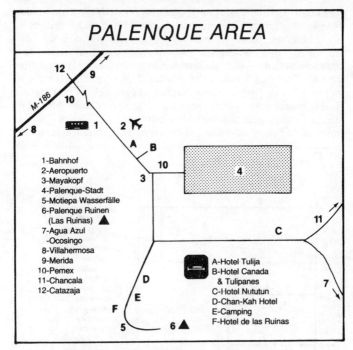

Von Mexico City und **Merida** gibt es **direkte** Bahnverbindungen nach Palenque. **Uxmal**, eine bedeutende archäologische Zone *südlich* von Merida, liegt etwa 512 km *nordöstlich* von Palenque und ist mit dem Auto in einem Tag erreichbar. **Tip:** Für Reisende, die nicht mit dem Auto unterwegs sind, bietet sich **Merida** als bequeme **Ausgangsbasis** für die Erkundung der Pyramiden Yucatans im Anschluß an Palenque an.

Glücklicherweise wiederholt sich die etwas *fade Atmosphäre* des Ortes Palenque nicht auch in der archäologischen Zone, denn hier erwartet Sie im Gegenteil eine prachtvolle, äußerst sympathische Anlage — ehemals das große religiöse Zentrum der **Mayas**. In Palenque-Stadt gibt es einige ziemlich **preisgünstige** Hotels, ein paar Geschäfte für Proviant und Getränke, Banken und die **Busstation**, direkt **im Hotel Palenque**. In der Nähe liegt der Zocalo mit mehreren kleinen Restaurants im Freien, einem Souvenirladen und einem Taxistand. Der **Bahnhof** liegt etwas **außerhalb** des Ortes — etwa 4 km; Ankunft von Mexico City abends, und von Merida morgens.

Zu den **Übernachtungsmöglichkeiten** zählen die großen Hotels Palenque und Tulija und das kleinere Hotel Casa de Pakal, in der Nachbarschaft des Zocalo; Zimmer mit Klimaanlage! Falls Sie etwas **billigere** Unterkunft suchen, gibt es noch das Hotel Avenida oder Hotel Canada. Auf dem Weg zu der archäologischen Zone kommen Sie vorbei am niedlichen Chan–Kah Hotel mit den Maya-Hütten ähnlichen Wohngebäuden. Vorbei am Campingplatz kommen Sie dann zu dem von uns auserkorenen Hotel de las Ruinas, etwa 1 1/2 km von den Ruinen entfernt. Die motelähnliche Hotelanlage mit etwa 30 Zimmern (**ohne** Klimaanlage) konzentriert sich um den hübschen (und sauberen) Swimming Pool; sehr beliebt bei mexikanischen und ausländischen Touristen; **vernünftige** Preise. Da man **keine** telefonische Zimmerreservierung vornehmen kann (bei unserem letzten Besuch gab es hier keinen Telefonanschluß), geben wir Ihnen im vorderen Abschnitt dieses Reiseführers die **Hotelanschrift** an, falls Sie Ihr Zimmer schriftlich bestellen wollen. **Tip:** Ohne vorherige Reservierung

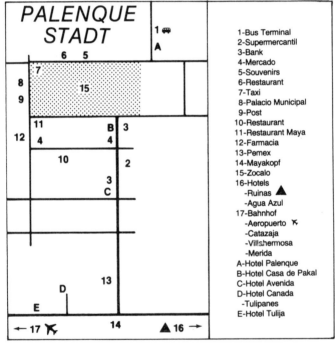

sollten Sie schon mittags oder am frühen Nachmittag versuchen, hier ein Zimmer zu bekommen, da das äußerst beliebte Hotel schon nachmittags schnell belegt ist. Sobald kein Zimmer mehr frei ist, wird das Schild „No hay cuartos" = belegt neben der Einfahrt aufgehängt, meistens schon nachmittags. Hier ein weiterer **Tip**, um die feuchtheißen Abende hier auszuhalten: Setzen Sie sich an den beleuchteten Swimming Pool, und nehmen Sie kurz vorm Essen (zum Hotel gehört auch ein kleines Restaurant) ein erfrischendes Bad. Nachdem Sie tagsüber die in der Nähe liegenden Ruinen erkundet haben, werden Sie den hübschen Swimming Pool hier sehr schätzen.

BESICHTIGUNG VON PALENQUE

Wenn Sie sich der archäologischen Zone von **Palenque** nähern, windet sich die Straße bergaufwärts — zu beiden Seiten plötzlich von dichtem Dschungel umgeben. Kurz bevor Sie den **Eingang** von Palenque erreichen, kommen Sie am Wasserfall, **Cascada Motiepa**, vorbei. Gegenüber vom Parkplatz holen Sie sich Ihre Eintrittskarten; es gibt auch Führer (Erklärungen auf spanisch, manchmal auch auf englisch). Wenn Sie sich etwas umsehen, werden Sie gleich feststellen, daß diese herrliche Ruinenanlage mitten im dichten *tropischen Urwald* wohl kaum von etwas anderem übertroffen werden kann. Es ist auch kein Wunder, daß die Spanier auf ihren ersten Eroberungszügen diese Anlage übersehen haben; erst im 18. Jahrhundert wurde erstmalig etwas von der Existenz der Anlage bekannt!

Man glaubte, daß die **Mayas** von Mittelamerika *nordwestlich* gewandert seien und sich hier etwa im 4. Jahrhundert n. Chr. niedergelassen haben. Von dieser Zeit etwa begannen sie, die wunderschönen Tempel zu erbauen, die man heute hier sieht. Palenque — ein religiöses Zentrum, erlebte etwa im 7. und 8. Jahrh. seine Blütezeit und war etwa bis zum 10. Jahrh. bewohnt. Zu den größten Sehenswürdigkeiten der Anlage zählt der **Tempel der Inschriften**, der oben auf der Plattform einer 22 m hohen Pyramide sitzt. Tief im Innern dieser Tempel-Pyramide befindet sich die Grabkammer des Hohenpriesters, die erst 1952 entdeckt wurde. Diese erstaunliche Entdeckung zeigte zum ersten Mal in Mexico, daß eine Pyramide als Grab benutzt wurde — wie die ägyptischen Pyramiden. Eine weitere Attraktion ist das **Museum** — am anderen Ende der Anlage, auf der *östlichen* Seite. Erkundigen Sie sich am Eingang nach den Öffnungszeiten dieser beiden Attraktionen, damit Sie Ihren Rundgang entsprechend einrichten können.

Palenque Tips

1. **Feste bedeckte Schuhe.** Bequeme leichte, luftige Kleidung. Es ist viel zu laufen und zu klettern.
2. Kommen Sie möglichst schon **morgens um 8 Uhr.** Rechnen Sie mit 5 Stunden Rundgang, ohne viel zu bummeln.
3. Erkundigen Sie sich beim Eingang nach den *Öffnungszeiten* der Grabkammer im Tempel der Inschriften und des Museums.
4. Nehmen Sie ein paar Zitronenbonbons mit.
5. Heben Sie Ihr *Boleto* (Eintrittskarte) bis zum Schluß auf — manchmal wird man danach gefragt.
6. Nehmen Sie eine *Taschenlampe* mit, sehr zweckmäßig auch im schwach erhellten Museum.
7. Der Rundgang zu den kleineren Tempeln führt Sie behutsam in die Welt der Mayas. Schritt für Schritt bekommt man mehr Verständnis für die Anlage. Heben Sie sich daher vielleicht den Tempel der Inschriften und den großen Palast für den Schluß Ihres Rundgangs auf. Die Tempelanlage in Palenque ist zwar übersichtlich, aber der gesamte Rundgang ist doch in der Hitze recht anstrengend und kostet *Energie.* Sollten Sie nicht über soviel Kraft, Ausdauer und Geduld verfügen, unserem vorgeschlagenen Rundgang zu folgen, beschränken Sie sich dann allerdings in der Hauptsache auf den großen **Palast** und den **Tempel der Inschriften.** Falls Sie sich jedoch mehr zumuten können, empfehlen wir Ihnen sehr, den Rundgang wie vorgeschlagen auszuführen.

Archäologischer Rundgang

Der erste Tempel, Schädeltempel, rechts vom Weg ist an seinem offenen Portal und dem *Maya-Bogen* — umgedrehtes „V" erkennbar. Da der Dschungel hier ständig alles überwuchert, sieht man überall Arbeiter, die mit der Machete die hohen Gräser beseitigen (wir beobachteten wie sie gerade eine Schlange erlegt hatten).

1 — **Tempel XIII** — hier ist nicht viel übriggeblieben, etwa 10 Stufen noch erkennbar.

208 PALENQUE

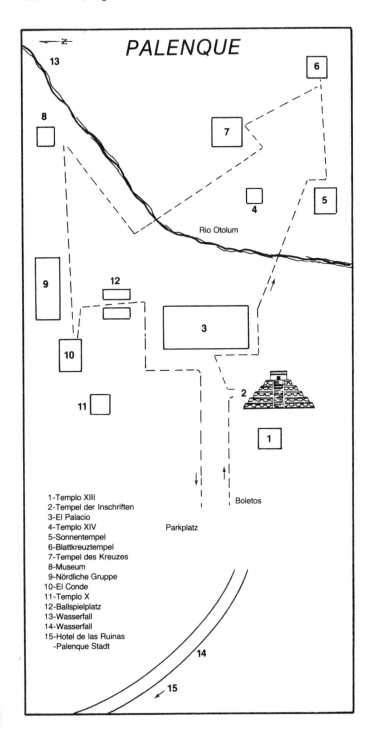

1-Templo XIII
2-Tempel der Inschriften
3-El Palacio
4-Templo XIV
5-Sonnentempel
6-Blattkreuztempel
7-Tempel des Kreuzes
8-Museum
9-Nördliche Gruppe
10-El Conde
11-Templo X
12-Ballspielplatz
13-Wasserfall
14-Wasserfall
15-Hotel de las Ruinas
 -Palenque Stadt

2 — Tempel der Inschriften; *Templo de las Inscripciones*. Am Fuß des Tempels ein niedriger runder „Steintisch" auf 4 Steinfüßen. Etwa 69 steile Stufen bis zur Plattform mit einer Sicht „el fantastico". Gegenüber liegt die Palastanlage **El Palacio** mit dem pagodenähnlichen **Observatorium**. In der Tempelvorhalle sind die **Tafeln mit den Inschriften**. Weiter innen führt eine steile Treppe einen beleuchteten Gang hinunter (nehmen Sie aber zur Sicherheit eine Taschenlampe mit) zur berühmten Grabkammer, der **Tumba**. Etwa 45 Stufen bis zur 1. Plattform durch den Maya-Bogen-Treppengang hinab, weitere 22 Stufen bis zur Tumba — feucht und glitschige Stufen! Unten sind Löcher sichtbar, die einst die dicke Steinplatte hielten, die den Eingang zur Grabkammer verborgen hielt. In der Tumba sehen Sie die etwa 30 cm dicke, rechteckige **Grabplatte** mit der Darstellung einer liegend/sitzenden Priesterfigur und vielen Ornamenten. Abbildungen auf Postkarten und anderen Souvenirs am Eingang der Ruinenanlage.

3 — Der Palast; *El Palacio*. Eine Serie von Gemächern auf einer kleinen Erhöhung bestimmt die Palastanlage; ein *Labyrinth* von etwa über 20 Räumen und vielleicht nochmal so vielen Gängen und Innenhöfen, die ineinander verschachtelt sind. Etwa 28 Stufen bis zur Vorhalle. An den Pfeilern der fünf Portale teilweise vollständig erhaltene *Stuckreliefs* vorhanden, zum Beispiel auf den drei Pfeilern links Darstellungen von Menschen- und *Priestergestalten*. Bei dem 2. Pfeiler sieht man einen mit Sandalen bekleideten Priester.

Beginnen Sie den kleinen Rundgang im Uhrzeigersinn. Dabei sehen Sie durch eines der „Fenster" in den vertieften, grasbewachsenen kleinen Innenhof. Wenn Sie um die Ecke gehen, sehen Sie auf den Tempel des Grafen, **El Conde** und den **Tempel X**. Etwas unterhalb des Rundgangs ist ein überdachtes und umzäuntes Steinrelief zu sehen. Am Treppenaufgang im Innenhof steinerne Flachreliefplatten. An den Frontseiten der Stufen reiche Verzierungen. Von hier sehen Sie auch oben an der Bedachung des pagodenähnlichen dreigeschossigen **Observatorium**-Turms die Stuckverzierungen. Schauen Sie sich selbst in den vielen verwinkelten Innenräumen des Palastes um, es ist zu verwirrend hier Einzelheiten aufzuzählen. Auffallend sind jedoch überall die sehenswerten *Flachreliefs*. Wenn Sie die Haupttreppe wieder hinabsteigen, achten Sie auf die rechts auf der Höhe des Rundgangs sichtbaren *Maya-Bögen*. Unten an der Basis des Palacio sehen Sie auch an der Kante zum Durchgang zwischen 2 und 3 einen Gewölbegang mit typischem, „falschen" Gewölbe. Seitlich des El Palacio beim „Steintisch" eine geschützte überdachte und vergitterte Ecke mit Originalresten des *Reliefdekors*. Steigen Sie ruhig die 7 Stufen zu der riesigen Steinplatte hinauf. Links davon ist der *Bogengang*, den Sie zuvor von der Frontseite gesehen haben. Man kann durchlaufen, sehr angenehm kühl, aber glitschiger Boden! Rechts steigt man etwa 10 Stufen weiter hinauf und hat erneut einen Blick auf den *Observatoriumsturm* und den Tempel der Inschriften mit dem Dschungel im Hintergrund. Gute **Fotoposition**!

Über einen flachen Baumstamm gelangt man über den Rio Otolum. Seitlich eine Mammutgalerie mit Bananenstauden vor der dichten Urwaldkulisse. (Bei unserem Besuch war es so heiß, daß sogar unser „Schreibwerkzeug" schwitzte.) Zwischen **Sonnentempel** und **Tempel XIV** führen von der „Bananenplantage" mehrere unregelmäßige schmale Steinstufen einen Hügel hinauf.

4 — Tempel XIV. Es lohnt sich, die etwa 14 Stufen hinaufzusteigen, wo Sie eine wunderbare Reliefplatte mit einer religiösen Szene finden. Achten Sie auch auf die hinter dem Gitter befindlichen *Sockelornamente*. Auf dieser Ebene führt auch ein schmaler Rundgang um die Außenmauer des Tempelaufsatzes. Guter Gesamtüberblick vom **El Palacio**. Gute **Fotoposition**. Von der Stufenseite blickt man auf den **Blattkreuztempel** — **Templo de la Cruz Folida**, von weitem sieht es aus wie ein ausgebranntes Haus! (aber drinnen werden Sie die Wunder der Mayas entdecken).

5 — Sonnentempel. *Templo del Sol* mit dem mehrstufigen Gittermauerwerk zur Krönung des Tempels. Über etwa 23 steile Stufen gelangt man in die kühle Vorhalle mit den 3 Portalen. Am Hauptportal sind noch

210 PALENQUE

Reste von Stuckreliefs und darüber verschiedene Steinfriese mit *Gestalten* sichtbar. Innerhalb des Tempels 2 typische *Maya-Bögen*, dahinter die Hauptattraktion – eine *Reliefplatte mit 2 Priestern* – der rechte ist bedeutend größer, der linke steht erhöht. Im Mittelfeld die *Sonne*. Die sichtbaren *Hieroglyphen* sind noch nicht genau entziffert. Die Außenseite des Altarraumes zeigt oben auch einen ornamentgeschmückten *Steinrelieffries*. Falls es schon immer Ihr Traum war, auf einem echten *Dschungelpfad* zu sein, sollten Sie rechts mal für ein kurzes Stück in den Dschungel hineinlaufen. Es gibt hier Blumen, allerlei Pflanzen, hohe Bäume mit Lianen wie aus einem Tarzanfilm, Schatten, Mücken, Ameisen, unheimliche Vogellaute und anderes Gezwitscher.

6 – Blattkreuztempel. *Templo de la Cruz Folida.* Gegen den dichten angrenzenden Dschungel sieht dieser Tempel sehr eindrucksvoll aus. Eine Vielzahl von unregelmäßigen Stufen führt den Hügel zum Tempel hinauf. Es lohnt sich, denn hier bietet sich ein neuer Blick auf den **Sonnentempel, Tempel XIV** und den höher liegenden **Tempel des Kreuzes.** Außerdem haben Sie einen Blick über die weite Ebene von Palenque im Hintergrund. Hier existiert *keine* Vorhalle mehr wie zuvor beim Sonnentempel. Innen im Altarraum gibt es *3 Reliefplatten* – wieder *2 Priester* (die linke Gestalt ist größer) in der Mitte das Gesicht der *Sonne* oben ein *Quetzalvogel.* Die Sonne ist *in Form eines Kreuzes* gestaltet, aus einem Querbalken von *Maiskolben* bestehend. Von den Inschriften hat man die Zahl *692 n. Chr.* festgestellt. Zur Seite des Tempels führt wieder ein kleiner Dschungelpfad in den Dschungel.

7 – Tempel des Kreuzes. Sehr viele unregelmäßige Stufen führen den Pyramidenhügel zu dem wahrscheinlich höchsten Turm der Anlage hinauf. Hier wird Ihnen Ihr Körper zeigen, ob Sie für den Tempelurlaub in der Hitze des Dschungels gut *präpariert* sind. Auch hier ist die Vorhalle teilweise nicht mehr vorhanden. Der dichte Dschungel ist nur meterweit entfernt. Die letzten 7 Stufen führen direkt links zu der stelenähnlichen Fassade. Im Steinraum des Tempels erwartet Sie schöne Kühle. An der Außenwand des Tempelraums links und rechts *2 Relieftafeln* mit *zwei Priestern*, der rechte *raucht*. Oben ein *Zierfries*. Für den herrlichen Ausblick von hier oben lohnt es sich, hier hochzuklettern.

Über einen Grasteppich, einige steinige, glitschige Stufen über den Fluß gelangt man zur *Rückseite* des **El Palacio.** Auf diesem Pfad gelangen Sie zum Museum und den benachbarten kleinen Wasserfällen.

8 – Museum. Der Besuch ist empfehlenswert. Kurz nach Betreten des kleinen Gebäudes sehen Sie eine Darstellung über einige *Maya-Sehenswürdigkeiten*, sowie eine *Orientierungskarte* über die archäologische Zone. Außer den interessanten Ausstellungsstücken, können Sie auch Archäologen bei der Arbeit beobachten, wie wir, als wir das letzte Mal hier waren, z. B. beim Aussortieren der neuesten Funde, Numerierung der Stücke und Fotografieren. Sehr interessant! Auf unserer *Palenque Museum-Karte* finden Sie einige der Ausstellungsstücke bezeichnet.

9 – Nördliche Gruppe, *Grupo del Norte.* Dieser Teil besteht aus vier unterschiedlich großen Tempeln. Der linke Tempel ist zwar der größte der Gruppe, aber am wenigsten gut erhalten. Innerhalb der Gruppe ein winziger Tempel als „Pagodentempel" bezeichnet.

10 – Tempel des Grafen. *El Conde.* Nach dem Grafen Frederick von Waldeck genannter Tempel, der während seiner Forschungsarbeiten hier in diesem Tempel wohnte.

11 – Tempel X. Von diesem Tempel sind nur noch die Stufen und die obere Plattform übriggeblieben.

12 – Ballspielplatz. Außer den Erdwällen und den Umrissen ist kaum noch etwas vom Ballspielplatz erkennbar.

Der Rundgang endet auf dem Platz vor dem großen Palast und dem Tempel der Inschriften.

NACH UXMAL 211

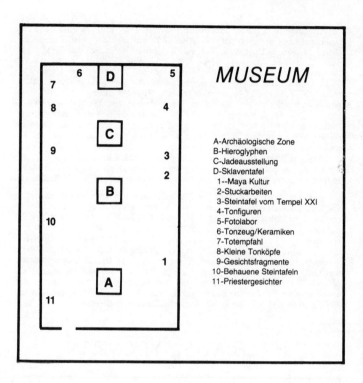

MUSEUM

A-Archäologische Zone
B-Hieroglyphen
C-Jadeausstellung
D-Sklaventafel
 1--Maya Kultur
 2-Stuckarbeiten
 3-Steintafel vom Tempel XXI
 4-Tonfiguren
 5-Fotolabor
 6-Tonzeug/Keramiken
 7-Totempfahl
 8-Kleine Tonköpfe
 9-Gesichtsfragmente
10-Behauene Steintafeln
11-Priestergesichter

PALENQUE – UXMAL ROUTE

Die Entfernung zwischen **Palenque**, Bundesstaat **Chiapas**, und **Uxmal**, Bundesstaat **Yucatan**, beträgt etwa 512 km, über die *M-186 & M-261* in nordöstlicher Richtung. Die Route führt unterwegs durch die Bundesstaaten **Tabasco** und **Campeche**. Bei etwa 65 km biegt in südlicher Richtung die Straße ab zum archäologischen Museum in **Balancan**. Weiter geht die Fahrt durch eine sehr ebene Landschaft. Wenn Sie unterwegs einen Tropengarten besichtigen wollen, so gibt es bei etwa 196 km nach Palenque auf der rechten Straßenseite den **Jardin Botanico Tropical**. In **Escarcega**, etwa 202 km nach Palenque, biegt in östlicher Richtung die *M-186* ab nach **Chetumal**, Bundesstaat Quintana Roo. Sie fahren nun über die *M-261* weiter in nördliche Richtung über **Champoton**, ab hier auf der *M-180* entlang des Golfs von Mexico. Etwa 299 km hinter **Palenque** biegt in östlicher Richtung die Straße zu den archäologischen Zone von **Edzna** ab, die etwa 19 km südlich von **San Antonio Cayol** liegt. Die Hauptattraktion ist die *Vierschichtige* (mit Fenstern) *Pyramide* mit einem Tempelaufsatz, zu dem steile Stufen hinaufführen.

212 NACH UXMAL

Auf dem Weg nach **Campeche**, über *M-180*, gibt es eine bequeme Übernachtungsmöglichkeit — etwa 40 km südlich von Campeche: **Hotel Mision Si-Ho-Playa**, Tel. 62989; genau zwischen der Straße und dem Golf von Mexico. Etwa 335 km nach Palenque erreichen Sie Campeche, 90 000 Einw. — die Hauptstadt des Bundesstaates **Campeche**. 1519 kam Cortes auf dem Weg nach *Veracruz* hier an, um das Aztekenreich zu erobern. 1540 besiedelten die Spanier diese Area, und Campeche entwickelte sich zu einem führenden Hafen der Halbinsel **Yucatan**. Wegen der scharfen Angriffe der Piraten mußte man eine Schutzmauer errichten. Die Mauer ist bis heute noch erhalten. Die Küstenstraße führt auf dem Weg nach **Uxmal** durch die Stadt, vorbei am Turismo, das in einem modernen ovalförmigen Gebäude untergebracht ist — ausgezeichnete Information. Ein paar Straßen landeinwärts liegt die lebhafte Innenstadt. In der Nähe von Turismo gibt es zwei moderne Hotels — Hotel Baluartes und praktisch daneben, das Hotel El Presidente.

Auf der *Nordseite* vom Campeche folgen Sie dem Schild *Richtung Merida*, über *M-261*. Es folgt eine kurvenreiche Strecke durch obstreiche Landschaft. Bei **Cayal** kommt die Straße von **Edzna** wieder heraus. Über **Hopelchen**, wo südlich die Straße zu den Ruinen von Hochob und Dzibilnocac abbiegt, vorbei an den Ruinen Bolonchenticul und Itzinte, führt die Route unterwegs durch typische Maya-Dörfer — ovale, palmgedeckte Hütten. Etwa 28 km vor **Uxmal** Bundesstaatenwechsel von **Campeche** nach **Yucatan**, dort wo der Steinbogen die *M-261* überspannt. Vorbei an der Abzweigung bei 487 km zu den archäologischen Zonen **Sayil** und **Labna** — siehe Uxmal, erreicht die *M-261* nach 512 km die archäologische Zone von **Uxmal**.

HALBINSEL YUCATAN

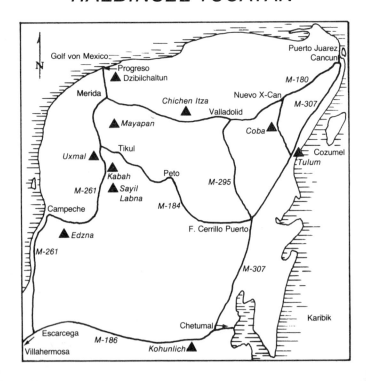

BESICHTIGUNG VON UXMAL

Uxmal — *die Stadt, die dreimal errichtet wurde* — liegt etwa 75 km südlich von Merida, an der *M-261*. Fast von allen Hotels in Merida werden Besichtigungstouren zu dieser archäologischen Zone — eine der attraktivsten des Landes — durchgeführt. Von Meridas Busbahnhof gibt es **Busse**, die nach Uxmal fahren; mit dem Auto braucht man weniger als zwei Stunden. In Uxmal selbst finden Sie auch ausgezeichnete **Übernachtungsmöglichkeiten** — in begrenzter Zahl. Die Architektur der archäologischen Anlage ist ein klassisches Beispiel des Maya *Puuc-Stils* — klare Linienführung und verzierte Mauerfriese mit wahren Meisterwerken an Mosaiken. Während bei der Architektur in Chichen Itza ein starker Einfluß der eindringenden *Tolteken* festzustellen ist, findet man in Uxmal hingegen kaum derlei Anzeichen. Der Begriff **Puuc** kommt von der Bezeichnung eines Höhenzuges in diesem Teil Yucatans, der durchweg aus Kalkstein besteht. Sehr interessant ist es, daß sich der Wasservorrat hier überwiegend aus Regenwasser zusammensetzte, das man in unterirdischen Zisternen aufgefangen hatte.

Uxmal erlebte seine Blüte in der Zeit etwa von 600 n. Chr. bis 1000 n. Chr. und wurde dann plötzlich verlassen. Die **Ton- & Lichtschau** die abends hier veranstaltet wird, weist auf ein paar interessante *Theorien* hin, weshalb die Mayas Uxmal vielleicht verlassen haben könnten; lesen Sie dazu unsere kurze **Beschreibung** am Ende dieses Abschnitts. Wir möchten Sie darauf hinweisen, daß die archäologische Ausgrabungsstätte relativ zusammenhängend, in ihrer Ausdehnung viel kleiner als Chichen Itza ist. Sie können alles, was es dort zu sehen gibt, leicht an **einem Tag** besichtigen, und haben möglicherweise sogar noch Zeit, sich das benachbarte **Kabah** anzusehen. Von den Hotels in Uxmal werden auch Ausflugs- und Besichtigungsfahrten zu anderen archäologischen Zonen — insbesondere **Sayil** und **Labna** — durchgeführt.

Auf dem Weg zum **Palast des Gouverneurs** werden Sie kurz nach dem Eingang die riesige **Pyramide des Zauberers** vor sich sehen. Wenn Sie diese gleich zu Anfang besteigen wollen, sind Sie vielleicht schon ein bißchen erledigt und werden wahrscheinlich gar nicht mehr dazu kommen, die anderen Anlagen zu besichtigen. Daher empfehlen wir, die Gebäudeanlage in der *vorgeschlagenen* Reihenfolge zu besichtigen, und sich den „*Moloch*" von Pyramide, **Pyramide des Magiers** oder Zauberers zum Schluß aufzuheben. Sie finden dort in der Nähe vom Eingang auch einen Stand für Erfrischungen, wo Sie auch Postkarten und Souvenirs kaufen können; auch Toiletten vorhanden. Doch nun zu unserem Rundgang.

1 – Der Palast des Gouverneurs – der erste Stop auf unserem Rundgang ist gleich bei einem der eindrucksvollsten Gebäude der archäologischen Zone von Uxmal — etwa 98 m lang und 12 m breit und 8 m hoch. Die Fassade ist mit Tausenden von handbehauenen Steinen und Skulpturen verziert. Da das Gebäude auf mehreren Terrassen errichtet ist, wirkt es sogar noch gewaltiger. Vor der *Frontseite* des Palastes sind zwei Darstellungen sehr erwähnenswert. Das eine ist ein schrägstehender Stein — man hält ihn für ein riesiges *Phallus-Monument* aus Stein; Nachfahren der Indianer dieser Gegend hielten ihn für einen Stein, an dem man Leute auspeitschte. Und in der Nähe befindet sich auf einem kleinen „Altar" ein doppelköpfiger *Steinjaguar* — etwa 60 cm hoch.

Von hier führen etwa 31 Stufen über mehrere Absätze hinauf zum Palast. Auf dem Mittelteil der Längsseite sind 7 rechteckige Portale zu erkennen. Die Fassade über den Portalen ist über und über mit dem hervorspringenden Mosaikfries — er soll aus etwa 20 000 Steinen bestehen — reich verziert. Auf den beiden Seitenflügeln gibt es 2 weitere Portale, jeweils von einem Maya-Bogen — umgedrehtes „*V*" — abgeteilt. Der linke Maya-Bogen läßt deutlich die Konstruktion des falschen Gewölbes erkennen — ohne Schlußstein; gut sichtbar die Form eines „*S*" im Ornamentfries. Neben dem Bogen sieht man an der Eckkante einen herausragenden *Schlangenkopf* — eine Klapperschlange. Vor dem Maya-Bogen erheben sich 2 ungleiche Säulenstümpfe. Der rechte Maya-Bogen

214 UXMAL

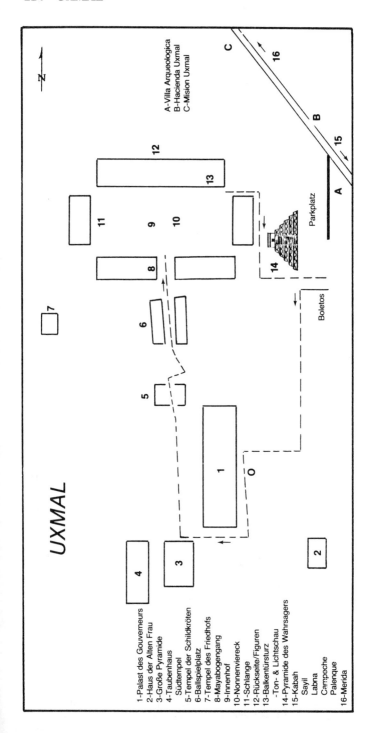

ist dagegen ganz ausgehöhlt. Unterhalb der Portale erkennt man einen *Säulenfries* — jeweils in Vierergruppen, der sich rund um das Gebäude fortsetzt. Im Mittelfeld des Fassadenfries ist ein riesiger *Federschmuck* zu erkennen. Unter den Darstellungen des Mosaikfries gibt es unzählige *Masken des Regengottes* sowie *Andreaskreuze*. Im Innern des Gebäudes reihen sich zwei Längsvorhallen mit Maya-Gewölbe aneinander.

In der Ferne sehen Sie vom Gouverneurpalast aus die noch nicht restaurierte Pyramide, auch **Haus der Alten Frau** genannt, Nr. 2 der Karte. Links davon erstreckt sich die weite Ebene von Yucatan, rechts eine bewaldete Hügellandschaft. Wenn Sie nun *links* zur Rückseite des Palasts des Gouverneurs gehen, finden Sie hier wieder die *Maya-Bögen*. Auch hier wieder ein Kopf mit *Federschmuck* im Mosaikfries erkennbar. Aus dem Mittelteil ragen die *Masken des Regengottes* als „*Elefantenrüssel*" heraus. Überall liegen ornamentale Ecksteine des Mosaikfrieses herum. Sie haben hier einen Blick „*hinter die Kulissen*", gut zu erkennen, wie das Mauerwerk eigentlich nur aus unregelmäßig aufgesetzten Steinen besteht und von der „falschen" Fassade verdeckt wird. Hier bietet sich ein erster Blick zur Orientierung über die Anlage mit der **Großen Pyramide** (Nr. 3 der Karte), dahinter der **Südtempel** (Nr. 4 der Karte) rechts davon etwas tiefer die zackige „Fensterfront" (so von uns bezeichnet) vom **Haus der Tauben**. Sie sehen zum Beispiel den verhältnismäßig kleinen **Tempel der Schildkröten**, den **Ballspielplatz** und in der Ferne hinter dem **Nonnenviereck** und der **Pyramide des Magiers** ist das Hotel Mision de Uxmal erkennbar.

3 — Die Große Pyramide *(Gran Piramide)*. Von dem Fußpfad führen etwa 70 völlig restaurierte Stufen über zwei Absätze zur Tempelplattform. Die tüchtig restaurierte Fassade trägt interessante geometrische Ornamente — mehrmals sind *adlerähnliche* Darstellungen erkennbar. Gelegenheit für Nahaufnahmen der Steinmosaike. Gute Aussicht auf die Gesamtanlage. Daneben erstreckt sich der noch nicht „freigelegte" **Südtempel** (Nr. 4 der Karte), das heißt er ist noch nicht restauriert.

5 — **Tempel der Schildkröten** — etwa 28 m lang und 10 m breit. Ein dichter Säulenfries zieht sich am oberen Gebäudeteil ringsum, darüber die hübschen *Schildkrötenplastiken*, die dem Tempel den Namen gaben. Beliebter Aufenthaltsort der schwalbenähnlichen Vögel — und angenehmer Schattenplatz.

6 — **Ballspielplatz** = *Juego de Pelota*. Vom Schildkrötentempel führt ein steiler „Treppenpfad" (Sie können auch den regulären, etwas längeren Pfad benutzen) direkt hinunter zum Ballspielplatz. Die Anlage — kaum restauriert — ist etwa 33 m lang. An der linken Wand ist eine Andeutung eines Steinrings vorhanden (durch dessen Öffnung die Spieler den Ball zielen mußten). Etwas in der Ferne ist der **Tempel der Friedhöfe** sichtbar; Nr. 7 auf der Karte.

8 — **Maya-Bogengang**. Durch den Bogengang, der an der Außenwand rechts und links von einer *Gitterfassade* eingerahmt wird gelangen Sie in den weiten Innenhof; Nr. 9 der Karte. Tip: Gutes Fotomotiv durch den Bogengang.

10 — **Nonnenviereck**. Um den Innenhof reihen sich vier Gebäudegruppen — etwa 1937—38 restauriert. Den Komplex mit den etwa 80 Räumen auf der Seite des Bogengangs (Südseite) bezeichneten die Spanier, da sie glaubten, daß in diesen zellenähnlichen Räumen ehemals Nonnen gelebt haben mußten, als *Casa de las Monjas* = Haus der Nonnen. Es ist einer der besterhaltensten Gebäudeteile der Anlage. Vom Nonnenviereck, oder Innenhof — etwa 76 m lang und 64 m breit — können Sie sich die Ornamente im Einzelnen ansehen. Auf der etwa 52 m langen Frontseite des Westgebäudes, Nr. 11 der Karte, ist über die gesamte Länge des Mosaikfrieses eine **Schlange** erkennbar. Bei der abendlichen **Ton- & Lichtschau** erkennt man das Schlangenrelief ganz deutlich im farbigen Licht der *Illumination*. In der **nordwestlichen** Ecke befindet sich der **Tempel der Venus**. Direkt darüber, auf der Plattform, ist die **Stelle**, von wo aus man die Ton- & Lichtschau verfolgt.

Das größte Gebäude dieses Vierecks befindet sich auf der *Nordseite* — etwa 79 m lang, mit etwa 13 Portalen. Da es sich ebenfalls auf einer erhöhten Terrasse befindet, macht es einen noch mächtigeren Eindruck.

216 UXMAL

Das *östlich* davon befindliche Gebäude ist etwa 48 m lang und relativ gut erhalten. Aus der sonst recht einfach verzierten Fassade — in Form *„umgedrehter"* Pyramiden — sticht im Mittelfeld ein Mosaik mit Masken des *Regengottes Chac*, von *Gittermosaik* eingerahmt, hervor, über dem Mittelportal. Direkt dahinter erhebt sich die **Pyramide des Magiers** oder *Zauberers*. Auf der Rückseite des Nordgebäudes sind richtige *Menschengestalten* an der Fassade erkennbar, Nr. 12 auf der Karte. Achten Sie bei diesem Gebäude auf der Innenhofseite auf den *Holzbalken*, angeblich noch ein echter Türsturz der Mayas, Nr. 13 der Karte.

14 — Pyramide des Magiers. Von der Terrasse des Nonnenvierecks gelangen Sie über die modernen Metalltreppen und offene Steingänge zu der etwa 30 m hohen Pyramide, die jedoch viel höher erscheint — oft auch *Pyramide des Wahrsagers* oder *Zauberers* genannt. Sie hat einen *ovalen* Grundriß und ist mehrmals überbaut. An der Basis ist ein *Säulenfries* in 3er Gruppen erkennbar; man spricht hier von der sog. Chenes-Stil. Unter den Weststufen gibt es einen kleinen Gang, in dem ein rüsselartiges Steinornament aus der Mauer herausragt. Besteigen Sie die Pyramide **nur**, wenn Sie **schwindelfrei** sind! Über 54 Stufen steile, kurze Stufen erreichen Sie den Tempelraum. An den Stufenrändern Masken des Regengottes Chac zu sehen. An dessen Seite führen weitere 20 Stufen bis ganz hinauf. Die gesamten 74 sehr glatten Stufen sind eine nicht ungefährliche Angelegenheit, das sollten Sie sich vorher überlegen, ehe Sie hinaufsteigen. Auf der *Ostseite*, die völlig restauriert ist, gibt es auch einen Stufenaufgang. Uns kam der Abstieg von der *Westseite* trotz der Kette, lebensgefährlich vor. Es ist nur die Aussicht, die Sie für diese Strapaze entschädigt.

Ton- & Lichtschau In Uxmal

Ein interessantes „Schau- & Hörspiel" der Ereignisse von vor langer Zeit in Uxmal, wird Ihnen bei der **Ton- & Lichtschau** bei den Ruinen geboten — abends um 21 Uhr, auf *englisch; Sound & Light Show*. Die Schau ist wirklich sehr empfehlenswert und es lohnt sich, sie zu erleben, um einen Überblick mit etwas Hintergrundinformation zu erhalten; etwa *45 Minuten*, der Preis ist angemessen. Etwas früher am Abend, gibt es auch eine gleiche Schau auf spanisch. Tip: Wenn Sie 2 Nächte in Uxmal verbringen, können Sie die Schau gleich am ersten Abend mitmachen, nachdem Sie sich im Hotel Swimming Pool nach Ihrer langen Reise etwas erfrischt haben — zum Beispiel von Palenque oder Chichen Itza. Mit einer so eindrucksvollen **Einführung** in die archäologische Zone, werden Sie bei Ihrer Besichtigung der Ruinen viel mehr damit anfangen können. Denken Sie stets daran, **Trockenheit** und **Dürre** waren ein konstantes Übel der ersten Bewohner von Uxmal. Und hierüber handelt die Schau.

Die Schau beginnt mit einer **mystischen Musik**, der **farbigen Bestrahlung** der verschiedenen Pyramiden und Tempel der Anlage (was übrigens sehr geschmackvoll gestaltet ist), und eine Stimme beklagt *„protect Uxmal which is beneath your light and heat"* etwa „schütze Uxmal, das unter Deinem Licht und Deiner Wärme liegt" — offensichtlich an die **Sonne** gerichtet. Uxmal leidet in der Darstellung wieder einmal unter einer langen **Trockenheit** und *„plants and animals are withering"* etwa „Pflanzen und Tiere verdursten". Der Überlebenskampf gegen die fürchterliche **Gewalt der Natur** ist dann das Thema der Aufführung. Einer der Hauptgötter, die hier verehrt wurden, ist Chac — der Regengott; und zu ihm beten die Leute von Uxmal. Sie haben das Gefühl, daß *„the rain god Chac is angry"* etwa „der Regengott Chac verärgert ist", und es daher nicht regnet. Menschen aus den umliegenden Dörfern versammeln sich, um Chac zu verehren — sie opfern ihm *honey* (Honig), *cocoa* (erinnern Sie sich, daß die Schokoloade aus Mexico stammt?), *perfume* (Parfüm) und anderes Wertvolles. Zum Glück erhört Chac ihr Flehen, und Uxmal überlebt wieder einmal eine seiner Trockenzeiten.

Die Schau geht weiter mit einer **Geschichte** über eine **Maya-Prinzessin**. Obwohl sie einem Nachbarkönig schon versprochen ist (um Frieden und Ruhe zwischen den Maya-Staaten herzustellen), hat sie einen heimlichen Liebhaber. Am dritten Tag der Hochzeitsfeier *„which lasts from* *moon to moon and where 3000 danced"* etwa „die von Mond zu Mond dauerte und bei der 3000 tanzten", entführt der heimliche Liebhaber die Prinzessin. Daraufhin entwickelt sich ein **Krieg** zwischen den verschiedenen Dörfern. Der Krieg breitet sich aus, Menschen werden getötet, und es kommt erneut eine Trockenheit. Der Spruch geht um *„let's leave Uxmal since Chac has forsaken us"* etwa „laßt uns Uxmal verlassen, da Chac uns im Stich gelassen hat." Das Licht *verlöscht* und alles ist dunkel – über Ihnen der herrliche Sternenhimmel – jetzt weiß man vielleicht die Natur ein bißchen mehr zu schätzen.

Dem Zuschauer werden damit zwei mögliche Gründe dargestellt, **warum die Leute von Uxmal** – wo dreimal eine wundervolle Stadt errichtet wurde – ihre Stadt **verlassen** haben: **Trockenheit und Aufstand.** Die Stadt der Schönen Künste, der Reichen & Mächtigen, der hervorragenden Weber, der fähigen Musikanten und der Heilkräuter-Praktiker, wie aus den Seiten der Geschichte herausgenommen und in die Worte der Ton- & Lichtschau gekleidet *„all is ended"* etwa „alles ist zu Ende".

Übernachtung In Uxmal

Da es in der Gegend von Uxmal sehr viel Interessantes zu besichtigen gibt – die **archäologische Zone** von **Uxmal**, plus die von **Kabah, Labna** und **Sayil**, dazu die Ton- & Lichtschau in **Uxmal** – empfiehlt es sich mehrere Nächte hier zu verbringen. **Hotels: Villa Arqueologica**, direkt gegenüber der Ruinen von Uxmal; Tel. Reservierung von Mexico City: 514-4995. In der Nähe ist das **Hacienda Uxmal** – Reservierungen über: Merida Travel Service in Merida. Etwa 1 1/2 km von den Ruinen entfernt, liegt das hübsche **Hotel Mision Uxmal**; Reservierung beim Hotel Mision Merida, direkt in Merida, oder tel. in Mexico City: Tel. 533-5953. Vom Swimming Pool können Sie schon auf die Ruinen von Uxmal sehen!

BESICHTIGUNG VON KABAH

Die archäologische Zone von **Kabah** liegt etwa 21 km *südlich* von Uxmal. Die Anlage stammt etwa aus der gleichen Zeit wie Uxmal. Die Hauptstraße, die *M-261*, führt direkt durch die verhältnismäßig kleine Anlage (in Bezug auf die freigelegten Bauten) der archäologischen Zone. Auf der *Ostseite* liegt der herrliche **Tempel der Masken**; und auf der *Westseite*, steht der berühmte Triumphbogen von **Kabah**, wo die alte Maya-Straße – die Heilige *Sacbe* – hindurch und bis nach Uxmal führte. Auf derselben Seite befindet sich eine riesige Pyramide, **Gran Teocalli** genannt. Da sich hier keine Hotels befinden, eignet sich **Uxmal** ausgezeichnet als **Ausgangsbasis** für Kabah. Und nun zu dem reich verzierten **Tempel der Masken** – etwa 46 m lang, mit Hunderten von Masken des Regengottes der Mayas **Chac**.

Etwa 22 Stufen führen zum Tempelvorplatz, rechts ein runder Steinwall wie ein Basin. Links eine Erhöhung mit verschiedenen Verzierungen – *Schlangenkopf* und ein *Gesicht* erkennbar. An der Frontseite des Tempels, der auch **Codz Poop** genannt wird, sieht man 4 gut erhaltene Portale. Bei den **Masken**, die die Fassade zieren – daher auch der Name – sind die kreisrunden Augen und die rüsselartige Nase des Regengottes gut erkennbar. Oberhalb des äußerst linken Portals ist ein Zickzackmuster sichtbar. 8 Stufen führen bis zum Hauptgebäude.

Rechts um das Gebäude gelangt man zur **Rückseite des Tempels**, wo man einen Eindruck erhält, wie Tempelanlagen aussehen, wenn sie **nicht restauriert** sind. Dahinter dichtes Urwaldgestrüpp. Über einen steinigen Fußpfad gelangt man schließlich abwärts zum Vorplatz des **El Palacio** – 42 m langes Gebäude. Hier ist über den Portalen ein Säulenfries aus zylindrischen Steinen – jeweils in 3er Gruppen – zu sehen. Unten gibt es auf der Ebene des Vorplatzes eine Öffnung, bei der sich seitlich querrillige Säulen befinden.

Zu den weiteren Attraktionen *südlich* der archäologischen Zone von Kabah zählt **Labna**. Diese Stätte ist bekannt wegen des berühmten 3 m breiten *Triumphbogens* – eine prachtvolle Architektur der Mayas mit

218 KABAH

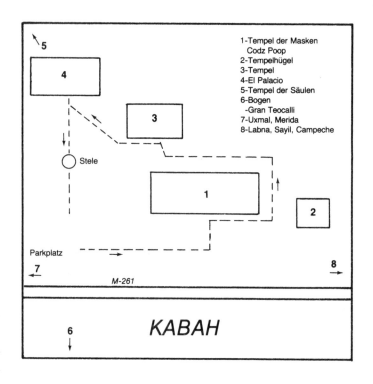

1-Tempel der Masken
  Codz Poop
2-Tempelhügel
3-Tempel
4-El Palacio
5-Tempel der Säulen
6-Bogen
 -Gran Teocalli
7-Uxmal, Merida
8-Labna, Sayil, Campeche

Gitter-, Säulen- und Schlangenmosaiken. Hier gibt es auch einen auf einem künstlichen Hügel errichteten Palast. In der Nähe liegt die archäologische Zone von **Sayil**. Hier gibt es eine großzügige Palastanlage, die **Casa Grande** mit drei Stockwerken und über 100 Räumen! Ebenfalls in dieser Gegend befinden sich die **Höhlen von Loltun**, die möglicherweise den Mayas als religiöser Versammlungsort dienten.

Zur Orientierung, **Labna** und **Sayil** sind über die *M-261* und eine geteerte Seitenstraße zu erreichen. Fahren Sie von Kabah auf der *M-261* etwa 4 km in *südliche* Richtung, von hier sind es in *östlicher* Richtung etwa 5 km nach **Sayil** und etwa 17 km nach **Labna**.

UXMAL – MERIDA ROUTE

Die Entfernung zwischen **Uxmal** und **Merida** beträgt etwa 75 km. Und unterwegs, auf der Fahrt nach Merida – Hauptstadt des Bundesstaates Yucatan und die führende Stadt der Halbinsel – können Sie sich überlegen, wie Yucatan seinen Namen erhielt. Vor Ankunft der Spanier soll die Halbinsel **Maya** genannt worden sein. Als die Spanier hier ankamen, fragten sie die Indianer nach dem Namen ihres Landes. Die Indianer antworteten in Ihrer Sprache mit *„Ich verstehe solche Worte nicht"* (was so ähnlich klang wie Yucatan). Die Spanier die sie nicht verstanden, nahmen diesen Satz als Antwort auf ihre Frage an und nannten das Land künftig „Yucatan"!.

Wenn Sie etwas Extrazeit haben, können Sie vielleicht einen kleinen Umweg fahren, und zwar über **Muna**. Von **Muna** können Sie die Stadt **Ticul** erreichen – bekannt für Töpfereien und Keramiken. *Nördlich* von Ticul liegt die archäologische Zone von **Mayapan**. Es war einst das Zentrum der Maya Liga – Eine Allianz der Städte **Mayapan** mit **Chichen Itza** und **Uxmal**. Doch wahrscheinlich verursachten Bürgerkriege den Bruch des Bündnisses. Mayapan – überhaupt nicht restauriert – wurde schließlich kurz vor Ankunft der Spanier verlassen.

MERIDA

Merida – nach einer spanischen Stadt benannt (die wiederum nach dem römischen Kaiser Augusta Emerita benannt wurde) – hat etwa 300 000 Einw. Es ist die Hauptstadt des Bundesstaates **Yucatan** und die *größte* Stadt der Halbinsel Yucatan – bestehend aus den Bundesstaaten **Campeche** im *Süden*, **Quintana Roo** im *Osten*, entlang der Karibik, und natürlich dem Bundesstaat **Yucatan**. Merida wurde 1542 von Francisco Montejo an der Stelle der Maya-Stadt **Tiho** gegründer, ehemals *Stadt der fünf Hügel*. Im **Montejo-Haus** – 1549 errichtet – auf der Südseite des Zocalo, wohnen noch Nachfahren der Montejo-Familie. Verschiedene Teile des herrschaftlichen Hauses können besichtigt werden. Es ist ein Prachtexemplar des Kolonialstils, und es gibt eine Atmosphäre wieder, wie man sie heute auch noch in Merida findet. **Merida** wird oft wegen der hellen Fassaden vieler Gebäude die *„weiße Stadt"* genannt.

Merida hat Eisenbahn-, Bus-, Flug- und ausgezeichnete Straßenverbindungen zu verschiedenen Teilen des Landes. Die Stadt eignet sich hervorragend als Ausgangsbasis zu den archäologischen Zonen von **Uxmal** – etwa 75 km *südlich*, und **Chichen Itza** – etwa 120 km im *Osten*. Vom **Terminal de Autobuses**, dem Busbahnhof an *Calle 68 & 69*, fahren die Busse zu diesen archäologischen Zonen. Aber auch Ausflugsbusse mit Begleitung fahren von mehreren Hotels dorthin.

Erkundigen Sie sich über Einzelheiten beim Reisebüro im Hotel oder beim **Merida Travel Service**, Apdo. Postal 407 (Postanschrift), Calle 60 No. 488, Merida, Yuc., Tel. 19212. **Tip:** Sie können sich auch schriftlich dort erkundigen, verlangen Sie dabei einen Tourprospekt. Prima Gelegenheit, sich über die verschiedenen Touren und die neuesten Preise zu informieren. Sie können hier auch Fahrten nach Cancun mit Unterbrechung in Chichen Itza buchen. **Hinweis:** Beim Barbachano Travel Service im Hotel Panamericana gibt es auch Bustouren zu den Ruinen und zu Badeorten wie Cancun und Cozumel. Tel. 39444 – oder falls Sie schreiben: Apdo. Postal 90, Merida Yucatan, Mexico. **Wichtiger Hinweis:** Von Merida gibt es auch **Busse** nach Puerto Juarez (Fähre zur Insel Isla Mujeres) und nach Playa del Carmen (Fähre nach Cozumel).

Der **Flughafen** liegt *südlich* der Stadt; Mietautos vorhanden. Falls Sie ohne Auto sind, nehmen Sie am besten ein Taxi zum Hotel. Es gibt mehrere Hotels, die außerhalb vom Stadtzentrum liegen. Das **Straßensystem** ist relativ einfach: **Gerade** Straßennummern verlaufen in *Nord/Süd*- und **ungerade** in *Ost/Westrichtung*. Die berühmte und prachtvolle Promenade von Merida ist der **Paseo Montejo**, der sich von *Calle 47* in *nördlicher* Richtung erstreckt. Lassen Sie sich einen Spaziergang dort nicht entgehen. Das Stadtgebiet mit den herrschaftlichen Häusern und breiten Promenaden ist eine kostbare Hinterlassenschaft aus einer Zeit, als Merida um die Jahrhundertwende

MERIDA 221

das Zentrum des einträglichen Handels mit **Sisal** war — Sisal wird aus den Fasern der Agavenpflanze gewonnen. Rund um Merida sieht man noch kilometerweite Sisalplantagen — alle 6 Monate werden etwa nur 4 Pflanzenblätter abgeschnitten und dann zu einer der zentralen Sisalfabriken transportiert, wo die Fasern daraus gewonnen werden. Beim Touristenverein, **Turismo**, an der Ecke *Calle 86/Av. de los Itzaes* und *Calle 59* — die Hauptdurchgangsstraße durch die Innenstadt, können Sie sich im Einzelnen darüber erkundigen, wo man diese Sisalagavenverarbeitungsbetriebe **besichtigen** kann; Sisalagave = *henequen*.

Merida Erleben

Es ist direkt ein Vergnügen, einen Bummel um den **Zocalo** zu machen. Auf einer Seite reihen sich kleine Läden und Restaurants aneinander, während auf der Ostseite sich die 1561 bis 1598 erbaute Kathedrale, **Catedral**, erhebt. Im **Palacio de Gobierno** sind herrliche Wandmalereien zu sehen, über die Geschichte der Mayas, Merida und über turbulente Ereignisse aus der Geschichte Yucatans (wie den Krieg der Kasten, als die Indianer 1848 gegen die Spanier kämpften). Auf der Südseite des Platzes befindet sich die **Casa Montejo** — der Besuch lohnt sich; Öffnungszeiten: Spätmorgens und am späten Nachmittag — außer sonntags. Schenken Sie auch den originellen *„Liebesbänken"* am Zocalo etwas Beachtung — man sitzt sich direkt gegenüber! Vom Zocalo können Sie auch eine 1stündige **Kutschfahrt** durch die Stadt mitmachen. Genau *nördlich* vom Zocalo liegt die **Universität von Yucatan**. Und wenn Sie ein **originelles** Urlaubssouvenir suchen, lassen Sie sich (auch mit Familie) mit einem echten Sombrero in typisch mexikanischer Umgebung fotografieren — bei Pancho, *Calle 59 No. 509*, eine Straße vom Zocalo.

Ein Einkaufsbummel gehört zu einem weiteren Vergnügen in der Stadt. Machen Sie als erstes Halt beim **Mercado**, wo es Hüte, Taschen, Hängematten (suchen Sie auch die richtige Größe aus) gibt. Merida ist natürlich eine Quelle für solche Artikel, wegen seiner Sisalindustrie. Zwei der wertvollsten Souvenirs von Yucatan sind natürlich ein **Guayabera** Hemd (langärmeliges Jackenhemd aus Baumwolle) für Männer und das weiße mit bunten Bordüren verzierte Kleidungsstück, der **Huipil** (etwa *i-pihl* ausgesprochen), ein charakteristisches Gewand der Maya-Frauen. Neben dem Büro von Mexicana gibt es einen Laden mit großer Auswahl an Hemden. Auf der *Calle 63* finden Sie mehrere Kaufhäuser. In der Nähe befinden sich noch einige Stadttore, die gegen Ende des 17. Jahrhunderts errichtet wurden, und der Stadt heute ein eindrucksvolles Gepräge geben.

Tip: Wenn Sie die Kultur Yucatans erleben wollen, empfehlen wir, eine **Mukuykak**-Vorstellung zu besuchen — ein Folklore-Ballett, das es in mehreren Hotels gibt — auch im **Panamericana Hotel**. Erkundigen Sie sich im Hotel über Stadtrundfahrten sowie Abendtouren mit Abendessen und Folklorevor-

DOWNTOWN MERIDA

A map of downtown Merida showing streets (Calles 53, 55, 57, 59, 61, 63, 65, 67, 69 running horizontally, and Calles 86, 62, 60, 58, 56, 54 running vertically) with numbered locations and lettered hotels.

Hotels:
- A-Panamericana Hotel
- B-Merida Mision
- C-Casa de Balam
- D-Castellano
- E-Maria del Carmen
- F-Montejo Palace
- G-Holiday Inn
- H-Dolores Alba
- K-Autel 59
- L-Hacienda Inn

Points of Interest:
- 1-Aeropuerto ✈
  - -Uxmal
- 2-Terminal de Autobuses 🚌
- 3-Estacion Central
- 4-Autovermietung
- 6-Mexicana
- 7-Merida Travel Service
- 8-Taxis
- 9-Zocalo
- 10-Mercado
- 11-Tourist Information
- 12-Museo Arqueologica
  - -Progreso
  - -Dzibilchaltun ▲
- 13-Casa Montejo
- 14-Catedral
- 15-Palacio Municipal
- 16-Palacio de Gobierno
- 17-Universidad de Yucatan
- 18-Parkplatz
- 19-Guayaberas Hemden
- 20-Bank
- 21-Warenhaus
- 22-Sears/Bank
- 23-Chichen Itza ▲
  - -Cancun
  - -Isla Mujeres
  - -Cozumel
- 24-Paseo de Montejo

stellungen. Bestimmt wird Ihnen das folkloristische Programm mit den Tänzen aus Yucatan, der **Yucatecan Jarana**, gefallen.

Wenn Sie gerne einheimische **Speisen** Yucatans probieren möchten, versuchen Sie es im Almendros Restaurant, *Calle 59 & 50* — Spezialität: *Polo Pibil* — mit brauner Soße, im Bananenblatt in einer Erdmulde zubereitetes Hühnchen. Da Merida nur etwa 37 km von **Progreso** und dem **Golf von Mexico** entfernt liegt, gibt es in der Stadt auch eine Anzahl von **Fischlokalen**, beispielsweise das Soberanis Restaurant, *Calle 62 No. 503*. Hierbei ist es erwähnenswert, daß **Progreso** Meridas Hafenstadt ist und über reizvolle Badestrände verfügt.

Nur etwa 15 km nördlich von Merida, auf dem Weg nach Progreso, liegt die archäologische Zone von **Dzibilchaltun** — etwa 6 km abseits der Hauptstraße. Der Name bedeutet *„wo es Schrift auf flachen Steinen gibt"*. In der Nähe des kleinen Museums liegt der etwa 40 m tiefe **Cenote Xlacah**, der eine wichtige Wasserquelle war. Man benutzte ihn nicht als Opferteich wie in Chichen Itza. Eines der bekanntesten Bauwerke — etwas östlich gelegen — ist der **Tempel der sieben Puppen**, von dem man annimmt, daß er aus den Jahren 600 n. Chr. bis 1000 n. Chr. stammt.

Übernachten In Merida

Merida bietet eine große Auswahl an **Übernachtungsmöglichkeiten** in allen Preiskategorien. Falls Sie wirklich **sparen** wollen, gibt es das kleine Hotel Dolores Alba. Ebenfalls ein Niedrigpreishotel ist das Maria del Carmen.

Panamericana Hotel, Calle 59 No. 455 39111
Merida Mision, Calle 60 No. 491 39500
Casa del Balam, Calle 60 No. 488 19474
Castellano, Calle 57 No. 513 30100
Maria del Carmen, Calle 63 No. 550 39133
Montejo Palace, Calle 56 A No. 483 C 11641
Holiday Inn, Av. Colon & Paseo Montejo 78877
Dolores Alba, Calle 63 No. 464 13745
Autel 59, Calle 59 No. 546 30932
Hacienda Inn, Calle 86 B No. 709 18840

Tip: Machen Sie auch von Merida aus Ihre weiteren **Hotelreservierungen** für Ihre Yucatan-Eroberung, es ist hier ziemlich **bequem**. Beispielsweise können Sie vom Dolores Alba in Merida die Hotelreservierung für das billige **Dolores Alba**, genau östlich der archäologischen Zone von **Chichen Itza**, vornehmen. Reservierungen für Hotelzimmer im relativ preiswerten **Cabanas Capitan Lafitte** (etwa 60 km südlich von Cancun), in der *Calle 58 No. 471,* Tel. 30485 oder falls Sie schreiben wollen: Apartado Postal No. 1463, Merida, Yuc. Beim **Merida Travel Service** können Sie Ihre Reservierungen für Chichen Itza und Uxmal vornehmen lassen.

224 NACH CHICHEN ITZA

Entfernungen In Kilometer Von Merida Nach:

Campeche	254	Mexico City	1600
Cancun	320	Palenque	589
Chichen Itza	120	Progreso	37
Coba (*via Nuevo X-Can*)	273	Puerto Juarez	322
Cozumel	403	Sayil	107
Dzibilchaltun	21	Tulum (*via Coba*)	320
Isla Mujeres	332	Uxmal	75
Kabah	98	Valladolid	163
Labna	119	Villahermosa	691

MERIDA CHECKLISTE

- ☐ KUTSCHFAHRT/BUMMEL AUF DEM PASEO MONTEJO
- ☐ CASA MONTEJO BESICHTIGEN
- ☐ WANDMALEREIEN IM PALACIO DE GOBIERNO
- ☐ EINKAUFSBUMMEL AUF DEM MERCADO
- ☐ GUAYABERA HEMD/HUIPIL BLUSE ALS SOUVENIR
- ☐ MUSEO DE ARQUEOLOGIA BESUCHEN
- ☐ FOLKLORE IM PANAMERICANA HOTEL ERLEBEN
- ☐ AUSFLUG NACH UXMAL & CHICHEN ITZA

MERIDA-CHICHEN ITZA-CANCUN/COBA

Die *M-180* setzt sich von Merida in *östlicher* Richtung fort durch den oberen Teil der Halbinsel Yucatan — flache Tiefebene — nach Cancun und der Karibik, etwa 320 km. Zweifellos sind die Höhepunkte dieser Route die *archäologische Zone* von Chichen Itza — etwa 120 km östlich von Merida, direkt an der Straße. Beschreibung dieser faszinierenden Anlage im *Anschluß* an diese Route. Eine weitere Hauptattraktion in der Nähe der *M-180* ist die archäologische Zone von Coba, etwa 153 km nach Chichen Itza. Coba ist über eine Sandpiste *südlich* von Nuevo X-Can, etwa 109 km nach Chichen Itza, erreichbar (erkundigen Sie sich unterwegs in Valladolid nach dem *Straßenzustand*). Beschreibung über Coba finden Sie unter *Entlang der Karibik: Cancum—Tulum—Chetumal*. Bei X-Can Bundesstatenwechsel Yucatan/ Quintana Roo.

Hinter Merida erstrecken sich kilometerweit Sisalfelder—*Henequen* = Sisal ist eines der Haupterzeugnisse der Halbinsel Yucatan. Unterwegs sehen Sie direkt an der Straße *Sisalfabriken*, wo man sogar zuschauen kann, wie die abgeschnittenen Blätter der Sisalgave verarbeitet werden. Übrigens werden nur etwa 4—5 Blätter der Planze abgeerntet, daher die „entblößten" Planzenstümpfe auf den Feldern. Eine solche Sisalfabrik gibt es beispielsweise bei Tahmek, etwa 40 km von Merida, wo *nördlich* eine kleine Straße zu den Ruinen von Ake führt. Die Fahrt geht weiter durch zahlreiche *Maya-Dörfer* — typisch mit den niedrigen weißen Steinmauern, ovalen, palmgedeckten Lehmhütten mit Hängematten, Bananenstauden — wie Xochel und Kantunil. Hier biegt die Straße in *nördlicher* Richtung ab nach Izamal — ehemals ein religiöses Zentrum der Mayas. Unterwegs entlang der *M-180* Ziehbrunnen, zartlila blühende Orchideen, Fächerpalmen und Bambushütten bis Chichen Itza. Weiter in Richtung Cancun führt die Route vorbei an den Tropfsteinhöhlen Grutas de Balankanche nach Valladolid.

CHICHEN ITZA 225

Valladolid, etwa 40 km *östlich* von Chichen Itza, liegt etwa in der Mitte der Strecke **Merida-Cancun**. Die Stadt mit etwa 40000 Einw. war Mitte des vergangenen Jahrhunderts eine „Brutstätte" des *Krieges der Rasse*. Die Straße zieht sich durch die langgezogene Stadt mit Kokospalmen, Steinhäusern, kleinen ummauerten Gärtchen mit Bananenstauden, Zocalo, 2 Kirchen und einer Reihe von Läden. Dieses geschäftige Städtchen ist ein idealer Punkt, nach Ihrer Besichtigung von **Chichen Itza** auf dem Weg nach **Cancun** oder **Coba/Tulum** eine *Pause* einzulegen. Gelegenheit zum Tanken, Shopping und Proviantseinkauf; Restaurants und bequem an der Straße das Hotel San Clemente. Von **Valladolid** sind es etwa 160 km nach **Cancun** und zur archäologischen Zone von **Coba**, etwa 113 km. Und nun zur Hauptattraktion der *Merida—Cancun Route*: Chichen Itza.

BESICHTIGUNG VON CHICHEN ITZA

Die archäologische Zone von **Chichen Itza** liegt etwa 120 km *östlich* von Merida — zu beiden Seiten der *M-180*, in der Nähe des Dorfs **Piste**.

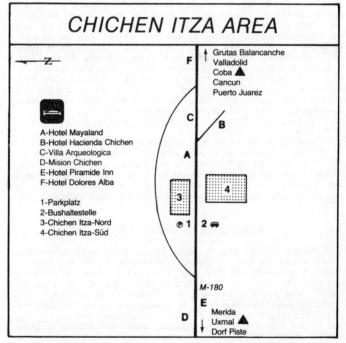

Chichen Itza kommt von dem Maya-Wort *chi = Mund* und *chen = Quelle, Brunnen* und bezieht sich auf den *„Mund der Quelle"* der Itza Volk, das sich etwa im 5. oder 6. Jahrh., aus dem Süden kommend, hier ansiedelte. Der Grund, weshalb die Leute sich gerade hier niederließen, waren — wie praktisch bei allen Siedlungen dieser Area auf der Halbinsel **Yucatan** — verschiedene **Cenotes** = Wasserquellen. Gerade solche Brunnen waren im alten Yucatan äußerst rar, da der *poröse* Boden nicht zuließ, daß sich Bäche oder Flüsse bilden konnten.

Es steht fest, daß die in **Chichen Itza** befindlichen Gebäude aus **verschiedenen Perioden** stammen. Der *ältere Teil,* das ist im allgemeinen die **südlich** der Straße liegende Anlage, stammt von den **Mayas**, die sich als erste hier niederließen. Zu dieser Gruppe gehört der berühmte El

226 CHICHEN ITZA

Caracol (die Schnecke), von dem man annimmt, daß ihn die Mayas als *Sternwarte* oder Observatorium benutzt hatten. Die Gebäudeteile, die **nördlich** der Straße liegen, stammen von den kriegerischen **Tolteken**, die sich hier im 10. Jahrhundert ansiedelten. Die halb liegende – Ellenbogen und Füße aufgestützt – Gottgestalt, die eine Opferschale hält, der **Chac-Mool**, die hier auch zu sehen ist, befindet sich ebenfalls in **Tula**, Toltekenhauptstadt des 10. Jahrhunderts – *nördlich* von Mexico City. Unter den ausgezeichnet restaurierten Gebäuden in diesem „*neuen*" *Teil* von **Chichen Itza** befindet sich auch die „Turmpyramide" des **Castillo** (Schloß). Es wird angenommen, daß die Spanier diese Gebäude während ihrer Invasion im 16. Jahrh. als Schutz gegen die Einheimischen benutzt hatten. Sie wurden jedoch in ihren Versuchen, diese Area zu beherrschen, von den Indianern gehindert und von hier wieder vertrieben. Möglicherweise blieben deshalb diese massiven Gebäude von der Zerstörung durch die Spanier, wie in Mexico City oder Merida, verschont.

Die archäologische Zone ist von *6 bis 18 Uhr* geöffnet; Haupteingang neben dem Parkplatz. Auf der anderen Straßenseite gibt es ein einfaches kleines Restaurant, Erfrischungsstand (sehr willkommen!) und die **Bushaltestelle** auf der *Merida–Cancun/Puerto Juarez Route*. **Tip:** Da es hier fürchterlich heiß wird, empfiehlt es sich, die Ruinenstätte so *früh* wie möglich schon morgens zu besichtigen. Das ist natürlich der Vorteil, wenn man in einem Hotel dieser Gegend übernachtet – früh hierher, und mittags kann man schon wieder im Hotel sein, ein erfrischendes Bad im Swimming Pool nehmen, und die Besichtigung der archäologischen Zone fortsetzen oder zum nächsten Reiseziel weiterfahren, zum Beispiel nach **Cancun**, **Puerto Juarez/Punta Sam** (für Isla Mujeres), **Coba**, **Merida** oder **Uxmal**. Egal zu welcher Uhrzeit Sie in Chichen Itza ankommen, um die Ruinen zu erforschen, sollten Sie Ihre Besichtigung mit den *Öffnungszeiten* (am Eingang nach den neuesten Zeiten erkundigen) der folgenden drei **Spezial-Attraktionen** der archäologischen Zone koordinieren:

1. Camara de los Guerreros im Tempel der Krieger: 8–10, 14 bis 15 Uhr.
2. Camara de los Tigres im Jaguartempel: 10–11, 15–16 Uhr.
3. Subconstruction del Castillo im Castillo: 11–13, 16–17 Uhr.

Die eindrucksvollste der genannten Attraktionen ist die des **Castillo**; Eingang unten am Fuß der Pyramide. Ein lohnender Aufstieg im Innern der Pyramide führt zu dem Jade verzierten roten Jaguar. Und nun zu der archäologischen Zone – zuerst zum **nördlich** der Straße liegenden Teil.

Besichtigung Nördlich Der Straße

1 – Tempel des Jaguars oder **Jaguartempel**, direkt am Ballspielplatz. Unten auf der *Ostseite* ein kleiner Tempelraum mit einem steinernen *Jaguar*, Innenwände und Säulen reich verziert mit *federgeschmückten* Gestalten. Teilweise sind die angeblich ursprünglichen Farben gut erhalten. Innengewölbe aus dem *Maya-Bogen* – umgedrehtes „V" Seitlich gelangt man über etwa 27 Steinstufen zur 1. Plattform mit guter Sicht auf den Ballspielplatz mit den berühmten Steinringen. 5 weitere Stufen führen zum Tempelaufsatz, seitlich mit *Schlangenköpfen* verziert wie am Mittelportal des Tempels. Unter dem Schlangenkopf ist auf der Schrägplatte der Stufenbegrenzung ein *Kopf mit Federschmuck* erkennbar. Besuchen Sie auch die Kammer im Innern des Tempels – **Camaro de los Tigres** (nur zu bestimmten Zeiten geöffnet).

2 – Ballspielplatz, *Juego de Pelota*, schließt sich direkt an den Jaguartempel an. Und hier zunächst ein paar Einzelheiten zu diesem faszinierenden sowie akustisch perfekten Ballspielplatz. Er ist etwa *82 m lang* und *36 m breit*. Die riesigen *Steinringe* auf jeder Seite der beiden Längswände befinden sich etwa *5,8 m* über dem Boden, haben etwa *1,2 m Durchmesser*; jeder Ring hat eine Öffnung von etwa *45 cm Durchmesser*. Außen an den Ringen sind *Schlangenreliefs* als Verzierung erkennbar. Durch diese Ringe mußte der Ball – ohne die Hände zu benutzen!

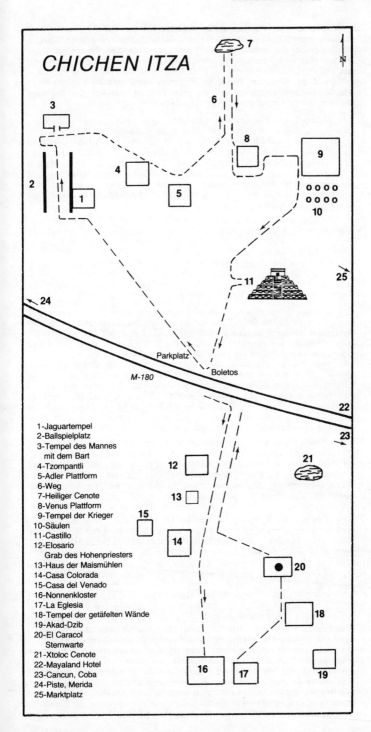

228 CHICHEN ITZA

Vor dem Eingang zur Ballspielanlage ein riesiger Schlangenkopf; Schlangenköpfe ebenfalls innen an den Eckkanten der Begrenzungsmauer. Links der Anlage eine offene, etwas erhöhte Tempelhalle mit Resten von sechs kantigen Säulen. Die Sockelverkleidung des Spielfeldes trägt reiche Verzierungen. Tip: Klatschen Sie mal in die Hände — etwa auf der Höhe der Ringe — herrliches Echo! Am nördlichen Ende des Spielfeldes kommen Sie zu dem kleinen **Tempel des bärtigen Mannes**, oder Tempel des Mannes mit dem Bart.

3 — Tempel des Mannes mit dem Bart. Am besten steigen Sie links vom Tempel auf die kleine Mauer; etwa 8 Stufen bis zum Tempelraum — von *Moskitos* sehr begehrter Ort! Achten Sie beim Aufstieg darauf, daß Sie das *bärtige Gesicht* links und rechts vom Eingang auf den eckigen Säulen entdecken. Zwei Rundsäulen am Eingang. Im Innern des Tempels nur noch eine Bogen-Hälfte vorhanden, darauf mehrere Gestalten zu erkennen; auch an den Innenwänden mehrere *Köpfe* dargestellt, Reste der *Originalfarbe* vorhanden. Über einen Pfad in südöstlicher Richtung zum Tzompantli.

4 — Tzompantli, eine kleine Plattform mit *Schädelskulpturen* verziert; manchmal auch Schädelplattform genannt. Möglicherweise ein Zeichen dafür, daß die Verlierer beim Ballspiel geopfert wurden ... Schlangenköpfe und Reliefs an den Kanten und im Fries.

5 — Plattform des Adlers. Adlermotive zieren die abgeschrägten Stufenplatten der niedrigen Plattform. Es lohnt sich nicht, die 10 Stufen hochzusteigen. Rechts der Stufen ein speisender Jaguar erkennbar. Hier wieder Schlangenköpfe zur Eckverzierung.

7 — Cenote. Über einen mehrere Hundert Meter langen steinigen Weg erreicht man in der Hitze ein riesiges, leicht nach verfaultem Wasser duftendes tiefes Wasserloch. Offensichtlich hatte der Brunnen früher einen höheren Wasserstand, wie man an den Uferrändern und Schichten erkennen kann. Beliebter Aufenthaltsort für allerlei exotische Vögel. Es gibt eine Menge Theorien über die Opfergabe, die dieser „*heiligen Quelle*" übergeben wurden. Man hatte bei den Forschungsarbeiten in diesem etwas kreisförmigen Brunnen — wir schätzen etwa 30 m bis zur anderen Uferseite — tatsächlich *Knochen, Tonwaren* und *Jade* zu Tage gefördert. Die Wasseroberfläche liegt mindestens 15 m unter dem Brunnenrand, die Seiten verlaufen vertikal. Eine kleine Plattform am Beckenrand könnte möglicherweise als „Dampfbad" benutzt worden sein.

8 — Venus-Plattform. Der steinige Weg vom *Cenote* stößt auf diese Plattform, die ringsum Abbildungen federgeschmückter Götter trägt; an den Stufenbegrenzungen Schlangenköpfe. Sparen Sie sich die 14 Stufen auf die Plattform, aber dafür gibt es auf der Ostseite vor den nicht restaurierten Stufen die etwas beschädigte Steinfigur des Chac-Mool, die man hier gefunden hatte.

9 — Tempel der Krieger, Templo de los Guerreros. Über den weiten freien Platz gelangen Sie zu dem berühmten Tempel der Krieger mit den „1000 Säulen". Auf der Basisplattform gibt es zunächst den Säulenvorhof mit den viereckigen Säulen. Rechts um die Ecke schließen sich die in der Mehrzahl vorhandenen Rundsäulen an, wo auf dem Fußbodenbelag noch stellenweise die rote Farbe des Originalbelags zu sehen ist.

Etwa 36 steile Stufen führen hinauf zur Tempelplattform, wo Sie von einem gutherhaltenen Chac-Mool begrüßt werden. Dieser Götterbote wird meistens als halb liegende Gestalt, auf Füße und Ellenbogen aufgestützt, dargestellt. Auf dem Bauch hält der Chac-Mool eine *Opferplatte*. Man nimmt an, daß auch hier wieder menschliche Herzen den Göttern geopfert wurden. Vorne rechts und links erkennen Sie an den Stufen zwei kleine Gestalten. Das Mittelportal begrenzen seitlich zwei riesige Schlangenköpfe. Im offenen Tempelinnenraum gibt es wieder viereckige Säulen, an denen Gestalten — möglicherweise *Krieger* — dargestellt sind. An der Rückseite des Raumes eine mächtige Steinplatte, die von vielen kleinen Steingestalten getragen wird. Von hier oben haben Sie einen guten Überblick auf die flache Dschungelumgebung.

CHICHEN ITZA 229

Wieder auf der äußeren Plattform erkennt man rechts vom Chac-Mool auf der Wand ein *Gesicht* und einen *Adler* mit gewaltigen Krallen. An der Ecke des Tempels gibt es die Rüssel als Zeichen des Regengottes **Chac**. Und von dieser rechten Seite des Tempels haben Sie einen glänzenden Überblick über die „Festhalle der 1000 Säulen". Versuchen Sie doch, diese Säulen zu zählen (wir haben es aufgegeben; es sollen etwa 500 sein). Fast alle dieser Säulen tragen oben einen viereckigen Schlußstein.

Und hier ein **Tip**: Gehen Sie oben unbedingt links um die Ecke des Tempels zum Eingang der **Camera de los Guerreros**. Etwa 20 Stufen führen von der Plattform hinunter zur Kammer. Die viereckigen Säulen sind rekonstruiert, der Schmuck ist außen aufgelegt. Ganz rechts in der Kammer wieder ein **Chac-Mool** mit der „Sonnen- oder Opferscheibe. Auf einer der Säulen ist klar erkennbar ein Gesicht dargestellt.
10 — **Säulenhalle**. Von den Stufen der oberen Tempelplatten gelangt man um die Ecke zur Säulenhalle mit den „1000" Säulen. Gute **Fotomotive!**

11 — **El Castillo**; es ist wohl das eindrucksvollste Gebäude (und mit etwa 30 m wahrscheinlich das höchste Gebäude) von Chichen Itza. Diese riesige Pyramide wurde zu Ehren des Gottes **Quetzalcoatl** — oder in der Sprache der Maya, **Kukulcan** — errichtet. Wir haben sie einfach als das *„Monster"* bezeichnet — ohne jegliche Beziehung, nur weil die 91 Stufen bis hinauf „einen ziemlich schaffen", besonders wenn es glühend heiß ist! Die 91 Stufen auf jeder der vier Seiten der Pyramide ergeben zusammen die Zahl 364, und wenn Sie die Plattform hinzurechnen, kommen Sie auf die Zahl 365 — man hatte schon einen exakten Kalender! Hier eine weitere Ziffer: El Castillo hat einen *quadratischen* Grundriß, etwa *60 m* Seitenlänge.

Nachdem Sie die Aussicht von oben genossen haben, und an der Kette wieder sicher unten auf dem Platz angekommen sind, empfehlen wir sehr, sich den mit Jade verzierten Steinjaguar im Innern der Pyramide — in der **Subconstruction del Castillo** — anzusehen; tatsächlich befindet sich unter der Pyramide eine ältere Pyramide, die vollständig überbaut wurde.

Zu diesem **Jaguar** gelangen Sie durch einen engen niedrigen Gang, erst 5 Stufen abwärts, dann 57 Stufen — Vorsicht glitschig — durch einen niedrigen Maya-Gewölbegang zu dem vergitterten Raum. Vor dem berühmten roten **Jaguar**, der Sie mit weißen Zähnen anblitzt, befindet sich wieder ein Chac-Mool. Bei dem Jaguar werden Sie auf „Gesicht" und „Fell" etwa 15 *Jadepunkte* erkennen.

Besichtigung Südlich Der Straße

Nachdem Sie die Gebäudeanlage *nördlich* der Straße besichtigt haben, können Sie Ihre archäologischen Eindrücke bereichern und einen Gang durch die **südliche** Anlage unternehmen — der „alte" Teil, da dieser Teil von **Chichen Itza** Einflüsse der **Tolteken** erkennen läßt. **Tip:** Machen Sie zunächst eine Pause und erfrischen Sie sich im Restaurant gegenüber vom Eingang. Halten Sie sich auf der Straße etwas in *östlicher* Richtung — nach etwa 100 m kommen Sie zu dem unscheinbaren Eingang des *„alten"* Chichen Itza, wo ein schmaler, schattiger Weg Sie zuerst zum El Osario führt.
12 — **El Osario**, das Grab des Hohenpriesters, gibt ein klassisches Spiel wie jede Pyramide vor Ihrer Restaurierung aussieht. Ganz oben sind Schlangenköpfe erkennbar.
14 — **Casa Colorado** etwa Rotes Haus, das nächste Gebäude nach dem Haus der Maismühlen; Stufen und *Ornamentenfries* über den Portalen.
15 — **Casa de Venado**, auch Haus des Hirschs genannt — so genannt, weil man *Fresken* mit *Hirschdarstellungen* im Gebäude gefunden hatte.
16 — **Nonnenkloster** oder **Monjas** genannt; ein riesiges Gebäude — etwa 67 m lang und 34 m breit. Die Spanier hielten das Gebäude wegen seiner vielen Kammern wie in Uxmal für ein Nonnenkloster. Seitlich ein abgestufter Maya-Bogen; beeindruckende *Treppenanlage*.

230 CHICHEN ITZA

17 — **Eglesia**, Kirche — ein etwa 8 m langes und ebenso hohes Gebäude mit **Rüsselmasken** und Gitterornament.

18 — **Tempel der getäfelten Wände** mit Maya-Bogen und unbedachter Halle — Wandverkleidungen mit Darstellungen von *Kriegern* und *Jaguaren*. Auf einer erhöhten Steinbank sitzt eine "kopflose Gestalt". Auf dem Weg zur Sternwarte El Caracol kommen Sie hier in der Nähe zu einem kleinen *Dampfbad* und verschiedenen Säulen — auf einer ist ein Gesicht zu erkennen.

19 — **Akad Dzib**, *"Gebäude der nächtlichen Schrift"* wegen der *Hieroglyphen*, die man im Innern des lichtlosen Tempels gefunden hat — etwa 43 m lang, etwas abseits gelegen; eines der *ältesten* Gebäude.

20 — **El Caracol** = die *Schnecke*, wegen seiner Wendeltreppe hat man das Observatorium oder Sternwarte so bezeichnet. Die Sternwarte — auf mehreren Terrassen errichtet — ist etwa 15 m hoch. Etwa 38 Stufen führen bis zur obersten Plattform. Im Rundgebäude gibt es innen zwei Rundgänge. Ein Schild weist darauf hin: "Es ist verboten auf die Tempelspitze zu steigen". Um das Zentralgebäude zieht sich ein tiefer, gemauerter Innengraben. Auf der äußeren Begrenzungsmauer finden Sie Steinköpfe mit Gesichtern.

In diesem Teil des *"alten"* Chichen Itza — etwa zwischen der Sternwarte und der Straße — befindet sich der **Xtoloc Cenote**, ein anderer Brunnen; er wurde nicht als Opferbrunnen wie im nördlichen Teil benutzt, sondern als Trinkwasserbecken. Eine weitere Attraktion, etwa 5 km *östlich* auf dem Weg nach Cancun, sind die Tropfsteinhöhlen **Grutas de Balankanche**. Führungen (im Zeitpunkt unseres Besuchs): Mo-Sa 8, 9, 10 & 11, 14, 15 & 16 Uhr; So 8, 9, 10 & 11 Uhr; geringe Eintrittsgebühr.

ÜBERNACHTEN IN CHICHEN ITZA

Übernachtungsmöglichkeiten gibt es in der Area von **Chichen Itza** entlang der *M-180* — Richtung Osten, **direkt an** den Ruinen und etwas westlicher der archäologischen Zone. Wenn Sie **von Merida** kommen, gelangen Sie zunächst in das Dorf **Piste** — etwa 2 km östlich der archäologischen Zone — mit dem Hotel Mision Chichen. Bei unserem letzten Besuch waren wir vom Hotel etwas enttäuscht. Wir möchten jedoch erwähnen, daß es hier einen klimatisierten Speiseraum gibt. Und um ein richtiges Maya-Gefühl zu bekommen, versuchen Sie dort eine Maissuppe *Sopa de Crema Elote*. In der Nähe liegt das etwas billigere Piramide Inn.

Es gibt praktisch **drei Hotels**, die **direkt** in der archäologischen Zone liegen. Am dichtesten liegt das hübsche Hotel Mayaland. Ein paar hundert Meter die Straße weiter, direkt an der Hauptstraße, ist das Hotel Hacienda Chichen — hier wohnte früher das archäologische Expeditionsteam. Zimmerreservierungen für beide Hotels von Merida aus über **Merida Travel Service**, Calle 60 No. 488, Tel. 19212. In der Nähe, direkt an der Straße, befindet sich das sehr gepflegte Hotel Villa Arqueologica, Tel. 2 oder Reservierung von Mexico City: 514-4995. Etwa 3 km *westlich* der archäologischen Zone liegt das Hotel Dolores Alba — wenn Sie nach einer **billigen** Übernachtung in Chichen Itza suchen, das ist sie. Sie können Ihre Zimmerreservierung für hier vom Hotel Dolores Alba in Merida, Calle 63 No. 464, Merida Tel.-Nr. 13745, vornehmen.

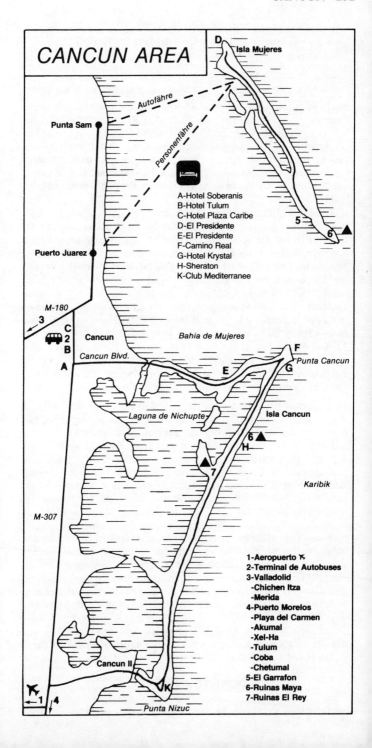

CANCUN
El Paraiso del Caribe — Paradies der Karibik

Etwa direkt unterhalb der *nordöstlichsten Ecke* der Halbinsel Yucatan und etwa 320 km *östlich* von Merida liegt **Cancun** — der Goldtopf am Ende des Regenbogens. Und für Land- und Stadtplaner und -entwickler ist dies hier eine wahre Goldgrube. 1970 waren Cancun und seine sichelförmige Insel vor der Küste noch ein Fischerdorf mit nur ein paar Hundert Einwohnern. Heute gehören große **Luxushotels** mit luxuriösen Preisen zu der inzwischen mit dem Festland verbundenen Insel.

Ciudad Cancun auf dem Festland hat sich zu einer geschäftigen Stadt mit etwa 50 000 Einw. entwickelt. Und noch bevor sich Staub auf die Stadt aus der Retorte legen konnte, hat man schon im Süden der Reißbrettstadt mit dem Bau von **Cancun II** begonnen. Der verkehrsreiche **Flughafen** (Mietautos vorhanden) für Flüge von/zu mexikanischen und Flughäfen im Ausland (auch USA) befindet sich etwa eine halbe Stunde von Cancun entfernt. **Bus**verbindungen nach **Cancun** und dem benachbarten **Puerto Juarez** gibt es **von** Mexico City, Merida und Chetumal — Hauptstadt von **Quintana Roo**, das erst **1974** einer der 31 Bundesstaaten Mexicos wurde. **Puerto Juarez** ist der Ausgangspunkt der *Fährschiffe* zur Insel **Isla Mujeres**, direkt vor der Küste. Und von **Playa del Carmen**, etwa 65 km *südlich* von Cancun, fahren die *Fährschiffe* zur Insel **Cozumel** ab.

Die prachtvoll weißen feinen Sandstrände und das hellgrün und türkise klare Wasser der Karibik sind bezeichnend für den beliebten Badeort **Cancun**. Die **ganzjährig** warmen Temperaturen machen Cancun besonders attraktiv. Zum Beispiel liegen die durchschnittlichen Tagestemperaturen hoch/niedrig im Januar bei 28ºC/17ºC und im Juli bei 33ºC/23ºC; Regenschauer Mai-Oktober. Die Stadt ist mit ihren riesigen Luxushotels ein beliebtes Kongreßzentrum und Ziel für Reisegruppen. Falls Sie in der Gegend von Cancun bleiben wollen, die man *Zona Turistica, Zona Playas* und *Zona Hotelera* nennt, hier ein **Tip**: Machen Sie Ihre Zimmerreservierung so **früh** wie möglich, denn trotz der Vielzahl der Hotels ist es hier fast immer überfüllt. Und egal ob Sie mit einer Reisegruppe oder als Einzelreisende hierher kommen, machen Sie sich darauf gefaßt, daß Cancun **nicht billig** ist! Wo Sie etwas Geld für Hotelübernachtung und Mahlzeiten sparen können, ist in **Ciudad Cancun**, das heißt in der Stadt Cancun, einige Kilometer von der luxuriösen Hotelsiedlung entfernt. Es sind beispielsweise von der *Av. Tulum*, im Herzen der Innenstadt, bis zum El Presidente Hotel etwa **8 km**.

DOWNTOWN CANCUN

Downtown Cancun ist das Geschäftsviertel der Cancun Area.

CANCUN 233

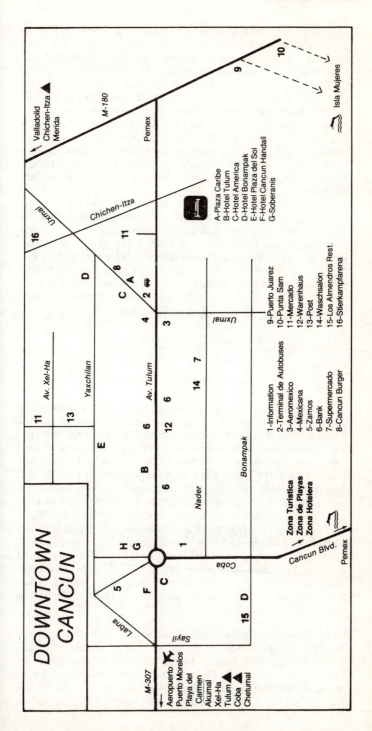

Übernachtungsmöglichkeiten — weniger luxuriös und nicht am Strand gelegen — zu niedrigeren Preisen, als in der Zona Hotelera. Außerdem gibt es hier mehrere **Restaurants**, die eine willkommene Abwechslung zu den Hotelrestaurants bieten. Und ferner gibt es hier **Läden**, wo Sie einkaufen können — im allgemeinen **günstiger** als in den Hotels. Zudem können Sie hier in der Innenstadt (beispielsweise im Supermarkt an der *Av. Nader*) Getränke und Proviant für Ausflüge von Cancun oder fürs Hotel besorgen. Die Mini-Bars (mit Getränken und Drinks gefüllte Kühlschränke im Zimmer) gibt es in den meisten Luxushotels, aber die nichtalkoholischen Getränke und die kleinen Miniaturfläschchen mit Alkohol haben unverschämt hohe Preise.

Und falls Sie in **Downtown Cancun** ein Zimmer haben, bedeutet dies nicht, daß Ihnen die feinsandigen Strände entgehen — gesetzlich sind alle Badestrände **öffentlich**; es ist nur der Swimming Pool eines Hotels den Sie nicht benutzen dürfen, wenn Sie nicht in dem betreffenden Hotel wohnen! Der *Bus Nr. 1* verkehrt in kurzen Zeitabständen zwischen der Innenstadt und der Hotelsiedlung. Für Fußgänger, Fahrrad- oder Mopedbenutzer gibt es parallel zur breiten Promenade zwischen den beiden Gegenden einen Extraweg.

Geschäfte Und Restaurants

Auf unserer **Orientierungskarte** zur **Downtown Area** sehen Sie, wo sich der Inter-City Busbahnhof, Büros der Fluglinien Aeromexico, Mexicana (vergessen Sie auf keinen Fall, hier Ihre **Rückbestätigung** bereits gebuchter Flüge vorzunehmen) und Aerocaribe befinden (für Flüge nach Cozumel oder Chichen Itza). Neben Mexicana kann man Mopeds und Autos mieten. Auf der anderen Seite der breiten *Avenida Tulum*, die Hauptstraße der Stadt, liegt das Geschäft San Francisco — hier können Sie alles mögliche an Sportartikeln einschließlich **Schnorchelausrüstung** kaufen. Wenn Sie vorhaben, viel zu schnorcheln, kommt es billiger, sich eine Taucherbrille mit Schnorchel zu kaufen, als die Ausrüstung im Hotel zu mieten; **Öffnungszeiten** des San Francisco-Ladens: 9—13 und 16—21 Uhr. **Wichtiger Hinweis:** In der Nachmittagshitze haben viele Geschäfte (Restaurants jedoch nicht) geschlossen. *Siesta!* In der Nähe gibt es mehrere Souvenirläden.

Im Bereich der Innenstadt finden Sie alle Arten **Restaurants**. Für **Maya-Spezialitäten:** El Bocadito — an der Ecke *Av. Tulum & M-180,* die nach **Puerto Juarez** weiterführt, gegenüber der Pemex-Tankstelle, oder Los Almendros auf Bonampak. **Fischspezialitäten** gibt es beim Restaurant Soberanis — Av. Coba No. 5. Bei der Cafeteria Zamos, Av. Xcaret 111, gibt es ein *Menu Turistico*.

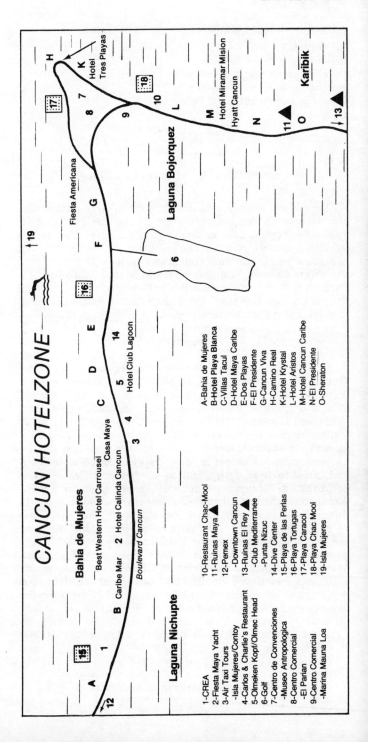

236 CANCUN

Einige Stadthotels mit Telefonnummer

Hotel Plaza Caribe, Av. Tulum & Av. Uxmal 30777
Hotel Tulum, Av. Tulum 41 30366
Hotel Plaza del Sol, Av. Yaxchilan 30453
Hotel Soberanis, Av. Coba No. 5 30109
Hotel Cancun Handall, Av. Tulum 30972
Hotel America, Av. Tulum 31500

CANCUN STRANDHOTEL—AREA

Vom Verkehrskreisel in der **Downtown Area** Cancuns an der *Avenida Tulum*, erstrecken sich die *Avenida Coba* und die breite Promenade *Cancun Boulevard* (auch *Paseo Kukul—Can* genannt) *ostwärts*, an der Pemex-Tankstelle vorbei über den schmalen Landzipfel zum einmaligen **Camino Real Hotel** und zur **Punta Cancun**. Von dort biegt die Straße in südliche Richtung ab und führt an der **Karibik** entlang, vorbei an mehreren Hotels bis zum **Sheraton**, den **El Rey Ruinen** und dem Ferienhotelkomplex **Club Mediterranee** sowie nach **Punta Nizuc**.

Orientierung

Eine der ersten Sachen, die Sie unterwegs auf dem **Cancun Boulevard** registrieren, sind die vielen Nachbildungen von bekannten archäologischen Funden — am Straßenrand oder auf dem Mittelstreifen. Damit Sie sich auch ein bißchen an die Entfernungen gewöhnen, die halbliegende **Chac-Mool Statue** befindet sich etwa 21 km von Punta Nizuc. Andere Stücke, wie der berühmte **Aztekenkalender** (das Original befindet sich im Anthropologischen Museum in Mexico City) oder einer der riesigen **Olmekenköpfe**, folgen entlang der Straße. Neben dem Hotel Bahia de Mujeres (vernünftige Preise) liegt der **CREA-Komplex** — ein Experiment als Übernachtungsmöglichkeit für Jugendliche und junge Leute aus aller Welt. Das Hotel, das wohl die **beste Lage** hat, ist das Camino Real — mit Blick auf die **Bahia de Mujeres** und die **Karibik**. Im allgemeinen sind die Strände entlang der **Bahia de Mujeres** wegen des ruhigen Wassers die **sichersten** Badestrände; ein anderer sehr beliebter und gepflegter Badestrand ist die **Playa Chac-Mool**. Vorsicht: Das Schwimmen **draußen** im Meer kann wegen der Strömungen der Karibik gefährlich sein. In der Nähe befindet sich das hübsche Restaurant Chac-Mool. In unmittelbarer Nachbarschaft des modernen Sheraton Hotels finden Sie eine kleine **Maya-Ruine!**

Unterhaltungsprogramm Am Abend

Wie Sie vielleicht auch erwarten, bieten die großen Luxushotels ein buntes Unterhaltungsprogramm. Beispielsweise gibt es *mittwochs-* und *samstagabends* im **El Presidente** eine wirklich unterhaltsame **Fiesta Mexicana** — ausgezeichnete mexikanische Spezialitäten (reichlich!) und hervorragende musikalische Unterhaltung und mexikanische Folkloretänze. *Freitagabends* findet im Camino Real eine **Fiesta Mexicana** statt — und so geht das weiter. Im Kongreßzentrum, Convention Center, gibt es an verschiedenen Abenden der Woche **Ballet Folklorico**-Aufführungen. Und in allen Hotels gibt es eine oder mehrere Bars, wo Sie sich in angenehmer Umgebung etwas ausruhen können — sogar bis in die frühen Morgenstunden können Sie sich amüsieren. Beispielsweise die **laute** Bum Bum Bar vom El Presidente — in einer Tropenhütte, zwischen Pool und Strand. Und vielleicht abends etwas zum Ausgehen: **Club Mediterranee**. Man kann bei vorheriger Anmeldung (einen Tag vorher) dorthin zum Essen gehen, Tel. 30900. Außerdem ist der Komplex von 10 bis 12 Uhr und von 17 bis 18.30 Uhr geöffnet. Wenn Sie allerdings nicht so weit fahren wollen, halten Sie einfach am **Mauna Loa Komplex** — Geschäfte und ein lebhafter Nightclub.

Freizeitbeschäftigung — Tagsüber

Cancun ist ein Mekka für Anhänger aller möglichen **Wassersportarten**. Hier ist fast alles möglich — Segeln, Schnorcheln, Windsurfen, Wasserski, Tauchen und Fischen. Es gibt außerdem noch eine Reihe von Ausflugsmöglichkeiten. Mit dem Glasbodenboot **Fiesta Maya** können Sie zur Insel **Isla Mujeres** fahren, die Sie vom El Presidente Hotel sehen. Aber es gibt außerdem noch weitere Möglichkeiten, zur Insel zu gelangen, zum Beispiel mit einem Segelboot oder mit einem nachgebildeten Piratenschiff des 18. Jahrhunderts, oder auch mit einem Katamaran. Gegenüber vom **Aristos Hotel** ist die **Abfahrtsstelle** für Bootstouren zu den **Ruinas El Rey**. Im Jachthafen Marina **Mauna Loa** kann man kleine Motorboote, Segelboote mieten und Windsurfen lernen.

Zwischen dem **Convention Center** und dem „Einkaufszentrum" **El Parian** Commercial Center befindet sich das kleine aber sehr interessante **Anthropologische Museum**; 10—14 Uhr und 17—20 Uhr, Mo & Di geschlossen; geringe Eintrittsgebühr. Im Einkaufszentrum finden Sie das Cancun 1900 Restaurant, eine Pizzeria, eine Eisdiele, einen Getränkeladen, Toiletten und Büros der Fluglinien Aeromexico, Mexicana und Eastern — vergessen Sie nicht, Ihre Flug-Rückbestätigung vorzunehmen! Hier befindet sich außerdem eine Bank — Mo—Fr von 9 bis 13.30 Uhr, außer an Feiertagen. Lassen Sie Ihr Geld hier wechseln, da hier zu einem **günstigeren** Kurs als in den Hotels gewechselt wird.

Ausflüge Von Cancun

Praktisch alle Hotels bieten Ausflugstouren zu den Sehenswürdigkeiten der Umgebung an. Erkundigen Sie sich beim **Hotelreisebüro** nach den Abfahrtszeiten und Preisen. Eine sehr beliebte **Tour** (Sie können natürlich auch mit dem Inter-City

238 CANCUN

Bus oder mit dem Mietauto dorthin gelangen) ist der Tagesausflug zur archäologischen Zone von **Chichen Itza** — etwa 203 km westlich; Mittagessen inbegriffen. Abfahrt etwa 8.30 Uhr und Rückkehr etwa 18.30 Uhr. Eine weitere beliebte Ausflugstour führt zur archäologischen Zone von **Tulum** (die von einer Mauer umgebene Maya-Stadt) — etwa 121 km im Süden, mit einem Abstecher zur malerischen **Xel-Ha** Lagune. Abfahrt etwa 8.30 Uhr und Rückkehr etwa 14.30 Uhr; ohne Mittagessen. Sie können auch von Cancun einen kurzen **Flug** zur Insel **Cozumel** unternehmen oder mit der **Fähre** von **Playa del Carmen** (auch ein etwa 7-Minuten-Flug möglich) — etwa 65 km *südlich* von Cancun — zur Insel gelangen. Autofähre von **Puerto Morelos** nach **Cozumel** — etwa 35 km *südlich* von Cancun. **Akumal**, das Strandparadies — feinsandiger Strand, Palmen — etwa 98 km *südlich* von Cancun, ist ebenfalls ein beliebtes Ausflugsziel.

Cancun Strandhotels

Wir geben Ihnen hier eine Liste einiger **Strandhotels** mit Telefonnummer von **Cancun** entlang der **Bahia de Mujeres** und der **Karibik**. Buchen Sie Ihr Hotelzimmer am besten über Ihr Reisebüro, und erkundigen Sie sich auch nach Pauschalarrangements:

Hotel Bahia de Mujeres, 30325. Hotel Krystal, 31133. Maya Caribe, 30602. Dos Playas, 30500. El Presidente, 30200. Cancun Viva, 30800. Camino Real, 30100. Hotel Aristos, 30011. Sheraton, 31988. Hotel Calinda, 31600. Best Western Carrousel, 30513.

CANCUN AREA CHECKLISTE

- ☐ BADEN IM KLAREN WASSER DER KARIBIK
- ☐ SCHNORCHELN
- ☐ MIT DER FIESTA MAYA ZUR ISLA MUJERES
- ☐ FIESTA MEXICANA MITMACHEN
- ☐ BALLET FOLKLORICO ERLEBEN
- ☐ ANTHROPOLOGISCHES MUSEUM ANSEHEN
- ☐ SHOPPING IN DOWNTOWN CANCUN
- ☐ MIT DEM BOOT ZU DEN RUINAS EL REY
- ☐ AUSFLUG NACH CHICHEN ITZA
- ☐ AUSFLUG NACH COZUMEL
- ☐ AUSFLUG NACH TULUM/XEL-HA/AKUMAL

Chac-Mool – Götterbote des Regengottes Chac am Chac-Mool Strand in Cancun

ISLA MUJERES
Die Fraueninsel

Etwa 10 km vor der Küste der Halbinsel von Yucatan, etwas *nördlich* von Cancun, liegt die Insel **Isla Mujeres**. Als die Spanier die Insel erkundeten — erstmals **1517** von dem Spanier Cordova entdeckt — fand man in den Tempeln riesige Figuren, die Frauen darstellten — daher der Name! Später wurde die Insel ein bevorzugtes Versteck für Piraten wie Lafitte und Mundaca. Heute ist die 8 km lange und weniger als 1 km breite Insel ein beliebtes Ziel für Reisende, die das teure Pflaster von Cancun meiden und die Inselatmosphäre bevorzugen.

Da die Insel so nahe bei Cancun liegt, benutzen viele Touristen die Gelegenheit, von Cancun aus einen Ausflug mit dem **Boot** zur Insel zu unternehmen. Die Insel ist aber auch mit dem *Flugzeug* und mit der *Personenfähre* von **Puerto Juarez** (etwa 2 km nördlich vom Zentrum Cancuns) sowie mit der *Autofähre* von **Punta Sam** (etwa 7 km nördlich von Cancun erreichbar. Die *Fähre* von **Puerto Juarez** zur Isla Mujeres geht jeden Tag etwa alle zwei Stunden; etwa 45 Minuten Fahrt. Von Cancun aus kann man von der *Avenida Tulum* mit dem *Stadtbus* nach **Puerto Juarez** fahren. Die *Autofähre* von **Punta Sam** zur Isla Mujeres geht tagsüber etwa alle drei Stunden.

Isla Mujeres mit den feinsandigen weißen Stränden und den Korallenriffen ist ein beliebtes **Taucherparadies**. Und **El Garrafon**, wo es einen Reichtum an bunten Fischen gibt, ist ein bevorzugtes Gebiet fürs **Schnorcheln**. Das beste **Hotel** der Insel, am *nördlichen* Ende der Insel, ist das Hotel Zazil-Ha-Bojorquez, 98 Zimmer, Tel. 20155. Andere Hotels, einfach und kleiner − und für die *Hälfte* des Preises: Posada del Mar, Tel. 20198; Hotel Berny, Tel. 20025 und Hotel Roca Mar, Tel. 20190. Hotels, bei denen man sogar noch mehr **sparen** kann: Hotel Rocas de Caribe, Tel. 20011 und Hotel Osorio, Tel. 20018. **Tip:** Buchen Sie Ihr Hotelzimmer auf der Insel rechtzeitig **vor** der Ankunft auf der Insel.

Auf der Insel kann man *Mopeds* mieten. Damit kann man **El Garrafon** und das in der Nachbarschaft liegende **Maria's Restaurant** bequem erreichen. Falls Sie hier schnorcheln wollen, kaufen Sie oder mieten Sie Ihre Schnorchelausrüstung bereits in Cancun, da solche Ausrüstung hier auf der Insel nur begrenzt vorhanden ist. Am *Südende* der Insel steht ein **Leuchtturm** und dort gibt es auch eine **Maya-Ruine**. Der beliebte Badestrand **Playa Loco** liegt auf der *nordwestlichen* Seite der Insel. Statt **Checkliste** zur **Isla Mujeres** hier einige **Tips:** Faulenzen, Besuch von El Garrafon und der „Schildkrötenfarm", südlich der Stadt, wo man mit Schildkröten baden kann.

COZUMEL

Cozumel − nur etwa 46 km lang und 15 km breit − ist Mexicos **größte** Insel. Sie liegt etwa 20 km vor der Ostküste der Halbinsel **Yucatan**. Vom Festland aus gibt es eine *Personenfähre* (75 Minuten Fahrt), die von **Playa del Carmen** zur einzigen Stadt der Insel, **San Miguel de Cozumel**, fährt. Von **Puerto Morelos** auf dem Festland gibt es eine *Autofähre* (etwa 3 Stunden Fahrt!) nach **San Miguel**. Internationale Flüge sowie Flüge von den größten mexikanischen Flughäfen kommen im **Flughafen Cancun** an. **Lokale** Flugverbindung gibt es zwischen Cozumel und Cancun sowie Cozumel und Playa del Carmen, nur ein 7-Minuten Flug, der sich lohnt und dazu noch ziemlich preisgünstig ist!

Cozumel war in präkolumbianischer Zeit ein religiöser der **Ixtchell** geweihter Ort − die Maya-Göttin des Mondes und der Fruchtbarkeit. Auf der Insel gibt es etwa **20 Maya-Ruinen**, einschließlich **El Caracol** (Schnecke), der als Observatorium benutzt wurde, am Südzipfel der Insel, in der Nähe des Leuchtturms, **Cinco Puertas** (fünf Portale), am *südöstlichen* Ende der Insel, ist ein weiteres Beispiel einer **Maya-Ruine**. 1518 entdeckte der Spanier **Juan de Grijalva** die Insel, und **1519** machte **Cortes** hier Halt. Ein spanischer Seemann, **Geronimo de Aguilar**, der nachdem er Schiffbruch erlitten hatte, eine ganze Reihe von Jahren mit den Mayas zusammengelebt hatte,

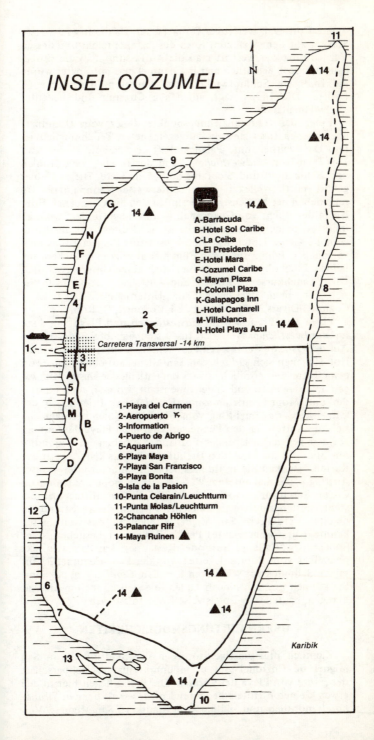

COZUMEL

diente Cortes als wertvoller Dolmetscher. Da die Insel die erste Station auf dem Weg zum Kern des Aztekenreichs und dessen Vernichtung war, vertritt man die Auffassung, daß die Eroberung Mexicos eigentlich hier in Cozumel begann! Später wurde die Insel ein Schlupfwinkel der Seepiraten, darunter auch Lafitte. Die Insel heißt auf Maya **Cuzamil** und bedeutet „Schwalbenland".

Einer der Hauptanziehungspunkte dieser vom Dschungel überzogenen Insel sind die ausgezeichneten **Tauchmöglichkeiten**. Das weltbekannte **Palancar Riff** liegt beispielsweise etwa 1 1/2 km vom *südwestlichen* Rand der Insel – viele Höhlen und Schluchten und Sicht bis auf 61 m Tiefe. Dieses Gebiet gehört mittlerweile zu einem **Unterwasser-Nationalpark**. Direkt neben der Küstenstraße befinden sich die **Chancanab Höhlen** in der Bucht von Chancanab – unzählige Höhlen, wo man inmitten prächtig bunter Fische ist. Und direkt vor der Küste vom La Ceiba Hotel liegt ein abgestürztes Flugzeug (das man vor einigen Jahren für einen Film hier abstürzen ließ). Sehr beliebtes Tauchobjekt. Es gibt hier auch einen Unterwasserpfad. Über **Tauchkurse** – Kosten und Ausflüge – erkundigen Sie sich bei einem der vielen Tauch-Unternehmen der Insel – Cozumel Divers, Apdo. Postal 284, Cozumel, Q. Roo.

Playa San Francisco im *südwestlichen* und **Playa San Juan** im *nordwestlichen* Teil der Insel sind beliebte Badestrände. Auf der *Ostseite* der Insel gibt es ebenfalls mehrere Badestrände. Hotels ziehen sich *südlich* von **San Miguel** auf einer Länge von etwa 7 km und nördlich etwa 5 km entlang der Küste. **Mietwagen** am Flughafen und in der Innenstadt, wo man auch Fahrräder und Mopeds mieten kann. Ein richtiges Erlebnis ist der kurze **Aero Cozumel-Flug** vom Flughafen (hier besorgen Sie sich die Karten für den Pendelverkehr) nach **Playa del Carmen** auf dem gegenüberliegenden Festland. Sie haben einen grandiosen Blick auf die Insel, den Dschungel und das klare Wasser der Karibik. Denken Sie an Ihre **Kamera!** Ein anderer interessanter Ausflug – diesmal auf dem Wasser – ist die populäre **Robinson Crusoe Inseltour** – von 9 bis 16.30 Uhr. Das Mittagessen besteht aus den unterwegs gefangenen Fischen, die am Strand zubereitet werden. In **San Miguel** können Sie das weithin bekannte (für Fischgerichte) Pepe's Restaurant besuchen, oder Soberanis – Calle 1a Sur, oder Restaurant Las Palmas direkt gegenüber vom Bootsanlegesteg, von der **Pier.** Cozumel ist für seinen Schmuck aus **schwarzen Korallen**, *Coral negro*, bekannt. Sie können ihn sich hier in Läden, die sich direkt um die Pier drängen, kaufen – beispielsweise Roberto's Jewelry.

ÜBERNACHTUNGSMÖGLICHKEITEN

Ziemlich **preisgünstige** Hotels in der Stadtmitte von **San Miguel de Cozumel** gibt es in unmittelbarer Nachbarschaft der *Fähre* von **Playa del Carmen**. Die Preise liegen hier in den etwas kleineren Hotels bedeutend **niedriger** als bei den *Strandhotels* nördlich und südlich vom Stadtkern San Miguels. Ver-

suchen Sie, vor Ihrer Ankunft auf der Insel bereits, ein Zimmer zu bestellen, **besonders** in den Monaten Dezember bis April.

Hotels: San Miguel, Tel. 20233; Colonial Plaza, Tel. 20506; Mary Carmen, Tel. 20581. Etwa drei bis vier Straßen vom Zentrum finden Sie auf der Calle 5 Sur das Maya Cozumel, Tel. 20011, und in der Nähe – Av. Rafael E. Melgar – liegt das Vista del Mar, Tel. 20545. Hier noch ein **Hinweis** für **Langzeiturlauber**: Das nette Colonial Plaza, 5 Av. Sur No. 9, San Miguel de Cozumel, Cozumel, Q. Roo, hat Zimmer mit Küche! unter den 28 Hotelzimmern mit Klimaanlage.

Luxushotels (mit luxuriösen Preisen!) finden Sie an der *Westküste* der Insel – *nördlich* und *südlich* der Stadtmitte. Falls Sie ein leidenschaftlicher **Taucher** sind oder auch ein traumhaftes **Strandhotel** suchen, wo Sie, wenn Sie morgens erwachen, die Karibik direkt vor sich sehen, empfehlen wir Ihnen, in diesem Gebiet zu bleiben. Bei den meisten Hotels muß man während der bevorzugten Wintersaison Frühstück & Abendessen mitbuchen. Zur **Sommer**saison gibt es etwas **ermäßigte** Preise. Erkundigen Sie sich schriftlich über die Preise, und machen Sie Ihre Hotelreservierung so **früh** wie möglich. Wenden Sie sich am besten an Ihr Reisebüro, um die Hotelbuchung vorzunehmen.

In unserer **Hotelliste** geben wir in Klammern die Anzahl der Zimmer, die Apdo. Postal (Postfach) Nummer sowie die Telefonnummer an. Wenn Sie sich **schriftlich** über eines der

Niedrigpreiskategorie-Hotels erkundigen möchten, nur etwa 7 Straßen abseits der Innenstadt — Hotel Barracuda, so schreiben Sie an: Hotel Barracuda, Apdo. Postal 163, San Miguel de Cozumel, Cozumel, Q. Roo, Mexico.

Während Sie in Mexico herumreisen, können Sie schon **vor** Ihrer **Ankunft** auf Cozumel Ihr Hotelzimmer **reservieren**. Sie können beispielsweise Zimmer für das **Hotel Sol Caribe** schon in **Mexico City**, Londres 164 — in der *Zona Rosa* (neben der Geschäftsstelle des Tourunternehmens Grey Line Tour), reservieren. Von **Merida** aus können Sie Reservierungen für das **Hotel Mara auf Cozumel**, vornehmen, und zwar beim Hotel Mara del Carmen, Calle 63 No. 550. Das weithin sichtbare Hotel, das Sie auf dem *nördlichen* Teil der **Insel Cozumel** sehen, wenn Sie mit der Fähre von Playa del Carmen in San Miguel ankommen, ist das bezaubernde **Mayan Plaza**. Erkundigen Sie sich schriftlich über Einzelheiten und Preise der Cozumel-Hotels bei: Cozumel Hotel Association, Apdo. Postal 228, Cozumel, Q. Roo, Mexico.

Hotel Barracuda (22), Apdo. Postal 163 20002
Hotel La Perla (30), Apdo. Postal 309 20188
La Ceiba (145), Apdo. Postal 284 20379
Galapago Inn (19), Apdo. Postal 289 20663
Hotel Sol Caribe (220), Apdo. Postal 259 20700
Hotel El Presidente (190) 20322
Hotel Mara (47), Playa San Juan 20300
Hotel Cantarell (100), Apdo. Postal 24 20144
Cozumel Caribe Hotel (250), Playa San Juan 20100
Hotel Mayan Plaza (94), Playa Santiago Pilar 20411

COZUMEL CHECKLISTE

- [ ] BUMMEL DURCH SAN MIGUEL
- [ ] MAYA RUINEN BESICHTIGEN
- [ ] 7-MINUTEN-AEROCOZUMEL-FLUG MITMACHEN
- [ ] DIE OSTSEITE DER INSEL ERKUNDEN
- [ ] SCHNORCHELN/TAUCHEN
- [ ] AUSFLUG ZUR PLAYA SAN FRANCISCO
- [ ] INSELBOOTSFAHRT MIT DER ROBINSON CRUSOE

ENTLANG DER KARIBIK:
CANCUN – TULUM – CHETUMAL

Auf der etwa 121 km langen Strecke Richtung *Süden*, haben Sie entlang der *M-307* zwischen dem Badeort aus der *Retorte*, **Cancun**, und der *archäologischen Zone* von **Tulum** – die direkt am Meer liegende Maya-Stadt, eine Menge Möglichkeiten, die Karibik zu entdecken und zu erleben. Ihre „Sprungbretter" zur Insel Cozumel, **Puerto Morelos** (Autofähre) und **Playa del Carmen** (Personenfähre), liegen ebenfalls auf dieser Küstenroute. Außerdem befindet sich die erst kürzlich freigelegte faszinierende archäologische Zone von Coba nur etwas landeinwärts von Tulum. Planen Sie für diesen Ausflug von Cancun aus einen ganzen Tag, bzw. verteilen Sie Ihre Karibikerlebnisse auf ein paar Tage und

NACH CHETUMAL 245

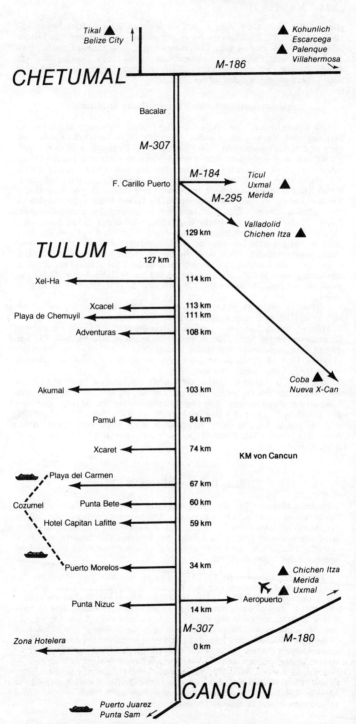

gönnen Sie sich auch Zeit zum Erholen am Strand. Hier liegen vor allen Dingen die Hotelpreise im allgemeinen unter denen der Luxushotels von Cancun. Es gibt Busverbindungen von Cancun nach Playa del Carmen und Tulum. Noch bequemer ist es, einen Tagesausflug mit einem Tourbus zu unternehmen, wobei ein Besuch von Tulum, Akumal und Xel-Ha normalerweise inbegriffen ist.

Information Über Vorbereitung & Hotels

Wir geben Ihnen hier einige **wichtige** Informationen, was Sie bei der **Planung** und **Vorbereitung** dieser Küstenfahrt zu beachten haben. Bereits in Cancun **volltanken**. Falls Sie zur Insel **Cozumel** möchten — entweder mit der *Autofähre* von **Puerto Morelos** oder mit der *Personenfähre* von **Playa del Carmen**, informieren Sie sich am besten selbst über die neuesten Abfahrtszeiten, da diese sich ständig zu ändern scheinen. Wenn Sie die **archäologische Zone von Coba** entdecken wollen, empfehlen wir Ihnen, in dem wirklich reizvollen **Hotel Villa Arqueologica** zu übernachten (vom *Club Mediterranee* verwaltet) — ausgezeichneter Blick auf die Ruinen. Die Preise liegen hier weit **unter** denen der Luxushotels von Cancun. Der bezaubernde Swimming Pool mit den überhängenden Bananenstauden ist eine willkommene Erfrischung nach Ihrem Dschungelabenteuer. Noch während Sie in Mexico City sind oder sogar noch vor Ihrer Abreise aus Deutschland sollten Sie schon Ihre **Hotelreservierung** über Ihr Reisebüro oder direkt bei Hoteles Villas Arqueologicas vornehmen: Leibnitz 34 P.B., Mexico 5, D.F., Mexico; Tel. 514-4995.

Falls Sie einen Strandaufenthalt an der **Karibik** planen, sollten Sie sich zwei Übernachtungsmöglichkeiten merken.
1. **Hotel Capitan Lafitte** — einfache Strandhütten am Meer. Sie können Ihre Reservierung von Merida aus vornehmen: Calle 58 No. 57, Tel. 30485. Postanschrift: Apartado Postal No. 1463, Merida, Yucatan, Mexico. Und als besonderen Leckerbissen in einer wirklich paradiesischen Umgebung empfehlen wir
2. **Hotel Club Akumal Caribe**, für einen mehrtägigen Entspannungsurlaub als Ausgleich zu Ihrem Besichtigungsprogramm. Nehmen Sie auch hierbei die Reservierung über Ihr Reisebüro noch in Deutschland oder in Cancun vor, z. B. bei Rutas del Mayab, Avenida Coba 87, Tel. 30106, oder schreiben Sie das Hotel selbst an — lange vor Ihrer beabsichtigten Ankunft: Hotel Club Akumal Caribe, Apdo. Postal 28, Cancun, Quintana, Roo, Mexico.

Entlang Der Karibik Nach Süden

Puerto Morelos ist Ihre Ausgangsbasis mit der *Autofähre* zur Insel Cozumel; es gibt täglich mindestens eine Abfahrt. Planen Sie keinen Tagesausflug, wenn Sie Ihr Auto mitnehmen möchten; es lohnt sich, mindestens einen Tag auf der Insel zu bleiben. Die Überfahrt dauert etwa 2—3 Stunden; zur Fähre geht es rechts von der Büste zu dem kleinen Platz der Fähranlegestelle.

Playa del Carmen ist Ihr Ausgangsort mit der *Personenfähre* zur Insel Cozumel. Mit dem *Bus* von *Chetumal, Merida* und *Cancun* haben Sie *Anschluß* an die Fähre. Die Überfahrt, die manchmal etwas „rauh" sein kann, dauert etwa eine Stunde. Fahrkarten, *boletos*, gibt es beim Hotel Molcas, an der Anlegestelle. Falls Sie mit dem Auto fahren, finden Sie ganz in der Nähe der Anlegestelle der Fähre einen bewachten Parkplatz. Beim Motel Playa del Carmen, gegenüber der Schule, gibt es einen kleinen Laden für Proviant und Getränke. Hier ein Tip: Falls Sie einen Ausflug nach Cozumel vorhaben, können Sie einen Weg mit der *Fähre* und zurück vielleicht mit *Aerocozumel* fliegen, die im Pendelverkehr (nur 7 Minuten Flug!) zwischen dem Festland und der Insel verkehren. Relativ preiswert und Sie bekommen auch noch aus der Vogelperspektive etwas zu sehen — Kamera mitnehmen!

NACH TULUM 247

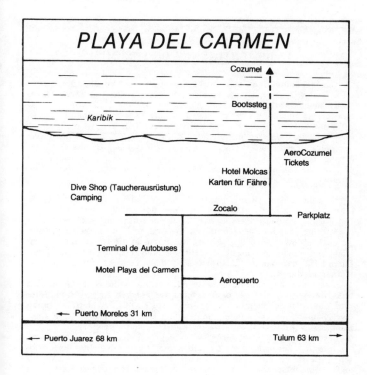

Wenn Sie auf der *M-307* weiter in südliche Richtung fahren, kommen Sie zur Abzweigung nach **Xaret**; hier in der Nähe liegt **Pamul** eine nicht restaurierte archäologische Zone. Weiter kommen Sie vorbei am Strandhotel **Akumal Caribe**, das in einer paradiesischen Umgebung direkt an der Karibik liegt. Selbst wenn Sie nicht zum Übernachten hierbleiben, sollten Sie einen kurzen Abstecher zum Strand machen. Ein traumhaft schöner Palmenstrand, die kleine Bucht ist ideal zum Schnorcheln; werfen Sie auch einen Blick in das kleine Museum mit Taucherfunden versunkener Schiffe. Man kann hier auch zum Essen bleiben; aber Sie sollten sich wenigstens an der urigen Strandbar etwas Erfrischendes gönnen — mit der bezaubernden Kulisse des feinsandigen Strandes, Palmen und der grünblauen Karibik. Das Bronzedenkmal stellt die erste *Euro-Amerikanische Familie* dar; nachdem der Spanier *Gonzales Guerrero* um *1511* hier in der Nähe Schiffbruch erlitten hatte, heiratete er die Maya-Prinzessin Xzazil — sie hatten drei Kinder.

Wenn Sie weiter in südliche Richtung fahren, passieren Sie mehrere Strandgegenden — **Playa de Chemuyil**, **Adventuras** und **Xcacel**. **Xel-Ha** (sprich: *Schel-ha*) ist ein Naturaquarium — *Taucher-* und *Badeparadies*. Auf der anderen Seite der Lagune gibt es eine **Unterwasserhöhle** mit einem *Maya-Altar*; man braucht etwa 15 Minuten, hinüberzuschwimmen — nur für ausgezeichnete Schwimmer. Erkundigen Sie sich zuvor bei dem Fachpersonal, wenn Sie hier schwimmen wollen. Und nun noch weiter nach Süden gelangen Sie zu den archäologischen Zonen von **Tulum** und in der Nähe, etwas landeinwärts, **Coba** — die Maya-Stadt im tropischen Dschungel.

BESICHTIGUNG VON TULUM

Die archäologische Zone von **Tulum** — etwa 121 km über die *M-307, südlich* von Cancun, ist die einzige von einer **Mauer** umgebene Maya-Stadt an der Karibikküste. Man nimmt an, daß die Stadt vom 6. Jahrhundert an bewohnt war, da man hier eine *Stele* mit einer Jahreszahl gefunden hat. Trotz des starken Einflusses der **Tolteken**, wird angenommen, daß die Stadt gegen Ende des 12. und 13. Jahrh. ihren Höhepunkt der Blüte erreicht hatte. Die grobe Befestigungsmauer, die die archäologische Zone an drei Seiten umgibt, ist etwa 820 m lang. Der offene Teil entlang der bezaubernden Karibikküste, ist etwa 425 m lang. Der Name **Tulum** bedeutet auf Maya *„Mauer"*.

Von der Kasse gehen ein paar Steinstufen zum Eingang durch einen schmalen Gang in der Begrenzungsmauer der Anlage. Machen Sie hier Ihr Foto — eine gute Perspektive. Viele der Ausgrabungsstätten haben noch keine genauen Bezeichnungen, sie sind einfach numeriert. Tulum ist nach all den vielen Prospekten, die einem in die Hände fallen, vielleicht ein wenig enttäuschend, denn die Anlage ist doch ziemlich verfallen. Die sogenannte „Hauptstraße" führt zunächst zwischen zwei Ruinen hindurch.

1—Estructura 20, ein Muster der Architektur Tulums, befindet sich links des Weges. Auf der dem Tempel der Fresken zugewandten Seite sind oberhalb der ziemlich verfallenen Stufen auf der Plattform noch zwei Säulen der ehemaligen Säulenhalle zu sehen. Auch Reste eines Dachfrieses — das Dach ist ganz eingestürzt — sind erkennbar.

2—Bestattungsplattform; rechts vom Weg befindet sich die Plattform, wo Sie im Zentrum des kreuzförmigen Ausschnitt eine unterirdischen Begräbnisstätte sehen. Das Grab ist heute leer, aber man fand außer Knochen eines Skeletts als Beigaben Tongefäße, Reste von Fischen und Tieren.

3—Plattform 13 & 14. Flache, kaum wahrnehmbare Plattformen, in denen man ebenfalls Grabstätten gefunden hat.

4—Tempel der Fresken. Hinter den 5 vergitterten Fenstern sieht man relativ gut erhaltene **Fresken**, die die Geschichte Tulums erzählen. Sie zeigen Darstellungen von Kriegern und den Gott des Mais. Über den Fenstern sind drei vertiefte *Reliefbilder* zu sehen. Obenauf ist ein Tempelaufsatz mit einem Portal. Vor dem Tempel eine eingezäunte **Stele**. In der Nähe ein Tempel, bei dem ein paar Stufen zur Säulenplattform (Rundscheibensäulen) führen. Wenn Sie nach links schauen, sehen Sie ein Tor in der Mauer.

5—Tempel der Ersten Daten. Rechts des El Castillo mit einem falschen Gewölbe, dem *Maya-Bogen*. Hier wurde eine beschädigte **Stele** mit der Jahreszahl 564 n. Chr. gefunden.

6—El Castillo, das Schloß. Das Castillo — etwa 30 m lang — ist das Prunkstück der Anlage, scheint fast eine Festung für sich zu sein. Zu Füßen rechts und links der Mittelstufen 2 kleinere niedrige Gebäude — wie Wachhäuschen. Etwa 27 Stufen — keine schönen, ebenen Stufen — führen zur Plattform. Und hier eine bezaubernde Überraschung — türkisblau die Karibik mit weißem Sandstrand und Palmen, fast wie ein Traum. Und auf der Inlandseite kilometerweite Dschungellandschaft. Diese steilen Felsklippen boten tatsächlich als 4. Mauer Schutz. Im Innenraum des Tempels ist die grüne Farbe der Wände noch erkennbar. Es gibt hier 2 längliche Tempelhallen, von denen die vordere das Maya-Gewölbe — umgedrehtes „V" hat. Auf der linken Seite — zum Meer gewandt — befinden sich 2 Säulen. Vor dem El Castillo Reste einer Tanzplattform, auf der bei religiösen Feiern Tänze abgehalten wurden.

7—Tempel des Herabsteigenden Gottes. Etwa 12 Stufen bringen Sie links vom El Castillo zu dem gut erhaltenen Tempel, in dessen Innenraum noch **Fresken** zu sehen sind. Über dem Portal eine Gestalt mit

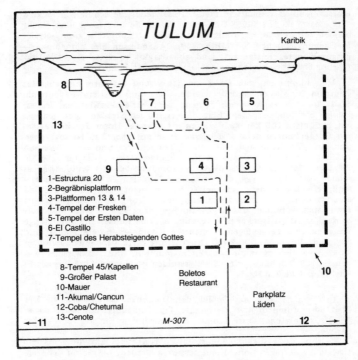

nach oben gestreckten Beinen, die sind unten zusammengehalten — die Gestalt des **Herabsteigenden Gottes**. Die weiße Stuckarbeit ist gut zu erkennen — versäumen Sie es nicht, hier Ihr Foto zu machen.

8–Tempel. Etwas nördlich vom Tempel des Herabsteigenden Gottes liegt gegenüber der winzigen Bucht mit Kokospalmen, etwas erhöht auf einer größeren Plattform ein weiterer Tempel. Herrliche Aussicht von hier.

9–Großer Palast. Vom Strand in Richtung Ausgang stößt man auf die Anlage des **Großen Palasts** mit dem **Palast 25**, der **Struktur 22**, der **Plattform 23** und den Gräben. Zunächst kommt man von der Plattform 23 über 5 Stufen zu der Tempelplattform des **Palasts 25**. Hier gibt es eine gut erhaltene tieferliegende *Relieffigur* im Zentrum über dem Innenportal — von einem Strohdach geschützt. Vorne 4 Rundsäulen. Vor der Anlage auf der tieferen Plattform ein vertiefter gemauerter Graben. Und daneben schließt sich der **Große Palast** an — das zweitgrößte Gebäude Tulums.

BESICHTIGUNG VON COBA

Eine der neuesten archäologischen Zonen, die der Öffentlichkeit freigegeben wurden, ist **Coba** — etwa 47 km *nordwestlich* von **Tulum** und der **Karibischen See**, über eine ausgezeichnete geteerte Straße erreichbar. **Coba**, obwohl tief im Dschungel steckend, lohnt sich für einen Tagesausflug von Cancun oder von anderen Badeorten entlang der Karibik. Die archäologische Zone ist aber auch vom *Norden* und vom *Westen* erreichbar. Die Entfernung von **Chichen Itza** nach Coba beträgt etwa 153 km, über die *M-180* und eine staubige Sandpiste von **Nuevo X-Can**; erkundigen Sie sich auf alle Fälle beim **Turismo**, bevor Sie diese Straße benutzen. Und eine der hübschesten Überraschungen in Coba ist das reizvolle Hotel Villa Arqueologica (vom Club Mediteranée geführt. Ziemlich vernünftige Preise. **Reservieren** Sie schon von Mexico City aus: Tel. 514-4995. Und selbst wenn Sie hier nicht über Nacht bleiben (es ist sehr viel billiger als in den Strandhotels, zum Beispiel in Cancun), können Sie Mittag- oder Abendessen hier einnehmen — ausgezeichnetes **Restaurant.** Und abends gibt es sogar eine Dia-Vorführung über verschiedene archäologische Zonen in Mexico.

Man nimmt an, daß **Coba** um das 5. und 6. Jahrh. als religiöses Zentrum der **Mayas** gegründet wurde. Coba muß einst eine bedeutende Stadt der Mayas gewesen sein, da von hier mehr als ein Dutzend *Scabes*, Heilige Straßen, ausgehen. Eine dieser Heiligen Straßen zieht sich wie ein Pfeil etwa 100 km nach Westen bis **Yaxuna**! Unter den interessanten Entdeckungen befand sich eine **Stele** mit über 300 Hieroglyphen und ein „Straßenplaniergerät", das 5 Tonnen wog und von 15 Leuten bedient wurde. Bei solchen ausgezeichneten Straßen, die für religiöse Zwecke oder zur Kommunikationsverbindung benutzt wurden, ist es schade, daß die Mayas, die einen Aztekenkalender von größerer Genauigkeit als der unsrige geschaffen hatten, **nicht fähig** waren, das **Rad** anzuwenden! Doch nun zu unserer Besichtigung Cobas. Die Lage ist etwas ungewöhnlich, da es hier rundum **Seen** gibt — eine Seltenheit in dem sonst so trockenen Yucatan. In Coba müssen Sie eine Menge Wege zu Fuß zurücklegen — mehrere Kilometer hintereinander, und Sie sind durch. Auf unserer **Orientierungskarte** geben wir zwischen jeder Area die ungefähre Laufzeit in Minuten. Ihre Fußmärsche werden jedoch belohnt — eine der Pyramiden ist sogar noch **höher** als El Castillo in Chichen Itza!

In Coba hat man das Gefühl, den Dschungel echt zu erleben. Der Pfad führt durch dichten **Dschungel. Tip:** Unbedingt mit Mittel gegen *Moskitos* einreiben. **Feste Schuhe.** Kurz nach dem Eingang führt rechts der Weg zu

1 — **Grupo Coba**, die man vom Hotel Villas Arqueologica hoch aus dem Urwald herausragen sieht. Kann bestiegen werden. Links von der Wegabzweigung eine Stele ohne erkennbare Verzierung.

2 — **Juego de Pelota.** Ballspielplatz kurz darauf.

3 — Links vom Seitenweg führt ein schmaler Pfad etwa 8—9 m durch einen **Maya-Bogengang** und in einer Biegung wieder auf den Hauptweg. Aromatischer Duft von Blüten. Nach etwa 10—15 Minuten kommen Sie zur Kreuzung. Links geht es zum **Nohoch Mul**, geradeaus geht es zum **Conjunto las Pinturas**. Auf dem Weg gibt es Stellen, wo die überzogenen Steinflächen der „Heiligen Straßen" der sog. *Scabes* sichtbar sind, die durch das ganze Mayaland zogen. Richtige Orchideen in zartlila verzaubern den Dschungelpfad. Nach etwa 7 Min. liegen links und rechts Gruppen nicht restaurierter Pyramiden. Nach etwa 10 Min. Laufen erblickt man die verhältnismäßig große **Pyramide der Grupo Nohoch Mul.** Und in der Nähe der großen Pyramide sehen Sie rechts etwas abseits des Weges im Dschungel eine kleine nicht restaurierte Pyramide. Auf einer Plattform am Weg, kurz ehe Sie die große Pyramide erreichen, befindet sich eine überdachte **Stele**. Darauf erkennbar eine Gestalt, die evtl. ein harfenähnliches Instrument in Händen hält. Von den Stufen an der Stele hat man einen schönen Blick auf die Umgebung — eine Hütte mit Ziehbrunnen rechts der Stele. Doch nun zu der großen steilaufragenden Pyramide mit Tempelaufbau, die etwas vom Dschungel befreit ist. Eine breite, mehr oder minder gut erhaltene Stufenfront führt steil hinauf zum Tempel. Aufpassen, es geht in glühender Hitze in schwindelnde Höhe.

5 — **Conjunto Las Pinturas.** Vom Nohoch Mul wieder zurück auf den Weg bis zur Weggabelung und nun links ab Richtung **Conjunto Las Pinturas.** Nach etwa 5 Min. biegt rechts der Weg zur **Grupo Macanxoc** ab. Auf dem Hauptweg, der etwas links abbiegt, kommt man zur Pyramide mit den 5 Absätzen — Stufen sind teilweise noch erkennbar. Davor unten eine kleine Säulengalerie mit Rundsäulen. Oben auf der Pyramide, ein Tempelaufbau mit 2 Portalen. Eine Seite der Pyramide wirkt gänzlich unrestauriert. Links führt unter dichten Bäumen ein Pfad etwa 30 Me-

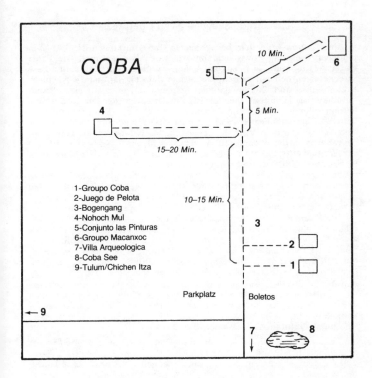

ter weit in den Dschungel, wo eine ziemlich große Stele von einem Strohdach geschützt steht.

6 — **Grupo Macanxoc.** Wieder zurück auf den Hauptweg. Der Weg zur **Grupo Macanxoc** ist wenig gut ausgeputzt. Es geht durch wirklich dichten Dschungel. Nach wenigen Minuten befindet sich rechts eine nicht restaurierte *Pyramide*. Nach etwa 5–7 Min. rechts eine kleine Stele direkt am Rand des Weges auf einer gemauerten Platte. Von hier führt ein dichter Dschungelpfad etwa 10 Min. von der Kreuzung zur **Grupo Macanxoc.** Etwas erhöht befindet sich hier erst eine gut erhaltene Stele von einem Strohdach geschützt, erkennbar eine federgeschmückte Gestalt. Das Strohdach bietet willkommenen Schatten. Auf der Rückseite der Stele zwei Beine einer Gestalt zu erkennen. Folgen Sie von hier weiter den schmalen Dschungelpfad wo Sie etwa nach 10 m den Fuß einer nicht freigelegten Pyramide erreichen, wo eingemauert eine recht große Stele steht. Erkennbar eine stehende Gestalt und ganz links eine *sitzende Gestalt*. Man kann einen ziemlich rohen Pfad über Wurzeln den steilen Pyramidenrücken hinaufsteigen, unter dem dichten Dschungelgestrüpp hindurch. Oben auf dem Gipfel angelangt, sieht man auf der Rückseite einen See und auf der anderen Seite in der Ferne die hohe Steilpyramide des **Nohoch Mul.** Überall schrilles Dschungelkonzert — plötzlich abgelöst von unheimlicher Stille, süßlicher Duft von Blüten. Ab und zu Tiere zu sehen. Nach dem abenteuerlichen Besuch der archäologischen Stätte von Coba werden Sie auch wieder froh sein, daß Sie dieses Dschungelerlebnis heil überstanden haben.

Richtung Süden — Nach Chetumal

Von Tulum (und dem benachbarten Coba) setzt sich die *M-307* in südlicher Richtung etwas landeinwärts fort bis **Chetumal**. Die Fahrt bietet relativ wenig in Bezug auf Sehenswürdigkeiten. Man sollte diese Strecke eigentlich nur fahren, wenn man viel Zeit hat und die Nachbarländer **Belize** und **Guatemala** erreichen möchte, oder auf einer Rundreise über die Halbinsel Yucatan ist. Zur **Orientierung:** Die Entfernung beträgt zwischen **Tulum** und **Chetumal** etwa 260 km. Etwa 40 km nördlich von Chetumal liegt **Bacalar** — früher *Bakhalal* genannt = *der Ort mit dem Schilf*; von dem Volk der Itzaes um das 5. Jahrhundert gegründet. Es gehörte zu der ehemaligen Provinz von **Siyaan Caan** — *der Ort, wo der Himmel entstanden ist.* Man hatte geglaubt, daß die Welt hinter dem Horizont zu Ende sei und dann wieder mit dem Aufgang der Sonne im Osten begonnen habe. Bacalar soll eine der *ersten* Maya-Siedlungen in Mexico sein; es war die *letzte* Maya-Stadt, die gegen die eindringenden spanischen Eroberer kapitulierte — **1545**! Ein Jahrhundert später hatte man hier eine Festung gegen die Angriffe von Seepiraten errichtet.

Die Hauptstadt des Bundesstaates **Quintana Roo**, nach Yucatans berühmtem Andres Quintana Roo benannt, ist **Chetumal**. Die Stadt mit etwa 100 000 Einw. wurde 1898 gegründet, und zwar als Kontrollstation, um zu verhindern, daß Waffen und Munition aus dem benachbarten Belize illegal an die Rebellen auf der Halbinsel Yucatan gelangten. Der **Rio Hondo** bildet die Grenze zwischen Mexico und Belize. Lange von der Bundesregierung in Mexico City vernachlässigt, wurde **Quintana Roo** schließlich erst **1974** ein Bundesstaat! Bus- und Flugverbindungen von hier zu Städten des ganzen Landes vorhanden. **Übernachtungsmöglichkeiten:** El Presidente (80 Zimmer), Av. Heroes de Chapultepec, Chetumal, Quintana Roo, Mexico; Tel. 21273.

Etwa 66 km *östlich* von Chetumal gelangen Sie über die *M-186* zur archäologischen Zone von **Kohunlich** — *„Cohoom Hügelkette".* Etwa 200 Ruinen gehören zur Anlage, einschließlich eines etwa 33 m langen *Ballspielplatzes* — es soll einer der ältesten der Maya-Kultur sein. An der *Piramide de los Mascarones* — Pyramide der Masken — gibt es verschiedene Masken, die den *Sonnengott* darstellen. Die im Innern entdeckten *Grabkammern* des Tempels waren ausgeraubt. Und am merkwürdigsten ist, daß zu dieser Anlage *keine* Brunnen, sog. *Cenotes*, gehörten, aus denen die Mayas des 5. Jahrhunderts schließlich ihr Wasser holten; die Leute, die hier lebten, „betonierten" dagegen die gesamte Erdoberfläche der Anlage und *sammelten* so das kostbare *Regenwasser* in einem niedrigen „Wassertank"!

YUCATAN ROUTE

CANCUN ALS AUSFLUGSZENTRUM FÜR DIE HALBINSEL YUCATAN

Cancun mit den herrlich weißen feinen Sandstränden hat sich zum **Ausflugszentrum** für die Halbinsel **Yucatan** entwickelt. Es wurden nicht nur viele neue Hotels gebaut, um die Fülle von Touristen aufzunehmen, sondern auch die *Flugverbindungen* von **Mexico City** und dem erstaunlich nahen **Miami**, Florida (USA) ausgebaut.

In der Badeort-Atmosphäre **Cancuns** läßt es sich an Mexikos Karibikküste prima erholen. Gleichzeitig gibt es aber auch für den an den Ruinen der Maya-Kultur interessierten Touristen eine Menge archäologischer Stätten, die von Cancun aus besichtigt werden können. **Cancun** liegt ideal für Tagesausflüge nach **Tulum** oder als Ausgangsort zu etwas weiter entfernteren archäologischen Stätten wie **Coba, Chichen Itza** und **Uxmal**.

Um die Halbinsel Yucatan kennenzulernen, kann man beispielsweise den *Linienbus* nehmen — die meisten touristischen Ziele liegen auf der Busroute (der billigste, aber auch anstrengendste Weg), sich einer Tour mit einem *Ausflugsbus* von Cancun aus anschließen oder mit einem *Mietauto* von **Cancun** aus eine Rundreise durch Yucatan zu unternehmen.

HALBINSEL YUCATAN

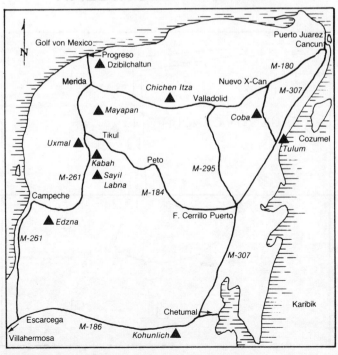

7 TAGE VON CANCUN

UNTERKUNFT UNTERWEGS

1. TAG: **CANCUN-CHICHEN ITZA**
Unterkunft in Chichen Itza:
$$$ Mayaland Hotel
$$ Villa Arqueologica
$$ Piramide Inn
$ Hotel Dolores Alba

2. TAG: **CHICHEN ITZA–MERIDA**
Unterkunft in Merida:
$$$ Castellano
$$$ Holiday Inn
$$ Autel 59
$$ Maria del Carmen
$ Dolores Alba

3. TAG: **MERIDA–UXMAL**
Unterkunft in Uxmal:
$$$ Hotel Mision Uxmal
$$$ Hacienda Uxmal
$$ Villa Arqueologica

4. TAG: **UXMAL–COBA**
Unterkunft in Coba:
$$ Villa Arqueologica

5. TAG: **COBA-KARIBIKKÜSTE**
Unterkunft an der Küste:
$$$ Hotel Club Akumal
$$ Cabanas Capitan Lafitte

7. TAG: **KÜSTE–CANCUN**
Unterkunft in Cancun:
$$$ Hotel America
$$ Plaza Caribe
$ Hotel Bonampak

RESERVIERUNGS-TELEFON-NRN.:

Hotel Club Akumal
Tel. in Cancun: 30106

Cabanas Capitan Lafitte
Tel. in Merida: 30485

Villas Arqueologica
Tel. in Mexico City: 514-4995

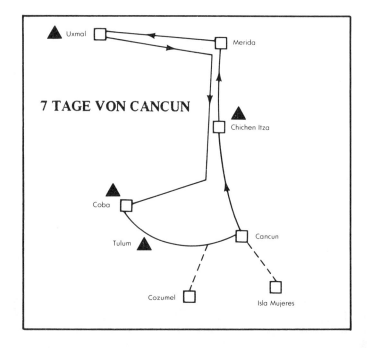

YUCATAN ROUTE 255

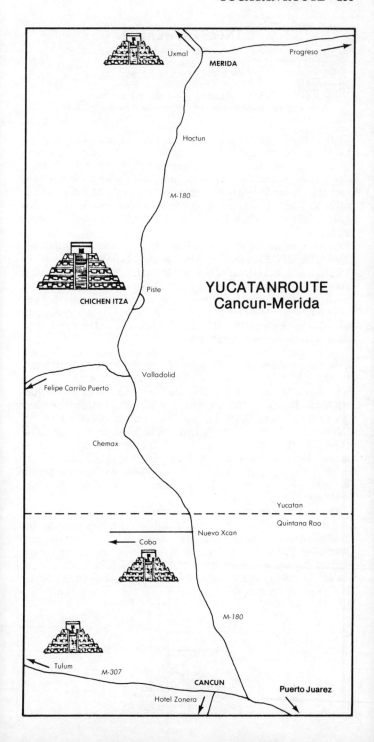

CANCUN – MERIDA

Nicht bei Dunkelheit fahren
Mit vollem Tank losfahren
Vorsicht, Fußgänger und Tiere
Geschwindigkeitsbegrenzungen einhalten
Achtung! Bodenwellen in Dörfern zum Langsamfahren

Die *M-180* schneidet zwischen **Cancun** und **Merida** praktisch eine gerade Linie durch den Dschungel, in dem sich einst große Maya-Städte befanden. **Merida** ist das Geschäftszentrum der Halbinsel **Yucatan**. Es lohnt sich, Merida wegen seiner bunten Märkte und dem bezaubernden Paseo de Montejo zu besuchen. Doch die Hauptattraktion ist unterwegs die archäologische Stätte **Chichen Itza** – Ausführliches darüber auf Seite 225ff.

Von **Cancun** fährt man auf der *M-180* zunächst durch die Ausläufer des Badeorts mit den Wohngebieten – ein riesiger Unterschied zur Hotel Zonera! Auf dem Weg nach **Chichen Itza** und **Merida** mag die Fahrt streckenweise wohl etwas langweilig erscheinen, doch ein intensiver Blick auf den dichten Dschungel rechts und links der Straße bringt schon etwas Abwechslung. Außerdem sieht man unterwegs, in den vielen Dörfern, wie die Menschen hier leben.

Um Land und Leute ein bißchen näher kennenzulernen, hält man unterwegs am besten dort, wo es Erfrischungsgetränke gibt – eine gute Gelegenheit, ein bißchen zu beobachten. Da sieht man die Maya-Frauen mit ihren weißen buntbestickten Huipils die Straße entlangschreiten oder Kinder beim Wasserholen vom Dorfbrunnen. Die Strohdachhütten besitzen Öffnungen, damit der Luftstrom zirkulieren kann; eine kühle Brise und Schatten sind hier in der drückenden Hitze sehr begehrt. Die Hütten unterscheiden sich angeblich nicht sehr stark von denen, in denen die breite Masse vor Jahrhunderten wohnte – es konnte schließlich nicht jeder in den Tempeln wohnen!

Nach **Chichen Itza** geht die Fahrt durch riesige Sisalfelder – Merida wurde durch die verschiedenen Erzeugnisse aus der Sisalpflanze zu einem führenden Zentrum für Sisalprodukte. **Wichtiger Hinweis:** Die Straßen Meridas mit ungeraden Zahlen verlaufen mit ansteigenden Ziffern von Norden nach Süden, *Calles* (Straßen) mit geraden Zahlen mit ansteigenden Ziffern von Osten nach Westen.

YUCATAN ROUTE 257

MERIDA

		km
	Bank	207
	Dzitas →	
	Hotel Mision Chichen Itza	
Piramide Inn	Trailer Park	
	Piste	206
M-180 ↗		205
	Chichen Itza ▲	204
	Mayaland Hotel	
Chichen Itza ↑ Hotel Hacienda	Villa Arqueologica	203
M-180 ↗		202
	Dolores Alba Hotel	201
	Grutas de Balankanche	199
	Xcaala Coop	198
Chan Kom, 9 km/6 mi ———		194
	San Francisco ——→	192
← Tzukmuk		190
Dzeal, 7 km/4 mi ———	Kaua	185
	Microondas ——→	180
	Sta Eleutria ——→	174
	Cuncunul	173
	Ebtun	168
Pemex/Restaurant		163
Pemex		161
	Valladolid	160
	Tesoco ——→	156
	Ticuch	152
	Yalcoba, 11 km/7 mi ——→	145
	Xalau, 1 km/.6 mi ——→	140
Chemax		131
	Catzin	121
	Kukeb, 20 km/13 mi ——→	120
	Sta Elena ——→	104
	Pemex	97
	Xcan	95
Coba ▲ ←	Nuevo Xcan	88
	Zoll	82
- -		
	Ignacio Zaragoza	80
	El Pocito	76
	El Tintal	74
	Santo Domingo	65
	Cristobal Colon	60
	Vicente Guerrero	57
	Leona Vicoria	43
← M-180		
← Downtown Cancun	Pemex	1.0
		0.0
	Puerto Juarez ↓	

1. TEIL

CANCUN

258 YUCATAN ROUTE

MERIDA

		km
↑ Calle 69	Calle 56, **Mercado**	325
	MERIDA	
Calle 69 ↑	Calle 34	323
	Progreso →	318
	San Pedro	316
	Teya	312
M-180 ↗		
	Tixpeaul →	306
← Acauceh		
	Hacienda Ticopa	302
	San Bernardino	298
← Seye, 7 km / 4 mi		295
	Holactum	290
Sisalverarbeitung		289
	Pemex	283
	Ruinas Ake, 15 km/9 mi ▲ →	282
	Tahmek →	
Sisal Plantagen		281
	Hoctum →	
	Izamal	275
	Xocchel	271
	Izamal →	256
	Kantunil	255
← Sotuta, 21 km/13 mi		244
	Holca	243
← Yaxcaba, 18 km/11 mi		
← Cenote Xtojil, 1 km/.6 mi		
	Libre Union	230
	Nachi Cocom	225
	Yokzodnot	221
	Pemex	208
	Bank	207
	Dzitas →	
	Hotel Mision Chichen Itza	
Piramide Inn	Trailer Park ⊕	
	Piste	206
M-180 ↗		205
	Chichen Itza ▲	204
	Mayland Hotel	
Hotel Hacienda	Villa Arqueologica	203
	Cancun ↓	

2. TEIL

CANCUN

NOCH MEHR ÜBER „CANCUN-WEST"

In den vorangegangenen Abschnitten wurden die Sehenswürdigkeiten der Halbinsel **Yucatan** sowie das moderne Ferienziel **Cancun** beschrieben. Cancun gilt als eine der supermodernen, vom Reißbrett aus entstandenen Luxusferienoasen. In den vergangenen Jahren konzentrierten sich allerdings die Bemühungen der mexikanischen Regierung nicht nur auf das Cancun an der Karibikküste, sondern auch auf **Ixtapa** am Pazifischen Ozean, das oft „Cancun West" genannt wird. In den letzten paar Jahren schießt ein Hotel nach dem anderen am fantastisch schönen Strand von **Ixtapa** aus der Erde.

Um den Mexico-Besucher auf dem neuesten Stand zu halten, folgen hier einige **Hinweise** zu Ixtapa und dem Nachbarort Zihuatanejo sowie eine **Routenbeschreibung** zwischen Acapulco und Ixtapa/Zihuatanejo. Mehr und mehr Touristen wählen **Ixtapa/Zihuatanejo** als Hauptziel, wollen allerdings auch einen Abstecher zu dem alten, weltbekannten **Acapulco** unternehmen. Die Reiseroutenbeschreibung – ob die Fahrt *von* **Ixtapa/Zihuatanejo** mit dem Auto, Bus oder Ausflugsbus erfolgt – informiert mehr über die Reise zwischen den beiden Badeorten. Natürlich kann der Ausflug genauso gut *von* **Acapulco** nach Ixtapa/Zihuatanejo unternommen werden. Sie werden über den Unterschied erstaunt sein – **Acapulco**, eine riesige Großstadt, und **Zihuatanejo**, eine geschäftige Kleinstadt und **Ixtapa**, ein verlassenes Dorf an einem schönen langen Strand, allerdings mit mehreren riesigen Hotelkomplexen.

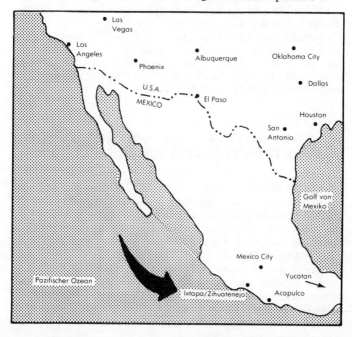

IXTAPA/ZIHUATANEJO TIPS

Der größte Anziehungspunkt von **Ixtapa** ist der herrliche lange **Sandstrand**. Obwohl die Luxushotels alle ziemlich dicht nebeneinanderliegen, kann man an dem langen Strand dem riesigen Betrieb entfliehen. Das teuere **Camino Real** liegt hoch über dem **Pazifischen Ozean**.

Hier einige Tips, wie man den Reiz von **Ixtapa** erleben und trotzdem etwas dabei *sparen* kann: Das **Playa Linda Hotel**, P.O. Box 179, Ixtapa, Gro., Mexico (Tel. 42361) besitzt über 250 Zimmer mit Klimaanlage (Moteltyp) – ziemlich vernünftige Preise. Zu dem Hotelkomplex gehört ein Campingplatz für Wohnwagen und 50 bereits aufgestellten Zelten (Platz für 4 Personen). Bei den bunten **Zelten** kann man eine Menge an Kosten für Unterkunft sparen.

Wer Alles-inklusive-Packages bevorzugt (mit Unterkunft, Verpflegung und Aktivitäten), findet im **Club Med** eine ideale Lösung; 7-Tage-Packages sowie Wochenend-Packages (einschließlich Flug) von Mexico City möglich. Weitere Informationen: Club Mediterranee, Leibnitz No. 34, Mexico 5, D.F., Mexico; Tel. in Mexico City: 514-4995.

Zihuatanejo verliert zwar langsam seine stille Fischerdorfatmosphäre durch die Zunahme von kommerziellen Einrichtungen des Tourismus, lockt aber immer noch zu einem reizvollen kleinen Bummel. Es gibt Restaurants und viele verschiedene Läden sowie einen Mercado. Viel Betrieb und sehr interessant. **Wichtiger Hinweis:** Das kleine, einfache und schlichte Restaurant Kapi-Kofi mit vernünftigen Preisen befindet sich in der Nähe der Bank.

Abseits vom Getümmel und Betrieb in **Zihuatanejo** gibt es mehrere Hotels entlang des wunderschönen Strands. Das kleine, exklusive Hotel Villa del Sol (P.O. Box 84, Zihuatanejo, Gro., Mexico) liegt an der **Playa Ropa**. Preiswerte Zimmer beim Calpulli Hotel, Tel. 42166.

IXTAPA/ZIHUATANEJO–ACAPULCO

Die Entfernung zwischen **Ixtapa/Zihuatanejo** und **Acapulco** beträgt etwa 250 km. **Wichtiger Hinweis:** Der größte Teil der *M-200* verläuft **nicht** an der Pazifikküste entlang, obwohl die Straße an manchen kurzen Abschnitten direkt am Wasser entlangführt. Doch die Fahrt lohnt sich schon wegen der kurzen Ausblicke auf die spektakuläre Pazifikküste.

Die Fahrt ist nicht nur wegen des reizvollen Strands so schön, sondern auch wegen der vielen kleinen Dörfer, die zwischen den beiden Badeorten liegen. Es ist ein buntes Bild des echten Mexicos auf dem Lande. Für den, der in Mexico nicht weiter ins Land fährt, ist dies eine sehr interessante Fahrt.

PAZIFIK ROUTE 261

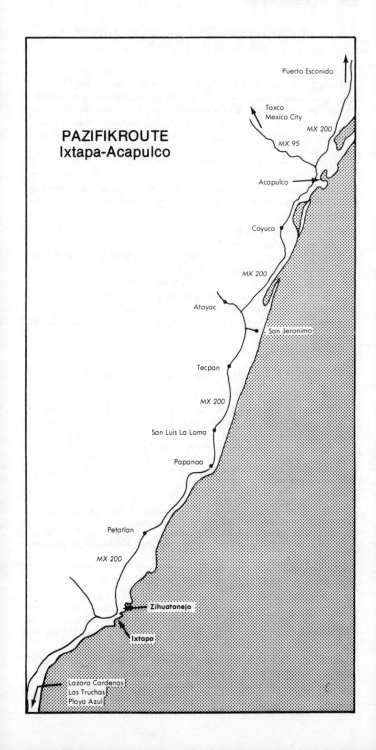

VERKEHRSMITTEL ZWISCHEN DEN BEIDEN BADEORTEN

Es gibt mehrere Verkehrsmittel zwischen **Ixtapa/Zihuatanejo** und **Acapulco**. Am *billigsten* ist die **Busfahrt**. Abfahrt der Busse vom Busbahnhof etwas *außerhalb* von **Zihuatanejo** tagsüber etwa alle 30 Minuten. **Wichtiger Hinweis**: Im Busbahnhof nach Abfahrtszeiten der Schnellbusse erkundigen, die weniger oft fahren. Die Fahrt dauert etwa 4 bis 5 Stunden — recht anstrengend.

Etwas teurer ist es, wenn man für die Fahrt zwischen den beiden Badeorten ein **Auto** mietet oder einen Tagesausflug mit einem Busunternehmen von Ixtapa/Zihuatanejo nach Acapulco unternimmt. Die meisten Touristen bleiben in dem etwas ruhigeren Ixtapa und machen nur einen kurzen Abstecher zu dem überlaufenen Acapulco.

Man kann aber auch bei einer Rundreise mit dem Flugzeug, und zwar Mexico City — Ixtapa/Zihuatanejo, Acapulco — Oaxaca/Mexico City oder von Acapulco über Taxco nach Mexico City, *zwischen* **Ixtapa/Zihuatanejo** und **Acapulco** ein **Taxi** nehmen. Es ist relativ *preiswert,* besonders, wenn mehrere zusammenfahren. **Wichtiger Hinweis**: Fahrpreis vor der Fahrt aushandeln. Die Fahrt mit dem Taxi dauert etwa 3 Stunden.

WICHTIGE HINWEISE & RATSCHLÄGE

Obwohl die *M-200* eine Hauptstraße ist, hat sie eine Menge Kurven und wird von jedem benutzt, Kinder, die Tiere hüten, alten Lastwagen voller Menschen bis zu den dröhnenden Bussen. Man muß unterwegs mit allem rechnen!

1. **Nie bei Dunkelheit fahren;**
2. **Immer mit vollem Tank losfahren;**
3. **Bei jeder Gelegenheit tanken;**
4. **Vorsicht Kinder und Fußgänger;**
5. **Achtung Radfahrer und langsam entlangkriechende Lkw's;**
6. **Achtung, Pferde, Esel, Rinder, Schweine usw.;**
7. **Geschwindigkeitsbegrenzung einhalten;**
8. **Genug Erfrischungsgetränke und etwas zum Knabbern mitnehmen.**

UNTERWEGS

Die Routenkarte beginnt in **Ixtapa/Zihuatanejo**, ist aber genauso gut in umgekehrter Richtung von **Acapulco** aus zu benutzen.

Kurz nach dem Flughafen von Zihuatanejo biegt eine ungeteerte Straße von der *M-200* zu einem Indianerdorf ab. Wieder auf der *M-200* kommt man bald an vielen Kokospalmen vorbei. Sie wachsen hier an der sogenannten *Costa Grande* entlang der Pazifikküste, die etwa 300 km vom Industriegebiet von

PAZIFIK ROUTE 263

ACAPULCO

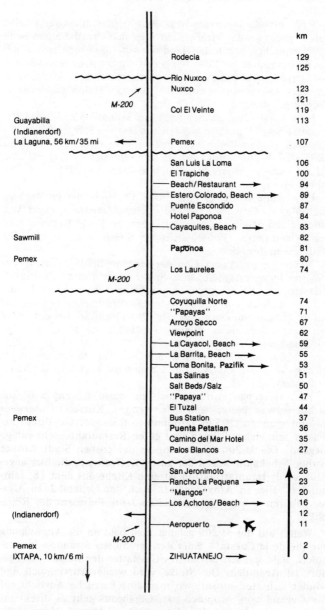

		km
	Rodecia	129
		125
	Rio Nuxco	
	Nuxco	123
M-200		121
	Col El Veinte	119
Guayabilla		113
(Indianerdorf)		
La Laguna, 56 km/35 mi ←	Pemex	107
	San Luis La Loma	106
	El Trapiche	100
	Beach/Restaurant →	94
	Estero Colorado, Beach →	89
	Puente Escondido	87
	Hotel Paponoa	84
	Cayaquites, Beach →	83
Sawmill		82
	Paponoa	81
Pemex		80
	Los Laureles	74
M-200		
	Coyuquilla Norte	74
	"Papayas"	71
	Arroyo Secco	67
	Viewpoint	62
	La Cayacol, Beach →	59
	La Barrita, Beach →	55
	Loma Bonita, Pazifik →	53
	Las Salinas	51
	Salt Beds/Salz	50
	"Papaya"	47
	El Tuzal	44
Pemex	Bus Station	37
	Puenta Petatlan	36
	Camino del Mar Hotel	35
	Palos Blancos	27
	San Jeronimoto	26
	Rancho La Pequena →	23
	"Mangos"	20
	Los Achotos/Beach →	16
(Indianerdorf) ←		12
	Aeropuerto → ✈	11
M-200		
Pemex		2
IXTAPA, 10 km/6 mi ↓	ZIHUATANEJO →	0

1. Teil

IXTAPA/ZIHUATANEJO

PAZIFIK ROUTE

Lazaro Cardenas im Norden bis nach **Acapulco** reicht. Unterwegs gibt es nicht nur Kokospalmen, sondern auch Papayas, Bananen, Limonen und andere Früchte, die entlang der Straße wachsen.

Fast auf dem ganzen Weg sieht man landeinwärts hohe Berge. Dicht an der Straße sieht man manchmal Frauen beim Wäschewaschen – mit der Hand wie seit Jahrhunderten. In der Nachmittagshitze sind die Hängematten meistens alle belegt – die *Siesta* ist das Richtige, die heißen Mittagstemperaturen zu ertragen. Bei Busreisen wird in **Puenta Petalon** und/oder in **Tecpan** gehalten.

Kurz darauf gelangt man nach **Las Salinas** – der Name trifft genau richtig, denn hier werden aus flachen Salzgewässern riesige Mengen Salz durch Verdunstung gewonnen. Etwas weiter führt die *M-200* direkt am Pazifik entlang – Zugang zum Strand (Beach). Hier gibt es auch mehrere Fischlokale mit frischem Fisch.

Coyuquilla Norte ist eine große Versandstelle für Papayas nach **Mexico City**. Wer zwischen **Ixtapa/Zihuatanejo** und **Acapulco** einen Stopp einlegen will, kann im Hotel Papanoa bleiben – vernünftige Preise, dicht am Strand mit mehreren Restaurants in der Nähe.

Naxco ist unterwegs eine der größten Städte; Anfang der 1960er Jahre ereignete sich hier eine schlimme Sturmflutkatastrophe, die die gesamte Stadt überflutete. Kurz danach kommt man zu einem der beiden Kontrollstellen entlang der Route (Stand im Zeitpunkt der Drucklegung). Bei der Fahrt mit einem Linienbus, müssen alle Fahrgäste aussteigen; bei Ausflugsbussen oder Privatwagen geht die Abfertigung meistens etwas schneller, dann kommt oft nur ein Uniformierter in den Bus oder ans Auto und man wird kurz darauf weitergewunken.

Hinter **Tecpan**, wo die meisten Busse halten, wird die Straße etwas besser und hat weniger Kurven. Unterwegs kommt man durch **San Jeronimo** – reizender Ort direkt am Wasser mit vielen Palmen und guten Restaurants; sehr ruhige Gegend. Die *M-200* führt dicht an der großen Stadt **Atoyac** vorbei – bekannt wegen der guten Kaffeesorte, die hier angebaut wird; Hauptattraktion ist eine Kirche aus dem 18. Jahrhundert. Hier in **Atoyac** wurde auch der General Juan Alvarez geboren – während der 1850er Jahre Präsident der Republik.

Weiter auf der *M-200* gelangt man bald an die Abzweigung zur **Pie de la Cuesta** – einer der berühmten Strände von Acapulco. Bald danach ertönt das Geknatter der Busse – das gehört zu **Acapulco**. Die Straße wird wieder kurvenreich und windet sich steil hinauf, wo man eine herrliche Aussicht auf die Gegend von Acapulco hat. Geradeaus geht es direkt ins Zentrum von Acapulco und zur *Costera Miguel Aleman*; die Hauptstraße, die entlang der Bucht von Acapulco in der einen Richtung in die Gegend **Isla La Roqueta** und in der anderen Richtung zur **Hotel/Area/Flughafen** führt.

PAZIFIK ROUTE 265

ACAPULCO

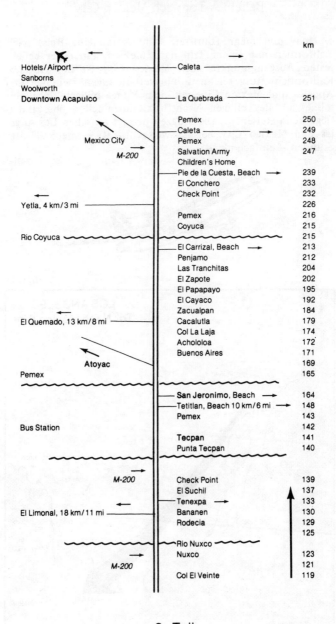

2. Teil
IXTAPA/ZIHUATANEJO

LOS ANGELES
Beliebtes Tor nach Mexico City

Mehr und mehr Touristen kombinieren eine Reise nach Kalifornien mit einem Trip nach Mexico. Einer der beliebtesten Ausgangspunkte nach Mexico City ist **Los Angeles**, Kalifornien. Ausgezeichnete Flugverbindungen zwischen **Los Angeles** und **Mexico City** mit einer Menge **billiger** Flüge, einschließlich des billigen Nachtflugs. Einzelheiten über Billigflüge beim Reisebüro. Die Flugzeit beträgt zwischen **Los Angeles** und **Mexico City** beispielsweise nur etwas mehr als drei Stunden – einfach ideal!

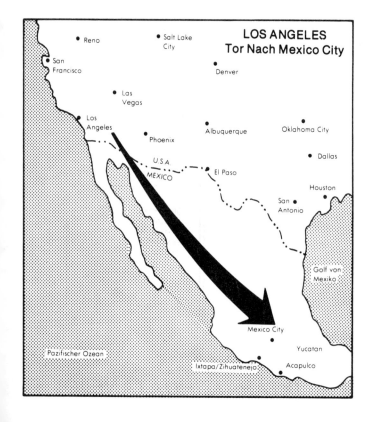

LOS ANGELES
kurzgefaßt

Little Tokyo

Chinatown

Universal Studios

NBC TV Studios

Olvera Street

Hollywood
(siehe Hollywood)

Beverly Hills
(siehe Beverly Hills)

Disneyland
(siehe Disneyland)

Temperaturtabelle in °C

	Jan	Feb	März	Apr	Mai	Jun	Jul	Aug	Sept	Okt	Nov	Dez
ϕ max	19	20	21	22	23	25	28	29	28	26	23	20
ϕ min	8	9	10	12	13	16	18	18	17	15	11	9

Los Angeles auf einen Blick
Vorwahlnummer *(area code)*: (213). –– **Lage:** *390 mi/628 km* südlich von San Francisco; etwa *140 mi/224 km* nördlich der Ländergrenze USA/Mexiko. –– **Besiedlung:** Los Angeles wurde 1781 gegründet. In den 1890er Jahren Ölfunde in der Gegend der City of the Angels. Wegen des angenehmen Klimas ließen sich Anfang der 1900er Jahre Filmgesellschaften hier nieder. –– **Einwohnerzahl von 1852:** Etwa *8 000*. –– **Heutige Einwohnerzahl im Großraum von Los Angeles** (besteht aus über 80 verschiedenen Vorstädten!) etwa *8 Millionen*. –– **Einwohnerzahl der City of Los Angeles:** Etwa *3 Millionen*.

Los Angeles International Airport
Lage: Etwa *17 mi/27 km* südwestlich vom Stadtkern von Los Angeles, in der Nähe des Pazifiks. –– Santa Monica liegt etwa *10 mi/16 km* nordwestlich vom Flughafen, Disneyland etwa *34 mi/54 km* südöstlich vom Flughafen. –– **Verkehrsmittel:** Mietwagen, Stadtbusse, Airport Buses (Flughafenbusse) in verschiedene Richtungen – einschließlich Downtown Los Angeles (Innenstadt), Beverly Hills, Hollywood und Disneyland; auch Taxis. –– **Hotels in Flughafennähe:** Direkt am Flughafen – Hyatt House Hotel at Los Angeles International Airport, *(213) 670-9000*; Holiday Inn Los Angeles International Airport, *(213)649-5151*.

Straßen, Züge, Busse, Mietwagen
Straßen: Die Los Angeles Area wird von vielen **Interstate Highways** kreuz und quer durchzogen. In der **Downtown Area** (Innenstadt) kreuzen sich *I-5* und *I-10*. Die *US 101* erstreckt sich *nordwestlich* der Stadt und führt als Binnenlandroute nach Oxnard/Ventura. Die Küstenstraße *CA 1* – der **Pacific Coast Highway** – verläuft von Santa Monica bis Oxnard entlang der Küste. –– **Züge:** Bahnhof Union Station in der Innenstadt ist die *Endstation* vieler transkontinentaler Züge; hier halten aber auch solche Züge, die die *Nord-/Südroute* von Seattle, im Bundesstaat

268 LOS ANGELES, USA

Washington, nach **San Diego** befahren. — — **Busse:** Busbahnhof von **Trailways** ebenfalls im **Union Station** an *Alameda Street*; Busbahnhof von Greyhound im RTD/Greyhound Terminal an *6th Street*. — — **Mietwagen:** Am Flughafen, in der Innenstadt und an mehreren Stellen in der Los Angeles Area.

Vorschlag für einen 1-Tag-Besuch
Universal Studios besichtigen, Bummel durch Hollywood, Beverly Hills & Olvera Street in Downtown Los Angeles.

Vorschläge für 2—3 Tage Aufenthalt
Universal Studios, Hollywood, Beverly Hills, Downtown Los Angeles, J. Paul Getty Museum, Queen Mary, Disneyland & Knott's Berry Farm.

Ausflüge von Los Angeles
Catalina Island, Channel Islands National Park, Palm Springs, San Juan Capistrano Mission, Lion Country Safari.

Tips für den richtigen Start
Da es in Los Angeles so viele **Sehenswürdigkeiten** gibt, ist es fast unmöglich, alle zu besichtigen; am besten konzentriert man sich nur auf einige Bestimmte, um den Aufenthalt so viel wie möglich zu genießen. — — Nach Möglichkeit Berufsverkehr, *rush hours*, morgens und abends auf den **Freeways** meiden. — — Wer nicht selbst mit dem Auto unterwegs sein will, kann an Touren teilnehmen; **Gray Line** bietet Ausflugs- und Besichtigungsfahrten zu den meisten Attraktionen an, mit **Abholdienst** vom Hotel; Anmeldung **im Hotel** am Vorabend der betreffenden Tour. — — Wer etwas Extra-Zeit hat, kann auch mit **öffentlichen Verkehrsmitteln** zu vielen der populären Attraktionen gelangen – zum Beispiel **Disneyland, Universal Studios, Beverly Hills** und **Hollywood**.

ENTFERNUNGEN IN MEILEN/KILOMETER NACH:

Death Valley NM	310/496	*Sacramento*	390/624
Disneyland	35/56	*San Diego*	128/205
Fresno	216/346	*San Francisco*	425/680
Las Vegas	268/429	*Santa Barbara*	100/160
Long Beach	25/40	*Santa Monica*	16/26
Monterey	335/536	*Sequoia NP*	240/384
Palm Springs	110/176	*Ventura*	70/112
Pasadena	8/13	*Yosemite NP*	310/496

LOS ANGELES

*DOWNTOWN LA ERLEBEN
OLVERA STREET
DER WEG NACH DISNEYLAND
EIN BESUCH DER UNIVERSAL STUDIOS
AUSFLUG ZUR CATALINA INSEL
ATTRAKTIONEN IN DER UMGEBUNG
STATIONEN DER GESCHICHTE
FAHRT DURCH DIE LA-AREA*

Los Angeles ist eine riesige, weit ausgedehnte *Metropole*, die sich über eine Großraumarea von etwa *1200 Quadratkilometern* entlang der kalifornischen **Pazifikküste** erstreckt. Über **80 Städte** gehören zum **Los Angeles County** – eine Verschmelzung von benachbarten Städten und Gemeinden. Über *8 Millionen* Menschen leben hier. Die Stadt dehnt sich von den San Gabriel Mountains bis zum Pazifischen Ozean aus. Außer dem Stadtzentrum, **Downtown Los Angeles**, gibt es in unmittelbarer Umgebung begehrte und attraktive Ziele, wie **Hollywood, Beverly Hills, Long Beach, Glendale, Santa Monica** und **Pasadena**. Hier befinden sich auch zwei riesige Universitäten – **U.S.C.**, University of Southern California, **1880** gegründet, und **U.C.L.A.**, University of California at Los Angeles, **1919** gegründet; beide Universitäten haben heute etwa *60 000* Studenten.

In der **Los Angeles Area** befinden sich viele Attraktionen. Hier gibt es Touren und Führungen durch die Film- und Fernsehstudios, weltberühmte Museen, Show- und Kulturzentren sowie riesige Einkaufszentren, pompöse und elegante Villen der Stars und Reichen, herrliche Badestrände und die Sonne, die die **Beach Boys** so berühmt gemacht haben, den **Rodeo Drive** sowie die **Sunset** und **Hollywood Boulevards**. Und die größte Attraktion von **Southern California** ist **Disneyland** – nur etwa *35 mi/56 km* südlich von **Downtown Los Angeles**.

1769 kam zwar der spanische Forschungsreisende **Don Gaspar de Portola** auf seinem Weg von **Mexiko** nach **Monterey** durch diese Gegend, doch erst mehr als ein Jahrzehnt später kam es zur Gründung von Los Angeles. **1781** ließen sich elf Familien aus **Sonora**, im heutigen **Mexiko**, hier in der Area nieder; Anführer der Siedlergruppe war der Gouverneur **Felipe de Neve**. Im Bereich der **Olvera Street** nahm Los Angeles seinen **Anfang**, und zwar als *El Pueblo de Nuestra Senora la Reina de Los Angeles de Porciuncula* – die Stadt Unserer Lieben Frau, Königin der Engel. *Porciuncula* stammt von einer der Kirchen in **Assisi**, Italien, dem Zentrum der Franziskaner. Um **1850** nannte man die Stadt nur Los Angeles, und heute wird sie sehr häufig nur einfach **LA** genannt.

270 LOS ANGELES, USA

LOS ANGELES INTERNATIONAL AIRPORT

Verkehrsmittel
Tips
Übernachtungsmöglichkeiten in Flughafennähe

Der Flughafen **Los Angeles International Airport** liegt etwa *17 mi/27 km* südwestlich von Downtown Los Angeles – fast direkt am **Pazifischen Ozean**, nur ein wenig westlicher davon. Es ist einer der *verkehrsreichsten* Flughäfen der USA. Die verschiedenen Terminals sind in Hufeisenform angeordnet. **Terminal 2** ist beispielsweise der **International Terminal**, wo internationale Flüge (Überseeflüge) abgewickelt werden (z. B. Lufthansa usw.). In den **Terminals 3** bis **7** werden dagegen überwiegend Inlandsflüge, *domestic flights*, abgewickelt.

Östlich des Flughafengeländes erstrecken sich **Sepulveda Blvd.** *(CA 1)* und der **Santa Monica Freeway** *(I-450)*, wo man schnell in alle Teile Los Angeles sowie auf die wichtigsten Interstate Highways gelangt. Das Gebäude, das man im Zentrum des Hufeisens sieht, ist das **Theme Building** – Bank und oben ein Restaurant. Am Eingang zum Flughafen erhebt sich der etwa *52 m* hohe Kontrollturm – **Control Tower**. **Wichtiger Hinweis**: Man kürzt den Flughafen Los Angeles International Airport manchmal nur mit **LAX** ab, das ist übrigens auch der internationale Code des Flughafens.

Verkehrsmittel

Im Bereich der **Gepäckabfertigung**, *baggage claim area*, für ankommendes Gepäck gibt es die Schalter von mehreren größeren **Autovermietern**, *car rental companies*, sowie eine **Hoteltafel**, *locator board*, der im Flughafenbereich liegenden Hotels – einige Hotels holen **kostenlos** vom Flughafen Terminal ab *(pick up service)*. Bushaltestellen, Taxistände, Haltestellen der Hotel- und Autovermieter-Busse sind **außerhalb** der **Baggage Claim Area**.

LOS ANGELES INTERNATIONAL AIRPORT

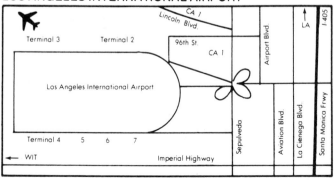

LOS ANGELES, USA 271

Ebenfalls außerhalb der **Baggage Claim Area** befinden sich die **Informationskiosks**, wo man Busfahrscheine, *bus transportation tickets*, kauft, Busfahrpläne und **alle** Auskunft über Busverbindungen zu verschiedenen Hotels und Fahrzielen erhält, wie **Disneyland, Downtown Los Angeles, Hollywood** und **Beverly Hills** und sogar zum **Sheraton Hotel** bei Universal Studios sowie zum **Greyhound Terminal** in Los Angeles.

Tips

Hier ein paar **Tips** für den Aufenthalt in der **Los Angeles Area**. Wer vorhat, andere Gegenden in **Southern California** kennenzulernen, aber vorher einen oder zwei Tage in der **Los Angeles Area** verbringen möchte, um sich die Hauptattraktionen anzusehen, braucht zunächst überhaupt **kein** Auto zu mieten. Man kann nämlich mit dem Flughafenbus, *airport bus*, direkt zum Hotel fahren und anschließend vom Hotel aus an einer **Gray Line Tour** teilnehmen, zum Beispiel zu den **Universal Studios**, nach **Beverly Hills** oder **Disneyland**. Man kann aber auch die **Disneyland Area** als *Ausgangsbasis* nehmen. Dort gibt es mehrere **Hotels/Motels**. Von **Disneyland** gelangt man mit dem **Bus** bequem zur **Knott's Berry Farm** und in die **Downtown Los Angeles Area**. Ausflugsunternehmen, wie **Gray Line** und verschiedene andere fahren zu den **Universal Studios**, nach **Beverly Hills & Hollywood, San Diego** und zum Einkaufen nach **Tijuana**, Mexiko.

Wer knapp an Zeit ist, aber irgendwie doch noch nach **Disneyland** gelangen will, ehe er die anderen Gegenden von Southern California erkundet, sollte sich ein Zimmer in einem **Flughafenhotel** nehmen (beim Anmelden angeben, daß man voraussichtlich **nach 6 p.m.** = 18 Uhr ankommt). Am besten läßt man das **Gepäck** im Flughafen (**Schließfächer**, *lockers*, befinden sich hinter bzw. nach der Sicherheitskontrolle, *security area*; erkundigen Sie sich aber auch bei den Fluglinien über Gepäckaufbewahrung, *baggage storage*) und fährt mit dem Bus **direkt** nach **Disneyland**. Nach dem Disneyland-Besuch fährt man wieder mit dem **Bus** zum **Flughafen**, holt das Auto und Gepäck ab und fährt **direkt** zum Hotel. Am nächsten Morgen hat man dann immer noch die Gelegenheit, durch **Beverly Hills** und **Hollywood** zu fahren, ehe man zu anderen Attraktionen im südlichen California weiterfährt.

Übernachtungsmöglichkeiten in Flughafennähe

Hyatt House Hotel at Los Angeles International Airport, 6225 W. Century Blvd., **Los Angeles**, CA 90045, Tel. *670-9000*.
Los Angeles Marriott, 5855 W. Century Blvd., **Los Angeles**, CA 90045, Tel. *641-5700*.
Sheraton Plaza La Reina Hotel, 6101 W. Century Blvd., **Los Angeles**, CA 90045, Tel. *642-1111*.

272 LOS ANGELES, USA

Holiday Inn at Airport, 9901 S. La Cienega, **Los Angeles**, CA 90045, Tel. *649-5151.*
Amfac Hotel at LAX, 8601 Lincoln Blvd., **Los Angeles**, CA 90045, Tel. *670-8111.*
Best Western Barnabey's Hotel, 3501 Sepulveda Blvd., **Manhattan Beach**, CA 90266, Tel. *545-8466.*
Howard Johnson's Los Angeles International Airport, 5990 Green Valley Circle, **Culver City**, CA 90230, Tel. *641-7740.* Direkt gegenüber liegt das Einkaufsparadies **Fox Hills Shopping Mall** – über 130 Geschäfte! Nun noch zu einigen Hotels, die die Reisekasse nicht ganz so stark belasten:
Sands Motel, 5300 W. Imperial Hwy., *I-405 & Aviation*, **Los Angeles**, CA 90045, Tel. *641-7990.* **Alle** vorher genannten Hotels haben die **Vorwahlnummer**, *area code,* **(213)**! Noch etwas billiger, aber dafür weiter weg, ist das **Motel 6** in der **Long Beach Area** – genau an *I-405:*
Motel 6, 6266 Westminster Ave., **Westminster**, CA 92683, Tel. *(714)894-9811* – in der Nähe von **Disneyland**.

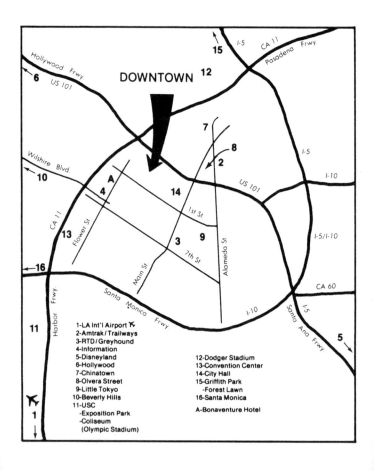

LOS ANGELES, USA

INSIDER TIPS

Praktisch & Preiswert durch Los Angeles

Letzte Informationen vor der Reise
Billige Übernachtungsmöglichkeiten
Camping
Informations-/Auskunftstelefonnummern
Los Angeles Freeways
Verkehrsmittel in Los Angeles
Einkaufen – Shopping
Restaurants
Unterhaltung
Touren

Letzte Informationen vor der Reise

Los Angeles Area Info:
Greater Los Angeles
Visitors Bureau
505 South Flower Street
Los Angeles, CA 90071

Universal Studios:
Universal Studios Tour
P.O. Box 8620
Universal City, CA 91608

Bus-Info & Self-Guided Tours:
RTD, Customer Relations
425 South Main Street
Los Angeles, CA 90013

Catalina Bootsfahrten:
Catalina Landing
330 Golden Shore Blvd.
Long Beach, CA 90802

Ausflüge/Führungen:
Gray Line
1207 W. 3rd Street
Los Angeles, CA 90017

Fernsehstudio-Tour:
NBC Studio Tour
3000 W. Alameda Ave.
Burbank, CA 91523

Billige Übernachtungsmöglichkeiten

Übernachtung in der *allerniedrigsten* Preisklasse bei **Los Angeles International Hostel**, 1502 Palos Verde Drive North, **Harbor City**, CA 90710, Tel. *(213)831-8109*; etwa *20 mi/32 km* südlich von Downtown Los Angeles; in der Nähe von **Long Beach.** –– **Hollywood YMCA Hotel**, 1553 N. Hudson Ave., Hollywood, CA 90028, Tel. *(213)467-4161.* –– **Westchester YMCA Hostel**, 8015 S. Sepulveda Boulevard, **Los Angeles**, CA 90015, Tel. *(213)776-0922*; etwa *2 mi/3 km* nördlich von **Los Angeles International Airport** – nur im Sommer geöffnet.

Motel 6 in der Los Angeles Area: **Anaheim** (in der Nähe von Disneyland), **Thousand Oaks** (westlich von Los Angeles, an der *US 101*) und **El Monte** (östlich von Los Angeles, an der *I-10*).

Camping

Nördlich von Los Angeles: **Los Angeles San Fernando Valley KOA**, 15900 Olden St., **Sylmar**, CA 91342 (in der Nähe der Kreuzung *I-405 & I-5*), Tel. *(213)362-2557*.
Südlich von Los Angeles: **Anaheim KOA**, 1221 South West St., **Anaheim**, CA 92802 (gegenüber von Disneyland), Tel. *(714)533-7720*.
Westlich von Los Angeles: **Leo Carrillo State Beach**, etwa *28 mi/45 km* westlich von **Santa Monica**, an *CA 1*; über *130* Plätze.

Informations-/Auskunftstelefonnummern

Vorwahlnummer *(area code)* 213. –– Tonbandauskunft über **Veranstaltungen** in Los Angeles, Tel. *628-5827*. –– **Los Angeles** Information, Tel. *628-3101*. –– **NBC Television Studio Tour**, Tel. *840-3537*. –– **Universal Studios**, Tel. *877-1311*. –– **J. Paul Getty Museum**, Tel. *454-6541*. –– **Gray Line**, Tel. *481-2121*. –– Auskunft über Stadtbusse – **City Bus Information (RTD)**, Tel. *626-4455*. –– **Nationalparks**, Tel. *688-2852*, –– **Disneyland**, Tel. *(714)999-4565*.

Los Angeles Freeways

I-5, südlich von Downtown Los Angeles – **Santa Ana Freeway**. –– *I-5*,

274 LOS ANGELES, USA

nördlich von Downtown Los Angeles – Golden State Freeway. – – *I-10*, **westlich** von Los Angeles – Santa Monica Freeway. – – *I-10*, **östlich** von Los Angeles – San Bernardino Freeway. – – *I-405*, zwischen Santa Monica und Downtown Los Angeles, führt am Flughafen Los Angeles International Airport vorbei – San Diego Freeway. – – *US 101*, südlich von Hollywood – Hollywood Freeway. – – *US 101*, westlich von Hollywood – Ventura Freeway. – – *CA 11*, südlich von Downtown Los Angeles – Harbor Freeway. – – *CA 11*, nördlich von Downtown Los Angeles – Pasadena Freeway. – – *CA 60*, östlich von Los Angeles – Pomona Freeway. – – *CA 57*, nördlich von Anaheim – Orange Freeway. – – *CA 91*, östlich von Buena Park – Riverside Freeway. – – *CA 7*, südlich von Downtown Los Angeles – Long Beach Freeway.

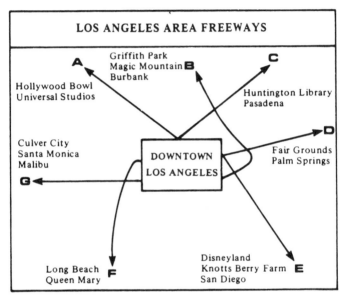

Freeway; **B**–Golden State Freeway; **C**–Pasadena Freeway; **D**–San Bernardino Freeway; **E**–Santa Ana Freeway; **F**–Harbor Freeway; **G**–Santa Monica Freeway.

Verkehrsmittel in Los Angeles

Bequemes Verkehrsmittel, um die Downton Area von Los Angeles kennenzulernen: **Minibus** – verkehrt im Kreislauf in der Downtown Area zwischen **Chinatown** *nordwärts* und **12th Street** *südwärts*, mit Haltestellen an Attraktionen, wie **Chinatown, City Hall, Music Center, Little Tokyo, Olvera Street, ARCO Plaza** sowie **Union Station** (Amtrak, Trailways und Parkplatz) und fährt in der Nähe vom **RTD/Greyhound Bus Terminal** vorbei: Verkehrt Mo–Sa in kurzen Abständen. Günstige Haltestellen: *Flower Street* oder *7th Street*. Wer wenig Zeit hat, kann die gesamte Strecke des Minibus einmal abfahren. Mit dem Minibus kann man aber auch von einer Attraktion zur nächsten fahren, zum Beispiel von **Chinatown** zur **Olvera Street**. Nehmen Sie Minibus **Linie 202**!

Attraktionen **außerhalb** der Downtown Area sind bequem mit dem **Bus** erreichbar. Busse nach **Hollywood, Universal Studios, Beverly Hills**, zur **Queen Mary** sowie nach **Disneyland** und zur **Knott's Berry Farm**. Einzelheiten über Busverbindungen mit dem **RTD Bus** bei der Geschäftsstelle **Southern California Rapid Transit District**, 425 S. Main Street; Mo-Fr. Verlangen Sie dort **Fahrpläne**, *timetables*, und den Prospekt über Stadtbesichtigungen per Bus, **RTD Self Guided Tours**. Erkundigen Sie sich über den **RTD Tourist Pass** – eine *preiswerte* Touristenkarte

LOS ANGELES, USA 275

für 3 Tage unbegrenzte Busfahrten; auch im ARCO Plaza (B Level = B-Ebene) und beim RTD/Greyhound Terminal erhältlich. Information über Busverbindungen: Tel. 626-4455.

Einkaufen – Shopping

In der Downtown Los Angeles Area gibt es abwechslungsreiche Einkaufsmöglichkeiten. Chinatown: Artikel aus China; Little Tokio: Artikel aus Japan; Olvera Street: Artikel aus Mexiko. —— ARCO Plaza: Unterirdisches Einkaufsparadies. —— Broadway Plaza an *7th Street:* Shopping-Komplex. —— Ebenfalls an *7th Street:* Bullocks – Kaufhaus, *department store.* —— Grand Central Market, 317 S. Broadway: Verschiedene Waren von Obst und Gemüse bis Fisch. —— Farmers Market: Außerhalb der Innenstadt, westlich der Downtown Area (in der Nähe von Beverly Hills), 6333 W. Third Street – Obststände, Geschäfte und Restaurants. Sonn- & feiertags geschlossen.

Restaurants

Durch den starken Einfluß der spanischen und mexikanischen Bevölkerung hat man in Los Angeles eine ausgezeichnete Gelegenheit, **mexikanische** Küche zu probieren. In **Olvera Street** gibt es beispielsweise viele mexikanische Restaurants, einschließlich des einfachen, aber populären Lokals **Juanita's**; auf der anderen Straßenseite ist **Anita's**. —— In **Chinatown** und **Little Tokyo** viele Gelegenheiten, **orientalische** Küche kennenzulernen. —— Etwas vornehmere Atmosphäre bei **O'Shaughnessy's**, 515 So. Flower, Level C (C-Ebene) im **ARCO Plaza** – gute amerikanische Küche. —— **Lawry's California Center,** 570 West Avenue 26, nördlich der Kreuzung *Golden State Freeway & Pasadena Freeway* – beliebtes Restaurant der Einheimischen, die gerne und gut in einem hübschen Gartenlokal essen; abends **Steak Fiesta** und Mariachi Musik – angenehme Ausgehatmosphäre.

Unterhaltung

In der Downtown Area befindet sich das **Music Center**, das aus drei verschiedenen kulturellen Komplexen besteht – **Dorothy Chandler Pavilion** (wo in den vergangenen Jahren die *Academy Awards* verliehen wurden), **Ahmanson Theater** und **Mark Taper Forum**. —— Das **Music Center** ist das Stammhaus der **Los Angeles Philharmonic** (Philharmoniker) sowie der **Los Angeles Light Opera Company** und verschiedener Theaterensembles. —— Konzerte – schon seit *über 60 Jahren* – in der **Hollywood Bowl**, 2301 N. Highland Ave., in Hollywood; die Konzertmuschel – Mittelpunkt des riesigen Freilichttheaters – ist ein Werk des berühmten Architekten **Frank Lloyd Wright**. —— Kulturelle Veranstaltungen auch in Theatern der Universität U.C.L.A. sowie U.S.C. —— Zeitgenössische Stücke und Musicals im **Shubert Theatre in Century City**. —— Einzelheiten über Vorstellungen und Eintrittspreise, Karten usw. beim **Visitors Bureau** oder aus der Zeitung. —— Los Angeles **bei Nacht** lernt man am besten bei einer **Gray Line Tour** kennen.

Touren

Gray Line:
Los Angeles City . . . . . . 4 Std.
Los Angeles By Night . . . 3 Std.
Catalina Island Cruise . . 10 Std.
Universal Studios Tour . . 4 Std.
Disneyland By Night . . . . 5 Std.
NBC TV Studios Tour . . . 4 Std.
Hollywood & Beverly Hills 4 Std.
Santa Barbara . . . . 10 Std.

Mehrere Organisationen arrangieren **kostenlose** Führungen und Besichtigungen verschiedener Attraktionen in der **Downtown Los Angeles Area**. Es gibt beispielsweise Besichtigungen von architektonisch interessanten Gebäuden oder Führungen durch den **Music Center** Komplex sowie durchs Rathaus, **City Hall**. Außerdem werden Führungen veranstaltet beim **Police Department** (Polizei), bei der **Los Angeles Times** (Zeitung) und man besichtigt historische Bauten in **Olvera Street** –

ebenfalls **kostenlos**. Erkundigen Sie sich beim Besucherzentrum, **Visitors Bureau**, nach Einzelheiten.

DOWNTOWN LA ERLEBEN

Bummel über 1st Street
Bummel über Flower Street
Weitere Attraktionen

Obwohl viele der populären Attraktionen der Los Angeles Area außerhalb vom Stadtzentrum liegen, lohnt es sich, **Downtown Los Angeles** mit seinem Völkergemisch und verschiedenen **Kulturen** zu entdecken. In **Chinatown, Little Tokyo** und in der farbenfrohen **Olvera Street** kann man in den Souvenir Shops und Restaurants ganz bequem eine Welt mit fernöstlicher und mexikanischer Atmosphäre erleben. Im **Little Tokyo** gibt es sogar ein luxuriöses japanisches Hotel – **New Otani**.

Los Angeles wird auch kurz **LA** genannt. Wer **Downtown LA** kennenlernen will, braucht **kein Auto**, da viele der Attraktionen nicht sehr weit auseinanderliegen und gut **zu Fuß** erreichbar sind. Mit dem **Minibus** kann man zu den etwas weiteren Attraktionen, wie **Olvera Street** oder **Chinatown** gelangen. Das Auto kann man später immer noch benutzen, wenn man die Sehenswürdigkeiten im übrigen Los Angeles County besichtigen will. Es gibt etwa *500 mi/800 km* **Freeways**, die von etwa **5 Millionen** Pkws, Lkws und Motorräder benutzt werden!

Bummel über 1st Street

Das Rathaus, **City Hall**, war mit seinen **28 Etagen** früher einmal das **höchste** Gebäude von **Southern California** – *138 m* hoch. Höhere Bauten in Downtown Los Angeles: **United California Bank** – *262 m* und **Security Pacific National Bank** – *238 m*. Von der **City Hall** hat man eine herrliche Aussicht auf die Freeways und Berge – nur, wenn die Sicht nicht durch **Smog** (smoke (Rauch) & fog (Nebel)) behindert wird! Von *1st Street* gelangt man auch leicht zum benachbarten **Little Tokyo**.

An *1st Street* gibt es eine weitere Attraktion – das **Music Center**, *1st Street & Grand Avenue*. Es ist das Stammhaus der **Los Angeles Philharmonic** und der **Los Angeles Light Opera Company**. In dem Kultur-Komplex befindet sich der riesige **Dorothy Chandler Pavilion** – über *3000 Sitzplätze* (in den vergangenen Jahren wurden hier jeweils die *Academy Awards* ver-

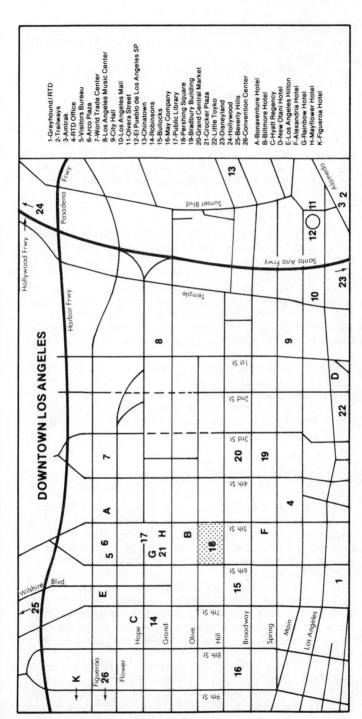

liehen, z. B. der Oscar für den besten Film oder für den besten Darsteller), das **Ahmanson Theater** und das viel kleinere **Mark Taper Forum**.

Bummel über Flower Street

Den Komplex mit dem **Atlantic Richfield Company Plaza** — Arco abgekürzt — kann man leicht an den etwa *213 m* hohen Zwillingstürmen erkennen. Auf der unteren Ebene, *lower level*, des **Arco Plaza** (mit Rolltreppen) befindet sich das Besucherzentrum **Greater Los Angeles Visitors and Convention Bureau**. Hier kann man sich die neueste Information über Attraktionen und Touren holen. In dem riesigen Komplex gibt es übrigens auch ein **Shopping Center** und Restaurants.

Neben **ARCO Plaza** ist das luxuriöse **Bonaventure Hotel**, an den fünf zylindrischen Türmen erkennbar. In diesem Hotel kann man sich allerdings ausgezeichnet von den Strapazen einer Sightseeing-Tour durch **Southern California** (Süd-Califronia) erholen. Falls Sie nicht hier übernachten, sollten Sie sich wenigstens die Lobby des Hotels ansehen — in der Hotelhalle gibt es auch oft herrliche **Mariachi Musik** (wie in Mexiko). Eine grandiose Aussicht hat man vom **Top of Five Restaurant** — in der 35. Etage! Der mittlere Hotelturm ist *112 m* hoch!

Gegenüber vom Hotel befindet sich die Bibliothek **Public Library** — historische Wandgemälde und ausgezeichnete Bücherei. Neben dem Bonaventure Hotel erhebt sich das **World Trade Center** — Zentrum für Wirtschaft und Handel. Das Gebäude beherbergt außer Büroräumen verschiedene Reisebüros, Ausflugsgesellschaften, Restaurants und Geschäfte.

Weitere Attraktionen

An *3rd Street* kommt man zum **Grand Central Market** — frisches Obst und Gemüse, Fleisch & Fisch. Ein architektonisch interessantes Gebäude ist das **Bradbury Building** mit der *gläsernen* Empfangshalle, die etwa *5 Stockwerke* hoch ist. In *6th Street* gibt es viele Stadtbüros der Fluglinien. In der Nähe liegt der **Pershing Square** — weiter Platz mit einer kleinen Anlage; es ist ein Denkmal für die Gefallenen des Spanisch-Amerikanischen Krieges von **1898**. General **John Joseph Pershing** hatte selbst als Kalifornier an diesem Krieg teilgenommen. Wenn man schon in der Gegend ist, kann man auch einen Blick in die interessante Hotelhalle des alten, stilvollen **Biltmore Hotels** werfen.

An *7th Street* erstreckt sich **Broadway Plaza** — ein weiteres Einkaufszentrum mit dem luxuriösen **Hyatt Regency Hotel**. Im **Broadway Department Store** gibt es eine Kartenverkaufsstelle, das **Ticketron**, wo man Theater-, Konzert- oder Eintrittskarten für Sportveranstaltungen bekommt und Reservierungen für Campingplätze vornehmen kann.

Und genau südlich von *US 101* (**Hollywood Freeway/Santa Ana Freeway**), in der Nähe der City Hall, erstreckt sich die **Los Angeles Mall** mit Geschäften und bunten Wasserspielen des **Triforiums** (computergesteuert). Nur ein paar Minuten von hier entfernt − auf der nördlichen Seite der *US 101* − liegt die geschichtsreiche **Olvera Street** − ein echter Kontrast zur modernen Architektur der **Los Angeles Mall**.

OLVERA STREET
Mexikanische Atmosphäre

Olvera Street gehört zu den reizvollsten Gegenden in Los Angeles − farbenprächtige und historische mexikanische Straße direkt gegenüber vom Bahnhof. Hier ist die **Geburtsstätte** von Los Angeles. Beim Bummel durch diese originelle Straße kommt man an verschiedenen Souvenir Shops und Restaurants vorbei. Wenn Sie schon hier sind, sollten Sie es auf keinen Fall versäumen, die **mexikanische** Küche zu probieren, beispielsweise kosten zwei **Enchiladas** mit Bohnen und Salat nicht sehr viel und sind **echt mexikanisch**.

Wenn man **Olvera Street** etwa bis zur Mitte hinuntergeht, kommt man auf der **rechten** Seite zur **Avila Adobe** − ältestes und historischstes Gebäude von Los Angeles; **1818** von **Don Francisco Avila** errichtet. Im Jahre **1847** wurde das Gebäude besetzt und als **amerikanisches** Hauptquartier benutzt. **Mexiko** hatte sich von Spanien gelöst und wurde **1823** eine Republik. Bis dahin gehörte **Los Angeles** zu Spanien. **1846** brach der Krieg zwischen den USA und Mexiko aus. Mit dem **1848** geschlossenen Friedensvertrag trat Mexiko seinen Anspruch auf California ab. **1850** wurde California als **31.** Bundesstaat in die Vereinigten Staaten von Amerika aufgenommen.

Die Räume der **Avila Adobe** sind im Stil des alten California eingerichtet. Es ist auch wissenswert, daß **Olvera Street** Los Angeles **erste Durchgangsstraße war**. **Toiletten** und **San Antonio Winery** befinden sich übrigens etwas weiter die Straße hinunter. Wer sich gerne etwas mehr über diese historische Gegend von Los Angeles informieren möchte, kann an einer Führung teilnehmen − vom Besucherzentrum, **Visitors Center**, werden **kostenlose** Führungen veranstaltet, 100 Calle de la Plaza, im **El Pueblo de Los Angeles State Historic Park**, nicht weit vom *nördlichen* Ende der **Olvera Street**. Am besten fährt man mit dem **Minibus**.

DER WEG NACH DISNEYLAND

Disneyland in **Anaheim** ist nur weniger als eine Stunde südlich von Downtown Los Angeles entfernt. Disneyland ist von Los Angeles leicht über den **Freeway** oder mit dem *Bus Nr. 800*, der in kurzen Abständen vom **RTD Terminal** in der Downtown Area abfährt, erreichbar. **Wichtiger Hinweis:** Greyhound fährt direkt nach **Disneyland**! Vom Flughafen **Los Angeles International Airport** gibt es **direkte Busverbindung** nach Disneyland. **Wichtiger Hinweis:** In den Wintermonaten ist Disneyland **montags** und **dienstags** geschlossen. Erkundigen Sie sich nach den genauen Öffnungszeiten.

EIN BESUCH DER UNIVERSAL STUDIOS
Filmstudios

Die Filmstudios **Universal Studios** liegen etwa *12 mi/19 km* nordwestlich von Downtown Los Angeles. Wer sehen möchte, wie die Filmindustrie ihre Filme produziert, kann sich hier ausgiebig informieren. Man gelangt mit **RTD** Bussen hierher. **Gray Line** veranstaltet Touren, die hier haltmachen. Man gelangt aber auch auf dem **Hollywood Freeway** schnell mit dem **Auto** hierhin. Von **Mitte Juni** bis **Labor Day** geöffnet; erste Tour um 8 Uhr, letzte Tour 18 Uhr. Während des übrigen Jahres täglich außer an Thanksgiving und Weihnachten geöffnet. Erkundigen Sie sich am besten nach den jeweiligen Öffnungszeiten. Es gibt sogar hier direkt ein Hotel – **Sheraton-Universal Hotel**.

Alle Touren **beginnen** am **Tour Center**. Hier fährt die **Glamortram** ab; *2-Stunden-Tour* durch das etwa *170 Hektar* große Filmgelände, größtes Filmstudio der Welt. Bei der erlebnisreichen Rundfahrt erfährt man allerlei Filmtricks, beispielsweise, wie sich das **Rote Meer** vor Ihnen auftut, damit die Bahn trocken hindurchkommt. Es wird auf **Kojaks Straße** von New York gefahren. Man sieht, wie ein **Cowboy** vom **Wüstensand** verschluckt wird. Es gibt **Schießereien** unter den Revolverhelden. Man überquert eine **einstürzende Brücke**. Man wird von einem **Riesenhai**, der sein Maul, *jaws*, öffnet, angegriffen.

Man lernt auch so manche **Tricks**, die der Kinogänger kaum erahnen kann, kennen. Regen- und Schneemachen wird vorgeführt; man erfährt, wie die Lichtverhältnisse verändert werden. Man kann auch zum **Screen Test Theater** gehen, wo Filmtests stattfinden; hier kann jeder mal Star spielen! Es gibt hier unwahrscheinlich viel zu sehen und kennenzulernen; man sollte daher mindestens 4 Stunden Zeit für Universal Studios haben. Da außerdem jährlich etwas mehr als *3 Millionen* Besucher zu den **Universal Studios** kommen, ist es schon empfehlenswert, **früh** hier zu sein.

AUSFLUG ZUR CATALINA INSEL

Die Insel **Catalina Island** liegt nur etwa *26 mi/42 km* vor der kalifornischen Küste — die populärste Ferieninsel von Southern California. Auf der Insel gibt es zahlreiche **Freizeitmöglichkeiten** — man kann baden, angeln, mit dem Boot fahren und Sehenswürdigkeiten besichtigen. In **Avalon** — größte Stadt der Insel — starten verschiedene Touren, beispielsweise eine Fahrt mit einem **Glasbodenboot**; man erlebt die bezaubernde Unterwasserwelt mit Fischen, Steinen und Pflanzen. Auf einer Küstenfahrt, **Coastal Cruise**, lernt man die Buchten der Insel kennen und kann die faszinierenden Seerobben beobachten. Beim **Flying Fish Boat Trip** kann man während der Sommerabende die fliegenden Fische im mächtigen Strahl des Bootsscheinwerfers beobachten. Diese Touren dauern alle weniger als *eine Stunde*. Eine Tour durch das gebirgige Innere der Insel, die **Inland Motor Tour**, dauert jedoch etwa *4 Stunden*. Diese Bustouren starten gegenüber vom **Hotel Atwater**, an der *Summer Avenue* in der Nähe vom Hafen.

In der Los Angeles Area gibt es mehrere **Abfahrtsstellen** für Bootsausflüge zur **Catalina Island**. Das sind unter anderem **San Pedro** und **Long Beach**. Um beispielsweise von Los Angeles zum **Long Beach Terminal** zu gelangen, fährt man auf dem **Long Beach Freeway** südwärts bis **Long Beach** und benutzt die Abfahrt **Downtown Exit** (nicht *Port of Long Beach-Queen Mary Exit*), dann **Golden Shore Exit** und parkt dort auf dem Parkplatz. Wer nicht mit dem Auto fährt, kann auch mit dem **RTD-Bus** direkt zum Schiff fahren.

ATTRAKTIONEN IN DER UMGEBUNG

Burbank Studios Tour. 4000 Warner Blvd., in **Burbank** — Hauptfilmstudio. Information über Besichtigungstouren: Tel. *843-6000*.

Calico Ghost Town. *130 mi/208 km* nordöstlich von Los Angeles, außerhalb von **Barstow**, an *I-15* (Strecke nach Las Vegas). Früher Bergbausiedlung, in den **1880er** Jahren gegründet — angeblich gab es hier den größten **Silberrausch** der Welt. Die heutige Geisterstadt hatte einst mehr als *3000* Einwohner. Heute werden Zugfahrten, Minenführungen und Grubenfahrten veranstaltet — Gebäude aus dem vergangenen Jahrhundert. Eine der populärsten Geisterstädte im Westen!

Exposition Park. *Südwestlich* der Downtown Los Angeles Area, mit **Los Angeles County Museum of Natural History**. Di. bis So. 10–17 Uhr; **California Museum of Science and Industry**, tägl. 10–17 Uhr.

282 LOS ANGELES, USA

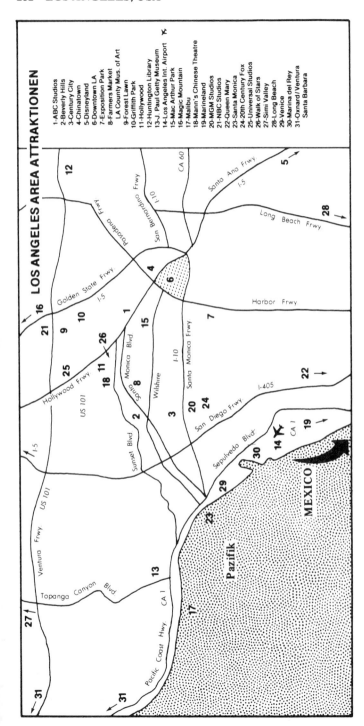

Marina del Rey. Weltgrößter Jachthafen mit Hotels, Restaurants und Fischerdorf, *Fisherman's Village*. In der Nähe vom Los Angeles International Airport.

Marineland. Etwa *25 mi/40 km* südlich von Downtown Los Angeles, auf der **Palos Verdes Peninsula**. Seelöwen, Killerwale und Delphine.

NBC Television Studio Tour. 3000 Alameda Blvd. in **Burbank**. Führungen 9–17 Uhr. Information über Touren und Preise. Tel. *840-3572*.

Palm Springs. Erholungsoase etwa *110 mi/177 km* östlich von Los Angeles an *I-10*.

Queen Mary. Ehemaliger Luxusdampfer mit Shopping Center, **Living Sea Museum** und **Queen Mary Hotel**. Pier J in **Long Beach**; Tel. *435-4747*.

Will Rogers State Historic Park. 14253 Sunset Blvd., in **Pacific Palisades**. Hier wohnte früher Amerikas populärster Humorist und Unterhalter **Will Rogers**; man hat seine Ranch unter Denkmalschutz gestellt. Täglich geöffnet. Am Wochenende wird hier manchmal Polo gespielt.

STATIONEN DER GESCHICHTE

Man stößt überall in der Los Angeles Area auf eine Menge historischer Gebäude und Stätten. *Östlich* der Downtown Area von Los Angeles, in **San Gabriel**, steht die **1771** gegründete **Mission San Gabriel Arcangel**. *Nordöstlich* von Los Angeles, in der Nähe der Kreuzung *I-5 & I-405* in **San Fernando**, befindet sich die **Mission San Fernando Rey de Espana**. Die **1797** gegründete Mission erhielt nach dem Erdbeben des Jahres **1812** eine neue Kirche.

Östlich von Downtown Los Angeles liegt das **Rio San Gabriel Battlefield**, in **Montebello**. Hier fand am 8. Januar 1847 die Schlacht der **amerikanischen** Truppen unter **Robert Stockton** und **Stephen Kearny** gegen das von **Jose Flores** angeführte **kalifornische** Heer statt. Und genau *südlich* von Downtown Los Angeles, in **Vernon**, wurde am 9. Januar 1847 die **Battle of La Mesa** zwischen den Amerikanern und Mexikanern ausgetragen. Es war die **letzte** Schlacht, die während des Mexiko-Krieges, *Mexican War*, in California stattgefunden hat.

Und in der Nähe der **Universal Studios** befand sich das **Campo de Cahuenga**, wo sich der Kommandeur der **mexikanischen** Truppen, **General Andres Pico**, am 13. Januar 1847 schließlich den amerikanischen Truppen unter **Lt. Col. J.C. Fremont** von der **U.S. Army** ergab. Mit dem Friedensvertrag

Treaty of Cahuenga erwarben die Vereinigten Staaten von Amerika California. Am 2. **Februar 1848** ging der Krieg gegen Mexiko an allen Fronten (einschließlich Texas) offiziell mit dem **Treaty of Guadalupe Hidalgo** zu Ende. Mit dem Friedensvertrag wurde California **offiziell** an die USA abgetreten.

Die folgenden historischen Stätten und Ereignisse zeigen, wie sich **Southern California** gegen Ende des **19.** und Anfang des **20. Jahrhunderts** entwickelt hat. Sie waren teilweise dafür ausschlaggebend, daß Los Angeles zu einem Zentrum für Herstellungsbetriebe und der Unterhaltungsindustrie wurde. Am **5. September 1876** wurde die Eisenbahnstrecke zwischen **Los Angeles** und **San Francisco** fertiggestellt; damit erhielt Los Angeles Anschluß an die transkontinentale Eisenbahn. **Charles Crocker** – Präsident der Southern Pacific Railroad Company – schlug den symbolischen **goldenen Nagel** zur Verbindung der Eisenbahnstrecke ein.

Im **Pico Canyon** wurde am **26. September 1876** die erste produktive Ölquelle in einer Tiefe von *91 m* angezapft; pro Tag wurden etwa *4000* bis *5000 Liter* Öl gefördert. Als man auf *183 m* Tiefe ging, betrug die tägliche Ölproduktion etwa *23 000 Liter* pro Tag. In der Nähe entstand damals eine Ölraffinerie.

1913 mietete **Cecil B. DeMille** in **Hollywood** die Hälfte eines Schuppens, der sich damals an der Ecke *Selma & Vine Streets* befand, und produzierte dort den *ersten* **Film** Hollywoods mit **Normallänge** – der Film hieß *The Squaw Man* (Der Mann der Indianerin). Dann kam ein weiterer Gigant der Filmindustrie hinzu – **Samuel Goldwyn**, der ebenfalls Filme produzierte. **1927** zog das Team mit seinem Filmstudio aus dem Schuppen in die **Paramount Studios** um. Und ganz in der Nähe, in **Venice**, begann **Charlie Chaplin 1914** seine Filmkarriere.

In **Signal Hill**, genau nördlich von **Long Beach**, liegt die **Alamitos 1 Well**. Die Ölquelle wurde am **23. März 1921** angebohrt; am **25. Juni 1921** hatte man das Bohrloch bis auf *949 m* Tiefe fertiggestellt, das täglich etwa *90 000 Liter* Öl produzierte. Die Entdeckung dieser Ölquelle führte zu einem der produktivsten Ölfelder der USA.

FAHRT DURCH DIE LA-AREA
Vorschläge für Autotouren

Rundfahrt durch die nördliche Gegend
Rundfahrt durch die südliche Gegend

Am besten lernt man die Gegend der Millionenstadt **Los Angeles** kennen, wenn man durch die verschiedenen Areas **fährt**, die diese riesige Stadt bilden. Die beiden **Vorschläge** für

LOS ANGELES, USA 285

Autotouren sollen beim Planen einer Tour als der äußere Rahmen angesehen werden, bei dem Sie sich jeweils das, was Sie speziell interessiert, intensiver vornehmen. Es kommt dabei auch darauf an, wieviel Zeit Ihnen zur Verfügung steht. **Wichtiger Hinweis**: Es empfiehlt sich, früh loszufahren, da die Entfernungen überraschend groß sind.

Rundfahrt durch die nördliche Gegend

Hollywood Freeway nach **Hollywood**. Fahrt oder Bummel über **Hollywood Blvd**. Anschließend Weiterfahrt auf **Sunset Blvd**. nach **Beverly Hills**. Bummel über **Rodeo Drive**. Von dort Weiterfahrt durch **Century City** über **Santa Monica Blvd**. nach **Santa Monica**. Fahrt entlang der Pazifikküste bis **Pacific Palisades** und dann weiter auf **Topanga Canyon Blvd**. Sobald man oben am Canyon angekommen ist, hat man eine grandiose Panoramasicht auf die Stadt. Von hier fährt man auf *US 101*, **Ventura Freeway** ostwärts zum **Griffith Park** – wunderschön, wenn die Sonne gerade untergeht und man erleben kann, wie die Millionen Lichter der Stadt vor einem aufleuchten. Man kann dann entweder auf *I-5* oder auf dem **Hollywood Freeway** zurück nach **Downtown Los Angeles** fahren.

Rundfahrt durch die südliche Gegend

Man fährt wie bei der vorherigen Rundfahrt nach **Santa Monica**. Von **Santa Monica** geht es südwärts nach **Venice** und **Marina del Rey**, zum Strand von **Manhattan Beach** und **Redondo Beach**. Dann fährt man auf dem **Palos Verdes Drive** über die Halbinsel **Palos Verdes Peninsula** (aus dem Spanischen für grüner Baum) nach **San Pedro** und nach **Ports O'Call**. Von dort geht es entweder über den **Harbor Freeway** oder an dem Luxusdampfer **Queen Mary** in **Long Beach** vorbei über den **Long Beach Freeway** zurück nach **Downtown LA**.

LOS ANGELES CHECKLISTE

- ☐ BROADWAY UND ARCO PLAZA BESUCHEN
- ☐ BONAVENTURE UND BILTMORE HOTEL-BUMMEL
- ☐ WORLD TRADE CENTER BESICHTIGEN
- ☐ LOS ANGELES CITY HALL TOUR
- ☐ OLVERA STREET ERLEBEN
- ☐ UNIVERSAL STUDIOS BESICHTIGEN
- ☐ BUMMEL ÜBER HOLLYWOOD BOULEVARD
- ☐ BUMMEL ÜBER RODEO DRIVE/BEVERLY HILLS
- ☐ AUSFLUG NACH DISNEYLAND

SAN FRANCISCO
Beliebtes Tor nach Mexico City

Mehr und mehr Touristen kombinieren eine Reise nach Kalifornien mit einem Trip nach Mexico. Einer der beliebtesten Ausgangspunkte nach Mexico City ist **San Francisco**, Kalifornien. Ausgezeichnete Flugverbindungen zwischen **San Francisco** und **Mexico City**. Einzelheiten über Billigflüge beim Reisebüro. Die Flugzeit beträgt zwischen **San Francisco** und **Mexico City** beispielsweise nur etwa vier Stunden.

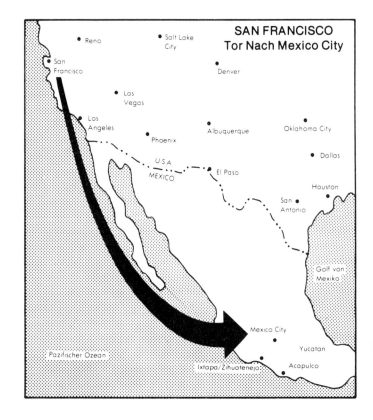

SAN FRANCISCO

kurzgefaßt

Golden Gate Bridge

Union Square

Fisherman's Wharf

Insel Alcatraz

Golden Gate Park

Cable Cars

Muir Woods

Temperaturtabelle in °C

	Jan	Feb	März	Apr	Mai	Jun	Jul	Aug	Sept	Okt	Nov	Dez
⌀ max.	13	15	16	16	17	18	18	18	21	20	17	14
⌀ min.	8	9	9	9	11	12	12	12	13	13	11	8

San Francisco auf einen Blick

Vorwahlnummer *(area code)*: (415). –– **Lage:** *390 mi/628 km* nördl. von Los Angeles, auf der Halbinsel zwischen San Francisco Bay und Pazifik. –– **Besiedlung:** 28. März *1776* durch Lt. Col. *Don Juan Bautista de Anza.* US-Flagge erstmals in der Gegend am 9. Juli *1846* durch Commander John B. Montgomery gehißt. *1847* Name der Siedlung von Yerba Buena in San Francisco geändert, nachdem spanische Seeleute die Bucht im 16. Jahrhundert nach dem *Hl. Franz von Assisi* benannt hatten. –– **Einwohnerzahl von 1852:** Etwa *40 000*. –– **Erdbeben vom *18. April 1906*** zerstörte einen großen Teil der Stadt. –– **Heutige Einwohnerzahl** etwa *750 000*; Großraum von San Francisco etwa *3,2 Mio.* Einw.

San Francisco International Airport

Lage: *15 mi/24 km* südl. vom Stadtkern San Francisco. –– **Verkehrsmittel:** Mietwagen, Stadtbusse, Airport Bus, Taxi. –– **Hotels in Flughafennähe:** Direkt am Flughafen, San Francisco Airport Hilton, *(415) 589-0770.* Etwa 2 mi/3 km nördl. vom Flughafen, Holiday Inn-International Airport, *(415)589-7200.*

Straßen, Züge, Busse, Mietwagen

Straßen: *I-80, CA 1* (Pacific Coast Highway), *US 101* (streckenweise Camino Real genannt) laufen in San Francisco zusammen. –– **Züge:** Bahnhof am Transbay Terminal mit Busverbindung zum Oaklandbahnhof *(train station).* –– **Busse:** Greyhound an 7th & Market, Trailways am Transbay Terminal. –– **Mietwagen:** Vermieter in der Innenstadt, Nähe Union Square.

Vorschlag für einen 1-Tag-Besuch

Bummel am Union Square, Cable Car Museum ansehen, Fisherman's Wharf Area und Chinatown.

Vorschläge für 2–3 Tage Aufenthalt

Union Square, Fisherman's Wharf, Chinatown; Golden Gate Park, Muir Woods, Golden Gate Bridge, Sausalito; Financial Area, Fahrt zur Insel Alcatraz.

Ausflüge von San Francisco

Monterey, Carmel & Big Sur; Stinson Beach, Point Reyes National Seashore; Sonoma & Napa; Oakland & Berkeley; Sausalito; Muir Woods; Santa Clara & San Jose.

288 SAN FRANCISCO, USA

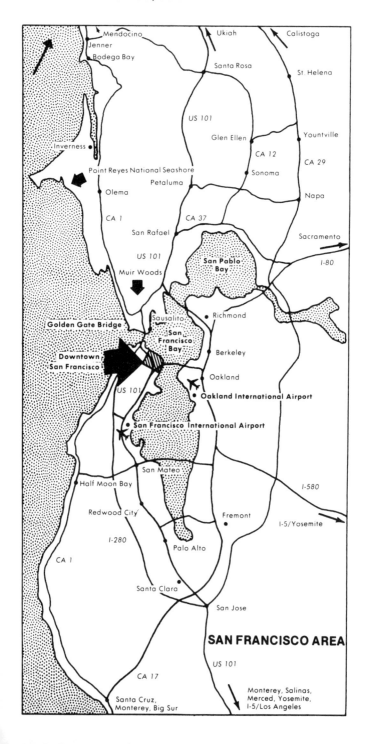

Tips für den richtigen Start

Für den 1. oder 2. Tag braucht man *kein Auto* in San Francisco; die Stadt läßt sich bequem *zu Fuß* und mit *öffentlichen Verkehrsmitteln* entdecken, z. B. Verbindungen vom Stadtkern zum Golden Gate Park. Immer *Pulli* oder *Jacke* dabei haben, besonders am Spätnachmittag, wenn die Temperaturen wegen des Nebels fallen. *Alcatraz Island Touren* mehrere Monate *im voraus* vor Ankunft reservieren, *(415)546-2805*. Falls Sie nicht zu anderen Redwood-Gebieten von California fahren, besuchen Sie unbedingt das **Muir Woods National Monument**, nördlich der Stadt – sehr oft preiswerte Fahrten mit *Gray Line* mit Halt auf Golden Gate Bridge und in Sausalito, etwa 3 1/2 Std.

SAN FRANCISCO

CIVIC CENTER AREA
UNION SQUARE – CHINATOWN
FINANCIAL-EMBARCADERO AREA
FISHERMAN'S WHARF AREA
GOLDEN GATE PARK
GOLDEN GATE BRIDGE AREA
DIE UMGEBUNG VON SAN FRANCISCO

San Francisco ist trotz der ständig steigenden Hotelpreise ein absolut lohnendes Reiseziel. Die Stadt an der Bucht besitzt einfach alles – Atmosphäre, herrliche Restaurants, elegante Geschäfte und Boutiquen, kulturelle und historische Anziehungspunkte, eine atemberaubende Szenerie, Parks, Übernachtungsmöglichkeiten in preislich abgestufter Rangfolge und natürlich die beliebten **Cable Cars**, *America's only National Historic Landmark on wheels* – Amerikas einziges Nationaldenkmal auf Rädern!

Während vor über zwei Jahrhunderten die USA an der Ostküste gegründet wurden, sorgten schon viel früher Entdecker und Seefahrer an der Westküste für San Franciscos Bedeutung. Bereits im **16. Jahrhundert** segelten Seeleute an der Küste von California entlang. Darunter waren drei sehr bekannte Seeleute, wie Fortune Ximes, **1534**, Juan de Cabrillo, **1542** und schließlich der eitle Sir Francis Drake, **1579**. Obwohl England sich sehr für diesen Teil Amerikas interessierte, blieb diese Gegend spanisch. Am **5. August 1775** fuhr das spanische Segelschiff ‚San Carlos' unter dem Kommando von Lt. Juan Manuel de Ayala als **erstes Schiff** in die **San Francisco Bay**. Ayala erkundete die Bucht mit seinem Schiff und verließ sie wieder am **18. Sept. 1775**.

Padre Junipero Serra (1713–1784), der als Gründer der **21** kalifornischen Missionen gilt, die sich entlang des *El Camino Real* erstrecken, baute im Jahr **1776** in San Francisco die heute als **Mission Dolores** bekannte **Mission San Francisco de Asis**. Als Mexiko unabhängig wurde, blieb California eine

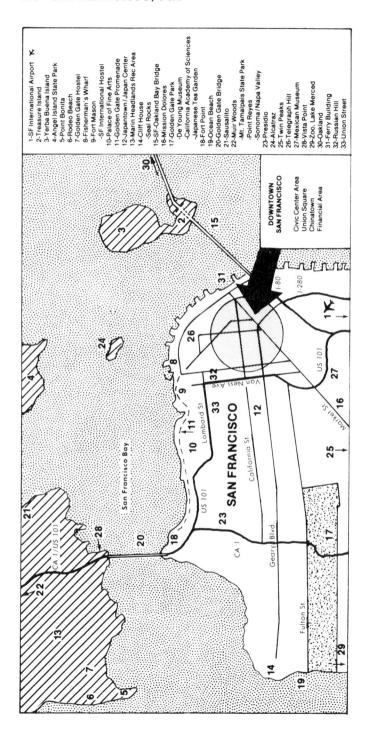

SAN FRANCISCO, USA

Provinz von Mexiko. California wurde erst **1846** nach dem Aufstand **The Bear Flag Rebellion** unabhängig.

1848 wurde an der Sägemühle **Sutter's Mill** in **Coloma** – etwa *50 mi/80 km* nordöstlich von **Sacramento** – **Gold** entdeckt. Dem Wachstum Californias stand danach nichts mehr im Wege, und so wurde California bereits im Jahre **1850** der **31**. Staat der USA.

San Francisco entwickelte sich in der letzten Hälfte des 19. Jahrhunderts zum Zentrum des rasch wachsenden Landes. **1906** wurde die Stadt von einem gewaltigen **Erdbeben** und verheerenden **Feuer** heimgesucht und stark zerstört. Die Stadt erholte sich nach dieser Katastrophe relativ rasch und zeigte sich **1915** zur Ausstellung **Panama-Pacific International Exposition** schon wieder von ihrer besten Seite.

1945 wurde die **Charta der Vereinten Nationen**, *United Nations Charter*, in der Stadt der 40 Hügel **unterzeichnet**. Es wurde in den vergangenen Jahren sehr viel getan, die Stadt San Francisco so liebenswert wie möglich zu machen, sei es, um hier zu arbeiten, zu leben oder zu Besuch zu sein. Bei Ihrer Entdeckungsreise durch San Francisco werden auch Sie bestimmt Ihr Herz in San Francisco verlieren, wie in dem berühmten Lied... *lost my heart in San Francisco!*

ENTFERNUNGEN IN MEILEN/KILOMETER NACH:

Big Sur	150/240	*Napa Valley*	50/80
Carmel	130/208	*Phoenix*	820/1312
Death Valley	530/848	*Redwood NP*	375/600
Grand Canyon NP	760/1216	*Reno*	230/368
Lake Tahoe	260/320	*Sacramento*	90/144
Lassen Volcanic NP	256/400	*San Diego*	540/864
Las Vegas	615/984	*San Jose*	50/80
Los Angeles	425/680	*Santa Barbara*	344/550
Mendocino	160/256	*Seattle*	850/1360
Monterey	120/192	*Sequoia NP*	286/457
Muir Woods	17/27	*Yosemite NP*	200/320

 ## SAN FRANCISCO INTERNATIONAL AIRPORT

Der Flughafen **San Francisco International Airport** liegt etwa *15 mi/24 km* südlich der Innenstadt von San Francisco, direkt am Bayshore Freeway – *US 101*. **Gepäckausgabe**, *baggage claim*, im allgemeinen auf der unteren Ebene, *lower level*, des zweigeschossigen Flughafengebäudes. Auf dem *Lower Level* befinden sich gleichzeitig die Schalter mehrerer großer **Mietwagenfirmen** – *car rental*; wenn Sie bei einer kleineren Mietwagenfirma mieten wollen, rufen Sie dort an, um vom Flughafen abgeholt zu werden, da es keinen Schalter im Flughafen gibt.

292 SAN FRANCISCO, USA

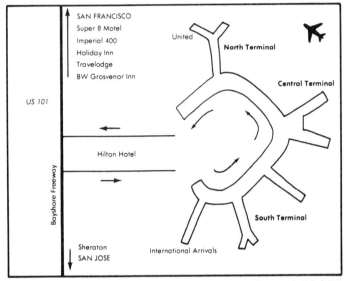

SAN FRANCISCO INTERNATIONAL AIRPORT

Auf dem *Lower Level* finden Sie innerhalb des Terminals auch **Hotelreservierungstafeln,** *hotel reservations boards* – Knopf drücken, *press button*, und man ist direkt mit dem gewünschten Hotel/Motel verbunden. Manche Hotels in Flughafennähe haben kostenlosen Abholdienst, *pick up service*. Das San Francisco Airport Hilton liegt direkt am Flughafen – äußerst bequem, wenn man spät ankommt oder früh morgens abfliegen muß.

Außerhalb vom Terminal sind die **Taxi**stände & **Bus**haltestellen verschiedener Busunternehmen. Der **Airporter Bus** bringt Sie direkt zum Stadt-Terminal, in der Nähe vom Hilton und Union Square. Mit **Sam Trans Bussen** gelangen Sie in die Nähe vom Greyhound Terminal und Best Western Americania Motor Lodge in der Civic Center Area. Auf der oberen Ebene, *upper level*, des Flughafengebäudes ist die Abflughalle, *departures*, mit Geldwechselstelle, *change money*.

SAN FRANCISCO, USA 293

INSIDER TIPS

Praktisch & Preiswert durch San Francisco

Letzte Informationen vor der Reise
Billige Übernachtungsmöglichkeiten
Camping
Informations-/Auskunftstelefonnummern
Verkehrsmittel
Einkaufen – Shopping
Restaurants
Unterhaltung
Touren
Empfehlungen des Visitors Bureau

Letzte Informationen vor der Reise

San Francisco Information:
San Francisco Visitors Bureau
1390 Market Street
San Francisco, CA 94102

San Francisco Area Information:
San Mateo County Visitors Bureau
888 Airport Blvd.
Burlingame, CA 94010

Alcatraz Inseltouren:
Reservierungen: (415)546-2805

Campingreservierung:
Ticketron
P.O. Box 26430
San Francisco, CA 94126

California Touren Information:
California Parlor Tours
1101 Van Ness Avenue
San Francisco, CA 94101

Northern California Information:
Redwood Empire Association
360 Post Street
San Francisco, CA 94108

Jugendherbergsinformation:
San Francisco International Hostel
Building 240, Fort Mason
San Francisco, CA 94123

Golden Gate Recreation Area Info:
National Park Service
Golden Gate Nat. Recreation Area
Fort Mason
San Francisco, CA 94123

Point Reyes Information:
National Park Service
Point Reyes National Seashore
Point Reyes, CA 94956

Marin County Information:
Marin County Chamber of Commerce
30 North San Pedro Rd., No. 150
San Rafael, CA 94903

Billige Übernachtungsmöglichkeiten

Übernachtung in der *allerniedrigsten* Preisklasse bei **American Youth Hostel** (Mitglieder & Nichtmitglieder) im Fort Mason, westlich vom Ghirardelli Square, *Tel.* 771-4277; **YMCA Hotel** (Frauen & Männer), 351 Turk, *Tel.* 673-2312, Civic Center Area. Regent Hotel, 562 Sutter, *Tel.* 421-5818. Bei diesen Billigunterkünften darf man keinen Luxus erwarten. — **YWCA Hotel**, 620 Sutter, *Tel.* 775-6500, Union Square Area. — Nördlich vom Flughafen, San Francisco International Airport, liegt ein **Imperial 400 Motel**, *Tel.* 589-9055; relativ preiswert. — **Motel 6** gibt es nördlich von San Francisco in **Petaluma**, östlich in **Oakland** und in Richtung Süden in **Palo Alto, Santa Clara, San Jose** und **Monterey**.

Camping

RV-Camper (Campingwagen) direkt in **San Francisco:** San Francisco RV Park, 250 King Street (etwa *1 mi/1,6 km* südöstlich von *Market Street*, direkt an *Third Street*), San Francisco, CA 94107, *Tel. (415) 986-8730.* In **Petaluma** *(40 mi/64 km* nördlich von San Francisco an der *US 101* – Tor zur Napa Valley Area) KOA, 20 Rainsville Road, Petaluma, CA 94952, *Tel. (707)763-1492.*

Camping *(Camper/Zelt)* in benachbarten **State Parks.** Nördlich von San Francisco: **Samuel P. Taylor State Park,** *15 mi/24 km* westlich von San Rafael am Sir Francis Drake Blvd., *65 Standplätze,* Tel. *(415)488-*

294 SAN FRANCISCO, USA

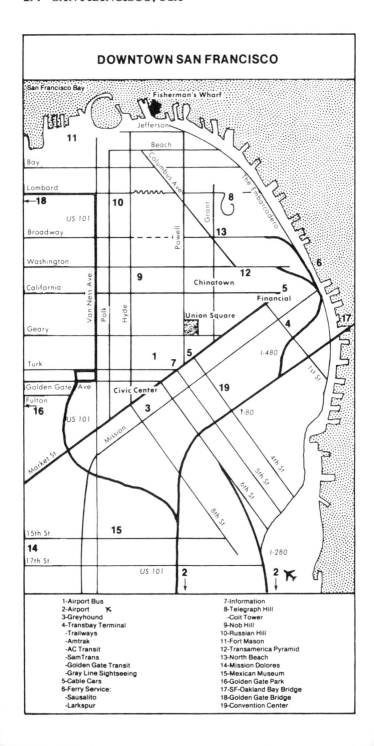

SAN FRANCISCO, USA

9897. — — Östlich von San Francisco: **Mount Diabolo State Park** (in der Nähe von Danville), *40 mi/64 km* von San Francisco, *5 mi/8 km* östlich der *I-680, 60 Standplätze*, Tel. *(707)837-2525*. — — Südlich von San Francisco: **Half Moon Bay State Beach**, westlich der *CA 1* an Kelley Ave, Half Moon, *51 Plätze*, Tel. *(415)726-6238*. — — **Henry Cowell Redwoods State Park**, *5 mi/8 km* nördlich von Santa Cruz an der *CA 9, 113 Plätze*, Tel. *(408)335-4598*.

Informations-/Auskunftstelefonnummern

Vorwahlnummer *(area code)* 415. — — Tonbandauskunft über Veranstaltungen in San Francisco auf deutsch *Tel. 391-2004*. — — **San Francisco Convention & Visitors Bureau** Informationen, Mo.–Fr. *Tel. 626-5500*. — — **Alcatraz Island Tours**, Inselfahrten, *Tel. 546-2805*. — — **Golden Gate National Recreation Area** und **Fort Mason** Informationen, *Tel. 556-0560*. — — Tonbandauskunft über **Museen** der **California Academy of Sciences** im Golden Gate Park, *Tel. 752-8268*. — — **Northern California** Informationen von der Redwood Empire Association, Mo.–Fr., *Tel. 421-5074*.

Verkehrsmittel in San Francisco

San Francisco besitzt ein sehr zusammenhängendes Stadtgebiet. Viele Gegenden sind leicht zu Fuß erreichbar. Doch Attraktionen, wie die **Golden Gate Bridge** und der **Golden Gate Park** sind zu weit vom Stadtzentrum entfernt, um *zu Fuß* dorthin zu gelangen. Machen Sie sich gleich mit den drei wichtigsten öffentlichen Verkehrsmitteln vertraut. Eines davon ist BART *(Bay Area Rapid Transit)*, die U-Bahn, die im Großraum von San Francisco vier Linien besitzt. Drei Linien davon verkehren unter der *Market Street* im Stadtzentrum von San Francisco. Der *San Francisco Bay Tunnel* ist etwa *3.5 mi/5,6 km* lang. Ein anderes Verkehrsmittel ist die San Francisco Municipal Railway, im allgemeinen kurz S.F. Muni genannt – Busse, Straßenbahnen (über- und unterirdisch) sowie Cable Cars. Das dritte Verkehrsmittel ist **Golden Gate Transit** mit Fährbetrieb nach Sausalito und Busverkehr über die Golden Gate Bridge zum *Marin County*.

Von Market & Powell Street fahren *zwei* Linien der **Cable Car** zur *Fisherman's Wharf Area*. — — Die etwas reizvollere **Powell & Hyde** Linie fährt an *Lombard Street* vorbei bis in die Nähe vom *Ghirardelli Square, Maritime Museum* und *The Cannery*. — — Die **Powell & Mason** Linie führt einen Straßenzug weiter als North Beach und Washington Square und hält etwa *drei* Straßen vom *Fisherman's Wharf* und *Pier 43*. — — Die **California** Linie läuft von Market & California in der *Embarcadero Area* bis *Van Ness Avenue* – an der Chinatown Area vorbei. — — Erkundigen Sie sich beim **Visitors Information Center**, *ob* und *wann* die Cable Cars laufen oder nach den ersatzweise eingesetzten Bussen. — — *Bus Nr. 30* fährt von *Market & Third* zur **Fisherman's Wharf Area**, ebenfalls *Bus Nr. 19* von *Market & Ninth*. — — *Bus Nr. 5* fährt von *Market & Fifth* in westlicher Richtung (sonntags von *Market & McAllister*) zum **Golden Gate Park** – an *Fulton & Eighth* aussteigen. — — *Bus Nr. 38* über Geary in westliche Richtung zur Laguna Street und nach **Japantown**, japanisches Viertel mit Geschäften sowie Hotel. — — Die **J Muni Metro** fährt unter Market westwärts zur *16th & Church Streets* – eine Straße von **Mission Dolores** entfernt. Die Mission war die 6. von 21 kalifornischen Missionen; 1776 errichtet, Kirche aus dem Jahr 1782. — — Von *Market & Seventh* (auf der Nordseite der Market, an Seventh Street) nimmt man den *Golden Gate Transit Bus* zur **Golden Gate Bridge**; wer zu Fuß über die Brücke laufen will, fährt am besten zunächst mit dem Bus über die Brücke bis ans Nordende *(north end)* mit dem Vista Point. Zu Fuß zurück zum *Südende* der Brücke, ständig die Skyline von San Francisco im Blickfeld. Vom Südende der Brücke mit dem *Bus* zurück zur Stadt oder vom **Fort Point** (direkt unterhalb vom Südende der Brücke) auf der etwa *4 mi/6 km* langen **Golden Gate Promenade** zum Fisherman's Wharf spazieren – super.

Informationen über die neuesten Fahrpläne, Abfahrtszeiten und Preise: **BART** *(Bay Area Rapid Transit)* U-Bahn *(subway service)*, *Tel. 788-2278* — — **Busse, Cable Cars, O-Busse** *(trolley-bus)* in San

296 SAN FRANCISCO, USA

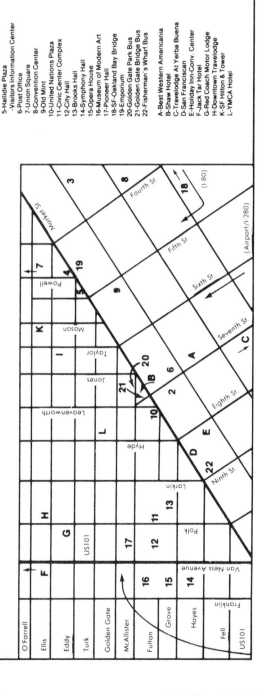

SAN FRANCISCO, USA 297

Francisco, Tel. *673-MUNI* – – **Golden Gate Transit Busse** (zur Golden Gate Bridge und zu Zielen im Norden sowie **Fährverbindungen** *(ferry service)* nach Sausalito, Tel. *332-6600* – – **AC Transit**-Verbindungen nach Oakland und zu anderen Punkten der East Bay, Tel. *653-3535* – – **Sam Trans** *(San Mateo Transit)* Busverkehr – preiswerte Busverbindung vom Flughafen, **San Francisco International Airport**, zum **Transbay Terminal** über 7th & Mission (in der Nähe des Greyhound Busbahnhofs), Tel. *871-2200*. – – Tip: Schlagen Sie in den gelben Seiten – *Yellow Pages* – im Telefonbuch die U-Bahn- *(subway)* und Busrouten nach.

Erkundigen Sie sich gleich nach der Ankunft beim Visitors Bureau über das **Sunday & Holiday Tour Ticket** – im allgemeinen in der Cable Car erhältlich, unbegrenztes Fahren mit Cable Cars und Bussen in der Stadt. *BART* bietet ein **Excursion Ticket** für unbegrenzte Fahrten (bis zu 3 Stunden) solange man an derselben Station anfängt und dorthin zurückkehrt. Beide Tickets sind sehr preiswert!

Einkaufen – Shopping

San Francisco ist ein reines Einkaufsparadies. – – Rund um den *Union Square* liegen **Sak's Fifth Avenue** & **Macy's**. – – In der Nähe befindet sich an *Market Street* das **Emporium**. – – Die *Financial-Embarcadero Area* beherbergt das riesige **Embarcadero Center** – Büros und Läden. – – Im *Fisherman's Wharf* Viertel konzentrieren sich Hunderte von Läden in Komplexen wie **Ghirardelli Square, The Cannery, The Anchorage, Pier 39** und **Cost Plus Imports**. – – Riesiges Vergnügen macht ein Bummel durch die Märkte und **Lebensmittelläden** in *Chinatown*. – – Interessante Geschäfte gibt es auch in *Japantown*, auf Polk & Union Streets.

Restaurants

Eines der *preiswertesten* Restaurants ist **Manning's Cafeteria** am *Union Square*, 347 Geary. – – Nicht weit von der *Cable Car* Drehscheibe an Powell & Market, **Tad's Steaks** an 120 Powell – gegenüber vom riesigen Burger King. – – In der Nähe vom *Visitors Information Center* gibt es ein **A & W** – leckeres Erfrischungsgetränk mit Speiseeis, *ice cream floats!* – – Richtig schlemmen kann man in **Ghirardelli Chocolate Factory and Ice Cream Shop** am Ghirardelli Square – ausgezeichnete Schokolade und *super Ice Cream Sundaes*. – – In *chinesischen, italienischen* und *mexikanischen* Restaurants ißt man im allgemeinen am *billigsten* in der Stadt – beispielsweise **Luigi's** an 353 Columbus, im Viertel von *North Beach* nördlich von Chinatown; fast anschließend noch ein preiswertes *italienisches* Restaurant, **U.S. Restaurant**. – – In der Nähe, Ecke *Washington & Stockton*, ist der **Golden Dragon** – preiswert wie auch die vielen anderen *chinesischen* Restaurants. – – Vernünftige Preise auch beim **La Fuenta** – *mexikanische Speisen in origineller* Umgebung, 2 Embarcadero in der Financial-*Embarcadero Area*. – – Beim Bummel über die *Pier 39* kommt man zu **Pepe's** – große Auswahl mexikanischer Spezialitäten. – – **Houlihan's**, Jefferson & Leavenworth, in der *Fisherman's Wharf Area*, hat eine abwechslungsreiche Speisekarte – *von Steaks bis Fisch*. – – In derselben Gegend ist auch das **Alioto's** (ständig großer Andrang) – *Fischspezialitäten*. – – Ein vornehmes Speiselokal ist **The Blue Fox**, 659 Merchant Street, zwischen Kearny und Montgomery in der Nähe von Clay. – – *Sunday Brunch* (Sonntags-Brunch) bei mehreren Restaurants – beliebt sind Brunchs im **Hilton** und im **Hyatt on Union Square**. – – *Afternoon Tea* (Nachmittagstee) wird im **King George Hotel** ab 15.30 Uhr serviert, Nähe Mason & Geary, etwas westlich vom Union Square. Gerade wenn es nachmittags in San Francisco etwas frisch oder kühl wird, ist ein heißer Tee um so angenehmer – eine typisch altenglische Tradition, zu der auch eine Kleinigkeit gegessen wird.

Unterhaltung

San Francisco kann auf dem Sektor Unterhaltung einfach alles bieten – von Oben-ohne-Lokalen *(topless)* in der Gegend von *North Beach* (an Columbus & Broadway wurde die Oben-ohne-Bar geboren) bis zu hervorragenden Opernaufführungen. – – Die Broschüre des **Besucher-**

SAN FRANCISCO, USA

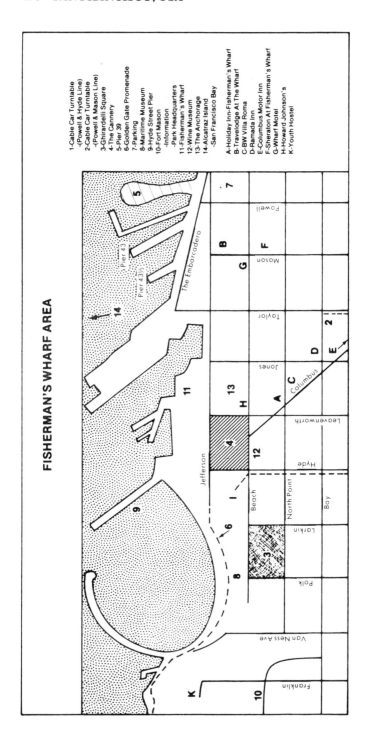

FISHERMAN'S WHARF AREA

1-Cable Car Turntable
 -(Powell & Hyde Line)
2-Cable Car Turntable
 -(Powell & Mason Line)
3-Ghirardelli Square
4-The Cannery
5-Pier 39
6-Golden Gate Promenade
7-Parking
8-Maritime Museum
9-Hyde Street Pier
10-Fort Mason
 -Information
11-Fisherman's Wharf
12-Wine Museum
13-The Anchorage
14-Alcatraz Island
 -San Francisco Bay

A-Holiday Inn-Fisherman's Wharf
B-Travelodge At The Wharf
C-BW Villa Roma
D-Ramada Inn
E-Columbus Motor Inn
F-Sheraton At Fisherman's Wharf
G-Wharf Motel
H-Howard Johnson's
K-Youth Hostel

SAN FRANCISCO, USA 299

zentrums, *Visitors Bureau,* San Francisco Coming Events & Sightseeing, gibt ausgezeichnet Auskunft über Veranstaltungen in San Francisco. — — Eintrittskarten gibt es bei verschiedenen Kartenverkaufsagenturen; eine ideale Kartenstelle ist im St. **Francis Hotel.** — — An Sommernachmittagen werden im **Stern Grove** an der *CA 1,* südlich vom **Golden Gate Park,** Gratiskonzerte veranstaltet.

Bei dem Ausflugsunternehmen *Gray Line* gibt es eine alles-inklusive **Night Club Tour** — ideal, San Francisco bei Nacht kennenzulernen. — — **Chinatown** bei Nacht mit *Ding How Tours,* mit Dinner — Tip: Festes Schuhwerk und bequeme Kleidung angebracht; Abholung vom Hotel. — — Den klassischen Rahmen moderner Unterhaltung bietet der *Venetian Room* im **Fairmont Hotel** — Tel. *772-5000* Auskünfte über das Programm.

Touren

Ding How Tours:	See Chinatown By Night	3–4 Std.
Gray Line:	Deluxe City Tour	3 Std.
	Napa Valley Wine Country	9 Std.
	Monterey, Carmel	11 Std.
	Muir Woods & Sausalito	3 1/2 Std.
	California Gold Country	10 Std.
	Night Club Tour	3–4 Std.
California Pacific Coast Tours:	Winery, Steam Trains, Redwoods	8 Std.
Red & White Fleet:	San Francisco Bay Cruise (Pier 43 1/2)	1 1/4 Std.
Gold Coast Cruises:	San Francisco Bay Cruise (Pier 45)	2 Std.
Blue & Gold Fleet:	San Francisco Bay Cruise (Pier 39)	1 1/4 Std.
Alcatraz Island:	Tel. (415)546-2805; (Pier 43)	2 Std.
Helicop Tours:	Helicopter Tours (China Basin)	10 Min.
Express Tours:	Yosemite-In-A-Day (1 Tag)	12 Std.
Express Tours:	Tahoe-In-A-Day (1 Tag)	12 Std.

Ausführliche **Auskunft** über Touren beim Hotel oder Visitors Bureau, spätestens am Tag vor einer Tour. — — **Gray Line Tours,** Abfahrten vom *Transbay Terminal;* Pendelbusverkehr mit Gray Line vom Union Square und anderen Haltestellen zum Terminal, etwa 30 Minuten vor der eigentlichen Abfahrt vom Transbay Terminal. — — Stadtführungen, **Walking Tours,** durch verschiedene Stadtviertel — Einzelheiten beim *Visitors Bureau.* — — Besichtigungen auf eigene Faust, **Self-Guided Tours:** Autofahrer können auf einer ausgeschilderten Route (mit Seemövensymbolen und Pfeilen) durch San Francisco fahren. Eine Karte über diesen *49 Mile Scenic Drive* gibt es beim Visitors Bureau; unterwegs geht es an vielen Sehenswürdigkeiten der Stadt vorbei.

Empfehlungen des Visitors Bureau

Das Visitors Bureau gibt folgende Ratschläge, wenn man San Francisco zu Fuß kennenlernen will: Benutzen Sie ein öffentliches Verkehrsmittel, wenn Sie aus dem Stadtzentrum oder vom Hotel/Motel zum Beispiel zum **Golden Gate Park, Japan Center** (Japantown), **Northern Waterfront** usw. gelangen wollen. Seien Sie besonders vorsichtig, wenn Sie in der **Western Addition** zu Fuß unterwegs sind — das Viertel zwischen *Civic Center* und *Masonic* oder *Presidio Avenues.* Vermeiden Sie nach Möglichkeit, nach Einbruch der **Dunkelheit** durch *wenig belebte* Straßen zu laufen (das gilt übrigens für die meisten Städte).

300 RICHTUNG HEIMAT

EIN LETZTER HINWEIS

Obwohl der mexikanische Peso Anfang der 1980er Jahre mehrmals abgewertet wurde (das heißt, man bekommt mehr Pesos für die DM), darf man nicht erwarten, daß Mexico nun plötzlich ein billiges Ferienziel geworden sei. Unter günstigsten Bedingungen macht diese Entwertung zusammen mit der immer noch hohen Inflationsrate einen Komforturlaub in Mexico nicht mehr ganz so teuer.

Trotz Inflation ist Mexico immer noch recht erschwinglich, wenn man nicht nur in Luxushotels bleibt und während der Hauptsaison reist. Die Kosten lassen sich bei umsichtiger Planung, und wenn man nicht unbedingt einen Aufenthalt in den luxuuriösen Strandhotels zur Hochsaison im Winter wählt, ziemlich gering halten.

Ein gutes Beispiel ist das **Playa Linda Hotel** in dem Superbadeort **Ixtapa** am Pazifischen Ozean — komfortables Zimmer für 2 Personen für unter $20 (US Dollar); ein Zelt für 4 Personen etwa $8. Auf der wunderschönen Insel **Isla Mujeres** in der Karibik — vor der Küste von Cancun — billige Unterkunft für etwa $3 pro Person! Und in Mexico City kann man *Tohui* (Mexicos neuester Panda Bär) — bedeutet „Kind" in der Sprache der Nahuatl Indianer, für ein paar Pesos ansehen.

Richtung Heimat

Um Sie vor Überraschungen beim Zoll bei Ihrer Ankunft in der Heimat zu bewahren, hier die Zollfreimengen in der BRD:
200 Zigaretten oder 100 Zigarillos oder 50 Zigarren oder 250 Gramm Rauchtabak;
1 Liter destillierte Getränke oder Spirituosen mit einem Alkoholgehalt von mehr als 22° oder 2 Liter destillierte Getränke oder Spirituosen oder Aperitifs aus Wein oder Alkohol, mit einem Alkoholgehalt von 22° oder weniger oder 2 Liter Schaumwein oder Likörwein und 2 Liter sonstiger Wein;
250 Gramm nicht gerösteter oder gerösteter Kaffee oder 100 Gramm Kaffeeauszüge oder -essenzen;
100 Gramm Tee oder 40 Gramm Teeauszüge oder -essenzen;
50 Gramm Parfüms und 0,25 Liter Toilettenwasser.
Andere Waren bis zu einem Warenwert von insgesamt 100,– DM.

Stand kurz vor Drucklegung.

GUTE REISE!

REGISTER
Mexico City

Anahuacalli 75
Anthropologisches Museum 84
Ausgehen 48
Aztekenkalender 92
Aztekenruinen 67
Azteken-Stadion 76

Bahnhof Buenavista 39
Ballet Folclorico Nacional 101
Ballet Folklorico de Mexico 101
Bazar Sabado 75
Botschaften 44
Busbahnhöfe 39

Casa de Hernan Cortes 76
Casa de los Azulejos 61
Catedral Metropolitano 66
Chac-Mool 87
Chapultepec Park 70
Cortes Grab 70
Cowboy Museum 78
Coyolxauhqui-Stein 67

Diego Rivera Museum 75

El Caballito 61
Entfernungen 106
Estadio Olimpico 76

Folklore Ballett 101
Fonart 60
Fuente de Petroleos 75

Guadalupe 81

Handelskammer 57
Haus der blauen Kacheln 61
Hotels 44

Indios Verdes Mercado 81

Jardines de Pedregal 76

Kolumbus-Denkmal 57

La Merced 46
Lateinamerikanischer Turm 61
Los Pinos 74

Mercado Lagunilla 62
Mexico City Tips 43
Mixquic 79
Mondpyramide 97
Monte de Piedad 66
Monumento a Cristobal Colon 57
 — a Cuauhtemoc 56
 — a la Madre 57
 — a la Raza 81
 — a la Revolucion 58
 — a los Ninos Heroes 70
 — de la Independencia 56
Museo de Arte Moderno 72

Museo de Cera 54
 — de Historia de Mexico 72
 — de la Charreria 78
 — de la Ciudad 69
 — Frida Kahlo 78
 — Trotsky 78

Nationalpalast 68
Night Club Touren 46

Olympiastadion 76

Palacio de Bellas Artes 60
 — del Ayuntamiento 69
 — Nacional 68
Piramide de Cuicuilco 78
 — de Santa Cecilia 82
 — de Tenayuca 82
Platz der 3 Kulturen 80
Plaza de la Constitucion 64
Plaza Garibaldi 63
Plaza Mexico 78
Polyforum Siqueiros 79
Post 61

Quetzalcoatl 83
Quetzalcoatl Tempel 96

Rathaus 69
Reforma 54
Regengott 86

Schmetterlingstempel 97
Sonnenpyramide 97
Stierkampfarena 78
Straße des Todes 96
Straßenkarte 43

Teatro de la Ciudad 63
Tenochtitlan 35
Teocalli 66
Teotihuacan 93
Tips für Touren 48
Tlaloc 86
Torre Latinoamericana 61

U-Bahn 42
Unabhängigkeitssäule 56
Universitätsbibliothek 76

Villa Olimpica 79

Wachsmuseum 54
Wochenprogramm 45

Xochimilco 99

Yecapixtla 80

Zocalo 64
Zona Rosa 50
Zoo 74

REGISTER
von Mexico City nach Yucatan

Acapulco 125
Acatzingo 148
Acolman 93
Agua Azul 199
Akumal 246
Allgemeines 10
Alpuyeca 116
Amatenango 191
Amecameca 79
Anenecuilco 116
Arbol de Tule 160
Archäologische Zonen 29
Atzomba 157
Automieten 25
Autoreisen 25
Ayala 116
Ayutla 127
Aztekenkalender 92

Bacalar 252
Bahnreisen 21
Balankanche 230
Barra de Navidad 146
Boca del Rio 202
Botschaften 44
Bonampak 193
Bundesstaaten:
  Campeche 211
  Chiapas 171
  Guerrero 124
  Mexico 117
  Morelos 111
  Oaxaca 153
  Puebla 151
  Quintana Roo 252
  Tabasco 200
  Veracruz 203
  Yucatan 219
Busreisen 23

Cacahuamilpa 118
Calixtlahuaca 117
Campeche 211
Cancun 232
Chac-Mool 83
Chalco 79
Chamula 187
Chancala 199
Chetumal 252
Chiapa de Corzo 173
Chichen Itza 225
Chilpancingo 124
Cholula 150
Citlaltepetl 148
Ciudad del Carmen 201
Coatzacoalcos 201
Coba 249
Cocoyoc 115
Codz Poop 217
Comitan 192
Cordoba 204
Coscomatepec 204

Coyotepec 158
Cozumel 240
Cuautla 116
Cuernavaca 111
Cuilapam 157

Dainzu 158
Danzantes 164
Dzibilchaltun 223

Edzna 211
Eisenbahnnetz 30
Ejutla 158
El Caracol 230
El Garrafon 240
El Tajin 203
Escarcega 211
Etla 157

Flugpreise 17
Folklore Ballett 101
Fortin de las Flores 204

Grab Nr. 7 155
Guayabera 221
Guelatao 158

Hotelpreise 34
Huipil 221

Iguala 124
Isla Mujeres 239
Ixtaccihuatl 148
Ixtapa 141
Ixtapan de la Sal 118
Izamal 224

Jalapa 203
Juchitan 170

Kabah 217
Klimatabelle 33
Kohunlich 252

Labna 217
Lacandonen 178
La Malinche 148
Lambiteyco 158
La Venta 200
Lazaro Cardenas 146
Los Angeles, USA 266

Macuilxochitle 158
Malinalco 118
Manzanillo 146
Mariachi 63
Matatlan 168
Mayapan 219
Merida 219
Metepec 118
Mexico City 36
Mitla 166

REGISTER 303

Mixquic 79
Monte Alban 163
Montebello 192
Muna 219

Nevado de Toluca 117
Nuevo X-Can 224

Oaxaca 153
Oaxtepec 115
Ocosingo 198
Ocotlan 158
Orizaba 204
Ozumba 80

Palancar Riff 242
Palenque 204
Papantla 203
Paso de Cortes 80
Pico de Orizaba 148
Piste 225
Playa Azul 145
Playa del Carmen 246
Popocatepetl 148
Poza Rica 203
Progreso 223
Puebla 151
Puerto Angel 158
Puerto Escondido 158
Puerto Juarez 239
Puerto Morelos 246
Pulque 115
Punta Sam 239
Pyramiden:
 Cuicuilco 78
 de los Nichos 203
 des Magiers 216
 Mondpyramide 97
 Nohoch Mul 250
 Sonnenpyramide 97
 Tenpanapa 150
 Teopanzolco 112

Quetzalcoatl 83

Reiseziele 9

Salina Cruz 170
Sanborns 61
San Cristobal de las Casas 174
San Francisco, USA 286
San Jose Purua 118
San Miguel 240
Sayil 218
Sola de Vega 158
Spanisch 31
Sumidero 171

Tapachula 170
Taxco 119
Teapa 200
Tehuacan 151
Tehuantepec 168
Tenancingo 118
Tenango 118
Tenejapa 190
Tenochtitlan 36
Teotihuacan 93
Teotitlan de Valle 158
Tepotzlan 115
Tepotzotlan 82
Tequesquitengo 116
Ticul 219
Tierra Colorado 124
Tlacolula 160
Tlalmanalco 79
Tlaltizapan 116
Tlaxcala 148
Toluca 117
Tonina 198
Touren 17
Tula 83
Tule-Baum 160
Tulum 248
Tumba No. 7 157
Tuxpango 204
Tuxtla Gutierrez 171

Uxmal 213

Valladolid 225
Valle de Bravo 118
Veracruz 202
Villahermosa 200
Vorbereitung 32

Wahrsager-Pyramide 216

Xalapa 203
Xel-Ha 247
Xochicalco 116
Xochimilco 99

Yagul 158
Yaxchilan 194
Yaxuna 250
Yecapixtla 80

Zaachila 158
Zempoala 203
Zihuatanejo 141
Zimatlan 158
Zinacantan 191
Zona Rosa 50

Hinweise und Anregungen bitte an:

Praktisch Und Preiswert
Postfach 41
6504 Oppenheim/Rhein

MIT *BAXTER* FÄNGT DER URLAUB AN!

1. USA
2. KANADA
3. MEXIKO

Keine Amerika-Reise ohne die
BAXTER Reiseführer

1-USA *Praktisch & Preiswert*
Das ganze Land in einem Band!

2-Kalifornien *Praktisch & Preiswert*
Das goldene Kalifornien erleben!

3-Die Ostküste der USA *Praktisch & Preiswert*
New York, Washington, Niagara Falls, Neu England!

4-Der Westen der USA *Praktisch & Preiswert*
Indianer, Cowboys, Nationalparks, Reiserouten

5-Florida *Praktisch & Preiswert*
Das Sonnenparadies Florida erleben!

6-Kanada-West *Praktisch & Preiswert*
Kanadas Naturwunder entdecken!

7-Mexiko *Praktisch & Preiswert*
Von Mexiko City bis Yucatan!

8-Alaska *Praktisch & Preiswert*
Gewaltige Natur erleben!

9-Nationalparks der USA *Praktisch & Preiswert*
Band 1: Grand Canyon, Bryce, Yellowstone!

10-Nationalparks der USA *Praktisch & Preiswert*
Band 2: Yosemite, Sequoia, Redwood!

11-Nationalparks der USA *Praktisch & Preiswert*
Band 3: Arches, Monument Valley, Mesa Verde!

12-Nationalparks der USA *Praktisch & Preiswert*
Band 4: Olympic, Glacier, Mt. St. Helens!